文春文庫

ロッキード

真山仁

文藝春秋

ロッキード

目次

第三部

第四部

本文中写真　文藝春秋写真資料室

ロッキード

序章　霧の中の大迷宮

「フワフワと現れて、フワフワと消え去った事件でした」

繁華街のまん中に建つマンションとは思えぬほど静寂な部屋で、元最高裁判事の園部逸夫（いつお）、八九歳（二〇一八年一〇月一九日当時）は、事件の印象を、そのように表わした。

事件とは、彼が最高裁判事として判決に参加したロッキード事件丸紅ルートのことだ。「総理大臣の犯罪」の、真相究明と裁判の行方を日本中が注目していた。

最高裁が判決を下したのは、一九九五（平成七）年二月二二日、約一カ月前に発生した阪神淡路大震災で、日本社会が大混乱していた頃だ。

判決に至る経緯、そして判決理由についての見解を尋ねたいと思い、丸紅ルートの判決に携わった生き証人である園部に取材依頼を申し込むも、「裁判のことはすっかり忘れて、あまり役に立たない」と断わられてしまう。

それなら、せめて当時の社会の様子だけでも話してもらえたらと、粘り強く何度も依頼を繰り返した。そしてようやく「お話しできる範囲でなら」の回答を得る。

園部は開口一番、「もう何にも覚えていないんですよ。だから、お役には立てないと思いますよ」と言った。

実際、インタビューを始めてしばらくは、何を聞いても答えをかわされた。ところが、最高裁として正しく事実を認定したのかと踏み込んだ途端に、口調が変わった。

園部は最高裁判所の役割について滔々（とうとう）と説明し、「最高裁判事としては、審理の中身はお答えのしようがないんです」と言った。

では、個人的にはどうか。

そして、返ってきたのが、冒頭の言葉だ。それが、ロッキード事件に対する率直な印象だという。

「思い返せば、あれはなんだったのかと思う事件です。事件が最高裁に上がる前から、深い霧の中を歩いているような感覚が、ずっと拭えなかった」

法律家とは、細部の用語や文言にも、細心の注意を払う。ましてや、園部は最高裁判事にまで上り詰めた法律家の中の法律家だ。にもかかわらず、彼の口から飛び出したロッキード事件の印象は、信じられないほど曖昧であった。

あれほど社会を揺るがした事件が、なぜ、そんな漠然とした表現になるのか。だが、園部としては「そうとしか言い様がない」事件だったのだという。

戦後最大の疑獄事件と言われたロッキード事件を裁いた一人の法律家をして「深い霧の中を歩いているような感覚が、ずっと拭えなかった」とは、どういうことだろうか。

それこそが、今なお多くのジャーナリストや歴史家が「もしかして、真相はまだ、明かされていないのではないか」と、迷宮に挑む理由なのかも知れない。

ロッキード事件は、今や四〇年以上も前の歴史的事実であり、事件名こそ有名であるものの、その概要を理解していない人も意外と多い。

田中角栄は、総理在任中に、米国の航空機メーカー、ロッキード社からの賄賂を受け取り、全日空に同社の「トライスター」を購入するように口利きをした罪を問われた。その際、ロッキード社の代理人である丸紅から合計で五億円の賄賂を受け取ったとして外為法違反で逮捕、外為法違反と受託収賄罪で起訴され、遂に有罪と認定された。

事件のきっかけは、アメリカ上院外交委員会多国籍企業小委員会の公聴会での、ロッキード社のアーチボルド・コーチャン副会長による証言だった。そこで彼は、自社機売り込みのために、日本の政府高官に、総額約三〇億円の賄賂をばらまいたと言ったのだ。

この段階では、角栄はおろか誰一人として政治家の名は明かされなかったにもかかわらず、メディアは、沸騰した。新聞は一面から二面、三面、そして社会面、第二社会面まで、「ロッキード事件」で埋め尽くされた。テレビも、NHK、民放関係なく、ニュースは四六時中この事件ばかり取り上げた。

このニュースが日本社会にもたらした衝撃度の大きさを想像するのは、事件から四〇年以上が経過した今となっては、難しいかも知れない。

当時は、大きな事業やプロジェクトは、大物国会議員の「口利き」がなければ、実現しなかった。業者と国会議員を繫ぐ役目として、「闇の紳士」や、フィクサーと呼ばれる人物が暗躍しているが、それはビジネスを円滑に進めるための〝商習慣〟で、強いて問題に取り上げるようなものではなかった。にもかかわらずいきなり右翼の大物と言われた児玉誉士夫や政商・小佐野賢治ら〝必要悪〟の仕事が〝汚職〟であると米国の公式の場で糾弾されたのだ。

しかも、ロッキード社が使った賄賂額は、三〇億円。前年の七五年末に、公訴時効となった「三億円事件」でさえ、庶民には一生拝めない巨額を犯人は手にしたと羨望まじりで語られたというのに、その一〇倍もの額が、賄賂として日本の政界に流れたと知って、国民は驚愕し、同時に激怒する。

それに比べれば、安倍晋三前総理の〝犯罪〟として取り沙汰されている「モリカケ問題」や、「IR汚職」など、問題とされている金額だけで言えば、事件と呼ぶのはおこがましいレベルだ。

そのうえ、事件捜査は「異例」の連続だった。賄賂の金額は「ピーナツ」や「ピーシズ」という符丁で表わされ、CIAの関与、さらには、ロッキード社幹部からの証言を引き出すため、日本に法規定のない「嘱託尋問」が行われるなど、検察や裁判官でさえ、前代未聞の事態に向き合わねばならなかった。

今では当たり前になった疑惑の渦中にある人物を証人喚問し、テレビ中継するのが始まったのも、この事件からだ。

証人の一人、小佐野賢治が、何を尋ねられても「記憶にございません」と返し、それは当時の流行語にもなった。

そして、眠れる獅子と揶揄されていた東京地検特捜部はこの事件によって名誉挽回し、ロッキード事件における元首相の逮捕は特捜部の金字塔として、今も燦然と輝いている。

その一方で、「田中角栄は嵌められた」という主張が、根強く語り継がれている。

大物議員は、誰も捕まらない――。それが、当時の日本の政治の常識だった。

ましてや、総理在職中の罪が問われるなど、たとえ全ての証拠が揃っていても、立件など非現実的だと考えられていた。

総理大臣経験者が逮捕されるのは、与党であり続ける自民党にとって大打撃だ。つまり、角栄の逮捕は、自民党の名誉と政権維持にかかわる。だから、あらゆる手を使ってでも、闇に葬るもの――。

事件が発覚した七六年の日本中がそのような感覚を持っていた。何しろ、中学二年生の私でも、そう理解していたのだから。

にもかかわらず、角栄の罪は白日の下に晒され、逮捕・起訴された。

そして、私は、「不可解な事件」として記憶した。

また、角栄が他の大物政治家と比べて低学歴の叩き上げだったから、罪に問われても、周囲が助けてくれなかったのではないかとも言われた。吉田茂以降、総理と言えば、ほぼ東京大学卒業と決まっていたからだ。

また、アメリカが、経済成長著しい日本にお灸を据えたという意見にも、「そうかも知れない」と思った。角栄主導の対中関係やエネルギー政策が、アメリカのエスタブリッシュメントの機嫌を損ねたという説は、今なお根強い。

ところが、近年になって、政治家としての角栄が再評価される。

「決断と実行」を推し進めた突破力、さらには、地方再生やエネルギー問題に対する危機感など、今の政治家にはない魅力が現代人を惹きつけた。

しかし、「ロッキード事件において田中角栄は、本当に有罪だったのだろうか」という疑問に切り込むメディアは少なかった。

令和の世に角栄のような政治家を待望するのであれば、彼の負の部分であるロッキード事件を再検証するべきではないのだろうか。

「昭和を正しく検証できないのに、現代を語れるのだろうか」という疑問が、私には常にある。

そして、昭和の総括の一つとして、真っ先に浮かんだのが、「ロッキード事件」だったのだ。

自民党の長期政権の功罪、金権政治、日米関係、政治と検察庁の関係、さらには熱しやすく冷めやすい国民感情等々。それは、まさに日本の現代史を象徴する事件だった。

ならば、全ての先入観を捨てて事件を再検証する必要がある。

尤も、事件から四〇年以上が経過した今、できることは限られている。角栄のみならず、丸紅で逮捕された幹部、児玉誉士夫や小佐野賢治、さらには、東京地検特捜部で陣頭指揮を執り、角栄を逮捕した吉永祐介以下、多くの関係者が鬼籍に入っている。

それでも無謀を顧みず、膨大な資料と、生存者への取材によって、ロッキード事件を、ゼロから再構築してみようと考えたのだ。

田中角栄元総理（1980年12月）

第一部

「ロッキード事件」は発覚から四〇年余りが経過、事実は風化し、また、メディアや知識人らはあらゆる角度から事件を見つめ続けたが、歴史的事実として刻まれた事件の輪郭は、むしろぼやけてしまった。

「ロッキード事件」とは――?

田中角栄という政治家とは――?

日本人の多くが知っているはずなのに、その実像はほとんど知られていない。

第一章　アメリカから飛んで来た疑獄

1　闇の紳士をあぶり出すのか

一九七六（昭和五一）年二月五日未明――。

その日、終電を逃したNHK社会部の田中清士記者は、裁判所仮庁舎の司法記者クラブにある個室（ボックス）で眠っていた。

社のファックスが受信を告げたので確認すると、用紙の冒頭に、【社会部参考】とある。即対応すべき用件ではない。社会部の関係者全員が共有しておきたいというレベルの情報だった。

《米国上院多国籍企業小委員会で、ロッキード社が、秘密代理人・児玉誉士夫に二一億円の秘密工作資金を贈ったと証言》

当時、三二歳だった田中は、司法記者クラブで検察庁を担当していた。米国上院の多国籍企業小委員会（チャーチ委員会）など初耳だし、そもそも即刻取材が必要なら前日に通達があるが、それらしきメモや検察庁に取材せよという指示すら見当たらない。

「あまりにも非現実的だったのであくまでも参考、という程度のファックスだろうなと思いました。でも、気になって眠れなくて、ダメ元で、東京地検特捜部が入る建物（現在の弁護士会館）に向かったんです」

検察担当記者は、日比谷公園側から検察庁の五階の灯りを見て、特捜検事の在室を確認するのが習慣だった。

同庁に到着して見上げると、一室だけ灯りがともっている。

「副部長の吉永祐介さんの部屋でした。それで、五階まで上がってみたんです」

当時は検察庁といえども、現在ほどセキュリティが厳しくはなかった。相手が特捜部でも、廊下までなら、記者なら誰でも気軽に出入りできた。それでも、さすがに副部長の部屋となると、二の足を踏む。

「とはいえ明け方だし、電気の消し忘れかも知れないと、試しにドアを開いてみました」

すると、部屋には吉永がいるではないか。そして突然の来訪者に、驚いている。

「えっ、一体どうした⁉」

「吉永さんこそ、こんな時間に、どうされたんですか」

答えはない。田中は手にしていたファックス用紙を、吉永に見せた。

「児玉を捜査するんですか」

「田中君、検察はそんなにすぐには動かんよ。検察の捜査ってのは、熟し柿なんだ。つまり、食べ頃になるまで、待つ」

動揺からすぐに立ち直ったらしい吉永が、諭すように言った――。

ロッキード事件について公表されている記録では、吉永がこの事件を知ったのは、五日朝、自宅にいた時だとされている。

だが、田中は、確かにあの時刻、副部長室で吉永に会っているのだ。

「吉永さんには、大使館詰めの検事あたりから、情報が入ったか、あるいは確認しようとしたんでしょうね」と田中は推測する。

「あの時は、事件がどう転がるのか、吉永さんも見当がついていなかったと思います。資料を広げていたようでもありませんでしたし。でも、一報を聞くと、居ても立ってもいられなくなって特捜部に飛んでくるあたりが、吉永さんらしい」

深夜、敏腕で知られる吉永と、サシで会っている――それはまた、単独インタビューのチャンスだったともいえる。

「特捜部が、ロッキード社に関連する事件を内偵したなんて噂すらなかったし、私には何の予備知識もありませんでした。それに、検察取材の経験が浅かった私は、吉永さんの言葉を鵜呑みにしてしまった。そもそも吉永さんが、あんな時刻に、特捜部にいるなんて想像もしていませんでした」

田中が何か尋ねるべきかと迷っているうちに、吉永に体よく追い出された。

この夜は、東京に雨が降った。前年の暮れから好天が続いており、実に五八日ぶりの降雨だった。夜が明けても止むことはなく、午後には雪に変わった。

雨音を聞きながら、吉永はどんな思案をめぐらせていたのか。もしかすると、早くも大事件の臭いを嗅ぎ取っていたのかも知れない。

その日の朝刊でロッキード社元社長のアーチボルド・コーチャンの証言を報じたのは、朝日新聞だけで、しかも二面の地味な扱いであった。

《ロッキード社　丸紅・児玉氏へ資金

【ワシントン四日＝アメリカ総局】

米上院の多国籍企業小委員会（チャーチ委員長、民主党）は四日の公聴会で米ロッキード航空会社が多額の違法な政治献金を日本、イタリア、トルコ、フランスなどに行っていたことを公表した。総額は一九七〇年から七五年の間に二億ドルにのぼると見られる。

同小委員会で明らかにされたリストによると、数年前から一九七五年末までに七〇八万五〇〇〇ドル（約二一億円）が日本の右翼政治家、児玉誉士夫氏に贈られている。同委員会では、この金がどのように使われたのかについては明らかにしていない。また、同リストによると三百二十二万三千ドル（約十億円）がロッキードの日本エージェントとして丸紅に支払われている。また、さらに日本の広報関係のID会社に二百十五万ドルが支払われており同委では「これは日本の報道関係者へ都合のよい記事を流すために使われたのではないか」と推定されている》（二月五日朝刊）

朝日新聞一紙だったのには、理由がある。アメリカとの時差の関係で、第一報が入ったのが日本の新聞の最終版出稿の直前で、朝日新聞以外の新聞社はどこもニュースに気づかなかったのだ。

田中が所属するNHKが取り上げたのも、ようやく翌五日朝のニュース番組でのことだった。

当時は朝日のライバルだった毎日新聞も、朝刊に間に合わなかった。

五日未明の毎日新聞の様子は、同社社会部がまとめた『毎日新聞ロッキード取材全行動』に克明に記されている。

《午前一時四〇分、この日は、大きな事件もない『結構な夜』だった。

締切時刻を過ぎたので、編集部内に残っている宿直記者らは細（ささ）やかな酒宴を始めた。

そんな最中、紙を手にした外信部のデスクが近寄ってきた。

「これ、社会部で興味があるだろうと思って……」

UPIによるチャーチ委員会での証言報道だった。編集部に衝撃が走る。聞けば、外信部デスクの手元には、午前一時前には届いていたらしい。

すぐに、対応したら、朝刊に突っ込めたのに……。

「他紙に抜かれてなきゃいいんですがね。あの時間では入っているだろうな。とくにAP電だと、朝日、読売にはダイレクトに入るからね。向こうのデスクも気づかずに扱いが小さければありがたい」

当直デスクは、夕刊で取り上げるために、日本関係者の詳報を独自取材せよとただちにワシントン支局に指示を出し、チャーチ委員会の議事録全文の入手も命じた》

ターゲットは大物フィクサー

毎日新聞の司法クラブ担当だった高尾義彦は、早朝に電話で叩き起こされた。

「あの日、朝日新聞は朝刊の二面に五段で報じた。一面トップではなかったのが、せめてもの救いでしたね。勝負はその日の夕刊からでした」

私が高尾に会ったのは、二〇一七年一〇月だ。ノートを確認することもなく、七二歳の高尾は当時の様子を淡々と語った。

「三〇歳だった私は、司法クラブ詰めの記者の中では一番若く、検察担当でした。チャーチ委員会でのコーチャンの証言について、特捜部はまったくコメントできなかった。チャ知っていて黙りなのではなく、明らかに知らない。記者に質問されても、その質問の意味を問い返すところから始まるくらい、何も知らなかった」

情報が錯綜する中、おぼろげに浮かびあがってきたのは、ロッキード社が、自社製品を売り込むための裏金七〇八万五〇〇〇ドル（約二一億円）を秘密代理人の児玉誉士夫に渡し、代理店である丸紅にも別ルートで裏金が渡っている。そして、これらは全日空が採用した大型旅客機の選定に絡んでいるらしい――。

「断片的な情報で、全容が見えない状況でしたが、メディアの注目は一点に集中していました。児玉誉士夫です」

事件の核心は児玉誉士夫にあるとメディアや特捜部がこぞって注目したのには、理由がある。

児玉には、前科があったのだ。

一九五〇年代後半、航空自衛隊の次期主力戦闘機（FX）の選定が行われていた。様々な機種が候補に挙がるが、最終的には、グラマン社のG－98J－11と、ロッキード社のF－104Cの一騎打ちとなった。

そして五八年、国防の基本方針を検討する国防会議（議長・岸信介首相）で、G－98J－11に内定したにもかかわらず、翌年一転、「F－104Cを採用する」と決定した。

この大逆転の功労者が児玉だと言われており、チャーチ委員会の秘密会では、コーチャンもその事実を認めていた。

児玉には政治的な不正に関わる疑惑が常につきまとっていた。彼は大きな政治案件の決定に陰ながら関わり、時には巨額のカネを手に入れている――。にもかかわらず捜査当局は児玉への取り調べすらかなわずにいた。

「ロッキード事件で名前があがった児玉、小佐野賢治の両氏は、〝闇の紳士〟と呼ばれ、メディアとしてはアンタッチャブルという認識でした。特捜部も、いずれは両者の悪事を暴かなければならないとは思っていましたが、手をこまねいていたのが現実です」と高尾は言う。それだけに児玉への取り調べが実現するかもしれないこの絶好のチャンスは、関係者を色めきたたせた。

「特捜部と児玉の関係は、複雑です。児玉はいつかは成敗しなければならない標的であると同時に、貴重な情報源でもあったんです。過去には、児玉の情報をもとに、事件を立件したこともある。そういう関係が、漫然と続いていた。だが、遂にその関係を断つ時がきたと、多くの捜査関係者は考えたと思います」

高尾の指摘は暴論ではない。

「巨悪を眠らせない」とは、特捜部の枕詞のように言われるが、時には巨悪を利用して、毒を以て毒を制するという発想がまかり通る時代があった。それで別の巨悪を叩けるなら、よしとされたのだ。

ロッキード事件は、そのしがらみを断ち切り、戦前から続く闇社会を白日のもとに晒す好機でもあった。

児玉を探せ

高尾らメディアは血眼で児玉を探した。

「児玉がどこにいるのか全く分からない。誰よりも早く探し出して、独占インタビューしようとあらゆるメディアが狙った。特捜も同様で、メディアに嗅ぎつけられる前に聴取しなければならない、と必死でした」

世田谷区等々力にあった児玉の自宅に、大勢の記者が詰めかけた。留守番は「主は、伊豆に行っている」と答えるものの、伊豆のどこかは、「知らない」という。

伊豆の宿泊施設にかたっぱしから電話を入れたが、児玉が伊豆に現れたという気配すら摑めない。

致しかたなく児玉番の記者は、自宅を取り囲み、児玉の出現を待ち続けた。

毎日新聞社会部は、半年に渡って児玉邸の張り番をした記者の奮闘ぶりを『児玉番日記』という書籍にまとめている。

同書の冒頭には、「児玉番七つの大罪」なる自虐的な「罪」が記されている。

「その一　のぞきの罪」が強烈だ。

《児玉宅をのぞき込むのが、児玉番。電信柱によじ登る。ゴミ・バケツをかきまわす（某記者はそれで名を売った）。人が入れば、まず門からのぞく（この罰——びしょ濡れ）。

車が通ればのぞき込む（見物客の皆さんゴメンナサイ）。
郵便物の差出人の名前をのぞく（郵便配達人氏いわく、「それは信書の秘密です」）》
そして毎日新聞の記者は、早朝から、朝刊締切の午前一時半まで、連日児玉邸を張り込み続けたそうだ。
《体と神経がすり減るのに、新聞に児玉番の記事が一行も出ない日がほとんどだ。忍び、耐える》

児玉誉士夫

涙ぐましいまでの執念だが、異様でもある。

ちなみに、児玉は自宅にいた。

体調を崩して、つり階段でつながった二階の隠し部屋で息を潜めていたのだ。事件発覚から一週間後の二月一二日、児玉の主治医が、児玉宅を訪ねて判明した。

これがロッキード狂騒曲の第一幕で、具体的な成果はなかったものの、前代未聞の事実が世論をじわじわと刺激していく。

2　前代未聞の事件着手

特捜部が扱う贈収賄事件は、徹底的な極秘内定捜査が行われる。それから、関係各所に根回しをして、検事総長ら幹部の許可を得なければ、実際の捜査は行えない場合が多い。

すなわち、事件が表出した時には、特捜部内では既に逮捕者を定めており、証拠も握っているのが、一般的だ。だが、ロッキード事件の場合、特捜部には証拠どころか資料さえもほとんどなかった。つまり、検察が手を出せる状態ではなかった。このままでは、メディアの報道に頼るしかない。それを防ぐためには、一刻も早く米国から情報収集しなければならないのだが、米国が捜査資料を提供してくれるかどうかはわからない。そこで東京地検特捜部副部長の吉永は、まず、河上和雄検事に情報収集を命じる。河上は、米国ハーバード大に留学経験もあり特捜部内で最も英語が得意であった。

とにかく児玉だ！　児玉誉士夫がロッキード社から受け取った二一億のカネの行方を解明したい！

児玉を逮捕できるような端緒を、河上が必死で捜査した結果、ようやく突破口が見つかった。

ロッキード社から受け取ったカネの未申告だ。

チャーチ委員会の公聴会で配布された資料に、ロッキード社が七二（昭和四七）年一月、五回に渡って総額四億二五〇〇万円を児玉に支払ったことを裏付ける自筆の署名入りの領収証五枚があった。

ところが、児玉の同年の申告所得は、四三二二万円だった。

特捜部は国税庁と連携して、児玉を脱税容疑で摘発できないかと可能性を探った。

しかし、肝心の児玉は、病気が重く、取り調べにも取材にも応じられないと、沈黙を貫く。

二年前の七四年九月一三日、児玉は映画の試写会場で倒れ、東京女子医大に入院した。病名は脳血栓症だった。二カ月後に退院し、自宅で静養していたが、ロッキード事件発覚後に再び悪化したという。

児玉の主治医である東京女子医大の喜多村孝一教授は、児玉の容態について認知症の中核症状で、時間や方向感覚が失われ認識力を欠く「失見当識」と「視野狭窄」などと説明、臨床尋問も不可能という診断書を特捜部に提出していた。

ＮＨＫの元社会部記者で、ロッキード事件取材班のサブキャップを務めた大治浩之輔（おおはるこうのすけ）は、退職して既に二〇年以上経つが、当時のことは鮮明に覚えているという。

「前日まで水俣に取材に出かけていて、久しぶりの休日で、昼近くまで寝ていたんだ。ロッキード事件の騒ぎを、夜七時のニュースを見るまで知らなかった」

大治は当時、社会部遊軍に所属しており、事件発覚翌日から、取材の陣頭指揮を執った。

特定の取材担当を持たず、大事件が発生すると、それに的を絞って機動的に取材するのが遊軍記者である。彼らは入社一〇年から二〇年ぐらいの経験を積んだ精鋭部隊でもある。

大治は水俣病検証の番組製作に携わっていた。水俣病を追い続けた彼の記者としての名声をあげたのは、公害病として公式確認されて二〇年という節目に当たる七六年末に発表した、「埋もれた報告」というドキュメンタリー作品である。同作品で大治は、水俣病の底知れぬ被害拡大を防ぐ手立ては本当になかったのか、という疑問を突きつめて、遂に水俣病の実態を浮かび上がらせた。官公庁の発表だけに頼らず、熊本県庁内に眠っていた公文書〝水俣ファイル〟を入手し、隠されていた真実に迫る調査報道の手法は、現在でも記者の手本とされている。

第一報が入った日と、水俣病特集の放送予定日の間には、時間的余裕があった。ロッキード事件を報道するには、調査力が問われる。そこで、独自取材を得意とする大治を投入して、リードしようと上司は考えたのかも知れない。

「児玉という名と、アメリカの軍事航空機企業から二一億円ものカネを受け取っていたという事実。これは腰を据えて取り組まなければならない大事件が起きたと直感したね」

また、疑惑の中心にいる人物が、まるで事件発覚を察知していたかのように、息を潜めて自宅で病に伏せっていたことから、児玉は既に事件の発覚を察知していたのではと睨んだ。

児玉の主治医は、「取り調べに応じるのは無理」という診断報告書を検察庁に提出し、事件解明はいきなり暗礁に乗り上げてしまうのである。

疑惑から隠れたい時の常套手段じゃないか。ますます、怪しい。

「チャーチ委員会の証言の詳報と資料を読み進むうちに、児玉がロッキード社の秘密代理人であった事実ばかりか、丸紅や小佐野賢治の名前まで浮上してきた。児玉本人に取材が出来ないのであれば、攻め方を変えるしかない」

そして大治らロッキード事件取材班は、児玉と丸紅の関係を裏付ける証拠探しに奔走する。

「疑惑の関係を明らかにする一番決定的なものは、写真なんだ。だが、いくら探しても、一枚も出てこない。そもそもどこを当たっても『児玉とは無関係』と取材を拒否されてしまった」

日本を揺るがす大疑獄事件の中心人物と目される、児玉との接点なんて、簡単に認めるわけがない。

それでも、粘り強く取材を続ければ、情報や証拠を提供する人はいずれ必ず現れる。

それを期待して協力者を探し続けたが一向に現れない。

やがて、児玉との関係を皆が否定する理由が判明した。

「児玉が纏っているイメージに対する恐怖だね。児玉は右翼の愛国者で、フィクサーとして隠然たる力を持っている。暴力団との関係を隠しもしないし、必要とあらばその暴力装置を行使する」

大袈裟ではなく、目的のためには手段を選ばない児玉に目を付けられると、命に危険が迫ると誰もが恐れたのだ。

「しかも、自民党内にも児玉と親しい大物政治家が存在する。権力と暴力を自在に操れる人物に刃向かえるわけがない」

戦前から、日本の歴史の裏側で暗躍した大物フィクサー。時に、日本の未来のために奔走し、時に検察庁の情報源でもあった。彼には常に底知れぬ恐怖が漂い、周囲もそれに圧倒されていた——。

もはや、現代社会にそんな人物は存在しないが、「戦後」という言葉が、生々しく響いていた七〇年代の日本社会では、闇に蠢く怪物が健在だったのだ。

それに立ち向かえる存在は、一つしかなかった。すなわち、検察だ。

ロッキード事件がそれまでにない大事件だと言われる理由の一つに、事件発覚時に、検察がほとんど事実関係を掴んでいなかったという点が挙げられる。大治も「前代未聞の事態だった」と言う。

「海の向こうのアメリカでは、若き新聞記者二人が、ウォーターゲート事件で大統領を

「という気運は現場に高まったね」

追い詰めた。ならば、日本だって負けてられない！　という気運は現場に高まったね」

コーチャンの証言が華々しく紙面を飾った当初は、「いよいよ日本の暗部や金権政治にメスが入る！」と多くの国民が期待を寄せた。

だが、現実は厳しかった。

「たとえば、丸紅の幹部が、国会の証人喚問で、児玉誉士夫なんて会ったこともないと証言しているわけだ。それは偽証に決まってる。ところが、検察でも調べがついてないから、自前で裏付けを取るしかない。結局、報道できるまで一カ月もかかった」

ロッキード事件は、日本だけの事件ではない。西ドイツ、オランダ、イタリアなどでも国会議員や王族を巻き込んだ疑獄事件に発展しているため、国内だけで事件を追っても、全貌が摑みきれない。チャーチ委員会でのコーチャン証言を踏まえて、米国メディアの記者が足で稼いだ記事もあった。

そこで語られるのは、軍需産業の政商としてのロッキード社の赤裸々なビジネスの実態で、ロッキード事件を「軍用機の売り込み工作」として、捉えた記事が多かった。

角栄が逮捕されるまで、日本でも、児玉が事件の中心にいたこともあって、取材の主筋は、自衛隊機とロッキード社の関係だった。

現在、再読すると、「これが、ロッキード事件の真相ではないか」と思える鋭い取材や論考を展開した記事があった。それらの幾本かは、本書で事件を再検証する時にも、大変重要なサジェスチョンを与えてくれた。

み また、日米関係からの視点や、児玉とその取り巻きが米国中央情報局（CIA）と関係があった事実を踏まえて、日本国内に於ける米国情報機関の暗躍にまで踏み込んだ記事も散見された。

だが、それらの記事の論調は、その後、特捜部が米国司法当局から資料を入手したことで、影を潜めてしまう。

大治がキャップを務めたNHK取材班では、記者の一人が、「特捜部の捜査は、軍用機にまつわる疑惑を捨て、トライスターに絞った」という事実を掴み、それをスクープとして出したいと進言した。

大治は、それを却下した。

「軍用機にまつわる疑惑がないと確信した上で、特捜部が方針を変えたのではない。単に行き詰まったから捨てただけじゃないか。それを特ダネとして書いたら、検察庁の捜査姿勢を正当化する。検察がどういう判断をしようと、我々は本筋だと考えている軍用機への疑惑を捨ててはならない」のが理由だったという。

だが、角栄の逮捕と共に、大治の戒めは、全てのメディアからフェイドアウトしていった。

コーチャン証言によってメディアの調査報道で事件の真相に迫るという意気込みはあったが、いくら関係者を渡り歩いても、記事にできる情報がなくなり、検察庁の情報不足も続いた。

やがて、メディアは目新しい情報を伝えることができなくなった。特捜部も捜査方針を固める情報すら摑めないまま時間だけが過ぎていった。

噴き出す国民の怒り

一体、特捜部は何をしている！　メディアの調査報道はどうした！

事件発覚から一週間後、日本消費者連盟などの市民団体が「ロッキード問題を追及する市民の会」を結成し、米多国籍企業小委員会のチャーチ委員長宛てに「金を受け取った政府高官の名前を公表してほしい」と手紙を送った。事件の片鱗すら摑めない状況に不満を抱いた国民が、自ら行動を起こしたのだ。

さらに、全国の市民団体に参加を呼び掛け、政府、与野党、捜査当局に徹底的な真相解明を申し入れ、街頭では署名運動をすると表明している。

翌日には、組合員数四五〇万人を誇った日本最大の労働組合の中央組織である、日本労働組合総評議会（総評）が、疑惑究明に向けた国民共闘を呼びかけた。

それに応じた国民の一部が一六日から一八日にかけてデモに参加、一八日に行われた丸紅東京本社に対する抗議デモでは、日比谷野外音楽堂に約一八〇〇人を動員した総決起集会も敢行された。

国民の怒りは、燎原の火のごとく広がっていく。

さらに二九日には、「ロッキード汚職に怒る市民の大行進」が決行され、小佐野が経営する国際興業系列の会社や、児玉の事務所前で、ピーナツを投げつけ「児玉、出てこい」「潔く自白しろ」などとシュプレヒコールが起きた（567ページの写真）。

たった一週間で、これほどまでに国民が怒りの行動を起こす——。

現代社会では、想像しにくいかも知れない。

だが、六〇年代後半から七〇年代初めは、安保闘争の真っ只中である。闘争の中心は大学生だったが、社会に不満があったり、平和を守るために国民がデモに参加する例は、いくらでもあった。したがって、国民の怒りや不満が沸点を超えれば、ただちにデモや抗議活動が起きやすい環境であった。

尤も、学生運動は過激化し、暴力闘争となっていくため、国民は彼らと同じ政治運動やデモから距離を置くようになる。

その一方で、より自らの生活に目を向け、社会問題に強い関心を持ち始めた。政治家の金権体質などは、その最大の不満対象だった。高度経済成長で米国に追いつくほどのGNPを獲得したにもかかわらず、一般庶民の生活は実感として全然豊かにならない。なのに、「悪い奴らは暴利を貪り、富を独り占めしている」ことに対する不満が充満していた。

そんな最中に、ロッキード事件は発覚したのだ。国民は、特捜部やメディアが、必ずや「とびきりのワル」を白日の下に晒してくれると思った。全貌解明には時間が掛かっても、コーチャンが実名を挙げた連中への逮捕や社会的制裁は起こって当然だと思っていた。

しかし、そんな気配は全く感じられない。

「ロッキード事件に対する市民のデモには、それまでの思想的な政治運動とは異なり、生活者の怒りがあった。普段は政治には無関心に見えるOLが、ピーナツを投げている姿を見た時に、日本の民主主義が試されていると痛感した」

国民を幸せにするために政治があるはずなのに、それが踏みにじられる。民主主義を標榜する国家の蛮行を許すのか。大治は強い危機感を抱いた。

3　不可能の壁を破った突破力

第一報が届いてから一三日後の二月一八日、検察首脳会議が開かれた。

検察首脳会議とは、国会議員の汚職事件や財界人が関係する不正事件など社会的に関心の高い重要案件について、検察庁と法務省の首脳陣が捜査方針を審議決定する会議を指す。

この日は、検事総長、最高検察庁次長検事、東京高等検察庁検事長以下幹部が勢揃いした。また法務省からは刑事局の刑事課長と堀田力（ほったつとむ）参事官が参加していた。

席上、布施健検事総長は、「重大な事件であります。その真相究明のために検察に寄せる国民の期待が大きいことを鑑みると、検察の威信をかけて真剣に取り組むべき事案です」と宣言した。

しかし、すべては太平洋の向こう側の話であり、米国の政府や司法関係者に協力を仰がなければならない。

吉永祐介ら検察幹部は、米国からの資料提供は難しいと判断していた。

そんな中、「やってみなければ分からない」と発言した男がいた。

当時、検察庁から法務省に出向していた堀田参事官だ。

一九三四（昭和九）年四月生まれの堀田は京都大学法学部出身で、六一年に検事任官すると、まず札幌地検で検事としてのキャリアをスタートする。六六年には大阪地検特捜部検事、七二年に在米日本大使館一等書記官として、ワシントンDCに駐在後、七五年から法務省参事官を務めていた。

彼の著書である『壁を破って進め　私記ロッキード事件』には、ロッキード事件発覚時の生々しい状況が克明に描かれている。

「これは、戦後最大の疑獄になる！」と直感した堀田は、「この事件をものにしたかった」と記している。

米国の協力の可能性を探るべく、堀田は検察首脳会議の前に在米日本大使館一等書記官・原田明夫に連絡を入れた。

原田の話では、ヘンリー・キッシンジャー国務長官が政府高官名は極秘にするように外交委員会に圧力をかけているらしい。

それでも、原田は司法省のツテに相談すると約した。そして、検事総長以下、検察首脳と特捜部長・副部長、さらには法務省刑事局幹部が集まる検察首脳会議の席上で、堀田は「米国からの資料提供の可能性はゼロではない」と発言する。

二月二六日、堀田は極秘で渡米して、国務省高官や司法省刑事局長のリチャード・Ｌ・ソーンバーグ、さらには、証券取引委員会（ＳＥＣ）の担当課長らが顔を揃えた場で、捜査協力を求めた。

彼らは意外な反応を見せた。

法的手続きが充たされ、米国の利益を損なうことなく、米国の捜査や調査に悪影響を与えないのであれば、資料を提供すると言ったのだ。

二〇一七年秋、堀田に取材を申し込んだ。八三歳の堀田は、茶目っ気のある笑顔で迎えてくれた。

「日本の捜査を望まないキッシンジャーが横槍を入れるだろうと思っていましたが、そんな片鱗もなかった。それどころか、司法省やＳＥＣもＦＢＩまでもが、とても協力的だったんです」

この交渉の席上で、司法省の刑事局長ソーンバーグから、信じられない提案を受けた。

《「日本政府の嘱託によるコーチャン社長その他の関係者の証人尋問についても、正式に嘱託があれば、司法省は協力したいと思うが（ママ）」》（『壁を破って進め』）

贈収賄事件を立件するためには、贈賄側の証言は必須だが、捜査権の及ばない日本の検察に、事情聴取は不可能だった。それを、米国の司法省が代行してもいいと匂わせたのだ。

堀田が渡米する二日前の二月二四日、等々力の児玉邸をはじめ、丸紅東京本社など約三〇カ所に、東京地検、東京国税局、警視庁の三者総勢四〇〇人の捜査員が出動し、一斉に家宅捜索を行った。

体調不良を理由にして任意による聴取にも応じようとしない児玉だったが、三月に入ると、特捜部は自宅での臨床尋問を始めた。

しかし、児玉は意識朦朧としており、核心にはまったく踏み込めなかった。

国民のロッキード事件解明に期待する熱は、日に日に増していく。だが、捜査陣に打つ手がなく、米国からの情報だけが頼りだった。

そして、三月二四日、堀田らの奮闘と米国司法省の協力もあって、「ロッキード・エアクラフト社問題に関する法執行についての相互援助のための手続き」という名の日米司法取り決めの調印が行われた。

その結果、特捜部に、ＳＥＣの独自調査報告書、司法省が捜査した資料、そして、チャーチ委員会の記録簿、差し押さえられているロッキード社の提出物など約一万ページの資料が提供されることが正式に決まったのだ。

沈黙破る角栄

米国の膨大な捜査資料が特捜部宛に提供されるのを察知したわけではないのだろうが、四月二日、事件発覚後初めて、角栄がロッキード事件に言及した。

それは、砂防会館で開かれた自民党七日会（田中派）の臨時総会のときだった。

角栄は席上、児玉誉士夫との関係について「公私ともに一切、関係はない」と断言。

さらに、一部のメディアが言及しているのを指して「揣摩憶測（しまおくそく）が乱れ飛んでいることは、極めて遺憾である」と述べた。

この時点では、特捜部の主眼は児玉にあったにもかかわらず、角栄がこのような所感を述べたのが不可解である。

何事においても、黙っていられない性分が、角栄に自身の潔白を口走らせたのだろうか。

後に、角栄が逮捕された時、この時の談話こそ、追い詰められていた証では、などと言う者もいたが、真意は不明だ。

4 Tanakaの文字

角栄が発言した三日後の四月五日、特捜部検事の河上と東條伸一郎が、渡米した。彼らが米国司法省が提供する関係資料を受け取り、資料を選別するが、実際に日本に持ち帰るのは特捜資料課の田山太市郎課長と水野光昭事務官で、二人は翌日に渡米する。

わざわざ二組に分散したのは、特捜検事の動きを完全に把握していたメディアの目を欺くためで、河上、東條の二人はおとり役でもあった。

そして、この選別作業で、特捜の捜査方針と角栄の運命を決定づける一枚の文書が発見される。

それは、B5サイズの用紙に事件の関係者と思われる名前がローマ字で記されたチャート図だった。

そこに「Tanaka」の文字があったのだ。そして、Tanakaを中心に複雑な人物相関図が構成されていた。その関係者には「クラッター」(ロッキード・エアクラフト・アジア元社長)「檜山」「大久保」「若狭」「小佐野」そして「児玉」の名前が連なっている。

「二階堂」「中曽根」「橋本」など大物議員の名まで記されている。

この瞬間、事件の主役は、児玉誉士夫から田中角栄に代わった。

不起訴宣明という一計

全日空のロッキードトライスター導入の際に、角栄が口利きをしたかも知れない――。東京地検特捜部が入手した米国の資料は、その可能性を示唆していた。それを立証するには政府高官に賄賂を贈ったというロッキード社の関係者を尋問しなければならない。だが、コーチャンをはじめ、ロッキード社の幹部は、わざわざ来日してまで聴取を受けるつもりはないという。そのため、外交ルートを用いて、米国司法省に尋問を「嘱託」するしかない。司法省刑事局長からの内諾は得たものの、逮捕を懸念したコーチャンらは、弁護士を通じて聴取を拒否した。

また、日本の刑事訴訟（刑訴）法では、外国での嘱託尋問についての記載がなかった。

嘱託尋問について米国司法省から許可を得たとしても、日本では、そのような取り調べ方法は認められていない。検討を重

総理在任中の田中角栄（1972年12月）

ねて、特捜部では一計を案じた。

すなわち、刑訴法に規定がないといっても、嘱託尋問を禁じているわけではない。想定していないだけだ。ならば、嘱託尋問を行っても、違法ではないと解釈したのだ。なんとしてでもロッキード社幹部を事情聴取したいという一念から生まれた奇策だが、本来であれば、「ありえない」無茶な解釈だった。

とはいえ、総額三〇億円もの贈収賄事件にもかかわらず、法律の制約で捜査のメスが入れられないとなると、国民は納得しないだろう。ならば、やるしかない。

ところが、すぐに別の壁が立ちはだかった。

米国司法省は、ロッキード社幹部に対する尋問は、あくまでも本人たちの同意がある場合という条件を付けた。

当時の米国の刑法では、海外での利益供与は、罪に問われず、米国司法省の立場で見れば、コーチャンらは犯罪者ではなかった。

一方、日本の法律では、外国人でも日本の公務員に賄賂を渡せば贈賄罪が成立する。嘱託尋問に応じて、贈賄を認めれば、日本で逮捕されるかもしれないリスクを、彼らが冒すはずがなかった。

そのため、今度は「尋問に応じて、賄賂を渡した事実を証言しても、逮捕・起訴されない」保証を、日本の検察庁に要求してきたのだ。

さすがに、簡単には呑めない条件だった。コーチャンらの証言によって、日本の政治家の誰かが収賄罪に問われるかも知れないというのに、賄賂を贈った側には、お咎めなしと保証するなどと認めたら、日本は法治国家ではなくなってしまうではないか。

侃々諤々（かんかんがくがく）の議論の末、検察庁はある条文に着目した。

《犯人の性格、年齢及び境遇、犯罪の軽重及び情状並びに犯罪後の情況により訴追を必要としないときは、公訴を提起しないことができる》　刑訴法二四八条

「起訴便宜主義」と呼ばれる日本の刑訴法の原則の一つだ。

この解釈は、検察首脳会議でも諮（はか）られ、布施健検事総長も了承する。

五月二二日、東京地検の高瀬禮二検事正と布施検事総長は、コーチャン、ジョン・ウイリアム・クラッター、ジョイ・エリオット（ロッキード社元東京駐在員）を起訴しないという「不起訴宣明」を行い、超法規的に三人を「免責」すると保証した。

これほど譲歩したにもかかわらず、ロス米連邦地裁に出頭したコーチャンらは、嘱託尋問に応じないと申し立てる。

要するに、嘱託尋問を受ける条件として刑事免責を求めたが、日本の法律には免責制度がなく、検察の不起訴宣明書には法的根拠がない。また、日米両国の法律から見ても、法の適用に疑問があるというのだ。

彼らが求めたのは、未来永劫の、完全な刑事免責で、ロス地裁は、「日本の最高裁が

『刑事免責』の保証をせよ」と言い出した。

堀田が裁定を吉永に告げると、「そんなことができるわけがない」と怒鳴られた。

堀田も全く同感だったが、他に選択肢はなかった。

最高裁を巻き込んだ刑事免責の宣明書となると、日本の裁判制度に大きな先例を残すことにもなる。攻めの検察と異なり、守りの裁判所が、そんな大冒険を簡単に認めるはずがなかった。

堀田は、途方に暮れた。

「最高裁宣明」決定へ

七月一四日、日本の最高裁は、定例の裁判官会議の中で「刑事免責問題」を正式に取り上げた。ロス地裁による裁定が示す「最高裁による免責保証」が具体的に何を求めているのかを明確にするため、岡田良雄刑事局第二課長と堀籠幸男調査官兼刑事局付をアメリカに派遣し、責任者と面談することになった。

約七〇分の会談で裁定を下したロス地裁のウォーレン・ファーガソン所長代理は、「日本の検察当局が不起訴を約束している以上、証人が起訴される可能性は少ないと思うが、公正な司法機関である裁判所の〝もう一押し〟がほしい」と、率直な意見を述べている。

帰国した二人から報告を受けて、七月二四日に臨時の裁判官会議が開かれた。出席したのは一三人の最高裁裁判官（二名欠席）だった。

同会議ではファーガソンの意向を受けて、検察側が作成する「不起訴通告」を最高裁が「確認（保証）」すると決議。すなわち「最高裁宣明」である。

これでようやく、コーチャンら三人の嘱託尋問が可能になったのだ。

最高裁がかくも迅速に、コーチャンらを「免責」する宣明を決めた理由については、当時、詳しく説明されなかった。

約一二年半を経た八九年一月、宣明決定時に最高裁長官だった藤林益三が、ようやく理由の一端を明かした。自らの半生を語る日経新聞の「私の履歴書」で、その時の様子に言及したのだ。

《最高裁長官が、外国人だとはいえ犯罪の容疑者を見逃す保証をするのだから、裁判官会議ではさぞ議論があったろう、と想像するかも知れないが、それほど意見は出なかったように思う。というのは、これは最高裁として法律判断を示すのではなく、こんな証拠を取り寄せたいという下級審の決定を実現するための司法行政事務だからだ。

嘱託尋問の適否についての最高裁の判断は、ロッキード事件が上告されているので、そのうち出るであろう。これまでの一、二審では、いずれも適法との判断がなされている》（二月二七日付）

つまり、総理の犯罪を立件するために、検察庁が証拠を得ることを、最高裁は手伝っただけだ。その嘱託尋問が正しかったかどうかは、いずれ上告された時に判断すればいい――。

言い換えれば、最高裁はこの段階では、嘱託尋問の合法性の判断を先送りしたのである。

「私の履歴書」の中で藤林は、「宣明書を全員一致で合意」したと述べたのだが、裁判官会議に参加した全ての判事が、必ずしも「宣明」に納得していたわけではなかったことが、後の報道で明らかになっている。

一九九四（平成六）年一二月一六日付の産経新聞の連載企画「戦後史開封」には、複数の判事が、当時を振り返っている記述がある。

ある元判事は――

「宣明はやり過ぎだった。やるべきじゃなかった。無理しなくても良かった」

また、別の判事は――

「経過説明した長官は積極的で『やっていいかな』というはかり方」

さらに「あっさり決まったとはいっても、得心ある議論が行われ、初めから『出そう』という方向ではなかった」と証言した判事もいる。

これらの発言からは、最高裁長官が率先して宣明に積極的だったと考えられる。

藤林が「宣明」に積極的だった理由は不明だが、一因として考えられるのは、当時、総理大臣を務めていた三木武夫の存在だ。

三木の猛進

刑事事件の捜査に、総理大臣が関与するなどあり得ないのだが、巨額の賄賂が、日本の政界にばら撒かれた事件となれば、話は別かも知れない。

米国の大手企業が、商戦勝利のために政治家に賄賂を贈るなら、相手は与党自民党議員だし、いずれ捜査が進めば、逮捕は必至だ。それは、自民党総裁である三木の責任問題にもなる。

総裁としては、検察に捜査を見送るように圧力を掛けてもいいようなものだが、三木は、まったく反対の舵取りをした。

なぜなら彼は、角栄の金脈問題で生じた国民の与党離れを阻止するために登板した総理だったからだ。

「クリーン三木」と自称した彼は政治改革がライフワークで、カネの掛からない政治を実現すると、国民に訴え続けてきた。

断固たる決意で、腐敗政治家を摘発すれば、逮捕者が自民党議員であっても、「クリーン三木」としての評価は上がり、国民は三木を支持するに違いない。

国民は長引く不況で不満を溜め込んでいる。それを払拭するような政策を打ち立てられず、支持率が低迷していた三木にとって、ロッキード事件は、「神風」そのものだった。

そのため、検察庁と米国司法当局の交渉に先んじて、三木は真相追及にのり出す。

三木の攻撃は、事件発覚翌日の七六年二月六日から始まった。

同日の衆議院予算委員会で、社会党の〝爆弾男〟と言われた楢崎弥之助から見解を求められると、三木は、「日本の政治の名誉にかけても、この問題はやはり明らかにする必要がある」と言い切った。

だが、ロッキード事件の解明は進まず、国会の空転が続く。そこで三木は大胆な手段を取った。

二月二三日、衆参両院の本会議で「ロッキード問題に関する決議」を全会一致で可決するやいなや、三木はジェラルド・R・フォード米国大統領に親書を送ったのだ。

《日本政府の関係者がロッキード社から金を受け取ったという米上院の多国籍企業小委員会における公聴会のニュースは、日本の政界に大きな衝撃を与えた。その関係者の名前が明らかにされず、この事件がうやむやに葬られることは、かえって、日本の民主政治の致命傷になりかねないとの深い憂いが、いまの日本に広まりつつある。私もその憂いを共にする。私は、関係者の氏名があればそれを含めて、すべての関係資料を明らかにすることの方が、日本の政治のためにも、ひいては、永い将来にわたる日米関係のためにもよいと考える》

三木武夫

当時の日米関係のバランスを考えると、この親書は極めて異例だ。なぜなら、米国に対して対等な立場で、半ば強制的に資料提供を求めているからだ。

それに加えて三木は、資料に灰色高官の名前があれば、躊躇(ためら)わずに公開すると言明する。その姿勢は、被告の有罪が確定して初めて犯罪者とする法治国家の基本を否定する蛮行だった。

人権や法の適正手続(デュープロセス)きよりも、悪を暴き出すことを最優先する――それこそが「クリーン三木」の面目躍如だと思ったのだろう。

三木の前のめりに、米国は警戒を強める。

三月五日（米国時間）、米国上下院経済合同委員会の小委員会で、ロバート・スティーブン・インガソル国務副長官が、外国政府に資料を提供する際の原則的な手続きと条件を決めると明言し、同日のうちに、在日米国大使館は外務省に通告する。

過熱する三木の暴走を止めるのが目的だったと思われる。

インガソルは捜査を適正に行い、一方的な申し立てから個人の人権を護るために、三つのガイドラインを提示した。

一、資料は司法当局間のルートで提供する
二、少なくとも日本側が捜査を続け、その結果、起訴するまで氏名公表は保留する
三、起訴後も米国の司法当局と公表について協議する

日本国内の事件捜査への干渉とも言える内容であった。そこまで言及したのは、米国が提供する情報で日本に深刻な政治問題が起きるかもしれないと懸念したからであろう。本来ならば三木が心配すべきことを、米国が代わりに配慮するのもおかしな話である。

そして、三月一二日にフォード大統領の親書が届く。そこには、日米の友好関係を阻害することなく、情報提供に応じるとあった。

ただし、同じ日、キッシンジャー国務長官は、「米企業の海外における不正行為が暴露され、米国の友邦諸国の政治構造は重大な打撃を受けている」と発言、これ以上米議会などが政府高官の名前などを一方的に公表すべきでないとの意向を表明した。

だが、三木はキッシンジャーの警告など全く意に介さずに、検察に潤沢な予算を付与した。さらに嘱託尋問を実現するための刑事免責についても、法務省や検察庁の判断の前に、コーチャンらの刑事責任を免除すると、米国政府に伝えていた。

法相が真相究明の後押し

法務大臣が稲葉修（一九九二年、八二歳で没）だったことも、検察の追い風になった。

一九〇九（明治四二）年、新潟県村上市に生まれた稲葉は、三六年に中央大学を卒業し、四五年に同大学法学部の教授に就任する。大学では、憲法や行政法を教えていた。

同じ新潟県出身の角栄よりも九歳年上だが、代議士となるのは、角栄より二年遅い。選挙区も異なり稲葉は二区、角栄は三区から国政に進出した。

同郷出身ではあるが、稲葉と角栄は、性格も政治家としてのスタンスも正反対だった。

憲法学教授だった稲葉の学究肌は、政治家になっても抜けなかった。永田町の空気を読むなどという付和雷同を好まず、ひたすらに自らの信念を突き進んだ。

そんな気質の稲葉には、ロッキード事件についても〝永田町の常識〟は通用しなかった。与野党含めて、多くの議員は、稲葉がいずれ指揮権――法務大臣が検察の捜査に対して指揮命令できる権利――を発動して、「ロッキード事件の捜査を止めよ」と命じるだろうと考えていた。

ちなみに、現在に至るまでに指揮権が行使されたのは、一度しかない。

一九五四（昭和二九）年の造船疑獄の時だ。当時の犬養健（たける）法相が、収賄容疑で佐藤栄作自由党幹事長への逮捕請求を、無期限延期として、強制捜査を任意捜査に切り替えるように命令した。

今回も、造船疑惑と同じ展開になると予想したメディアが、稲葉に質したが、稲葉はむしろ強制捜査を積極的に支援すると発言。

自民党幹部でもある総理と法相の二人が、ロッキード事件真相究明に積極的だったことで、田中角栄逮捕への道筋は一気に開ける。

5 運命の朝

一九七六年七月二七日は、暑い朝だった。空が白み始める頃には、気温が二五度を超えていた。

そして、東京地検特捜部は早朝から慌ただしかった。前日から泊まり込んでいた検事の松田昇は、午前四時半には目覚めたと、後年、北海道新聞の連載コラム「私の中の歴史」で述懐している。

その日、メディアの目を気にした松田は、予定より早く検察庁を出発する。同行したのは、特捜資料課長の田山太市郎、水野光昭と金澤敏夫の二人の事務官だった。

向かった先は、文京区目白台一丁目一九番地一二号、元内閣総理大臣、田中角栄邸だ。

残念ながら松田に会うのは叶わなかったが、事務官として同行した水野が取材に応じてくれた。水野の話では、その日、田中邸に到着したのは、午前六時半頃。

「普段だったら、田中さんが起きて池の鯉にエサでもやっているタイミングを見計らって、自宅に到着したんだが、その朝は、人の気配がないほど静まり返っていました」

吉永が検事総長を務めた時には、秘書官として支えた水野は、特捜部内で捜査を担当する少数精鋭の資料課（現在は機動捜査班）に二二年間在籍した。実力派として名を馳せ、ロッキード事件では、課内の最年少にもかかわらず、最高検から指名を受けて、田山と共に米国へ資料の受け取りに派遣された。

水野は記憶力が抜群で、任意同行を求められた角栄の様子についても鮮明に覚えていた。

「心配そうな夫人や娘に見送られて自宅を出る際、田中さんは『心配するな、すぐ帰ってくる』と言い残して車に乗り込みました」

すぐの帰宅がかなわないのは、角栄も分かっていたはずだ。それでも、前総理らしく威厳を崩さなかったのは、さすがだったと水野は言う。

「田中さんは車に乗り込むと、タバコを吸おうとした。ところが上手くマッチが擦れなくて、指を火傷しちゃったんだ。それを見て、やっぱり内心は動揺しているんだなと思った」

車内での緊迫感は、それほど凄まじかったようだ。

「日本中が大騒ぎした事件だからね。国民の期待に応えなければ、特捜部は終わっていたかもしれない。そんな中で、田中さんを逮捕できたのは、大きかった」

特捜部では、吉永が自ら庁舎正面玄関に出て、角栄の到着を待った。

立ち入り規制のロープを張るよう守衛に命じる吉永の姿に、記者は異変を感じる。

「誰が来るんですか」

規制用のロープを張るというのは、正面玄関前に車が横付けされ、重要容疑者が現れるという意味だからだ。

吉永は、そっけなく「見ていれば分かる」と答える。

角栄を乗せた公用車が、地検前に到着した時刻は、午前七時二七分だった。

松田は会う代わりに、仲介者を通じて、「私の中の歴史」をまとめた冊子を届けてくれた。それには、この時の心境についても記されている。

車から角栄を連れて降りた瞬間を、松田は「私の感覚で言うと『白い時間』となって一瞬カメラのシャッター音がしなかったように思えました。ただ、車を降りた元首相が歩きだしていつもの手を上げるポーズをとったので、『角栄だ』と声が上がり、シャッター音が鳴り続けました」と記している。

果たして、角栄の胸中は、どんなものだったのだろうか。

家族に「心配するな、すぐ帰ってくる」と告げた真意は、何だったのか。

角栄が生きていたら、尋ねたいことが山ほどある。

何時間でも、いや何日でも聞いていたい。

しかし、既に故人である角栄にインタビューはできない。

そして、我々はロッキード事件の真相を探る前に、田中角栄とは何者だったのかを、知らなければならない。

第二章　政治の天才の誕生

1　豪雪地帯が角栄に与えたもの

ロッキード事件が、戦後最大の疑獄事件と言われるのは、逮捕された政治家の一人が、角栄だったからではないか。

総理大臣在任中の犯罪だったという理由もある。しかし、歴代総理の中では誰よりも国民に愛され、そして、憎まれた角栄だからこそ、日本中が沸騰するほどの騒ぎが続いたのだ。

角栄が起訴されると、保釈されて自宅に向かう車を一目見ようと、拘置所前には一〇〇〇人もの人が群がったという。

メディアの扱いもさらに多くなり、七六年下半期のニュースは、ロッキード事件一色になった。

そして、現在に至るまで、幾度となく角栄ブームが起こっている。

これほどまで多くの人が角栄に惹かれるのはなぜか。

生誕百年の地

二〇一八年二月――、私は新潟県柏崎市西山町坂田にある田中角栄の生家の前に立っていた。

角栄は、戦後ニッポンの象徴だった――。

そんな男の人生を辿るなら、生家から始めたいと思った。

東京から関越自動車道に乗り、北陸自動車道の西山インターを降りて「二回右に曲がったら俺の家だ」という至便な場所に生家はあった。

家の前には越後交通バスの「小坂下（おさかした）」というバス停もある。越後交通は、かつて角栄が社長を務めたバス会社だ。

そのバス停と共に、総檜造りの屋敷が雪に埋もれていた。

雪が積もりに積もってまるでバリケードが張られているようだ。つまりは長い間、誰も訪れる人がいないということだ。二階の窓ガラスが割れている。

この時は何度めか分からない角栄ブームの年であったが、ここは全く無関係な時間が流れている。

かつては、越後交通や田中家のファミリー企業の関係者が、定期的に屋敷の様子を見に来ていたという。

「もう、随分、そういう姿は見ないなあ」

筋向かいの家で雪かきをしていた男性が教えてくれた。

「二階の窓ガラスが割れてますね。投石でもされたんでしょうか」

「違うよ。屋根の雪下ろしを放置すると、重みで窓ガラスが割れるんだよ」

多い時は、一日で数十センチも雪が積もるこの地域では、雪かきは、生きていくための日常的義務だ。

地上の音の八〇％までを吸収するという雪が、田中邸を覆い尽くしている。雑音も真実の声も全て吸い取り、角栄を歴史の中に埋もれさせようとしているのかも知れない。

二〇一八年は、田中角栄生誕百年の年に当たる。

一八年の北陸地方は大雪に見舞われ、豪雪地帯である新潟は大きな被害を受けた。

柏崎市の二月の降雪量は合計一九七センチ、近年の記録のうちでは相当な降雪となった二〇一二年同月の一六二センチよりも多い。

「最近じゃ、久しぶりの大雪だね。お陰で、土建屋は酒を飲む暇もないほど儲かってるよ」

柏崎駅前から乗ったタクシーの運転手が教えてくれた。彼が言うには、「市道の除雪は、市が土建業者に委託している。普段だと年間の市の除雪費用は六億円余りだけど、今年は一〇億円を超えた」とのことだ。

尤も角栄が幼少の頃は、現在の倍とも三倍とも言われるほどの積雪量で、一夜明けたら何十センチも積もっているのは日常茶飯事だった。美しい白銀の世界も、豪雪地帯に暮らす角栄らにとっては、生活を妨げる大敵以外の何ものでもなかった。

豪雪によって一年のうち、何カ月も外の世界から隔絶された環境で生きる――。

そんな過酷な環境が、豪放磊落で人づきあいの良い角栄の人柄を育んだとは到底思えないのだが、西山町こそが、角栄の生き様の原動力であった。

「コンピューター付きブルドーザー」と呼ばれた男の隠された素顔が、ここにある。

それを辿れば、角栄という政治家の本質も見えてくるに違いない。

2 マイナスカードとの戦い

一九一八(大正七)年五月四日、新潟県刈羽郡二田(ふただ)村(後に西山町、現在は柏崎市)坂田で、牛馬商の父角次と母フメの間に、八人きょうだいの次男として角栄は生まれた。しかし、アニ(この地域では、長男を「アニ」と呼ぶ)の角一が早世したために長男として手厚く育てられる。

過酷で長い冬を耐えなければならない日本海側に位置しながらも、二田村はそれなりの規模の田畑を所有している農家が多く、人々の暮らしは豊かだった。さらに、明治から昭和にかけて、西山地区は、日本有数の油田(最盛期は、日本の産油高の五〇%)を擁していた。おかげで、石油汲みあげの人足仕事があり、二田村の男は冬に出稼ぎせずにすんだという。

尤も田中家は八反（約八〇〇〇平方メートル）の田を所有していた。その上、角栄の祖父が宮大工として名を成した人物だったので、本来なら恵まれた生活ができたはずだった。

ところが、角栄の場合は、成長と共に手元にマイナスカードが増えていく。父の角次は、北海道に大牧場を持つのが夢で、何度失敗しても競走馬や牛を飼い、夢の実現を諦めなかった。農作業には見向きもせず、自宅にも滅多に帰ってこなかった。

やがて角次は多額の借金を抱え、身代は傾いていく。

そのため、角栄は学力優秀だったにもかかわらず、中学校（現在の高校）への進学を諦めざるを得なかった。

吃音に悩まされ内気な少年に

角栄を苦しめたのは貧しさだけではない。

角栄は幼い頃から「吃音」に悩まされていた。二歳の時に罹患したジフテリアが原因らしいと角栄自身は語っているが、頭の回転が早くせっかちな性格によるところも大いにあると思われる。

思った言葉が普通に発せられない――。誰もが当たり前にできることができない苦痛は、角栄にとって地獄だったに違いない。

そう断言できるのは、私自身も幼児期から吃音に悩まされたからだ。

人前に出たり晴れがましい時に必ず言葉が出なくなるという辛さは、相当なものだ。親を恨んだし、何度となく自己嫌悪が止まらなくなった。それを克服しようと、吃音の原因を必死で分析した。

そして、「上手にしゃべろう」と思った時や、不意に動揺するようなことが起きたり自分が失敗した時には、吃音に陥るのだと自覚した。

角栄もまた、同じように考えたらしく、児童書として書いた『自伝　わたくしの少年時代』でその経験を振り返っている。

五年生の習字の授業中――突然、前席の児童が大声で笑った。担任はすぐに、角栄を睨み彼の仕業だと断じた。

角栄は「ぼくではありません」と言おうとしたが、顔が真っ赤になるばかりで、言葉が出なかった。角栄少年は、たまらず墨がたっぷり入った硯を力一杯床にたたき付けてしまった――という。

この出来事があった後、角栄少年も本気で、吃音を治そうと決意する。

その第一歩は、学芸会だった。演目は、源義経が兄頼朝の不興を買い、弁慶と共に東北へ逃げる一幕「弁慶安宅の関」だ。弁慶が、白紙の巻物をあたかも勧進帳のように読み上げる名場面がよく知られている。

角栄の事情を知る担任からは、舞台監督をやるように薦められるのに、角栄は「舞台に出してください」と譲らない。

そして、出演が認められると一人で特訓をし、長い台詞を頭に叩き込んだ。

学芸会当日、固唾を飲んで皆が見守る中、舞台に登場した角栄弁慶の口から「お急ぎ候ほどに、これは早、安宅の関におん着き候」という台詞がすらすらと流れた。

さらに、見せ場である「勧進帳」では、堂々たる演技で観客を圧倒し、大喝采を受ける。

こうありたいという理想像になりきれば、どんな緊張感の中にあっても、滑らかに話せる――。角栄が、吃音打破のヒントを摑んだ瞬間だった。

「誰にでもできることが、できない」というコンプレックスと向き合うのはとても辛く、言葉で言うほど簡単ではない。当事者は、常に自己嫌悪に向き合い続けなければならない。そして、必死でそこから抜けだそうとする。

たとえば吃音を打破するには、このようなネガティブ思考をプラスに変えるしか手はないと私自身は考えている。

私の場合は、「絶対に負けない」というファイティング・ポーズを常に取り、この場を支配するのだという意気込みで己を奮い立たせる。

政治家として押しも押されもせぬ雄弁家と言われていた時代も、角栄の話し方には、明らかに吃音を克服した人特有の特徴が垣間見える。

流れるように滔々と話すのは、相手を自分の土俵に引っ張り込むことこそが、吃音を封じる秘訣だと重々理解している話法だと思う。さらに、笑いを取り、聴衆を盛り上げる。あれは、本当は自分自身を鼓舞しているのだ。

「どもりがなおった人というのは、みんな饒舌家です。実は（私は）饒舌家じゃない。たえずしゃべってれば、どもりを自然に忘れるんです」（『週刊朝日』一九五七年九月二九日号）

マルチタレントの元祖である徳川夢声との対談で、角栄は自ら雄弁の理由を的確に分析している。

雄弁家で知られる古代ギリシャの政治家デモステネスをはじめ、映画『英国王のスピーチ』で話題を呼んだジョージ六世（エリザベス女王の父）や、ウィンストン・チャーチル、井上ひさしなど、吃音に悩んだ饒舌家は枚挙に暇がない。

彼らも皆、試行錯誤をくり返して、自身の弱点を鋼の強さに変えていったのだ。

彼の口癖である「ま〜その〜」という枕詞は、一気にしゃべるために呼吸を整えている助走だ。

角栄のトレードマークともいえる扇子も、マイペースで話すリズムづくりのために重要なのだと、漫画家の加藤芳郎にインタビューされた時に告白している。（『週刊文春』

七一年五月二四日号）

角栄は暑がりだから冬でも扇子を手放さないというのが定説だったが、それもおそらくは、吃音を防ぐための彼なりの工夫だったのではないか。

また、吃音に悩む人はせっかちだし、人の話を最後まで聞かない。機先を制して話す方が、場の主導権を握れるからだ。

それは、角栄の欠点として指摘されている点でもある。

角栄自らが押し出したイメージと姿勢は、吃音を克服することで生まれた必然だったと、私には思えてならない。

『自伝　わたくしの少年時代』の冒頭に「自信をもって行動せよ」と記されているのも、それが弱点を克服するための支えだったからではないか。

虚勢ではなく、己の弱さを知った上で自らを信じる力がいかに強いものかを肌身で感じた角栄は、子どもたちに、自信を持つことの尊さを伝えたかったに違いない。

吃音を克服し、人心掌握術に長けた角栄だが、だからといって、生来の性格は変わるものではない。

《田中は自分を頼ってくる者に対しては面と向かってダメと言えない。

いつも私に向かって愚痴をこぼす。「それなら自分で言えばいいじゃないの」と何回言ったことか。その性格的な弱さが、命とりだったと今にして思う》（『決定版　私の田

中角栄日記』より）

公私に渡るパートナーであり、越山会の金庫番として知られた佐藤昭の言葉は、表層的な角栄しか知らない者には不可解かもしれない。だが、繊細で優しい人柄と、すぐに自己否定をする脆さは、いくら抑えようとしても時々顔を覗かせ、角栄を苛む。

柏崎市西山町にある、角栄の生家に近い田中角栄記念館には、角栄の揮毫が多数展示されている。そのいずれもが、優しく女性的な印象だ。角栄の内面の、ずっと奥深い所に存在したナイーブさが滲み出ている。

総理大臣就任から約一年後の一九七三（昭和四八）年秋、角栄は酷い顔面神経痛を患っている。満を持して発表した『日本列島改造論』の影響で、全国的に地価が高騰した上に、オイルショックも重なり、田中内閣が絶体絶命のピンチを迎えていた頃だ。

自らが思い描いた構図が、次々と崩れるだけではなく、やることなすこと裏目に出る中で、角栄の弱さが顔面のトラブルとして現れた。

さらに、ロッキード事件発覚以降、角栄は愛飲していたスコッチ・ウイスキー「オールドパー」が昼間から手放せなくなるほど酒浸りになる。

「自らの弱さを知り尽くせば、強い生き方ができる」と邁進してきた角栄の強さの根源は、同時に脆さの根源でもある。この表裏一体の精神状態こそが、田中角栄の栄枯盛衰に、そのまま繋がっていく。

3　選挙区の〝アニ〟になる

一九四七（昭和二二）年四月二五日に投開票した第二三回衆議院選挙で、角栄は初当選を果たして国会議員のバッジを手にする。得票数三万九〇四三票――二度目の挑戦にして、三位での当選だった。

だが、彼の政治家としてのキャリアを俯瞰すると、なりたくて政治家になったわけではなさそうだ。私がそう感じたのも、いくら資料を探しても〝角栄の政治への情熱〟を分析したものはなかったからだ。一体なぜ――。やがて私は、この「情熱」の在処こそがロッキードの謎を解くカギになるのではないかと考えるようになった。

角栄が政治に関わったのは、彼の会社である田中土建工業で顧問を務める大麻唯男（おおあさただお）から、「選挙でカネがいる。工面してくれないか」と頼まれたのがきっかけだったとされている。終戦直後の四五年一一月のことだった。

政界の寝業師と異名を取った大麻は、戦前から軍部と手を結び、東條英機のご機嫌を取って、政界を跋扈（ばっこ）した。

当時二七歳の角栄としては、大物議員でもある大麻に頼まれたら、言われるままに政治資金を用立てるしかなかった。

すると、今度は「君も選挙に立候補せんか」と大麻が強く言うではないか。

日本進歩党を結成したばかりの大麻は議員を増やしたかったが、戦後の混乱期でカネもなく、めぼしい候補者もおらず困っていた。会社経営者で資金の見込める角栄は、よい手駒に見えたのだろう。

角栄は、代議士になるつもりはなかったので断ったと、「私の履歴書」ではっきり記している。尤も、軍隊時代の友人は、角栄が「代議士をやりたい」と言うのを聞いているし、一度目の選挙中に、「俺は将来総理大臣になる」と熱っぽく語った姿を記憶する支援者もいたようだが。

一体、どちらがホンネだったのだろうか。

政治家となった角栄は、場の空気を読み当意即妙で、相手の関心を引くのを得意としていた。それは、言い換えれば、本心をなかなか明かさないことでもある。

相手が喜ぶなら、「白を黒」とさえ言ってしまう。

たとえば、リチャード・ニクソン、フォードの両米国大統領に補佐官や国務長官として仕えたヘンリー・キッシンジャーは、角栄に対して何度も「ウソつき」と非難したと、米国の公文書に残っている。

しかし、角栄としては、それは「ウソではなく方便」のつもりだったのではないか。相手を喜ばせたいという過剰なサービス精神が、結果的にはウソとなって、相手を怒らせる。

政治家、中でも首相としてはあるまじき行為だが、角栄に悪気はなかったのだろう。

1954年10月、36歳

物故者の素顔に迫ろうとする時、最も重要な資料は、本人の「語録」だ。人は平気でウソをつく生き物だと考えている私は、「語録」は、真実を語っているわけではないと考えている。ただし、その人物の性格は、ほぼ正しく刻まれている。

だとすれば、角栄の政治家に対する本音はどちらだったのか。

とにかく角栄は一度目の出馬要請を断り、再度要請されてようやく応じた。

「出馬するとしたら、先生、カネはいくら必要ですか」

何度も説得に来る大麻を見て、角栄なりに、彼の胸の内を推理したのだ。

大麻先生は、確かに進歩党の公認候補を探してらっしゃる。だが、誰でもよいという訳ではなく、選挙資金を調達できる人物を欲しておられる。だから、俺が指名されたんだろうな。

生き馬の目を抜くような土建

業界で、戦中から成果を上げてきた角栄独特のビジネス勘が、そう告げていた。

尋ねられた大麻は悪びれもせずに答えた。

「なあに、一五万円出せば、あとは黙って一カ月間御神輿に乗ればいい。きっと当選するよ」

一九四三（昭和一八）年に設立した田中土建工業は、その年の年間施工実績で全国五〇位内に入る。その後、朝鮮半島でも大いに儲けた。終戦となるや、いち早く引き揚げ、奇跡的に空襲に遭わなかった飯田橋の本社で再開した事業は順調だった。

その前途洋々の青年実業家に、大麻は一五万円出せば、国会議員にしてやると言っているのだ。

角栄には出せる金額だが、事業を差し置いてまでやるべきことなのだろうか……。

悩みに悩んだ上で、立候補を決意する。

その決定的な理由は分からないが、記録を見る限りでは初出馬は本意ではなかったようだ。なぜなら、角栄は勝つ為の準備をした気配がないからだ。

負けるべくして負けた

翌四六年春――。角栄は根回しなど何ひとつしないまま新潟入りした。
当時、地元新潟の選挙活動とは、国政選挙であっても、候補者は背広にたすき掛け姿でトラックの荷台に乗り、道行く人に支援を求め、あらゆる場所で演説をぶつものだった。

それだけに、角栄の選挙スタイルは、地元には衝撃だった。何しろモーニング姿での立会演説会以外は、トラックの荷台もタスキもすべて拒否するのだから。

この選挙で初めて角栄に出会い、生涯を通じて公私のパートナーとなる佐藤昭は、これでは到底勝てないと思ったという。

その上、誤算ばかりが続いた。選挙資金を他の候補者に流用されたり、見込んでいた支援者自身が同じ選挙区から出馬するなど目を覆うような事態が続出、おまけに出馬をけしかけた大麻ですら応援演説を断る始末だった。

結果、新潟二区で三七人が立候補し、角栄は一一位（定数は八）で落選した。

負けるべくして負けたのだ。

ところが、角栄は翌年の解散総選挙に、躊躇わず出馬している。

もはや、いきがかり上の立候補ではない。今度は本気で代議士を目指して挑んだのだろう。

必勝を期す角栄は、まず柏崎市内に田中土建工業の支店を設ける。社員の仕事は、「選挙支援」だ。さらに、誰に頼ることもせずに、丹念に選挙区を歩き回って支援者を募り、選挙区で知名度を上げるべく奔走した。

一年前には、半ば義理で目指した代議士という職業の、何が角栄を惹きつけたのだろうか。

生きるための切実な願い

東京のような大都会と違い、地方には問題が山積している。切実な願いを訴える選挙民の声を聞くうちに、角栄は地元に尽力したいと思うようになったのではないか。

国会議員の仕事は、国民がより良き生活をするために法律を定め、国家予算を適正に配分することだ。政治家が国民のために汗をかき、それで皆が幸せになれる――、そうか、政治家という仕事こそ至誠の人の極致なのだ、と惨敗した一度目の選挙活動を通じて角栄は合点したのだ。

ところが、現実に政(まつりごと)の周辺にいる人間たちは、至誠の人とは到底思えない。政治にカネが必要なのは分かるが、多くの候補者、そして代議士は、それを我欲のために使っている。大半の政治家が、その本分を理解しないまま職に就いていると角栄は考えたようだ。

角栄のそのような発想は、恩師・草間道之輔の影響である。草間は角栄が通った二田尋常高等小学校校長で、彼こそが生涯の恩師だと角栄自身が事あるごとに述べている。しかも、草間は初出馬の時から、角栄の選挙支援に奔走してくれた。角栄を見込み、教え子が至誠の人として活躍することを夢見たのだ。

二田尋常高等小学校の講堂には、三つの揮毫が掲げられていた。

一つは、草間校長が定めた校訓「至誠の人、真の勇者」だ。

何事にも真心を尽くす人こそ、本当の勇者なのだという校訓は、その後の政治家角栄を読み解く重要な視点になる。

次に「自彊不息（常に努力して、怠ってはならないの意）」、そして、「去華就実（何事も飾らず、実直にせよの意）」だ。

角栄は、この三つの言葉を、常に胸に抱いて歩んできたと記している。

《人間の脳とは数多いモーターの集まりである。普通の人間はその中の一〇個か一五個のモーターを回しておけば生きていける。しかしこの脳中のモーターは努力しさえすれば何百個でも何千個でも回せる。それは勉強することであり、数多く暗記することである。人間一人一人の脳の中には世界的学者である野口英世になれる力があることを忘れてはならない》（『自伝　わたくしの少年時代』）

これも草間から教わった教訓だった。

さらに、角栄は政治家の大きな利点に気づいた。それは、学歴社会を打破する力が、政治家にはあることだ。

当時、国会議員になる者は、圧倒的に高学歴者が多かった。曲者の大麻も東京帝大法科卒だ。だが、なってしまえば、皆平等。熱海市長から代議士になった小松勇次は静岡県の旧制韮山中学出身。大平内閣で国土庁長官を務めた中野四郎は、豊山中学中退など、大卒でなくても立派な国会議員はいた。

最初の出馬は、なりゆきだった。だが、何事も中途半端にできない角栄が、やるからにはと代議士という仕事について研究した。

さらに、選挙区を歩き、有権者との会話で、政治家に期待する有権者の思いもたくさん吸収した。

代議士が至誠の人であるなら、重要なのは、政治家になって何を成すか、だ。すなわち法律をつくり、国民の生活をより向上させることに尽きると角栄は考えた。

次男でありながら、長男（アニ）として育てられた角栄は、代議士とは、選挙区のアニになることだと、理解した。――俺は選挙で約束したんだ。

だから再び出馬し、勝つために本気で努力したのだ。

役に立つ男の真骨頂

角栄が、他の代議士候補とは違うと有権者に思わせたのは、彼が常に有言実行の男だったからだ。

例えば、三島郡岩塚村（現・長岡市）という村は、古くから社会主義活動が盛んで、農民の社会主義団体、日本農民組合の勢力が強い地域だった。そのため選挙では一貫して、社会党系の議員を推してきた。

角栄はそこに何度も足を運んで、豊かな未来図を描いてみせた。初出馬の時とは正反対の地下足袋に脚絆姿に、角栄の本気がうかがえる。

「雪に埋もれた新潟の農民たちの生活を豊かにし、冬でも雪のない道を歩けるようにします！」

岩塚は、いわゆる山間僻地の典型だった。村道は自動車が満足に通ることも出来ないほどの悪路で、日用品の運搬や農作物の出荷にも支障を来すほどだ。さらに、信濃川の支流・渋海川にかかる飯塚橋は、今にも崩れそうなほど朽ちている。村長や村議が県と掛け合っても、まともに話も聞いてくれない。

「だったら、私が必ず問題を解決する」

角栄は、自信に満ちていた。

村民は半信半疑で、この若き候補者に賭けてみた。

初当選を果たすと、角栄は直ちに県に掛け合った。村道を県道に格上げし、道路整備をぐいぐい進めた。さらに国にも掛け合って、県道が国道になると大雪が降ってもすぐに除雪されるようになった。

それまで誰一人として一顧だにしなかった村が、角栄によって大きく変わり村民の生活は豊かになった。角栄は「役に立つ男」として認知され、圧倒的な支持を得る。

「六法全書」を持ち歩く男

代議士に当選した角栄がまず取りかかったのは、六法全書の暗記だ。彼は国会に向かう時も必ず六法全書を持ち歩いていたというエピソードもあるほどだ。

「立法の府である国会の仕事は、法律の制定だ。なのに、大半は戦前の古い法律ばかり。戦後、国民が主役になったのに、法律は追いつけていない」

角栄は口癖のようにそう言って、国民の生活を豊かにする法律の必要性を感じ、法をとことん研究して議員立法を連発する。

例えば、一九五一年六月に成立した改正住宅金融公庫法では、戦災を生き延びバラック小屋で生活する国民の復興に欠かせない、住宅建築資金の貸付け額とその償還期間を拡大した。さらに、自己資金で持ち家を買う余裕のない国民のために、安価な賃貸住宅を建設する公営住宅法を成立させる。

「政治とは生活だ。国民の生活を向上させることだ」というのが田中の口癖で、新潟だけではなく、全国の道路整備にも情熱を注いだ。五二年に道路法を成立させ、国民生活の重要なインフラである国道の管理を国が担うことを徹底させた。

さらに、当時の日本では誰も考えなかった有料道路敷設のための道路整備特別措置法を制定、翌五三年には、ガソリン税や軽油税を目的税化する「道路整備費の財源等に関する臨時措置法」を成立させて道路整備の財源を確保した。

「角栄さんの立法でうなったのは、常にその施策を行うための財源にまで目を向けることだ。いかにも実業家としての感性があった。カネがなければ、事業はできないという感覚を持った稀有な議員だった」

角栄の秘書官を務めた元通産省事務次官の小長啓一は、そう述懐する。

角栄が成立させた議員立法は三三（廃案になったものも含めると四八）もある。これは、大政治家・吉田茂も、池田勇人も佐藤栄作も、党人派の雄、河野一郎や大野伴睦（ばんぼく）も敵わない記録である。

原理原則を守りながら、奇抜なアイデアを生み出すために智恵を絞る。羞恥心や品格、さらには業界の慣習については、一切忖度しない。それより国民の飢餓感を満たし、役に立てばいい。それが、政治家角栄のアイデンティティだった。

この発想は、近年まったく別の集団の常識として注目された。その集団とは、〝ハゲタカ〟と呼ばれた外資系金融機関の社員たちだ。

日本には不文律の商慣習が多数あり、それが法律と等しい威力で、日本社会と既存のプレイヤーを縛っている。だが、その慣習はあくまでも内輪のルールで、守らなかったとしても違法ではない。

そこで、外資系金融機関の駐在社員は、日本の法律を徹底的に研究する。そして、法律を楯に次々と厄介な商慣習を打破し、さらに、都合の悪い法律は、彼らが取り込んだ代議士を使って改正させていった。

法律の網の目を潜り、自分たちに都合の良いルールを思い通りに作りあげる。これが、外資系企業が、日本の資産をいとも簡単に奪った秘訣だった。

角栄は、この〝ハゲタカ〟どもと同じ発想を、彼らより五〇年以上も前から実践していた。

吉田茂の窮地を救った角栄

国民のために議員立法を次々と成立させた角栄だが、それだけでは永田町での政治的影響力は不十分だと冷静に見据えていた。

政治家・角栄が最も輝ける場所――それは、官僚出身のドン、吉田茂の門下、「吉田学校」とも呼ばれた派閥に身を置くことだった。

当時の国会議員は、吉田茂や佐藤栄作をはじめとする官僚出身者か、大野伴睦や河野一郎のような戦前からの叩き上げ政治家である党人派に二分された。角栄自身は、紛れもなく党人派なのだが、敢えて官僚派のドン、吉田茂に接近しようと考えた。自分が必要とされる場所を探す角栄らしい判断だ。

吉田の周囲には、角栄のようなタイプの政治家が、存在しなかった。吉田学校に身を置くのは、東大卒の高級官僚出身者が大半だった。皆、気心は知れているから結束力もある。だが、政治はエリートたちの発想だけでは回らない。手を汚し、泥にまみれるような工作を厭わない人材が必要だった。

それならば、俺こそうってつけではないか。

それに、自身が得るものも、大きい。

尤も、このエリート集団は、角栄など相手にしない。どうやって、自分を認めさせるか――。そのために、角栄は知恵を絞り、タイミングを測った。

そして、格好の機会が訪れる。

一九四八（昭和二三）年四月――、大手化学肥料会社、昭和電工の社長が、政府の復興金融金庫の融資欲しさに、政治家や官僚に賄賂をばらまいた疑惑が持ち上がる。やがて昭電疑獄と呼ばれる大事件へと発展、国会議員が一〇人も逮捕されて、一〇月、蘆田均内閣は総辞職に追い込まれた。

後継の首相指名が取り沙汰される中、当時日本を統治していたGHQ（連合国軍最高司令官総司令部）の民政局のチャールズ・ルイス・ケーディスが、「次期首相は吉田ではなく、山崎猛（民自党幹事長）にしろ」と露骨な介入をしてきたのだ。

本来なら、野党第一党である民主自由党（民自党）の総裁・吉田茂が就任するのが憲政の常道だ。ところが、GHQの政策に何かと楯突くために、吉田茂は敬遠された。

民自党内の反吉田派らは、この機に乗じて山崎首班を押し通そうと画策した。

「それは、おかしいだろ！」

末席から、だみ声が飛んできた。

民自党総務会で、既に因果を含められていた吉田がまさに総裁辞任を口にする直前だった。

ちょび髭の男が、叫んでいる。幹部もよく知らない一年生議員の田中角栄だった。

「若造は黙れ！」

反吉田派からヤジが飛んでも、角栄は一歩も退かない。

「いくら占領下でも、こんな露骨な内政干渉が許されるんですか。日本の世論が、どう反応するか。そもそも、本当にGHQの総意なんですか。吉田首班がダメだというなら、下野すべきでしょう。私は、断固闘う！」

強い口調で角栄が訴えると、会場は騒然となった。さらに角栄は、山崎首班という結論が、GHQと政府の手続きの手順とは異なると指摘、ケーディスの介入は個人的なものではないかと、踏み込んだ。稀代の人たらし・角栄が、吉田のハートを摑んだ瞬間だった。

角栄の一言で、それまではすっかり意気消沈していた吉田までもが息を吹き返し、「総裁は辞めない」と開き直った。そして、第二次吉田内閣が発足するに至るのだ。

角栄は、この時の論功行賞により、一年生議員にもかかわらず、法務政務次官に抜擢される。

そして一九四九（昭和二四）年一月、第二四回総選挙で民自党が大勝し、第三次吉田茂内閣の組閣が始まった時もまた、角栄は吉田に貢献する。

大蔵大臣の人選に悩んでいた吉田は、娘婿・麻生太賀吉に相談する。すると、麻生は三人の衆議院議員にアドバイスを求めたのだが、その一人が、田中角栄だった。

麻生との関係が始まったのは角栄の新人時代だ。吉田の総理復権の功労で、一気に吉田の懐に入った際、角栄は、自身と年齢のそう変わらない麻生に目を付けた。

麻生も第二四回総選挙で初当選したばかりで、岳父の威光があるとはいえ、永田町での人脈は細かった。そこで角栄は麻生に情報を提供したり、政敵に関するアドバイスをしたり、何かと彼の面倒を見たのだ。

蔵相について相談を受けた角栄は、即答する。

「麻生さん、この時期にやれるのは、池田勇人だけですよ」

「角さん、それはいくらなんでも無茶だろ。池田は前大蔵事務次官だが、今回の選挙で初当選したばかりの新人だぞ」

「総理が蔵相人事に悩まれているのは、財政が逼迫しているからじゃないですか。そんな時に、財務が分からないお飾りはダメだ。また、民間からの登用もあり得ない。池田さんは、税の専門家なんです。彼しかいない」

財政健全化に頭を痛めている吉田の腹の内を的確に読み、しかも、吉田が構想していた蔵相候補が、都銀の頭取であるのを知った上で、財政のプロでなければ、難局は凌げないと主張したのだ。

その結果、初当選ながら池田は、蔵相に就任する。

角栄と池田が親しかったわけではない。角栄は、吉田にとって役に立つ人物を常に探し続けていたに過ぎない。そして、池田は吉田派にはいないタイプの人材だった。大蔵官僚出身の池田は事務次官も務めたエリートだったが、青年時代に大病をしたことが災いして、大蔵省では傍流と言われる税務畑からのしあがってきた。

「まさか、一期目で、大蔵大臣になるとは夢にも思わなかった。おまえの言うことは何でも聞くよ」

四九歳の池田は、三〇歳の角栄にそう誓った。

「池田さん、私は、この難局を乗り越えられる大蔵大臣は、あなたしかいないから推したまでです。でも、これから深いおつきあいをお願いしますよ。それから池田さん、折り入ってご相談があるんですよ」と、角栄は妻ハナの連れ子の嫁ぎ先を探していると池田に持ちかけたのだ。池田との関係を深めるのにも、ぬかりはない。

池田も、角栄という「使い勝手の良い男」との絆を強くしようと考えたようで、すぐに甥と縁組みをさせた。

永田町は、怪物や妖怪のような強者が跋扈する世界だ。そんな中で、若き角栄は、水を得た魚のように巧みに泳いで、人と人とを繋ぎ、恩を売った。

特に、自らが「役に立つ」位置取りの勘は天才的であった。すなわち、自身と似たようなタイプがいるような組織には、身を置かない。

異彩を放つことができる場所を察知して、立つ場所を変えていくのだ。

吉田派に身を置いたのも、生きるための嗅覚が働いたからだろう。

長きに渡って日本政治に君臨してきた吉田茂が引退後、角栄は、その処世術を発揮した。

吉田派は、いずれもが次期総理候補と目されていた佐藤栄作と池田勇人を担（かつ）ぐ二派に分かれる。

両派では、角栄がどちらに付くのかに注目が集まった。

大方の予想は、日米安保強化や沖縄返還を掲げる佐藤より、経済重視であり、親族の縁もある池田と組むのではないかというものだった。池田が角栄の尽力で大蔵大臣に抜擢されたエピソードも、周囲によく知られていた。

ところが、角栄は、佐藤を選択した。

佐藤派を選んだ才覚

「角さん、なんで俺についてきてくれないんだ」

池田に詰（なじ）られても、角栄は動じない。

「池田さん、俺はあんたと会う前から、佐藤さんと親しかったんだよ。そういう個人的繋がりがある。だから、分かってくださいよ」

池田、佐藤はともに同時期に代議士に初当選しており、いわば同期である。だが、佐藤は非議員にもかかわらず、第二次吉田内閣で官房長官を務め、池田よりも早くに頭角を現わしていた。

角栄は、その頃から佐藤に接近し、信頼を得ていたのだ。池田に先んじて吉田に目をかけられていた佐藤だが、その評判は、党人派の大野伴睦らにすこぶる悪かった。兄が岸信介だったこともあるだろう。また、誰にでも超然とした態度を取るため、「生意気だ」と反感を持たれた。

そこで、角栄の出番となる。角栄ならではの人脈を生かして情報を収集し、永田町の出来事は随時、佐藤の耳に入れた。佐藤にとって角栄が得がたい存在となるのに、それほど時間は掛からなかっただろう。

佐藤もまた、角栄に青田買いされたのだ。角栄が代表を務める長岡鉄道の顧問に就いて欲しいと佐藤に頼み込んでいる。佐藤は快諾し、総理大臣に就任するまで顧問を務めた。人情派の池田には閨閥で、地位や名誉に拘泥する佐藤には名誉職で、という違うやり方で、角栄は未来の総理候補に自身をアピールしたのだ。

角栄にとっては両天秤の池田と佐藤だったが、最終的に角栄が佐藤派に属したのには、両者の側近たちの顔ぶれが決め手になったようである。

池田の周囲は、大臣秘書官を務めた大平正芳(当時は大蔵官僚)や前尾繁三郎や宮澤喜一など逸材で固められている。さらに、池田自身が財政通で経済に強い。

一方の佐藤の周囲には、さしたる実力者がいない。また、彼の志向は日米安保など外交が中心で、経済政策については、池田ほどの関心がなかった。

独特の嗅覚と勘で選ぶべき道を見極めてきた角栄は、自らがのし上がれる舞台は佐藤派にあると判断したのだろう。

出自や性格からすれば、佐藤と角栄は水と油の相性だったが、にもかかわらず佐藤は〝汚れ役〟として角栄を重用し、角栄は常にその期待に応えていく。

佐藤を悩ます日米繊維交渉

角栄が、佐藤を支えた中でもいちばんの大仕事は、日米繊維交渉だ。

戦後日本経済の復興に大きく寄与したのは、繊維製品の輸出だった。

一九五〇（昭和二五）年に勃発した朝鮮戦争による特需も後押しして、「ガチャマン景気（織機でガチャンと織れば、万単位でカネが儲かるという意味）」や、繊維、紡績などの「糸へん景気」と呼ばれる好況状態が一九七〇年代まで続き、日本の繊維業は、主力輸出産業の一つになっていた。

中でもアメリカに向けたブラウスの輸出は、日本経済の起爆剤となった。ニューヨークで働くビジネスウーマンの制服と言われていたブラウスを、より安価で良質な製品にできないかという米国バイヤーからの要望を受け、カネボウが生産を受注。それが、アメリカで大ヒットとなり、アメリカ製品を圧倒する。

それは同時に、米国繊維業界に深刻な不況をもたらした。そのため米国政府は一九五七（昭和三二）年、日本政府に対して、対米綿製品輸出を五年間自主規制するように求め、日米綿製品協定を結ばせたのだ。

しかし、自主規制期間が過ぎると再び、日本の繊維製品の攻勢が勢いを増した。

そんなタイミングで登場したのが、リチャード・ニクソン大統領だった。

綿花栽培や繊維産業が盛んな南西部を大票田に持つニクソンは、繊維規制を公約に掲げて、六八年の米国大統領選挙に当選、大統領就任直後から日本に対して、繊維輸出の自主規制を強く求めた。片や、首相在任中に沖縄返還を実現したい佐藤は、ニクソンの強硬姿勢に対して煮え切らない態度を取り続ける。

六九年五月、スタンズ商務長官が訪日、強硬に輸出削減を迫った。しかし、愛知揆一外相はそれを拒否する。

すると、ミルズ下院歳入委員長が「日本が自主規制に応じなければ、議会は繊維の輸入割り当てを法制化する」との声明を発表した。

佐藤は、大平、次いで宮澤を通産相に任じ交渉に当たらせるが、事態は一向に改善しない。

そこで白羽の矢が立ったのが使える男角栄だった。

試練の日米繊維交渉

一九七一（昭和四六）年七月、角栄は第三次佐藤栄作改造内閣で通産大臣に就任する。その二カ月後、日米貿易経済合同委員会に出席して繊維交渉に臨み、米国の一歩も引かない態度を目の当たりにする。

自由貿易を主唱する米国が、日本に自主規制を求めることに対して、当時の通産省は抗議していた。関税貿易一般協定（ＧＡＴＴ）には「被害なきところに規制なし」の大原則がある。米国はそもそも大きな被害を受けていないのだから、日本が自主規制する理由がなかった。

ところが佐藤は沖縄返還の見返りとして、繊維の輸出を自主規制すると〝密約〟していた。

角栄は、佐藤の花道を飾るため、アメリカの意向を受け入れる方法を模索した。それは、佐藤に恩を売るためでもある。

そして、角栄は佐藤に電話を入れる。

「総理、本当に繊維交渉を解決したいのであれば、方法は一つしかありません。アメリカの希望通り、我が国は自主規制に踏み切りましょう」

アメリカと〝密約〟を結んでいたとしても、日本経済を支える繊維輸出を自主規制すれば、財界や国民からの大反発を喰らってしまう。何とか、アメリカを納得させる方法をひねり出す――。そんな無茶な使命を、佐藤は、通産相に求めた。

その切り札として角栄を登板させたのに、あろうことか「自主規制をするしかない」などという進言をしてきた。佐藤にとって、それは許しがたい違背だった。

「そんなことが、まかり通ると思っているのか！」

佐藤の怒りを受け止めつつも、角栄はあるアイデアを提案する。

「規制によって繊維業界が被るであろう損失を、政府が補償すればいいんです」

補償額を聞いて、佐藤は愕然とする。角栄は「二〇〇〇億円」と言ったのだ。当時の通産省の一般会計予算は、およそ一千数百億円。そのような大金を、捻出するのは不可能だった。

「総理、繊維交渉の解決にはこれしかない。カネの算段は、私と水田(三喜男・蔵相)さんで考えます。だから、了承してください」

他の大臣がそう言ったなら、佐藤は言下に却下したろう。だが、新しい政策をぶち上げるたびに、どこからか財源を確保する角栄ならば、やってくれるかもしれない。しかも、米国は、繊維交渉が不首尾に終われば、沖縄返還に影響が出るという脅しを仄めかしている。

詳しい話は聞かない。成功すれば、佐藤は宿願を果たせるし、失敗すれば角栄のスタンドプレイを咎めればいいのだ。

佐藤は、了承する。

佐藤の了承を得た角栄はすぐさま、「総理からお許しが出た。繊維交渉の解決金として、二〇〇〇億円かき集めてください」と水田蔵相にねじ込んでしまう。

さらに、念押しするかのように角栄は、「二〇〇〇億円よろしく」と書いた名刺を、秘書官の小長啓一に持たせて、大蔵省通産担当の主計官に届けている。

国家財政の歳出を取り仕切る主計局長ではなく、現場責任者である主計官に名刺を届けさせるところが、角栄の真骨頂だ。

角栄は常に、最前線で責任を負っている官僚を大切にする。さらに、稟議など書類仕事の手間暇を省くための手法も知っている。

現場の役人は気持ちよく仕事ができるし、しかも迅速確実に方針を通すことができる――。角栄はそこまで配慮していた。

それまでの大平正芳、宮澤喜一両通産相が、スジ論を通して解決できなかった難問を、角栄は得意のカネで始末したのだ。

後に沖縄返還問題をカネで解決した件については「糸を売って縄を買う」と皮肉られたが、角栄は結果を重視した。

誰も損をしない手法

通産大臣秘書官として角栄をサポートし、その後は、角栄の総理事務秘書官としても活躍した弁護士の小長から、当時のヒリヒリする交渉について聞いた。

川崎に住む小長は、「健康の秘訣だから」と、大手町にある弁護士事務所まで電車通勤している。そのおかげか、八七歳（二〇一八年当時）になってもダンディなスーツを着こなしており、霞が関や官邸で颯爽と執務する当時の姿までもが想像できるようだ。

「政治家になる前から、人間社会は欲望と欲望のぶつかり合いで形成されていると、角栄さんは悟ったんでしょうね。だから、それぞれの欲望をコントロールすることで、人心を掌握した。そこには必ずお金が絡む。そのカネを有効に使う術を、角栄さんは熟知していた」

角栄に対する尊敬の念は、今も変わらないという小長は、日米繊維交渉で見せた角栄の交渉術は、唯一無二の解決法だったと述懐する。

「カネの大義名分を考えるのも巧みだった。角栄さんはあの時、佐藤総理に電話を入れる前、通産省の事務方に『この二〇〇〇億円は老朽化した過剰織機の処分に使われるもので、産業政策上、何ら問題ない』と説明していた。すなわち、アメリカの圧力に屈したのではなく、あくまでも産業振興のために国が支出するのだという〝理論武装〟も合わせて用意し、人と組織を自在に動かす。そこに角栄さんの凄さがあった」

四方丸く収める――のは、日本の商人（あきんど）の極意だ。政治（外交）交渉である貿易交渉といえども、角栄は商人の感覚を大事にした。誰も損をせず四方八方丸く収めながら、いかに有効に人とカネを動かすかを最優先で考えた。もちろん角が立たないように大義名分を掲げる。

いわゆるビジネス的なハードネゴシエーションができる政治家は、日本には稀有である。だからこそ、角栄は異彩を放った。

だが、そうした才覚を持つ一方で、政治家としての重大なマインドが欠けていた。

外交とは、そもそもお互いの利害衝突を、どこに落とし込むかの闘争だ。だから、必ずしも「丸く収まる」わけではない。そこで無理をすると、その無理が、無茶に変わってしまう。

すなわち、出来ない約束が存在したり、強引な決定を、関係者に強いることになる。

だが、外交や国際政治の深刻な衝突に対処した経験がない角栄は、日米繊維交渉を成功体験として、自らの政治手法にしてしまう。

この瞬間、ロッキード事件の種が蒔かれたのではないだろうか。

《ニクソンは味をしめた。外交と利権を絡ませ、角栄が応えた。ニクソンと角栄には、外交の節操がなかった。ロッキード事件はそこから起きた》（『田中角栄　戦後日本の悲しき自画像』）

同書の著者、元朝日新聞政治部記者の早野透は、この時の交渉が分岐点だったと分析している。

かくして、角栄は総理の座をぐっと引き寄せた。

一説には、福田赳夫への禅譲を考えていた佐藤が、角栄を繊維交渉という厄介事に縛り付けて、総裁選挙の準備をさせないように画策したといわれているが、私は当時の佐藤にはそんな余裕はなかったと考えている。

それよりも、沖縄返還という宿願を果たしたいのに、自分が期待した者が誰も繊維交渉で成果をあげられない。致しかたなく最後の切り札として「使える男」角栄を投入したのだと思う。角栄ならやってくれるに違いないという藁にも縋る心境だったのだ。佐藤には後継者問題など眼中になかった。もしかしたら、この交渉の成否が後継者問題を左右するという程度には思っていたかも知れない。

自民党内の人事について佐藤は「俺に逆らえる者はいないし、角栄は絶対服従する」と確信していたと思えてならない。長期にわたって絶大な権力の座にあった者の驕りと油断が、佐藤にもあった。

佐藤が勇退後の後継者指名を見送った時、角栄の総理就任が、約束されたも同然になった。

吉田茂にはじまり、岸信介、池田勇人、佐藤という歴代総理に深く関わり、彼らが困った時には、いち早く馳せ参じ、かならず難題を解決してしまう。

この頼もしさこそが、学歴ナシ、土建屋上がりという、政治家としては致命的なハンデを克服する原動力となったのだ。

薄氷の勝利

一九七二年(昭和四七)七月五日――東京の天気は曇後晴、最高気温三一度の暑い日だった。だが、この日、日本で一番熱い場所は、千代田区の日比谷公会堂だったに違いない。

日比谷公会堂では、午前一〇時から、第六代自民党総裁を選ぶ臨時党大会が開催されていた。

午前一一時半ごろから、第一回投票の開票が始まる。開票結果は以下の通り。

田中角栄　一五六票

田中内閣発足（1972年7月）

福田赳夫　一五〇票
大平正芳　一〇一票
三木武夫　六九票

たった六票の差しかなかったと知って、角栄は「椅子から三〇センチも飛び上がった」という。

日米繊維交渉で大金星を上げた角栄に配慮した佐藤が、福田を後継指名しなかったことで勢いを付け、佐藤派の大半を自陣に取り込み、圧勝するだろうと予想されていた。

ところが蓋を開けてみれば、まさに薄氷を踏む結果だった。角栄は、総裁候補者である三木と大平とは「決選投票の時は支持する」と手打ちしており、盟友である大平の顔を立てるために、少しの票なら大平に回してやっても構わないと油断したのだ。その後、一位と二位による決選投票が行われ、角栄は二八二票と圧勝して、第六代自民党総裁となった。

名を呼ばれた角栄は、得意の右手を挙げるポーズで応じた。

会場の最前列にいた佐藤総理は、ぎこちない笑顔で角栄と握手する。笑顔がひきつっているのは、佐藤が後継者にしたいと考えていた福田赳夫が負けたからだ。

角栄の心中も複雑だったろう。

日比谷公会堂に乗り込む前に、ホテルニューオータニに集結した「田中推し」の議員は一九二人いた。それを考えると、想像以上の「裏切り者」が出た勘定になる。

そのせいか、壇上に上がった角栄の顔は汗びっしょりだった。

安堵と不安が入り乱れ、そこに暑さも加わって、いくら扇子で煽いでも、角栄の顔から汗は引かなかった。

4　同床異夢で臨む日米首脳会談

「政治は国民のものである。民主政治は一つの政策がどんなに立派でも、国民の支持と理解がなければ、効果は上げられない。私は党員各位と共に国民の支援を求め、前進していく」

一九七二年七月五日、第六代自民党総裁に就いた角栄が会見で語った抱負だ。

新聞各社は、田中内閣に好意的だった。「今太閤」「コンピューター付きブルドーザー」などという言葉が紙面に躍り、日本初の庶民階級出身の宰相は大歓迎された。

八月二九、三〇日に実施された朝日新聞の世論調査（九月一八日発表）では、内閣支持率は六二％に達した。平成の世では、細川護熙内閣＝一九九三（平成五）年＝（七一％）や小泉純一郎内閣＝二〇〇一（平成一三）年＝（七八％）などの高支持率内閣が現れるが、戦後以降の内閣では、突出した支持率の高さだった。

庶民宰相への期待は圧倒的だった。

角栄はその期待に応えるべく、しゃにむに走り始める。

そして、九月一日、二日（日本時間八月三一日、九月一日）にハワイで行われる日米首脳会談を迎える。

深刻な米国の貿易赤字

戦後、経済大国として圧倒的な地位を確立した米国だが、七〇年代に入って急速に悪化の道を辿っていた。

七〇年は二七億ドルの黒字だった貿易収支も、七一年四月には赤字に転落する。日本とヨーロッパが戦後復興を経て勢いを取り戻したのが、最大の原因だった。

中でも、対日貿易赤字が深刻だった。そもそも日米貿易は、戦前から六四（昭和三九）年までは日本側の大幅な輸入超過だった。ところが、六五年を境に一億一三〇〇万ドル（当時の為替レート＝三六〇円＝で、約四〇七億円）の対米黒字となる。以降、日本の黒字は増加し続け、七一年には二五億一七〇〇万ドル（当時の為替レート＝三〇八円＝で、約七七五〇億円）に達していた。

具体的には、カラーテレビ、白黒テレビ、コンデンサーなどの電子製品、板ガラス、オートバイ、自動車、家電製品、鉄鋼などで、日本製品がアメリカ市場を席巻していた。さらに、米国では失業率も増加。六九年には三％だったのが、七一年には、五〜六％に跳ね上がっていた。

日米繊維交渉で一息ついたものの、米国経済復活のために、対日赤字問題では相当踏み込んだ要求を日本に呑ませたいとニクソンは考えていた。

七二年は、ニクソンが大統領再選を目指しており、対日赤字解消は必須の政治課題だった。

一方、日米繊維交渉で苦労した日本としては、最初の首脳会談を経済中心の会議にしたくないという思いが強かった。

実は、その準備ともいえる日米間の交渉が二度行われた。

一度めは、日米通商協議で、角栄が首相に就任した七月に、箱根で開催された。通商関係の実務者レベルの協議で、膨大に膨らんだ対日赤字解消のために米国側から、貿易不均衡解消の提案がなされた。日本側は、米国側の要求に対してすべて「ＮＯ」を突きつけている。

ニクソンはよほど焦ったとみえて、日米首脳会談の直前というタイミングで、タフネゴシエーターで知られる〝切り札〟を日本に差し向けた。

それがヘンリー・キッシンジャー大統領補佐官だった。

アメリカ外交の巨人が好感

キッシンジャーは一九二三（大正一二）年、ドイツのバイエルン州フュルトで、裕福なユダヤ人家庭に生まれた。ヒトラーが擡頭しなければ、まったく異なった人生を歩んだのだろうが、三八（昭和一三）年、ヒトラーの反ユダヤ政策を嫌い、家族は米国移住を決断する。

その後は、生活が苦しくなり、キッシンジャーは働きながらニューヨーク市立大学に通う。

そして、第二次世界大戦が勃発、キッシンジャーは陸軍に入隊し、ドイツへと向かう。ナチスへの恨みなのか、あるいは入隊によって人生が拓けると、彼独特の嗅覚が働いたのか定かでない。いずれにしてもその選択が、彼の中で眠っていた才能を開花させた。

すなわち、策謀と戦略を巡らす才能だ。かつての母国語であるドイツ語を駆使して諜報活動に従事するという経験が、その後、彼の天才的な権謀術数の外交手腕に生かされた。

四六年に復員すると、キッシンジャーはハーバード大学に入学、博士号を取得する。それと同時に、諸外国の有望な若者をスカウトする活動にも参加した。

その〝門下生〟には、中曽根康弘がいた。

その後、石油王のロックフェラー家の顧問を経て、大統領選挙に出馬するニクソンの補佐官に就任、そこから二人三脚が始まる。

権謀術数に長けたキッシンジャーは、ニクソンの頭脳そのものだった。

キッシンジャーは早くから日本を注視し、戦後、アメリカを経済的に脅かす存在になると予見したようだ。だからといって敵視するのではなく、むしろ日本を反共の壁として利用しつつ、米国の利となるように考え、行動した。

たとえば、佐藤政権が終焉を迎えると知るや、七二年六月、日本に足を運び、次期総裁について調査している。そこで佐藤が福田赳夫に総理の座を禅譲しようとしている腹を確認した上で、キッシンジャーは角栄に会っている。

キッシンジャーは、角栄に好感を抱いた。

それまでの佐藤と比べて、角栄の会話の歯切れの良さと、ビジネスマンとしてのマインドを評価したようだ。

ただし、キッシンジャーの「好感」とは、「角栄は使い勝手がいい。上手に煽(おだ)てればアメリカに大きな利益をもたらすに違いない」という意味だ。

戦後二七年を経ても、日本はアメリカの植民地であり、徹底的に尽くして当然と、米国政府は考えていた。にもかかわらず、佐藤は米国の思惑をのらりくらりとかわし、必ずしも期待に応えなかったため、ホワイトハウスは苛立っていた。

だからこそ、角栄のような「即断即決」の政治家を歓迎したのだ。

軽井沢での事前会談で手応え

日米首脳会談二週間前の八月一九日、軽井沢で休暇中だった角栄に、キッシンジャーは単身、会談を申し込む。

角栄は、「一国の総理たる者が、補佐官相手に会談するのは筋が違う」と難色を示す。メンツの問題だけではなく、首脳会談に当たって、無理難題を押しつけられるのを警戒したのだ。

しかし、キッシンジャーは引き下がらず、かつての教え子、中曽根に仲介を頼む。中曽根は「キッシンジャーが、休暇中の首相を訪ねるという形なら、いいじゃないか」と角栄を説得し、軽井沢の万平ホテルでの会談が決まった。

そして日米貿易不均衡の改善について、日本の積極的な対応をキッシンジャーは求めるが、角栄は防戦するしかなく、日米首脳会談では約七億ドルの緊急輸入を表明すると承諾する。キッシンジャーの要求はそれだけでは終わらず、向こう二年間で、日本は対米黒字を二〇億ドル減らすよう求めた。

非公式な会談のため、当日の様子は、当事者たちの言葉で明らかになっているだけだが、両者は和やかなムードを演出して蜜月をアピールしたようだ。

角栄にとっても、損な会談ではなかったようだ。日米貿易の不均衡是正問題について、ねじ込まれはしたものの、自身の懸案である日中国交回復について、キッシンジャーから良い感触を得たふしがある。

事実、ハワイでの首脳会談において、ニクソンは、「対中問題は、日米それぞれが独自路線を歩めばいい」と、日本の方針をあっさりと容認しているのだ。

異例ずくめの歓迎

ニクソンが、どれほど日米首脳会談を重視していたかは、米国側の対応に如実に表れている。

ニクソン側から会談を持ちかけ、準備段階ですでに米国の意向を明確にしただけでも異例なのに、会談場所がハワイというのも異例だった。

東京〜ワシントンDC間の距離は約一万キロで、東京〜ハワイ間は約六〇〇〇キロだ。つまり、ニクソンは四〇〇〇キロほどの距離をわざわざ移動して、日本の新総理を迎えているのだ。

これは明らかに、「君に期待しているから特別待遇なんだ」という、アメリカの意思表示だ。

その特別待遇は徹底していた。

田中・ニクソン会談（1972年8月31日）

なんとニクソン自ら空港まで足を運び、タラップの下で、角栄を出迎えたのだ。

原則として米国大統領は、安全上の問題から、外国要人の出迎えをしない。角栄以前の日本の歴代首相で、そんな歓待を受けた総理は一人もいない。

　これには角栄も大感激したようで、足早にタラップを下りると、ニクソンと固い握手をかわした。この時、角栄が「俺はニクソンから期待されている」と確信したのも無理はない。

　その後、演台で両国国歌の吹奏、閲兵などの行事が進む。そして、陸海空、海兵隊、沿岸警備隊の「五軍」の軍旗に近づくと、角栄は直立不動の姿勢から日本式の深いおじぎをした。

　次の瞬間、ニクソン大統領もつられて軽いおじぎをしたのだ。

　さらに、キッシンジャーは、記者団に角栄の印象を尋ねられて「力強く、魅力的、あけすけ」と〝ベリー〟をつけて皮肉混じりに首相を褒め上げた。

アメリカ側は、角栄を徹底的に持ち上げ、その気にさせ、ニクソンが望む、貿易不均衡解消の実現をひたすら目指した。

だからこそ、中国問題での日本による独自外交についても、渋々ではあったが認めたのだ。

そして、日本は、アメリカに対して総額で当初の約束以上の一一億ドルの緊急輸入を示した。しかも、具体的な買い物リスト付きで、そこには濃縮ウランや大型旅客機も記されていた。買える物は、何でも買うという大盤振る舞いだった。

その手法は、カネをつぎ込んで解決を約束するという日米繊維交渉の際の解決策と同じだ。それによって、角栄はニクソンとキッシンジャーの窮状を救ったと自負した。

実際、ニクソンは貿易赤字解消について、最低限の結果を出し、その後の大統領選挙を戦える材料を手にした。

5　日中国交回復の意義

ロッキード事件には、さまざまな陰謀説がある。その一つが「角栄が米国より先に中国と国交を結んだことで、米国を怒らせた(=虎のしっぽを踏んだ)」というものだ。だが、日米首脳会談では、ニクソンとキッシンジャーは渋々ながらも、日中国交回復を認めている。また、当時の世界情勢を見ると、日中国交回復には別の重要な目的が存在していたと分かる。

角栄が首相に就任する約半年前に、ニクソンは訪中していた。

朝鮮戦争で北朝鮮を支援した共産国家・中国を、それまで米国は敵視してきた。しかし、七〇年代に入ると、国際政治においては中国を無視できなくなった。自由主義諸国はこの新たなる変化の潮流に乗るタイミングを検討していたのだ。

中ソ不和による大変動

米国が、中国に急接近した背景には、ある大国の存在があった。

ソ連である。

同じ共産主義国家であるため、中国は建国当初は、ソ連と「一枚岩」の関係にあった。

だが、中国には終戦当初、台湾政府を中国代表だと容認していたソ連に不信感があった。

一方、ソ連も、独自路線を突き進む毛沢東を、警戒するようになった。

一九六〇年代に入り、米ソ対立が鮮明になると、中国はソ連に対する批判に遠慮がなくなり両国の関係は冷え込んだ。

そして、一九六六（昭和四一）年、毛沢東による文化大革命の断行が決定打となる。

中国政府は、ソ連を「修正主義」として、米国の帝国主義と同列だと非難した。片やソ連は、文化大革命はマルクス・レーニン主義と無縁と突き放し、両国の関係は悪化の一途を辿る。

この機会を、西側先進国は逃さなかった。中でも米国は、中国を取り込むことで、ソ連を孤立させたかったのだ。

自由主義国は、世界を共産主義化から守るための「反共（＝反ソ）」という大義さえあれば、どれだけ野蛮な行いも認められると考えていた。アメリカとは無縁のベトナムで戦争を起こしたのも、大義名分は「反共」だった。

したがって、将来大国になるかも知れない中国を、ソ連から引き離す機会を逃すわけがない。

一方の中国も、焦っていた。

対ソ関係の悪化による対立で国際社会での孤立を避けたい中国は、米国との関係を強固にする必要があった。さらに、国力を上げるために、経済大国となった日本の支援も切望していた。

中国にとって、日米両国ともにけっして与しやすい相手ではない。国家の存亡を賭けると言っていいミッションを、毛沢東は一人の男に託した。

中国首相・周恩来だ。

一八九八（明治三一）年生まれの周は、辛亥革命（一九一一年）による清朝崩壊と中華民国建国（一二年）という中国近代化の波の中で多感な時期を過ごし、やがて共産主義運動にのめり込むようになる。

実務派の周恩来と、軍事戦略家の毛沢東という絶妙のコンビネーションで、中華人民共和国誕生を達成したのだ。

中国成立後は、毛沢東が掲げる国家像の現実化が周恩来の職務となった。

「私の目の黒いうちに、中国を安定させる」と、周は最大のミッションに突き進んだ。

だが、周には時間がなかった。

病魔（膀胱ガン）が、周の体を蝕んでいたのだ。

日米との関係を構築するうえで、周が最も心を砕いたのは、両国の軍事的脅威からの防衛であった。

とりわけ、日本の軍国主義化を、彼は懸念していた。

それは、ジャーナリストとして来日し、周恩来に直接報告をあげていた中国外交部員の王泰平が著した『「日中国交回復」日記　外交部の「特派員」が見た日本』（二〇一二年）からも分かる。一九七一年一月二九日の記述には、周恩来がナーバスなまでに日本の軍国主義化を恐れ、警戒しているとある。

《日本の支配階級は、第二次世界大戦失敗の根本原因は、「国力不足」で、再起をはかるには、過去の数倍もの強大な力を擁しなければならない、「経済力は国防力の核心」、「真の軍備とは世界の近代工業の支配権を握ること」と考えている。だから、戦後の日本に復活した軍国主義は「先ず富国、その後強兵」という基本国策をとった。先ず「経済第一主義」を実行、「平和経済」の発展という表看板の裏で、戦争への潜在力を増強し続け、完璧な「事あれば軍となり、事なくば民となる（軍と民を兼ねること）」、「平和と戦時の結合」体制を再建し、経済大国から軍事大国へと移行したのだ》

周恩来の警戒が、どれほどのものだったかは、同書で、王の調査が甘いと、厳しい口調で非難している記述からも分かる。

さらに、七一年七月九日から一一日までの期間、北京を極秘訪問していたキッシンジャー補佐官に対し、周恩来は米中関係の再構築よりも、日本の軍国主義化についての議論に時間を割いている――。

共同通信の記者として長く在米報道に携わってきた春名幹男の『仮面の日米同盟　米外交機密文書が明かす真実』などを元に、二人のやりとりを再現してみる。

「キッシンジャーさん、貴国が沖縄を日本に返還すると、米軍は日本から撤退するんだろうか」

「まさか、そんなことは絶対ありえませんよ。日本政府は、日本国内の米軍基地の現状維持を求めています」

「それは、本当に間違いないんだろうか」

いかにも臆病そうに、周恩来はキッシンジャーに尋ねた。

「ご安心を。沖縄返還後も、米軍は駐留するし、その駐留費用の一部を日本が持つという密約もある。つまり、沖縄は返しても、沖縄という機能は、変わらないんです」

「だとすると、現在、配備されている核兵器が残るという意味ですか」

米国の占領期、沖縄には核兵器が配備されていた。日本復帰に当たり、その核兵器の扱いに、中国が神経を尖らせたのは当然だった。

「周首相、これはまだ日本には伝えていないのですが、沖縄が日本に復帰するまでに、全て撤廃します」

当事国である日本より前に、この情報を周に伝えるあたり、自己中心的なニクソンとキッシンジャーの姿勢が窺える。

この情報を聞いても、周は安心しなかった。

「沖縄から核兵器が撤廃されたら、今度は日本が核武装するんじゃないんですか」

当時（第三次佐藤内閣）の防衛庁長官・中曽根康弘が発表した第四次防衛力整備計画（四次防）を周は警戒していた。総額が、三次防の二・二倍、五兆八〇〇〇億円になる可能性があったからだ。

しかし、キッシンジャーは、自国の影響で膨らんだ四次防予算など棚に上げて、米国に都合のよい論法を展開する。

「日本に核武装なんて、させるわけがないじゃないですか。いいですか、周首相、我々がなぜ日米安保条約を堅持していると思うんです。条約が日本の軍事国家化を封じ込める瓶の蓋だからですよ」

「瓶の蓋理論」と呼ばれる考え方は、日米安保条約の必要性を訴える際に、米国の一部でしばしば言及される。米軍が撤退したら、日本は軍備を強化するというのが、米国の見立てだ。そして日米安保条約は、日本の軍国主義化を封じ込める蓋——という考え方だ。

これまでは、日本は日米安保条約で軍国主義を復活させるつもりだと、中国は非難してきた。そこで、米国政府が考え出したのが、この「瓶の蓋理論」だった。

何から何まで、米国に都合の良い主張なのだが、周は米国の主張を受け入れた。

眠れるハイドを起こすな

今では笑い話のようだが、当時は、中国だけではなくアジア各国が、日本は必ず核兵器を保有する軍事大国になると考え、怯えていたようだ。それどころか、日本の軍国主義、拡大主義に対する米中の懸念は今なお存在すると主張する政治学者もいるほどだ。

私が取材で中国を訪れていた時に、一人の日本人学者に会った。彼は、米国で中国学（シノロジー）を専攻した後、中国に乗り込んで日中米三国の微妙な関係について独自の研究をしていた。

「中国とアメリカには、日本に対して共通の認識がある。それは、日本はジキル博士とハイド氏だという考えで、怪物のハイド氏は可能な限り眠らせておきたい、と考えている」と彼は言う。

「ジキル博士とハイド氏」とは、『宝島』で知られる一九世紀の英国の冒険小説家ロバート・ルイス・スティーブンソンの作品で、解離性同一性障害（いわゆる二重人格）を本格的に扱った物語の主人公だ。社交的できまじめな研究者ジキル博士は、自らが開発した薬を飲んで凶暴なハイド氏に変身し、ロンドンの街を舞台に欲望の赴くままに悪事を働く。

今なおミュージカルや映画にもなる名作のタイトルは、多重人格者を指す代名詞としても用いられる。

つまり「日本という国は、世界でも稀に見る真面目で温厚な民族の国だ。ところが、これが突然、外国を侵略し、カミカゼ的自己犠牲も厭わないハイド氏のように変貌する時がある。だから、日本とつきあう時は、あまり怒らせない方がいいんだ」ということらしい。

妄想めいた意見だと笑う人もいるかも知れない。だが、ロシア（日露戦争）、中国（日清戦争）、米国（真珠湾攻撃）の三つの大国を攻撃し成果を上げたのは、世界広しといえども日本だけだ。

それだけに、周とキッシンジャーの会談の背景には、「何としてもハイド氏を目覚めさせてはならぬ」という思いがあったのではないか。

中国にとって脅威であるはずの日米安保こそが、アジア安寧の切り札だという米国の主張は、単なる屁理屈に過ぎない。しかし、周がそれを受け入れたのは、日本の軍国主義化については米国も同じ考えであり、さらに米国にはアジアでの覇権を握るという野望などないと、読みとったからだ。

米国は財政赤字と貿易赤字で追いつめられているうえに、対ソ、対中関係に頭を痛めている。それにベトナムでの損失も大きい。これらの背景を知った上で、周はキッシンジャーに掛け合った。

米国との関係を強化し、日本とも国交を回復しよう。それによって、国際的孤立が避けられ、米国の後ろ楯も得られる。さらに、日本に経済的支援の期待も出来る。それが周の思惑だった。

交渉相手は角栄のみ

日中国交回復の交渉相手は、角栄しかいない。

日本との友好関係を結ぶべく情報収集した結果、周が出した答えだ。佐藤栄作や福田赳夫が親台派なのと違って、角栄は中国問題について中立だったからだ。

また、角栄は軍事問題に興味がない一方で、中国に関しては熱心で、外務省アジア局中国課長の橋本恕(ひろし)とも懇意だという。

角栄の盟友である大平正芳が中国との国交回復を目指しているという情報も大きかった。

一方、ニクソン・ショックの直後、佐藤は様々なルートを使って、訪中したいと中国政府に打診していた。だが、周は、親台派の立場を崩さない佐藤や福田をまったく信用していなかった。そのため、「佐藤総理の訪中を歓迎しない」と明言。国交回復の交渉相手は、次期総理だと、日本の政財界の代表にメッセージを託している。

角栄が次期総理に就任出来ないならば、角栄が総理になるまで待つ覚悟だったことも、当時の中国政府関係者の証言として残っている。

周は、日本の政局の行方を注視した。そして、角栄有利と知るや、「田中先生が、総裁になって訪中されるならば、けっして困らせたり、恥をかかせたりはしない」と、中国を訪れた公明党の代議士に伝言を託している。

佐藤に対して「歓迎しない」とつれなかったのとは大違いだった。


ところで、角栄の中国観については、誤解されている。

角栄の対中感情は誰よりも好意的で、日中国交回復と日本列島改造論を実現するために総理になった――世間ではそのようなイメージが定着している。

だが、角栄は熱心な中国シンパだったわけではない。日中国交回復が、総理就任後の重大な外交課題であると理解し、この難関を是が非でも打破せねばならぬと考えていたに過ぎない。

また、自民党総裁選を有利にするため、日中国交回復早期実現をぶち上げていた三木武夫や、大平正芳、中曽根康弘を取り込もうとした戦略でもあった。

日中国交回復よりも、日米貿易不均衡の改善の方がはるかに重要だというニクソンの考えは、角栄と周にとって幸運だった。

日米首脳会談準備のために来日したキッシンジャーに、角栄が日中国交回復の意向を告げると、キッシンジャーは歓迎こそしなかったが、黙認した。

だが実際には、角栄は、日中国交回復に二の足を踏んでいた。それは、自民党総裁にはなったものの、一回目の投票で、福田と予想以上の僅差だったことが影響していた。ここで、親台派の反対を封じ込めて、強引に日中国交回復を進めると、自民党内が揺らぐのではないかと懸念したのだ。

その及び腰を奮い立たせたのが、角栄の中国問題の師である橋本恕と、大平だった。

「既に、中国はその気になっている。日本の世論も後押ししている。角さん、ここは勇気を出して一歩踏み出そう」

大平は、熱く角栄を説得している。

中国を研究し続けてきた角栄としても、毛沢東と周恩来が実権を握っている時でなければ、国交回復は実現しないのではという思いはあった。

元朝日新聞記者の早野透による『田中角栄　戦後日本の悲しき自画像』には、この時の角栄の心境が書かれている。

訪中し上海空港から帰国する田中総理。左は周恩来、後方に大平正芳外相（1972年9月30日／時事）

《わたしは後年、なぜあんなに日中国交回復を一気呵成に急いだのか、角栄に聞いた。

毛沢東、周恩来の目玉の黒いうちにやらなきゃと思ったんだよ。ふたりは何度も死線をくぐって共産党政権をつくった創業者だ。中国国民にとって肉親を殺されたにっくき日本と和解して、しかも賠償を求めないなんて決断は、創業者じゃないとできないんだ。毛沢東と周恩来が言えば、中国国民も納得する。ふたりがいなくなって二代目になったら、日本に譲るなんてことはできるわけがない》

そして、一九七二年九月二五日、角栄は晴天の北京空港に降り立ち、四日後の二九日、日本と中国の国交は回復した。

6 二度と戦争を起こさないために

ロッキード事件にまつわる陰謀説で最も有名なのが、「角栄はエネルギー問題でアメリカの逆鱗に触れたから」というものである。確かに、角栄は中国国交回復だけでなく、石油やウランなどのエネルギー資源を米国経由以外からも獲得しようと躍起になっていた。

わずか二年の首相在任中、角栄は世界中を飛び回り、石油とウランを新規調達しようと奔走した。角栄が総理に就任するまでは、石油もウランも、米国経由が相場だった。ならば、この一国依存状態を打破することこそが、日本が独り立ちするエネルギー安全保障の要諦だと、角栄は考えたのだ。

在任中の七三年一〇月に勃発した第四次中東戦争によって、日本はオイルショックに見舞われる。資源調達の苦労は並大抵ではなく、それを機に角栄はエネルギー外交に取り組んだと言われている。

しかし、真の動機は別にあった。

「日本が戦争したのは、石油を求めたからだ。石油は命の水だ」——自国のエネルギー安全保障の重要性を、角栄は事あるごとに語っている。

日米安全保障や再軍備、さらには核武装などについては「無関心だった」と言われる角栄だが、石油が底をつけば、日本は戦争をするしかないという、歴史的経験については、真剣に考えていた。そして同じ過ちを繰り返さないための抑止力として、日本はエネルギー確保を万全にすべきだという強固な信念を持っていた。

七三年九月二六日から一〇月一一日の間、角栄はフランス、イギリス、西ドイツ、ソ連各国へ外遊している。そして西ドイツ滞在中に、イスラエルとアラブ諸国の間で第四次中東戦争が勃発する。

外遊の第一の目的は、エネルギー資源の獲得だった。

エネルギー安全保障を強固にするためには、米国や中東にだけ頼るのではなく、世界のあらゆる国から資源を調達しなければならない。しかも、日本企業自らが、資源開発の当事者になることが、最良だった。

「決断と実行」の男、角栄はその使命のために、果敢に動いた。

フランスとの石油資源の共同開発を皮切りに、濃縮ウランを年間一〇〇〇トン購入する約束も取り付けた。また、ポンピドー仏大統領との会談後には、角栄自らが「日仏共同でウラン濃縮共同開発についても協議する」と発表している。フランス側も前のめりに応じたのは、経済成長を遂げた日本は、ビジネスパートナーとして魅力的だったからだ。それに、米国に対抗しうる国家を目指すフランスとしては、米国べったりの日本を、自陣に取り込みたいという思惑もあった。

その意気込みの強さを表すため、ポンピドーは、角栄にとっておきのサプライズを用意した。

ルーブル美術館の代表的名画、レオナルド・ダ・ヴィンチの「モナ・リザ」を日本に貸し出そうというのだ。門外不出の名画が、過去に貸し出された例は、たった一度（一九六二年、米国）しかない。

角栄は大喜びで、「日本の首相は、フランス最高の美女をかどわかしに来たと心配されるかも知れないが、ふさわしい栄誉をもって迎え、指一本触れさせずに返すと約束します」とコメントしている。

また、イギリスでは、北海油田の共同開発を要望する。角栄と共に資源外交を展開した中山素平ら財界資源派の下交渉で、実現の一歩手前までいったものの、メディアにスクープされて頓挫する。

それでも角栄は挫けなかった。西ドイツでは、ソ連のチュメニ油田を共同開発しようとブラント西独首相に提案、西ドイツ側は踏み込んだ回答をしなかったが、角栄は、次の訪問国であるソ連で、同油田の開発について交渉するつもりだった。

チュメニ油田は、ロシアの西シベリア・チュメニ州とオムスク州にまたがる広大な油田地帯の総称だ。一九五三（昭和二八）年にガス田が発見されて以来、ロシア最大の原油と天然ガスの産出地として、栄えている。

尤も角栄のソ連訪問には、油田開発よりもさらに難題があった。

北方領土返還だ。

ソ連のブレジネフ書記長は、北方領土問題が議題になるのを嫌って、チュメニ油田に話題を集中させた。だが、角栄も屈することなく、北方領土については「未解決の諸問題」という言質を取っている。

現在、「日ロ間に、領土問題は存在しない」と言明しているロシアの姿勢からすれば、ブレジネフはモナ・リザ級のサプライズを与えてくれたともいえる。

角栄のヨーロッパ歴訪の記録からは、国際エネルギー市場の大きな変化の兆しが見える。

世界のエネルギーを完全支配している米国の呪縛から逃れる方法を模索していた。そのジョーカー的存在として、日本は期待されていたのだ。

結局、角栄の資源外交で、実現したプロジェクトは皆無だった。原因は、角栄のせっかちな性分と財界資源派の足並みの乱れにあったのだが、それでも、オイルショックが起きる前から、地球規模で資源供給源を確保しようと奔走した角栄の姿勢は、高く評価すべきだ。

ヨーロッパ歴訪から帰国した角栄は、息つく暇もなく中東戦争の対応に追われる。

石油輸出国機構（OPEC）の中東六カ国は、七三年一〇月一七日、原油の公示価格を一バレル当たり、二一％も引き上げた。

さらに、アラブ石油輸出国機構（OAPEC）はアメリカとオランダなど、親イスラエル諸国に対する石油輸出の禁止を宣言する。

これが、第一次オイルショックと呼ばれるパニックの始まりだった。

日本政府は、アラブにもイスラエルにも与しないという態度を、すぐに表明するが、アラブ諸国からは「イスラエル不支持を表明しない限り、日本への原油の提供もやめる」と、厳しい決断を迫られる。

角栄にとって、悪夢が現実になった瞬間だ。

このままでは、石油が枯渇してしまう。それを避けるためには、苦渋の選択をするしかないが、米国は激怒するだろう。

角栄は、悩みに悩んだ。

そんな中、二二日に、休戦協定が成立する。これで、危機は回避されたかと思われたが、OAPECは、シナイ半島を占領するイスラエル軍が撤退しない限り、石油の輸出禁止措置は続けると表明した。

日本は、さらに追い詰められる。

連日、メディアは石油危機を煽り、一一月に入ると、全国的にトイレットペーパーが買いだめされる事態まで発生する。

もう、ここは腹を括るしかない。米国の意向には反するが、日本国民のために決断しよう、角栄の考えは固まりつつあった。

それを察知したキッシンジャーが、一一月一四日、来日する。

「田中総理、アメリカの意向を無視する気ですか」

「いや、キッシンジャー国務長官（この年の九月二二日に国務長官に就任）、これは日本人が生きていく為の必然的選択なんですよ。あなたも、ご記憶でしょう。我が国がなぜ、太平洋戦争なんてものをしでかしたか。貴国を含めた欧米列強から、石油を止められたせいですよ。石油は日本の生命線なんです。ご理解ください」

「理解なんて、できるものか！　あんた、我々より先に日本が中国と国交回復するのを認めてやった恩を、仇で返すつもりか。それは、アメリカに対する敵対行為なんだぞ」

自国さえよければいいと考えているキッシンジャーに、日本の生命線などはどうでもよかった。それよりも、日本の独断専行が重大問題であった。彼にとって日本とは、いかなる場合も米国の方針に服従すべき存在なのである。

「俺とディック（ニクソン）は、ポン友（朋友＝友だち）なんだ。それに国務長官ごときが俺を恫喝するなんて何事か」と考えていた角栄は、キッシンジャーの怒りに驚いたようだ。

キッシンジャーは「親アラブを表明すれば、アメリカのユダヤ人社会の怒りを買い、日米関係に亀裂が生じかねない」とまで脅した。

角栄とて、米国の事情と感情は重々理解している。しかしながら、恩着せがましく言われるのは、我慢ならなかった。

沖縄返還を切望していた佐藤栄作と違って、角栄には米国に遠慮しなければならない理由がなかった。

だから、角栄は堂々と交渉カードを切った。

「我々が中東の産油国と取引しているのと同量の石油を、貴国が融通してくださるのであれば、イスラエル支持を表明します」

キッシンジャーは、唖然とした。権謀術数の限りを尽くすのが趣味であり、傲岸不遜が身上の彼ですら思いつかない暴論に驚愕したのだろう。

「それは、無理だ」

「そうでしょうとも。これしか日本の生きる道はないんです。ご理解ください」

田中内閣は、一一月二二日、二階堂進官房長官の談話として、アラブを支持する声明を発表した。

それに応じる形でアラブ諸国は、対日石油輸出を現状維持とすると表明した。

アメリカの不興こそ買いはしたものの、角栄は日本社会の危機を救ったのだ。

角栄はオイルショックが一段落した七四年一月より、フィリピン、タイ、シンガポール、マレーシア、インドネシアを訪問し、開発援助と共に資源外交を継続している。

中でも、インドネシアでは、スハルト大統領との間で、石油、液化天然ガス（LNG）などの開発協力を結んでいる。

同行する外務省関係者が、アメリカの機嫌を損ねないかとハラハラしたというが、角栄は資源外交を、退陣する直前まで続けたのだ。

資源外交で変化した米国の評価

角栄の資源外交が、ロッキード事件の引き金をひいたという人もいる。

だが、私はそうは思わない。

角栄が資源外交で奔走している時にロッキード事件が発覚したわけではないからだ。

米国の国益が損なわれるほどの存在ならば、米国は直ちに角栄排除に動いただろう。

米国が敵とみなした相手が辿る末路は、米国の歴史を紐解けば、一目瞭然だ。

吉田茂以来、新たに誕生する総理に対して、米国はそれなりの敬意をもって、対応してきた。

しかし、本性は、日本の総理など意のままに操ってやるという傲慢な支配者であった。

オイルショックの際の角栄の動きによって、米国の角栄に対する評価が変化したのは、間違いない。あれは危険因子だ――と。

角栄は、米国のそんな考えなど露ほども想像しなかったのだろう。俺は全て正しい。

なぜなら、俺は日本人全ての幸せだけを考えて汗をかいているからだ――。

誰もが、それを理解してくれているはずだと思い込んで、理想の実現に邁進していたのだ。

田中角栄はそういう男だった。

7 狂乱物価と『日本列島改造論』

米国の顰蹙を買ってでも、石油を確保する――。その決断は、角栄を英雄に押し上げるはずだった。

ところが皮肉なことに、満を持して発表した『日本列島改造論』によって、角栄は国民から愛想を尽かされ、支持率が急降下していた。

当時、東京を中心に太平洋ベルト地帯にばかり富と人が集中し、深刻な問題となっていた。その結果発生した都市の過密と、地方の過疎化を一気に打破する大胆な施策が、同書では具体的に記されている。

戦後復興から高度経済成長に向けて邁進してきた日本社会の歪みを的確に捉え、「地方創生」を断行して、日本全体を元気にする――。

その発想は、国民に大歓迎され、政策提案書にもかかわらず、同書は九〇万部の大ベストセラーとなった。

そして、総理の座を得た角栄は、積極的に改造論の実現に向けて走り出す。

たとえば、改造論の目玉の一つは、「日本全国、どこでも日帰りできるように鉄道、高速道路網を整備する」ことだった。

それまで、東京―博多間だけだった新幹線を北海道から鹿児島まで延伸、同様に高速道路網も充実させる――。その計画は、令和の時代に至っても粛々と進められている。

さらには、全国に一〇の中核都市を設定し、そこに人、モノ、カネを投下する事業も検討された。

尤も、これらの計画を推進するには、莫大な費用が必要だった。

そこで角栄が総理として初めて編成した七三年度予算で、過去に例のない超大型予算を組んだ。

一般会計で、前年度当初予算比二四・六％増という、過去最高の一四兆二八四〇億円を計上したのだ。

この大型予算によって、老人医療費が無料になり、小中学校の教員の待遇が改善された。

その一方で、前代未聞の大盤振る舞いが、当時、徐々に姿を現し始めていたインフレを、一気に加速させてしまう。その上、中核都市候補地を中心に、地価の高騰も招き、同年の地価上昇率は、三二・四％に達した。

そうした状況の中で、オイルショックが起きたのだ。

角栄が、米国の非難にも耐え、中東から石油を調達しても、インフレは加速するばかりだった。

止まらない「狂乱物価」

そのタイミングで、角栄のライバルである福田赳夫が、「日本列島改造論が、狂乱物価を招いた」と厳しく糾弾する。不況の不安に戦(おのの)くメディアと世論は、福田の煽りに敏感に反応して政権批判のボルテージは上がる一方に。

七三年一一月、角栄は更なる苦渋の選択を迫られる。財政問題の知恵袋として頼っていた大蔵大臣の愛知揆一が、急逝する。次の蔵相には、インフレ阻止を託せる人物を指名したい。その最有力は、福田赳夫をおいて他にいなかった。

角栄が、福田に協力を懇請すると、福田は、「日本列島改造論事業の封印」が条件だと返してきた。

角栄にとって、それは政治家としてのアイデンティティの放棄だった。

だが、背に腹は代えられない。角栄は福田の提案を呑んだ。

本当は、改造論だけがインフレの原因ではないのだが、やり玉に挙げる相手として、角栄は格好の存在であった。

その結果、同年末から翌年初頭までに行われたメディア各社の世論調査の内閣支持率がいずれも二〇%を割るほどにまで落ち込んだ。

角栄は、心労のあまり顔面神経痛を患い、得意の弁舌も影を潜めてしまう。

そんな状況の中、七四年七月の参議院選挙で起死回生を狙う角栄は、ヘリコプターをチャーターして四六都道府県を遊説する。だが、自民党は改選前の七〇議席から八議席減らし六二議席の獲得となった。非改選を加えても、過半数が取れず、野党との差は七議席に縮められた。

「保革伯仲」という言葉が、メディアに躍った。

この選挙期間中、中央選挙管理委員会委員長の堀米正道(ほりごめまさみち)が、「企業ぐるみ選挙が、雇用関係や取引関係を通じて、何らかの強制を伴えば、思想・信条の自由、投票の自由の原則が阻害される恐れがある」と自治省での会見で述べ、企業に対して異例の警告を発する。

これは、自民党による企業選挙を非難したもので、自民党は「公正中立であるべきはずの選管委員長の発言は不当」だとして、東京地検に選挙妨害を訴える。

ところが、新聞各紙は、「企業まる抱えの選挙はおかしい――という国民の素朴な疑問」と堀米を支持した。

「今太閤」とあれほどもてはやしたメディアが、取りつく島もないほど豹変したのは、田中内閣の支持率下落で世論の風向きを読み、金権体質の政治に対して批判の目を向け始めていた矢先だったからだ。

一九七二年一二月の衆議院選挙に続く敗北。選挙に強い角栄のイメージも、地に堕ちてしまった。

そして止(とど)めは、参院選直後の三木武夫副総理、福田赳夫蔵相両名の辞任だ。

まさに絶体絶命、満身創痍となった角栄に、さらに新たな爆弾が投下される。

第三章　金権政治家の烙印

1　カネでは靡かぬ男たち

一九七四（昭和四九）年一〇月一四日――。

五万人が詰めかけた球場の真ん中に立つ男に、スポットライトが当たっていた。

「我が巨人軍は、永久に不滅です！」

日本プロ野球界の至宝（レジェンド）、長嶋茂雄引退の瞬間だ。

関西人なら、好きな球団は阪神タイガースというのが相場であるが、大阪生まれだが私は、物心ついた時から巨人ファンだった。だから、その日は食い入るようにテレビ画面を見つめていた。王貞治選手の哲学的な佇まいに憧れていた私は、長嶋選手の派手なパフォーマンスは好きではなかったが、それでも、あの引退セレモニーには感動したし、「永久に不滅なものって、なんやろ」と考え込んでしまったものだ。

永久なる不滅が日本中を駆けめぐったこの日の五日前に、田中角栄は、その人生を激しく揺さぶられる事件に巻き込まれていた。
震源地は一〇月九日に発売された、月刊誌「文藝春秋」一一月号の特集記事だ。

政治資金にはオモテとウラがある

《いまさら、田中首相の金権ぶりについては多言を要しまい。巷間伝えられるところによれば、総裁選では三十〜五十億円を使ったといわれ、参院選では五百〜一千億円を使ったといわれる》
ジャーナリスト立花隆が、同誌に発表した「田中角栄研究──その金脈と人脈」の冒頭である。
「われわれ庶民には想像を絶する金額」だと断言する角栄の政治資金が、「いったいどこから出てくるのか」という素朴な疑問が、立花の原動力だった。総勢二〇名近い取材班が、角栄の政治資金収支報告書や、角栄や家族、さらには秘書などが関係する企業のカネの動きなどを徹底的に調査し、〝錬金術〟の仕組みを詳らか(つまび)にした。そして、角栄の政治資金の総額は九〇〇億円近くにものぼるが、オモテのカネは二六〇億円程度だと、立花は糾弾した。
当時は、政治家個人が受けた献金は、届け出の義務がなく、企業から献金を受け取ることも認められていた。

その上、企業の帳簿には記載されない裏金も、大物政治家の下に集まってきた。それが、昭和の政界の常識(デフォルト)だった。

初当選直後から、どこに行くにも六法全書を持ち歩いた角栄は、法律の細部まで知悉(ちしつ)している。その知識を活用し、株、不動産、幽霊会社など、ありとあらゆるカネのなる木を作ったのだ。にもかかわらず、それまで誰もその資金源を掘り起こしたことはなかった。

立花と取材班は、その一つ一つを徹底的に検証し、覆い隠されていたウラのカネに光を当てたのだ。その全記録を掲載した記事は、四二六ページの雑誌のうちの実に四〇ページを占めた。

淋しき越山会の女王

さらに同誌には角栄に関するもう一本のルポが掲載された。ジャーナリストの児玉隆也が、角栄の後援会であり圧倒的な集金力を誇る越山会の金庫番と言われた佐藤昭(のちに昭子)と角栄の深い関係を暴いた「淋しき越山会の女王」だ。

《東京都千代田区平河町の『砂防会館』は、建物自体これといった特徴はない。だが、一階入口に示された入居者の表示を見ると、光と影の交錯しあう梁山泊。巷間伝えられる金権政治の、中枢機能がフロアーを占めている》

同誌が巻き起こした爆風は凄まじかった。通常の発行部数よりもさらに数万部を上乗せした六六万部が発売されるなり、あちこちの書店で売り切れた。

永田町では、挨拶代わりに「読んだか？」「読んだ」と交わされるほどの衝撃が走る。

政治家には、カネと女はつきもの。それは必要悪のようなもの——。

七〇年代までは、それが永田町のみならず、多くの国民の「常識」だった。

政治にはカネがかかるものであり、大物議員は、たとえ私腹を肥やしても、それに勝る大きな成果を有権者や社会にもたらしてくれると考えていたからだ。

さらに、日本社会には、政治は「お上」に託し、庶民は真面目に働くものだという暗黙の了解があった。

ところが、七〇年代に入り、高度経済成長

「文藝春秋」（1974年11月号）に掲載された「田中角栄研究」

は曲がり角に差し掛かる。そして、これまで成長ばかりに目を向けすぎたツケが回ってくる。

大気汚染は深刻で、都会で光化学スモッグがない日はない。かつて蛍が飛び交い、魚が獲れた川は汚れきり、悪臭が漂う。

そのうえ、田中内閣が掲げる「日本列島改造論」とオイルショックのせいで、「狂乱物価」が続いている。

本当に、これで幸せといえるのだろうか。

生活に余裕ができたが故に、そんな疑問が国民の間に確実に広がっていった。

さらに、地域や財界の有力者にコネがある人は、得をしているという「格差」も目立ち始めた。

そして、カネや女、さらには利権で得をする政治家の汚さも見過ごせなくなってきた。

中でも、角栄は様々な錬金術を編み出し、他の議員を圧倒する集金力を誇ったが、それゆえ金権政治家というイメージが強かった。低学歴をカネで補っているという認識も、国民に浸透していた。

そんな鬱屈が充満した社会だからこそ、大ヒットしたドラマがあった。

角栄が総理に就任した直後の七二年九月から放送を開始した『必殺仕掛人』だ。

時代設定こそ江戸時代だが、庶民を苦しめるあくどい役人や豪商を成敗するという構図に、国民は世相と重ね、溜飲を下げた。

穿った視線で見ると、「日本列島改造論」も、角栄自身が金儲けをするために推進したのではないかとも映る。

だとすれば、角栄は、『必殺仕掛人』の悪代官そのものではないか。

どこかに、仕掛人はいないのか。

まさにそのタイミングで、「文藝春秋」の二本の角栄批判は放たれたのだ。

国民にとって、それは、悪代官を成敗する藤枝梅安に見えたことだろう。

その一方で、新聞、テレビなどは、この一件を黙殺した。政治家の金権体質は政界全体の問題で、個人的なものではないと考えたようである。人たらしの角栄が、番記者たちをすっかり味方に取り込んでいたのも大きかった。

「文藝春秋」に書かれているのはいずれも既知の話であり、今さら取り上げるには値しない――という認識だった。

新聞が「文藝春秋」の特集記事に追随しなかったのは、彼らのメンツを守るためでもあった。

つまり、総合誌とはいえ、新聞とは格が違う。奴らは、人の不幸を面白おかしく書く輩だ。新聞の記事には、モラルと品格が求められる。

雑誌の追随記事など誰が書くか。

二〇二〇年の現代(いま)では、信じられない話だが、当時は新聞とは、それほど高尚で傲慢な存在だったのだ。

2 四面楚歌の果てに

一九七四(昭和四九)年一〇月二二日――、「文藝春秋」による騒動がようやく終息するかと思われた頃に、東京・丸の内の日本外国特派員協会の昼食会で新たな〝事件〟が起きた。

外国メディアの特派員の記者クラブである同協会には、当時、一九五社、四九一人が加盟していた。そして〝時の人〟を昼食に招き、スピーチを聞く会を定期的に開いており、そこに角栄も招かれたのだ。

「あまり気乗りしない」と漏らす角栄を、約四五〇人の記者が迎えた。

気乗りしなかった理由は定かではないが、月刊誌「文藝春秋」の「田中角栄研究」について質問されるのを警戒したわけではないようだ。海外の一流メディアが総理を招待する場で、新聞が無視するようなルポなど、言及するわけがないと思い込んでいた気がする。

それよりも角栄の気分を下げたのは、別のことだったのではないか。

それは、同年九月一〇日、退役海軍少将ジーン・ロバート・ラロックが、米国上下両院原子力合同委員会軍事利用小委員会で、日本に寄港する米艦船が、「日本領海内手前で核兵器を、その都度艦船から降ろすようなことはしない」と証言した騒動だ。

一九六七（昭和四二）年、佐藤栄作内閣が「核兵器を持たず、作らず、持ち込ませず」という非核三原則を打ち出すと、七一年に、それを遵守するための国会決議が行われた。佐藤はその功績で、七四年にノーベル平和賞を受賞している。

ラロックの話が事実であれば、佐藤がそれを知らないわけはないし、佐藤の了解なしでは行われないはずだ。佐藤は重大な問題を隠蔽して、ノーベル賞を受賞したことになる。

この問題は、外国人特派員にとって格好の獲物に思えた。角栄は、総理大臣として実際にはラロックの証言通りの核密約が存在するのを承知していたが、おいそれと口を開くわけにはいかない。

密約と言われても、つい調子に乗って話すのが角栄の悪い癖であるが、これぱかりは知らぬ存ぜぬを通さなければならなかった。

そんな会見などに出るのは、「あまり気乗りしない」のが当然だろう。

そして、角栄を待っていたのは、予想外の修羅場だった。

金脈問題追及の嵐

「田中首相について、いまさら紹介する必要はないでしょう。最近の『文藝春秋』でもくわしく紹介されておりますから、そちらをお読みください」

司会を務めるハンガリア通信のベラ・エリアス記者の紹介は、辛辣だった。

同協会副会長のエリアスは陽気で冗談好きの男らしいが、それにしても一国の総理大臣を招いて、この紹介は非礼が過ぎた。

彼の非礼はさらに続く。角栄の経歴を述べた中で、「首相はまた『日本列島沈没』、あっ間違えました『日本列島改造』という論文も書いています」とからかったのだ。

支持率にも言及し「最近の世論調査によると田中内閣の支持率は一八％であり、佐藤前内閣より低いと報告されている」と容赦なかった。

苦虫をかみつぶしたような表情で、同時通訳を聞いていた角栄は、それでも抗議ひとつせずに、演台に立った。

ラロック証言を除けば、外国人特派員の興味は、日本の外交問題と長引く狂乱物価の状況と対策だろうと角栄は予想し、準備してきた原稿どおりにスピーチして、最後は、「国民多数の支持と理解を得て、時代の要請にこたえ『より豊かな日本への道』を前進致します」と締めくくった。

質疑応答に入ると、ニクソン大統領と交代したフォード新米大統領が一一月に来日する件についての質問が続いた。それでホッと一息ついたところで、ロサンゼルス・タイムズのサム・ジェームソン記者が質問に立った。

ジェームソンは、この年の六月まで協会の会長を務め、日本駐在も長いベテラン記者だった。ジェームソンは、フォード政権の副大統領ネルソン・ロックフェラーの個人資産を、米上院が調査していると話したのちに、「首相は、政治家が財産を明らかにすることを適当と考えるかどうかを伺いたい。不適当だと思うなら、その理由を。もし、適当だと思われるのであれば、『文藝春秋』の記事についてコメントをいただけますか」と言った。

容赦のないド直球の質問だった。

角栄はしきりに汗を拭いながら、「文藝春秋」の記事が注目されているのは知っていると述べ、自身が経済界出身であり、政治に支障のない限りで経済活動を行ってきたと続けた。

日本外国特派員協会に招かれて（1974年10月22日）

さらに「（『文藝春秋』の）記事で、個人の経済活動と公の政治活動が混交されていることには納得がいかない」と言い切った。

ただ、口調はしどろもどろで、最後は「（日本では）個人の秘密や財産は認められ、基本的人権も守られている」とまで言って、支離滅裂な回答となった。

この質問を皮切りに、次々と

金脈問題についての容赦ない追及が始まる。結局、予定時間を十分ほど残して、角栄自ら会見を打ち切ってしまった。

官邸に戻った角栄は、待ち受けた記者団に「あれは酷いよ。あれは」と嘆いた。

海外のメディアがこの日の角栄の発言を報道すると、それまで黙殺していた新聞までもが、遂に火を噴いた。

それに乗じて野党は国会で「文春問題」（といつしか呼ばれるようになっていた）を徹底追及すると息まくし、与党の主流派からも批判の声が相次いだ。

まるで、沈没する船から次々と逃げ出すネズミのように、角栄丸から仲間が離れていった。

仕組まれた会見なのか

ロッキード事件は、「アメリカの陰謀だ！」と、主張する声は未だにあるが、妙なことに、この会見については、ほぼ見過ごされている。

だが、角栄を総理の座から引きずりおろすために、米国が何かを仕掛けたというのであれば、この外国人記者クラブでの出来事こそ陰謀ではないだろうか。

自国の総理であればまだしも、駐在先の総理の不正を、よってたかって追及し追い詰める——。それは、異様な事態だ。

しかも、角栄自らが望んだ会見ではなく、協会が是が非でもと招いた場だ。ハンガリー人が司会を務めたから、アメリカの陰謀ではないなどというのは、相当おめでたい発想だ。いかにも無関係な人物を配した上で、ターゲットを周到に叩くのが、陰謀の常道ではないか。

彼らが招いたゲストに対して、皮肉では済まない無礼な表現で紹介し、質疑応答では容赦なく文春問題を追及する。最初にその道筋をつければ、あとはそれぞれのジャーナリストの記者魂に火がついて、勝手に炎上するだけだ。

この日の模様が各国メディアで報道されたら、やがて外圧となって角栄を追い詰められる。そうすれば日本国内の主要メディアも、さすがに無視できなくなる。

その上、角栄のライバルである福田赳夫は同じ日、自身の後援会で講演し、「総裁の座もカネ次第と噂されるのは嘆かわしい。自民党はなんとなく嫌らしいというイメージをぬぐい去ることが必要。原因は金権体質。改革を何としてもやらねば」と気勢を上げた。

福田の態度は、角栄がこれ以上政権に留まるようなら、新党結成も辞さないという強気なものだったという。

このタイミングの良さを含めて、外国人記者クラブの糾弾を、陰謀と言わずになんというのだろう。

側近は何をしていたのか

それにしても、気になるのは、角栄側の対応だ。

後年、サム・ジェームソンは会見当日のこんな舞台裏を明かしている。


《田中氏のそれまでの政治活動（取引）に関する文春の「金脈」記事が出たのは、昼食会の日が決まった後であった。外務省の報道課から私に記者会見で出そうな質問について照会があった。プレスクラブでの昼食会以前に、文春の記事についてなんの声明もなければ、金脈問題について聞かれるだろう、と私は答えた。したがって、外務省と田中氏は、金脈問題について少なくとも一度は質問されることは、事前に分かっていたはずだ》（一九九六年九月一〇日『日本記者クラブ会報』）

だとしたら、外務省や官邸は、何をしていたのだろうか。

彼らが招いたゲストである日本の総理大臣に対して、スキャンダルを根掘り葉掘り追及するような「無礼」は働かないと高をくくっていたのではないか。

そもそも、日本の記者クラブは、逮捕間近にでもならない限り、公式の会見で、疑惑そのものを尋ねるようなことは、決してしない。

きっと、外国人記者だって同じに違いない。たとえ金脈の話題になっても、表面をなぞる程度で終わるだろうと甘く考えていた気がする。

だが、汚職に対して「必要悪」などと見過ごしていては、ジャーナリストとして失格だ。しかも、その疑惑の対象が、首相となればなおのこと、事実関係を質問するのが、当然だった。

海外メディアが持つ汚職は許さないという厳しい眼を、日本のメディアは持っていなかった。その違いに、外務省も官邸も気づいていなかったのだ。

日本の政治家とメディアの関係は、外国人記者の眼にはどう映っているのか。

外国メディアの東京特派員の活動を特集した「朝日新聞　グローブ」の二〇〇九年四月六日号では、日本外国特派員協会第一副会長（当時）のティム・ケリーが外国特派員のありようについて語っている。

《日本人記者は取材対象と近すぎるように思う。署名記事が少なく、情報源をあいまいにするなど、スタイルの違いもある》

《権力者に対する外国人記者の質問は、日本人記者と違う。私たちには絶対に聞かなければいけない義務的質問もないし、聞けないタブーもない。読者は周辺の話に興味を示さないので、まっすぐ中心を突く。それが時に、日本メディアに先んじた報道につながることがある》

《外国特派員は日本メディアが書かないことを書く。また、外国で報道されることで、日本人記者が『箝口令が解けた』とばかりに安心して書く場合すらある。(中略)徹底して真実を追求するのが記者の立場だが、日本では政治家の言い訳を簡単に許す傾向があるように思う》

迷走を続ける角栄

その日から、角栄の迷走が始まった。

引き籠もって「もう、国会にも行かない」「外遊も取りやめる」と言い出したかと思うと、「国会で全てを明らかにする」と息まいて見せることもあった。

与野党、メディア、そして国民からバッシングされながらも角栄は、資源外交のために、一〇月二八日から一一月八日までの期間、ニュージーランド、オーストラリア、ビルマ(現ミャンマー)訪問の計画を進める決断をする。

出発前には、衆参両院議長に会ったり、佐藤栄作前総理と面談したりもしている。

そんな中、一〇月二五日に会談した参議院議長の河野謙三は、会談後に「角さんは、フォード大統領をお迎えした後に辞任する」という趣旨の発言をして、記者団を慌てさせた。

さらに外遊直前に、参議院議員一期目だった細川護熙が河野の代理人として砂防会館の田中事務所を訪れ、衝撃的な一言を放つ。

細川は河野からの伝言として「田中総理はまだ若い。このままやっていると、どんどん傷を負うばかりだから、ここで辞職して、再度復権したらどうか」と言ったそうだ。

応対した佐藤昭がそれを角栄に伝えると、「帰国したら、解散するかも知れん。用意しておいてくれ」と即答して、機上の人になった。

ところが、外遊から帰るなり、角栄は「解散はしない。やっぱり、俺が辞めないと治まらないと思う」と言い出した。

すっかり弱気の虫が出た角栄は、「三角帽子をかぶらされ、プラカードを胸に吊された中国の人民裁判みたいにされるのはたまらないよ。俺には耐えられない」と嘆いた。

「三角帽子を被せられ」というのは、毛沢東が断行した文化大革命の象徴的な制裁だ。反毛沢東派の排斥と中国共産党に批判的な知識人を追放する目的で、多くの知識人が、青少年らで編成した紅衛兵らによって民衆の前でつるし上げられた。

その時に彼らは、大きな三角帽子を被せられ、罪状を記したプラカードを、首に掛けられた。紅衛兵に罵声を浴びせられ、民衆は熱狂した。

角栄には、金脈問題を批判するメディアが、紅衛兵に見えたのだろう。

自ら辞意を語らず

結局、角栄は辞職を思い止まり内閣を改造、一一月一八日にはフォード大統領を迎えた。米国の現職大統領としては、史上初の来日だった。

フォードの訪日中は、角栄退陣の声もおさまっていたが、二二日にフォードが離日するやいなや再び荒れ模様になる。

そして、二六日、角栄は「私の決意」と題した表明文をしたため、官房長官の竹下登に代読させた。

《私は、フォード大統領の来日というわが国にとって、まさに歴史的な行事が、つつがなく終了し、日米友好の基礎が一段と固まったこの機会に、内閣総理大臣および自由民主党総裁を辞任する決意をした》

在任した二年四カ月余りを振り返った上で、個人的な理由で政治の混迷を招いたことの責任について言及。自身の心境を次のように記した。

《わが国の前途に思いをめぐらすとき、私は一夜、沛然(はいぜん)として大地を打つ豪雨に心耳を澄ます思いである》

高等小学校卒という学歴をはね返すように、必死で法律を学び、人の機微を逃さず捉え、永田町の「使える男」として、多くの大物政治家を支援し、頂点を極めた田中角栄の偉業を知れば知るほど、あっけない幕引きだった。

ジャーナリストの田原総一朗は「オイルショックが、角栄を追い詰めた」と主張する。佐藤昭は、「健康問題、金脈問題の追及……さらに恐らくその最大の理由は愛娘・真紀子さんの強力な意思ではなかったか」と綴る。

そして多くの人は、立花隆と児玉隆也による渾身のノンフィクションによって、角栄は葬られたと考えるのではないだろうか。

だが、立花本人は、自らのレポートが「田中退陣の必要条件の一つであったことは否定できないが、十分条件でなかったことはたしかである」と『田中角栄研究　全記録』の中で記している。では、彼の追及以外にどんな十分条件があったのかについては「これがどうもよくわからない」ともある。

それでも、一つの興味深い推測を提示している。

《『君主論』の著者・マキャベリは、金権政治をきびしく戒めている。とりわけ、自前の金で金権政治をとりおこなおうとすれば、必ず自滅するという》

人の心をカネで買うと、その関係性はカネに左右される。しかも、それはエスカレートし、為政者は常にばらまくカネを増やし続ける必要がある。

《自前の金でそれをやっていると、いずれ為政者は政治を利用して金を儲けるという悪政をはじめることになる、とマキャベリはいう。（中略）田中内閣が倒れたのは、金力でつなぎとめていたものが一斉に離反しはじめた結果、自壊したとみるのが正しいだろう》

つまり、金権政治家の宿命こそが、角栄を追い詰めたと、立花は推測している。

3 角栄は金権政治家だったのか

二〇一七年晩秋――私は、福岡県北九州市の小倉に在住する元政治記者、西山太吉を訪ねた。

西山は、毎日新聞社政治部に所属し、一九六〇年代、七〇年代の自民党政治をウォッチしてきた伝説の記者で、池田勇人や大平正芳が率いた自民党の派閥・宏池会に深く食い込み、当時の領袖の大平から厚い信頼を寄せられていた。また七二年に予定されていた自民党総裁選挙の担当キャップとして逮捕直前まで精力的に動いていた。そして一九七一（昭和四六）年六月に佐藤栄作が宿願とした沖縄返還協定締結の際、日米間で結ばれた密約の存在を暴いた。

それは、同協定で米国が負担するはずの米軍基地地権者への土地原状回復費用四〇〇万ドル（約一二億円）を、実際は日本政府が秘密裏に肩代わりするというものだった。

このことで翌七二年三月二七日に社会党から国会で追及を受けた佐藤は激怒。西山に情報を提供した外務省職員を突き止め告発する。警視庁は、西山と職員を国家公務員法違反で逮捕した。

西山と毎日新聞は、報道の自由を楯に取材の正当性を訴えたが、認められなかった。また、情報提供者が女性だったこともあって、両者の間には男女の関係があったとされた。これによって、それまでの政権批判から、「情を通じてネタを取った」記者のスキャンダルへと一転する。

一審では無罪だったが控訴審で有罪となり、最高裁まで争った挙げ句、有罪は逆転せず、西山は新聞社を去った。

ユニークな政治家

「当時の政治家とカネの問題について聞きたい」という私の申し出を快諾してくれた西山は、約束の日、八六歳の高齢とは思えぬ力強い足取りで、ホテルのラウンジに現れた。

「田中角栄という人は、イデオロギー的な心棒がない。リベラリズムでもないし反動でもない、独特のカンと実行力、決断力で行動するんやね。自分が直感的にひらめいたことに極めて忠実に行動する、非常にユニークな政治家やったね」

西山は、角栄をよく知っていた。

「お父ちゃん（大平のこと）と角さんは、初対面で視線を交わした瞬間に、非常に引き合うものがあった。お父ちゃんにないものを、角さんは全部持っていた。一方で、角さんにないものをお父ちゃんは持っていた。お父ちゃんはいろんなファクターを見る目を持ち、それらを調整して均衡を図ることに重きを置く人だった。だから、豪放磊落な角さんに魅力を感じたんやろうね」

大平と角栄の間には、派閥や思想を超えた強い絆があったと言う。どちらも貧しい家の出身という共通点があった。また、角栄の政治思想は、日米安保や防衛問題重視の佐藤派よりも、日本経済の発展や国民生活の豊かさという宏池会が目指す目標に近かった。

西山が語る二人の関係性は、当時の様子からもうかがえる。七二年の総裁選で三位だった大平は、決選投票で角栄を推したし、日中国交回復が実現できたのは、ひとえに外務大臣であった大平の尽力によるものだ。

「ロッキード事件当時を知る、証人性の高い人は、もうおらんやろ」と言いながら、当時の政治家とカネについても西山は語った。

「派閥はカネで議員を集めよった。宏池会の場合は、新しい陣笠議員ができたら、その議員のために、財界に資金援助団体をつくってやった。大体一団体二〇から三〇社ぐらいの規模でな。そして、選挙前などで議員に資金が必要になったら、電話一本で億単位のカネが届けられよった」

政治家として実力者になるためには、集金力が物をいった時代である。

宏池会では、陣笠議員のために派閥のカネを分配するのではなく、新たに資金提供団体を作るというのにも驚かされる。

「カネを出す財界も、何か見返りを求めたりするようなことはなかった。なぜならば、自民党の政策は、すなわち財界の期待や願望を充たすものばかりだったからやな」

自民党イコール財界だったというのだ。つまり、与党の国会議員は、必要なカネがいつでも、いくらでも手に入るシステムを持っていたことになる。

金権政治家という言葉は角栄の代名詞のように使われているが、当時は与党議員の大半がそうだったと言えるのではないだろうか。

角栄の資金調達力

にもかかわらず、角栄だけが金権政治家というレッテルを貼られてしまった。

西山は、当時の政治家の中でも、角栄は出色だったと指摘している。

「お父ちゃんと、角さんのカネの話をしたことがあって、角さんは凄いっていうんだ。なぜなら、角さんは自前のカネを持っていたというんだな。そのカネを使って政治家になり、佐藤派に属しながら、腹心の子分をつくっていった。こういう政治家は珍しい。尤も、彼が大物になるにつれて財界との繋がりが強くなり、財界からの資金提供も増えていった」

大平が「自前」と言った集金力こそが、立花隆が「田中角栄研究」で暴いた角栄の金脈ということになるのだろうか。

「ただし、角さんは、私腹を肥やしていたというわけやない。一般人と政治家の金銭感覚は違う。田中は何百億というカネを持ってて、何十億と使えると、お父ちゃんはよく言っていたよ。しかも、実に気前よく人に配っていた」

カネは天下の回りものだという言葉がある。角栄にとって、カネは人脈づくりと政策を進めるための万能な潤滑油だったのだろうと、私は解釈している。

当時の実力のある政治家の大半は官僚出身で、学閥、閨閥、そして、出身省庁からの支援などを受け、財界の人脈も簡単に広げられた。

角栄には学歴がない分、代わりにカネで人の歓心を買う――。そういう傾向があったのかもしれない。

しかし、志以外は何の後ろだてもない角栄が前へ進むためにはやらざるを得なかった。それは〝持たざる者〟がはまる陥穽である――、私はそう考えている。

金権地方政治家

二〇世紀の知の巨人の一人と言われた、評論家の山本七平が、角栄について面白い指摘をしている。

一九八六（昭和六一）年に刊行した『「御時世」の研究』で、山本は角栄のことを「金権地方政治家」と断じているのだ。

《「日本にて一番金の自由になる」政府から補助金という形で金を引き出してこれを選挙区に投入する。いわば国費をもって自分が立候補する選挙区を自己の政治的資産すなわち地盤に変えるという方式である。（略）選挙民は国費の収奪によって恩恵を得、一方、政治家はこの恩恵を獲得し、かつ与えることによって自己の地盤を確保し、その政治的地位が保証されるという関係である。こういう政治家は、国会に出ようと総理大臣

になろうと「地方政治家」であって、それ以外の何ものでもない》

補助金政策とは「合法的金権」であり、それゆえに金権地方政治家は生き残り続けると嘆き、そのような政治家はいくらでもいるとも書いている。そんな中で、角栄だけが、それを理由に足をすくわれたことに対する彼の分析が面白い。

角栄は「御時世に乗って」成功したと、山本は述べている。つまり、戦後、日本中に広がった民主化の流れによって、生活の向上を求める志向が農村にも浸透した。しかし、かつて小作農の解放を訴えて支持を得ていた社会党系の政治家には、その時勢が読みきれていなかった。

角栄は、その隙間に入り込み、追い風に乗ったというのだ。

さらに、そのように選挙区民の生活向上の願望を聞き届け、結果を出したことによって、自然に票とカネが入る仕組みが出来あがった。

単なる習慣としておこなわれてきた儀礼的な献金と違い、常に「生きたカネ」が角栄の下に集まってきたのだ。

もっと言えば、政治家に献金するカネなど捨てるものと端から諦めていたのに、角栄の場合だけは、払い甲斐のあるカネだったのだ。にもかかわらず、他の政治家は金権政治家と非難されず、角栄のようなギブ・アンド・テイクの政治家こそ、悪い奴だと言われ続ける。

山本の論には、学のない田舎者が、結局、色をつける必要のないカネに色をつけるから、こんな目に遭うのだと言わんばかりの選民思想的視点を感じる。見返りを求めない者だけ相手にしていれば、非難もされずに済んだのに、やはり成り上がりはダメだという視点には、政治はエリートが仕切らないとダメだとほのめかしているようにも思える。

国民の怒りが集中

国民が角栄に怒りを覚えたのは、法的な問題ではなく、もっと道徳的、倫理的な側面であった。

それは、金脈問題を追及された角栄が、総理として初めて釈明した一九七四年一一月一一日の会見前後の新聞の投書欄からも垣間見ることが出来る。

《首相の地位につくほどの人は、一般人以上に身辺が清潔でなくては、とても清潔な政治など期待できるわけがない。そして、いま、われわれが何よりも必要としているのは、〝清潔な政治〟である。「金」によって動かされる政治ではなく、「理想」によって動く政治である》(四〇歳　男性／読売新聞・同年一〇月二六日)

《(これだけ疑惑が言われているのに、一向にすっきりしないのは)政治が既に国民と遊離している証拠だ。昨今の物価の上がり具合などまさに無政府状態だ。それでも年末や厳しい冬を控え、けなげにも生き抜こうと必死になっているのが庶民の姿なのだ。だのに一方で権力と地位で何十億円という財を労せずして得たとか、十数億円という金で代議士の地位を買ったとかが大手を振られたんでは、国民はたまったものではない》（五六歳　男性／読売新聞・同年一一月一九日）

ほんの二年前、学歴がなくても総理になった「今太閤」と持て囃され、庶民の英雄だったはずの男に浴びせられた国民の怒りは半端ではなかった。

国民の多くが角栄に抱いた感情は、「裏切られた！」という失望と、「結局はカネでのし上がっただけか」という強い落胆だった。

庶民宰相だとばかり思っていたのに、目白台には約二五〇〇坪の大邸宅、そのうえ約九〇〇〇坪もの別荘を軽井沢に所有しているのも国民は知ってしまった。さらに今までグレーゾーンだった金権の実態が、立花隆によって詳らかになったことで、角栄は庶民の敵になった。

だが角栄は、ただ選挙区民の生活向上こそが自分の務めであると考えていただけだ。自身が国会議員としての階段を上がれば、「裏日本」と揶揄されてきた日本海側の国民の生活を向上させられる。ならば自分は必要悪だ。そんな風に自身に言い聞かせながら、財界から資金を得られなかったが故の角栄流の錬金術を編み出したのだ。

そして遂に退陣へと追い込まれるのだが、角栄は心のどこかで、国民は分かってくれると考えていたのではないか。

今はとにかく臥薪嘗胆あるのみだ——いずれまた、追い風が吹く。

果たして、角栄は政治を利用してカネを儲ける——というような悪事に手を染めたのだろうか。

あるいは、山本が言うように、補助金政策という権力を行使して、金権地方政治家に堕したのだろうか。

その答えを知るためには、角栄の後援会にして、最強の集金システムと言われた越山会の実態や、補助金選挙と呼ばれた自民党の集票の仕組みを分析しなければならない。

4　金権選挙の本質にある何か

私は大学で政治学を専攻し、ゼミ論のテーマは、政権交代論だった。入学したのは一九八二（昭和五七）年、我々はシラケ世代とか新人類などと表された。そんな時代に政治を語るのは、相当な変わり者しかいなかった。

かといって、政治運動に参加するわけでもなく、学業は二の次にしてテニス・サークルの連盟組織運営という政治修業にのめり込んでいた。

そんな私が、珍しくまじめに受講した講義が、広瀬道貞の「補助金と政権党」だった。

ちょうど、広瀬が同名のノンフィクションを上梓した直後の時期である。

今では、テレビ朝日の社長、そして会長という財界人としての顔が知られているが、当時は朝日新聞の論説委員で、記者時代は選挙とカネを追及する政治記者だった。

広瀬は講義の冒頭で、「自民党はロッキード事件などで国民から厳しく糾弾されても、なぜか選挙に負けない。保革伯仲と言われているにもかかわらず政権与党であり続ける。その自民党の強さについて考えてみる」と宣言した。

この一言に私は大いに共感した。

政治学科に身を置く者として、一つだけ真面目に考えているテーマがあった。それは「小説で政権をひっくり返す」というもので、馬鹿馬鹿しい妄想を真剣に考えていた。そのことについて私なりに説得力があると思われる論を立てたのだが、「発想と構想力はあるが、裏付けとなる事実が皆無で、妄想の域を出ない」とゼミの教授からダメ出しを食らっていた。それだけに、同じように自民党を倒したいと考える者が政治のプロにいたことが嬉しかった。

集票システムとしての補助金

広瀬は、補助金を利用して確実に票を獲得する仕組みに着目した自民党が、農村部での強さを盤石のものにした補助金行政という視点から紐解いた。

自民党が地方で強いのは農協との関係が濃いからだと言われるが、広瀬はもっと大きな要因を見つけている。

日本の農地は、もともとは歪な形をしたものが多い。そのため機械化を進めようにも難しく、効率の悪い人力での作業が中心になる。

そこで政府は一九六五年から土地改良長期計画に取り組み、農地を耕作しやすい形へと改良する農業基盤整備事業を立ち上げた。

これは、国が丸抱えで整備をしてくれるだけでなく、整備のために農業を休業している期間の収入も補償するという至れり尽くせりのものだった。

この補助金支給希望の声は、全国の農家から上がる。それを審査し、事業を実行するのは農水省だが、実際は農水族議員の意向が強く働くことになる。

そこで、自民党の票田でてこ入れが必要な選挙区や、農家から高い支持を得ている議員の選挙区が優先的に選ばれた。

言ってみれば、与党が勝つために、国の補助金で票を買っているようなものだ。

広瀬はその実態を検証した。

金権政治家と言われた角栄と、この制度はどのように関わっていたのか。それを知りたくて恩師に取材を申し込んだ。

生きたカネの重要性

私が母校の同志社大学で学生だったのは、三〇年以上も前の話だ。広瀬は「かつての学生と、こんな再会があるとは嬉しい」と快く取材に応じてくれた。

農村から票を吸い上げる農業基盤整備事業は、角栄が考案したのだろうかと広瀬に尋ねてみた。

「制度そのものは古くから存在していた。奇しくも土地改良長期計画が始まった年と同じ六五年、角栄が幹事長になって、希望する農家には、補助金をどんどん支給する角栄独特の補助金行政を始めたんだ」

補助金を受ける農家側は、あまりの気前の良さに恩返ししなければと考えたのか、自民党票が伸びるのは自然の流れといえた。

「選挙の集票システムという視点で見ると、自民党の補助金行政は巧妙で、それを暴こうと思って『補助金と政権党』を書いた。その反面、戦争の影響で傷んだ農業や水産業を活性化させたという功績はあったわけで、政治家が私利私欲に走っているように見えても、使われるべきカネが出ていたんだと、三〇年経った今では感じるようになった」

自民党が選挙に強いのはカネにからくりがあったと、著書で糾弾した元政治記者とは思えない回答だった。多角的な視点を求められるメディアという企業のトップを務めた経験が、カネが人に及ぼす作用を広瀬に教えたのかも知れない。

カネは、政治家から有権者へと形を変えて浸透拡散するうちに、異なる意味を持つようになる——。

国の助けを必要とする人に、補助金として確実にカネを届けられる仕組みは、当時は重要だったかも知れないと感じているようだ。

それは、今日の政治が失った側面でもある。

「福島の震災復興だって、角栄のような人物が生きていたら、最優先すべきものを判断して、現場にもっとカネを入れて集中的な事業を展開したと思うなあ」

取材当時、八三歳だった広瀬の嘆息からは、経験豊かな大人としての達観を感じた。

広瀬が印象的なことを言った。

「官僚ではなく、角栄のような国会議員が農民と直接対話すると、政治が急に身近に感じられる」

政治は遠いものだ。今でも、その国民認識は変わらない。だが角栄の政治だけは違った。

「ただし、その身近さ故に、敵も多かったと思う。自分の願いが叶わなければ角栄を悪い奴だと思った人も、いたかもしれない」

政治家が遠い存在なら、怒りをぶつける相手の顔も分からないし、最初から自分たちの希望が叶うなんて思いもしないだろう。それが、急に身近になって「庶民の味方」と思わせたがゆえに、金脈問題が発覚した際の国民の怒りは酌量の余地など許さなかったのだろう。

越山会の真髄

ところで、角栄と選挙を語るなら、日本最強の後援会といわれる越山会に触れないわけにはいかない。

越山会は、一九五三（昭和二八）年、新潟三区の北端、加茂市で発足したという説が有力だ。それが、まるで細胞が増殖するように自然発生的に、角栄の選挙区である新潟三区内に次々と支部が結成された。越山会は角栄の地盤である新潟三区内で細分化して組織され、最盛期には三一七支部、公称九万五〇〇〇人の会員を有したと言われる。当時の衆議院議員選挙の結果を見ていると、当確ラインは四万五〇〇〇票で、五万票あれば、必ず当選したという。それを考えると、後援会の会員数が、当確ラインの倍以上というのは驚異的な組織力だった。

越山という名の由来には、諸説ある。現在定説になっているのは、越後の英雄・上杉謙信が、能登の七尾城攻略に成功した時に詠んだ漢詩にちなんでいるというものだ。

霜満軍営秋気清（霜は軍営に満ちて　秋気清し）
数行過雁月三更（数行の過雁　月三更）
越山併得能州景（越山併せ得たり　能州の景）
遮莫家郷憶遠征（さもあらばあれ　家郷の遠征を憶ふ）

尤も、角栄は一九六五年の機関誌『越山』創刊号で、「号は字義通り越後の山という意味と東京と行き来するには（上越国境の）山を越えなければならないという意味しかない」と否定している。

新潟県の県紙である「新潟日報」が一九八三（昭和五八）年に刊行した『ザ・越山会』を当たると、数以上に驚かされるのは、角栄を慕う気持ちの強さだ。

《地下タビに脚半まいて山奥まで入って行った。「代議士先生が初めて来てくれた」と感激する部落（原文ママ）も多かった》

早くから角栄の行動力と人望を買って越山会を立ち上げた南魚沼郡越山会事務局長・小倉康男の思いには、新潟三区の誰もが頷いたようである。

他の候補者が足を踏み入れない辺境を攻める――それが角栄の選挙戦術であった。大票田である長岡市には、既存議員が盤石の勢力を誇っている。そこで争うのではなく、「国会議員など見たこともない」というような地域で、支持を広げた。

しかも、ただ訪ねるだけではない。それぞれの集落の問題点を事前に調べ上げて、有権者と、とことん話し合うのだ。

その結果、これらの集落で半ば自発的に越山会の輪が広がった。

新潟は、戦前から小作農に農地を解放しようという活動が盛んなこともあって、社会党の支持者が多かった。そんな社会党支持者でさえも、角栄に魅了されて、越山会に入会したという。

たとえば、三島郡越路町（現・長岡市）町長で、同町越山会の会長を務めた平石金次郎は、一九五四（昭和二九）年頃までは、熱烈な社会党支持者だった。

《「社会党の言うことは実現するのだろうか」。これに対し小林（孝平・社会党選出参議院議員）は「政策には現在と未来のものがある。社会党の主張は未来のものだ」と答えた。平石はえらく落胆した。「橋が老朽化し岩塚の人々は困っていた。未来を語るより現実を直視するのが政治ではないか。それでなければ遅れた農村は救われない」。この時からである。平石の心は革新から保守へと大きく転回した。「理屈をこねるより、きょう食う飯が先決だ」。平石は田中陣営に走った》

平等という言葉が大好きな日本人だが、人々が思い描く平等とは都会の暮らしの中でのみ成立し得るものが多い。

角栄が背負った新潟、いや、日本海側全域では、太平洋側と変わらない〝文化的〟生活を求めていた。それは最低限の平等であった。

だが、都会から見れば単なる金権政治、利益誘導政治に過ぎなかった。

カネより人柄

越山会は、角栄の議員引退と同時に解散した。当時を知る人も数少ない。そんな中で、越山会の幹部だった一人が、取材に応じてくれた。

元塩沢町越山会会長、高野信義だ。

三国街道の宿場町であり、ユネスコ無形文化遺産にも登録されている麻の高級織物「越後上布」や、その技術を絹に生かした「塩沢紬」の産地として知られる旧南魚沼郡塩沢町（現・南魚沼市塩沢）は、今や江戸時代の街並みが復元されて、観光客を集めている。

高野は、地元で代々酒屋を営む旧家の長男だった。自宅を訪れると、玄関先には昭和三〇年代の南魚沼郡の大判の写真が飾られていた。

雪かきの様子が収められているのだが、道路を挟み、両側に軒を連ねて並ぶ屋根の高さと、降ろした雪の高さがそれほど違わないのだ。

すごい積雪だと写真をじっと見る私に、高野は笑いながら言った。

「だいたい二メートル五〇センチくらい積もるのは当たり前で、まさに陸の孤島でした。車は車庫から出せませんから、雪が道路から無くなる春までは乗れない。それを解消してくれたのが道路の消雪パイプです」

降雪量は、昔も今も変わらない。だが、生活は写真の時代と大きく変わったという。

大雪が降った翌朝、家の前の道路が除雪されていた喜びは今も忘れられない。

「誰もが雪国からの解放を望んだんです」

だから、越山会は結束し、角栄を推した。

ただし、生活環境を良くしてもらったという恩義だけで、角栄を支持したわけではないという。

「先生に心酔したということではないんです」と言う高野だが、角栄の魅力を尋ねると
「人柄でしょう」と即答した。

「昭和三七（一九六二）年頃、新たに酒屋を開くために免許申請した人に、田中先生が口添えをしたとの情報が入り、酒販組合として抗議しに行ったのが最初の出会いでした。その新規参入者は革新系の人だったんですね。そんな人になぜ肩入れをするのかと訴えたんです」

限られた商圏内で同業者が増えれば生計は圧迫される。自由競争の原則からすれば、組合の抗議は筋違いとも映るが、当時としては正当な行動だったという。

「田中先生は、我々の話にじっと耳を傾けてくれました。そして、地元への影響にまで考えが至らなかったと恐縮するんです。ああ、偉ぶらない親しみやすい人だなと思ったのを覚えています」

その帰り際、地元後援会の幹部から、若い支援者が欲しいと打ち明けられた。それを機に、高野らは越山会としては初めての青年部を立ち上げることになった。

高野は「田中先生にお願いするのは公的な事柄に限ります。地域の要望を訴え、それを実現してもらう。それが越山会のルールでしたね」と述懐する。

越山会に年会費はなく、カネは必要に応じて参加者から集め、不足分は役員が拠出したという。

角栄の秘書、佐藤昭が「越山会の女王」と呼ばれ、九万人以上も後援会会員がいたため、「越山会は、日本最大の集金システム」だと思い込んでいたが、実際は違うようだ。

佐藤が後援会としての越山会を指揮していたわけではない。彼女は、永田町の砂防会館の角栄の事務所に陣取り、田中派を中心とした自民党議員との折衝、そして、角栄の相談相手としての役割が主業務だった。

彼女が「金庫番」と呼ばれたのは、角栄に求められて政治資金の管理と、資金の拠出を引き受けていたからだ。

すなわち、佐藤は「越山会」という後援会の金庫番なのではなく、複数あった角栄の政治資金団体を管理していたのだ。

しかし、月刊「文藝春秋」の金脈問題記事と同時に児玉隆也の「淋しき越山会の女王」が同時掲載されたため、越山会は地元から莫大なカネを吸い上げる組織だと世間は解釈してしまった。

それはともかく、なぜ、越山会の会員は角栄を信頼し、期待したのだろうか。

「他の国会議員は、自分だけが偉くなるんですよ。それは後援会のリーダーも同じです。

それでは、人は離れていく。田中先生にとっては、会員の悩みは自分の悩みでもあった。それを共有できたのが大きかった」

カネの切れ目は、縁の切れ目という。だが、越山会の会員と角栄はもっと深いところで結びついた同志だったのかもしれない。越山会が解散した今でも、会員同士集まっては思い出を語り合うという。

政治に関する論考の多くは、表面的な事実に引っ張られがちになる。本当に政治を分析するなら、もっと根源に触れるところまで掘り下げていかなければならない。日々生活している国民それぞれの生業を理解し、それが政治にどう関わっているかという視点だ。

5　ロッキード事件に至る道

衝撃の椎名裁定

一九七四年一二月一日、角栄の総理辞任を受け、自民党副総裁・椎名悦三郎の「裁定」によって後継者が決まった。

「（国民は）近代政党への脱皮に研鑽と努力を怠らない情熱を持つ人を待望している」として三木武夫（当時六七）が指名されたのだ。

椎名は、裁定の前日一一月三〇日に、福田、大平、三木、中曽根康弘を自民党本部の総裁室に集め、後継者問題を四時間半にわたり話し合ったがその場では結論に至らず、翌一日、朝からの会談でようやく断を下した。

三木が次期総理というのは、当の本人も「青天の霹靂」と述べているように、想定外の総裁指名と言える。

ポスト角栄の政局を克明にリポートした毎日新聞政治部による『政変』でも、《最後に絞られる一人が三木武夫と見破ったものはほとんどいなかった》と記している。

最有力と言われていた福田が総裁ではない場合、福田派は、中曽根、三木派と共に脱党も辞さない構えだった。一方の田中、大平両派は、総裁選を求めていた。選挙が行われれば、大平総裁を勝ち取れるという手応えがあったようだ。これは自民党分裂の危機でもあった。

椎名は、それを防ぐために、第三の選択として三木を選んだ。

誰もが不満だったが、それでも、自民党の混乱や分裂を望まなかったからこそ、妥協点として受け入れられた。

三木は、角栄より一一年早い一九〇七（明治四〇）年、徳島県の山間部で生まれた。実家は裕福で、明治大学在学中には欧米に遊学、英米の自由主義社会や独伊で萌芽していた全体主義の足音も体感している。

大学時代は雄弁部でならした三木は、卒業と同時に、衆議院議員選挙（一九三七＝昭和一二＝年）に無所属で出馬、初当選を果たした。以来、八八年に亡くなるまでの五一年間、連続で議員を務めた。

戦後の自民党結党時から所属している三木だが、自らの思想信条を貫く意志が強く、既成政党の腐敗批判と政治浄化を訴えていた。

そのようなイメージから総理就任当初は「クリーン三木」などと言われたが、けっして清廉潔白だったわけではない。

権謀術数に長け、時局を睨みながら発言行動する政治の強者だった。そのため、所属政党や自民党内の派閥の連携相手を事あるごとに変え、バルカン政治家と呼ばれていた。

悔恨

ところで、角栄の後継者選びで、永田町が騒然としていた頃、東京地検特捜部は何をしていたのだろうか。

月刊誌「文藝春秋」が取り上げた田中金脈問題に、国会議員の汚職摘発を使命としていた特捜部――中でも吉永は強い関心を示した。

立花が〝告発〟した角栄の金脈問題を事件として立件するための端緒を探していたさなかに、角栄のファミリー企業である新星企業が、不動産業の免許を失効したまま、不動産取引を行っていたと、国会で追及された。

吉永はそれを受け、一九七五年六月、同社の新旧二人の社長を宅地建物取引業法違反と商法の特別背任罪で起訴した。

さらに角栄のファミリー企業である室町産業の土地買収も国会で問題になった。一〇年前に五五〇〇万円で取得した信濃川河川敷の土地が、一五〇倍の八六億円にはね上がったというのだ。

事前に地価の上昇を知っていたのではないかと、新潟地検による捜査が行われたが、最終的には証拠不十分などの理由から、うやむやのままに終わってしまった。


《(新星企業の)この裁判は田中金脈にはなに一つ触れず、驚くべき駆け足審理で事件の本質は素通り。法の網をかいくぐって得たとみられる数十、数百億円もの金脈の行方は一切追及されず、田中角栄氏の隠れみのに過ぎぬ二被告に形式的な罰金刑、懲役にも執行猶予付きとは全く開いた口がふさがらぬ》(朝日新聞七五年一二月二九日)

このような新聞投書が寄せられるほど、司法当局に対する国民の不信感は高まっていた。大山鳴動してネズミ一匹——検察は、裁判所は何をしている、という強烈な批判を、司法は背負うことになった。

角栄復権待望のムード

一方の角栄だが、総理辞任の翌年には、復権を狙って動き始めていた。

そして七六年一月、月刊誌「現代」で、「『田中角栄待望論』の内幕」という特別リポートが掲載されたのだ。筆者は、政治評論家の俵孝太郎だ。

「田中角栄待望論、より正確にいうなら田中政権復活待望論が、頭を擡げてきているようである」で始まるリポートで、あれほどまでに、金脈問題を叩いたくせに、景気が回復しない閉塞感にさいなまれたあげく、生きた経済政策を実行する角栄を国民は待望していると、俵は分析した。また、文春が取り上げた疑惑は、角栄の総理就任前の出来事で、総理の権限を悪用したわけではない、という国民の声も取り上げた。そして発足から一年経った三木政権が、成果を上げられず支持率が四五％から二八％まで下落、次の総理を求める気配がにわかに燻り始めたと伝えている。

政治評論家である俵は講演者として全国をまわっている。その実感として、地方の自営業者を中心に、明らかに角栄待望論が膨らんでいるとある。

我が道を行く「クリーン三木」は独善的で、いつまでも評論家的なスタンスから離れられずに、政がまるで他人事のようだ。だから、決断と実行の男、角栄が懐かしい――。

国民感情とは、これほどまでに移り気なのである。

さらに俵は、次期政権最有力候補である福田政権実現は難しいと述べている。

三木政権を実現した責任は副総理の福田にもある。そして最大派閥が田中派である以上、やはり角栄政権復活しかないではないかと暗に仄めかしている。

俵は、保守派の論客ではあるが、角栄贔屓だったわけではない。それだけに、自民党の底流や国民からのムードをすくい取り、角栄再評価論が、自発的に湧いたのだろうか。俵は記事の最後に、角栄に向けられた金脈問題の疑惑を〝晴らす〟ために説明の機会を設けるべきであることや「越山会の女王」との関係清算、マスコミとの関係修復などの「復活への五大条件」を掲げて締めくくっている。

俺の出番は思ったよりも早そうだ。辛抱もあと少しだ。

俵の記事に対する周囲の反応を見た角栄は、そう考えたかも知れない。

しかし、そんな夢は、翌月に勃発する米国上院チャーチ委員会の公聴会で水泡に帰してしまう。

《田中前首相を逮捕

ロッキード疑獄、一気に核心

桧山らから五億円　外為法違反　現金を四回受領

五ヵ所を捜索　元秘書官も逮捕

ロッキード事件はついに政界の頂上に及んだ。同事件を捜査中の東京地検捜査本部（本部長、高瀬礼二検事正）は二十七日早朝、田中角栄前首相（五八）＝新潟三区選出自民党代議士、東京都文京区目白台一丁目＝に対し、外国為替及び外国貿易管理法違反の疑いで東京・霞が関の検察合同庁舎に任意同行を求め、取り調べのあと、午前八時五十分、同容疑で逮捕状を執行、身柄を東京拘置所に移すとともに、私邸と千代田区平河町、砂防会館内の田中事務所、衆議院第一議員会館内の田中前首相の部屋など五カ所を捜索した。田中前首相の容疑は、四十八年八月九日ごろから四十九年二月二十八日ごろまでの間、計四回にわたり、桧山広丸紅前会長（六六）＝外為法違反容疑で逮捕＝らを通じロッキード社から「ピーナツ」「ピーシズ」各領収証に見合う計五億円の現金を受け取った疑いである》（朝日新聞七六年七月二七日夕刊）

朝日新聞 夕刊

田中前首相を逮捕

ロッキード疑獄、一気に核心

桧山らから五億円

外為法違反 現金を四回受領

五ヵ所を捜索

田中が自民離党

政界パニック状況

野党にも波紋呼ぶか

首相会見

金権体質を打破

信頼回復に全力

時効迫り頂上作戦

朝日新聞　1976年7月27日夕刊

第一部

ロッキード事件には、余りにも疑問点が多い。それを再検証すれば、歴史の狭間に埋もれていた「真相」が浮かび上がるのではないか。

そう信じて、四〇年余りの間に積み上がってきた事件関係の資料を先入観のない目で洗い直した。

見落とされた視点、見過ごされた事実、真相究明を歪めた先入観の存在——。そして、実際に事件に関わった生存者に、会いに行った。

すると、ロッキード事件には、今まで我々が知っているつもりでいたのとは異なる、別の真相が浮かび上がってきた。

第二部では、角栄が有罪とされた丸紅ルートについて、再検証する。

すなわち、ロッキード社の大型機L1011(トライスター)を、全日空に売り込んだ見返りとして、角栄が五億円の賄賂を同社から受け取ったのは、果たして事実なのか——。

そもそも、内閣総理大臣に民間機選定の権限などあったのだろうか——。

第四章　トライスター請託の不可解

1　総理が民間企業に口利き？

一九七四（昭和四九）年三月三日。パリは厚い雲に覆われていた。暦の上では春だが、肌寒くコートが手放せなかった。

パリのオルリー空港に、日本人の団体ツアー客の姿があった。彼らの大半は金融機関への就職が決まっていた。一行は花の都を堪能して、空路ロンドンに向かう予定で、世界金融の中心地であるロンドンの金融街シティへの訪問に、胸躍らせていただろう。

一行が搭乗したトルコ航空981便は、米国マクドネル・ダグラス社の最新鋭機DC－10で、その日は、乗員・乗客三四四人が搭乗した。当時、日本人が目にする旅客機は、定員二〇〇人に満たないものが大半で、ボーイング社が総力を挙げて開発したボーイング747型機も、日本では目にする機会は稀だった。

最新鋭機に乗るという幸運を味わった一行だったが、彼らは誰一人ロンドンの地に降り立つことはなかった。

離陸一〇分後、981便が高度一万二〇〇〇フィート（約三六〇〇メートル）に達した頃、突然、貨物室の扉が吹き飛んだ。その反動で、操縦系統が破損し、制御不能の状態に陥る。さらに、外れた扉が接触して水平尾翼が破損、エンジンが推力を失う。DC－10は突然急降下し、パリ郊外のエルムノンビルの森に、墜落した。

三〇〇人以上が搭乗した大型旅客機としては、史上初の乗員・乗客全員死亡という大惨事となった。

一九八五年八月一二日に、日本航空123便が、群馬県御巣鷹山で墜落事故を起こすまで、単独機によるものとしては世界最大の死亡事故だった。もちろん、日本国内でも大きく報じられた。

だが、多くの日本人は、このDC－10が後のロッキード事件に深く関わっていたことを知らない。

墜落したDC－10は、元々は日本の全日空（ANA）が発注直前に、キャンセルした機体だったのだ。

突然の契約解除

この事故の五年前――一九六九（昭和四四）年七月、日本航空（JAL）は、DC－10三機分の発注内示書（レター・オブ・インテント）をキャンセルした。松尾静磨（まつおしずま）・日本航空社長が、白紙撤回するように命じたのだ。

日本航空は、DC－10を製造するマクドネル・ダグラス社と戦前から懇意で、旅客機の大半で「DC」機を採用していただけに、大型旅客機（エアバス）の新規購入でも、DC－10採用は、既定路線だと考えられていた。

それが、正式契約直前の破談となり、マクドネル・ダグラス社の代理店を務める三井物産は、パニックに陥った。

後に、まことしやかに語られた噂がある。

松尾社長の女性問題を、児玉誉士夫に握られ、白紙撤回を迫られたというのだ。そして、日本航空のエアバスは、ボーイング社のジャンボジェット機（747－SR）に決定する。

ジャンボジェット機を売り込んでいたのは、ボーイング社の代理店を務める日商岩井だった。当時の日商岩井には、海部八郎という敏腕副社長が航空機部に君臨しており、海部率いる航空機部は、「海部軍団」と呼ばれていた。彼らは民間機のみならず、航空自衛隊の次期戦闘機売り込み競争でも成果を挙げ、一九六六年にF－4（九二機）、七七年にはF－15（二〇三機）の採用に成功する。

尤もロッキード事件発覚後の七九年に、早期警戒機（E－2C）の選定に絡んだ汚職事件「ダグラス・グラマン事件」で、海部は贈賄側の主犯として特捜部に逮捕されることになる（問われたのは、外為法違反や偽証罪で、贈賄罪では逮捕されていない）。

ちなみに児玉がボーイング社や日商岩井とどのような関係であったのかについて裏付ける資料は、見つかっていない。

突然のドタキャンに困り果てる三井物産に対して、日本航空の担当役員は「宙に浮いた三機については、全日空に話を持って行ってはどうか」と耳打ちする。「松尾が全日空の大庭哲夫社長に話をつけるから大丈夫だろう」と言われたという。

JALの問題を、ANAがカバーする――。今の感覚では違和感しかないが、当時はありえる話だった。

当時、日本航空と全日空は、運輸省の厳しい監督下にあり、社長をはじめ、幹部の多くが、運輸省からの天下りで、両社の経営方針は、運輸省によって決められていた。運輸省航空庁長官から天下りし、JALの社長となった松尾の持論は「日本の航空会社は、一社で充分」で、日本航空が全日空を吸収合併すべく画策していた。

全日空の大庭社長は、日航に吸収合併されるための先兵として、全日空に押し込まれた、いわば松尾の子飼いであった。

大庭は、三井物産がもてあます三機の購入をも快諾したうえに、一機約七〇億円ものDC－10を、二〇機（約一四〇〇億円分）も購入したいとまで言った。

引き渡しは、七三年の予定だった。

ただし、全日空の仮契約(オプション)については、大庭は難色を示した。全日空で、エアバス購入のための機種選定委員会を発足する動きがあったからだ。

全日空の社内規定により、新規購入に際しては、機種選定委員会の検討を経た上で決定しなければならない。社長といえども、そのルールは厳守であった。

売り先に困っていた三機に加えて、大量の新規発注まで得た三井物産は、全日空が正式な手続きを踏むまで、三井物産のオプションとすることで合意した。

ただし、この合意はあくまでも大庭の「口約束」で、後にそれが大問題となる。

さまようDC-10

一九七〇(昭和四五)年一月、全日空に新機種選定準備委員会(後に、正式に機種選定委員会に昇格)が発足した。翌月には、若狭得治副社長を団長とする総勢一一人の第一次機種調査団が渡米して、マクドネル・ダグラス社、ロッキード社、ボーイング社の三社を視察する。

エアバスの完成機を実際に視察できたのはボーイングだけだったが、同社の747-SRは五〇〇人乗りで、三〇〇人乗り規模の機種を求めていた全日空の食指は動かなかった。

その結果、候補の機種は、ダグラスのDC-10か、ロッキードのトライスターに絞られた。

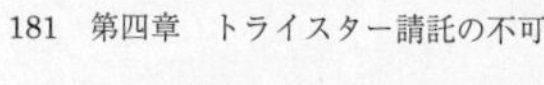

だが、大庭が三井物産と「口約束」していたDC－10については、技術担当者から、「エンジンが、垂直尾翼の中間に組み込まれているのが気になる。二万三〇〇〇キロもの推力に耐えられるかが心配」という懸念の声があがっていた。

羽田に着いた全日空のロッキード・トライスター1号機（1974年2月6日／時事）

一方、トライスターの方は「静かなエンジン」が売りで、空港周辺の騒音問題に悩む日本にとって魅力的だった。しかし、エンジンを製造する英国ロールスロイス社の経営に問題があり、開発が大幅に遅れていた。

そして、機種決定の段になって大庭社長が、突然解任される。

幻のアングラマネーとして、今なお取り沙汰される「M資金」詐欺に引っ掛かった責任を取らされたのだ。

慌てたのは三井物産だ。担当者はすぐに全日空を訪れるが、新社長の若狭から「そのような申し送りはない」と返される。

再びDC－10の契約が宙に浮いてしまったのだ。

この時、三井物産は、既に合計一〇機のDC－10を購入する契約をマクドネル・ダグラス社と結んでしまっていた。

この辺りの経緯は、航空業界に詳しい作家・本所次郎の『巨額暗黒資金　影の権力者の昭和史　三巻』に克明に記されている。

この騒動の後始末に関わった人物が取材に応じた。元三井物産の山上正雄だ。

彼は、初の国産ジェット旅客機として注目されている三菱スペースジェットがMRJと呼ばれていた時代に営業担当責任者として辣腕を振るっていた。

直接、DC－10の契約を担当したわけではないが、若狭社長の白紙撤回から始まり、解約されたDC－10の新たな売り先探しに至るまでの苦労話を、先輩から聞いている。

「契約してしまった以上、完成した飛行機の買い手を探さなければなりません。一部は、ダグラスの方で対応してくれましたが、とにかく必死で、転売先を探したそうです」

墜落したトルコ航空981便のDC－10は、「ダグラスが転売してくれた一機」だったという。

DC－10は七一年の運航開始以来、重大な事故が相次いだ。これを重く見た米連邦航空局は、七九年、ダグラス社に対し、DC－10全機の運航の停止及び総点検を命じている。

「JALかANAが購入していたら、日本で墜落事故が起きていたかも知れません」

更迭されたとはいえ、前社長が約したオプションを後任の若狭が一顧だにしなかったのは、何よりも安全性にこだわったからに他ならない。

前社長が確約していたものを反故にしてまで安全性を求めたのは、当時、旅客機の事故が多発していたからだ。

一九七一年七月三日、札幌丘珠(おかだま)空港から函館空港に向かう東亜国内航空（日本エアシステムの前身）63便YS－11「ばんだい号」が、函館空港の北西約一五キロにある横津岳（北海道亀田郡七飯町）に墜落、乗員・乗客六八人全員が死亡した。

同月三〇日には千歳空港を飛び立った全日空58便ボーイング727－281が、岩手県雫石町上空で航空自衛隊の練習機と衝突し、乗員・乗客一六二人全員が死亡。

全員死亡という大惨事が起きるたびに旅客機の利用者は減った。

運輸業にとって最優先すべきは、安全である――。運輸事務次官を務めた若狭にとって、それは絶対命題であった。

その姿勢を考えると、世界各地で重大事故を連発したDC－10を採用しなかったのは、当然だった。

安全より総理の声なのか

ロッキード事件とは、時の総理が、ロッキード社から五億円の賄賂を受け取る見返りに、全日空に対してロッキード社のトライスターを導入せよと強く働きかけた、とされるものだ。

だが、そもそも、総理大臣が民間企業に口利きなんてできるものだろうか。

たとえば、二〇一七年一一月の日米首脳会談で、ドナルド・トランプ米大統領は、「アメリカ人の雇用のため」に、一機一四七億円する戦闘機F－35を数十機購入して欲しいと、安倍晋三総理に堂々と求めた。

それを安倍は「了解した！」と即答した。

その瞬間、防衛省と財務省は限られた予算をやりくりして、その購入費を用立てなければならないし、航空防衛の編成を再検討しなければならない。

尤も、この決断は、安倍が職務権限を行使したという意味では分かりやすいし、ロッキード・マーチンなりトランプ大統領から賄賂を受け取っていないなら、事件たりえない。

しかし、これが、民間企業に対してなされたとしたらどうだろうか。

たとえば、日本航空がボーイング社の７８７の新規購入を決めているにもかかわらず、安倍が「エアバス社のＡ３５０に機種変更せよ！」と圧力をかけたとする。はたして日本航空は、それを受けるだろうか。

否、「総理の意向で決めるなど、絶対にありえない！」となるだろう。

航空輸送を事業目的とする企業が安全性や効率性など、様々な角度から精査して選定した機種を、総理の一存で変更するようでは、社長失格だ。

にも関わらず、ロッキード事件では、総理大臣の圧力ひとつで、航空会社が機種選定について唯々諾々と従ったと当たり前のように考えるのは、あまりに短慮ではないか。

事実、政治家を巻き込んで全日空に機種選定を迫ったのは、ロッキード社だけではない。それ以前にマクドネル・ダグラス社もDC－10の採用を狙って、様々な売り込み工作をかけてきた。

だがエンジン脱落事故や、貨物室の扉が開いて墜落寸前になるというトラブルが相次いでいたDC－10は、安全性に問題ありという機種選定委員の指摘によって却下されている。

そもそもロッキード事件では「一旦はDC－10に決まっていたエアバスを白紙にし、トライスターに変更したこと」が問題とされているが、安全面でDC－10を白紙化したのは全日空自らの決断なのだから、総理が介入するまでもなかったのだ。

2 「職務権限」という壁

ロッキード事件において角栄は、受託収賄罪（刑法一九七条一項後段）と外為法違反で起訴された。

「公務員が、その職務に関し、賄賂を収受し、又はその要求若しくは約束をしたときは、五年以下の懲役に処する。この場合において、請託(せいたく)を受けたときは、七年以下の懲役に処する」――これが受託収賄罪の規定である。

法律の下では、国会議員もまた公務員の一人なのだ。

「請託」とは、判例によると「公務員に対して、その職務に関して一定の行為を行うことを依頼すること」をいう（最高裁判決一九五二＝昭和二七＝年七月二二日）。

つまり、ただ賄賂を受け取るよりも、自身の職務に関わる頼み事を処理した請託の方が罪が重い。

ロッキード事件について言えば、ロッキード社の代理人である丸紅から、「ロッキード社のトライスターを買うように全日空に命じて欲しい」と依頼されると請託とみなされる。

判例では、「請託」を受けた公務員（政治家）は、それを実行しなくても受託収賄罪は成立する。

問題は、その政治家が、贈賄者のお願いを実現できる権限、すなわち「職務権限」を持っているか否かだ。常識的に考えれば、民間航空機選定の職務権限が総理にあるとは思えない。

角栄に職務権限あり⁉

七〇年代当時、航空会社の監督官庁である運輸省は、現在より強大な権限を有していた。そのため、運輸大臣に賄賂を贈って新機種選定の請託をするのであれば、議論の余地はある。

だが、ロッキード事件においては、検察も裁判所（地裁のみならず、最高裁まで）も田中角栄には「職務権限があった」と判定したのだ。

司法は何をもって「職務権限」としたのだろうか。

まず、角栄の起訴状では、職務権限について、

「内閣総理大臣として航空運送事業の事業計画の変更等の業務に関する許認可権限を有する運輸大臣を指揮監督する権限を有していた」と定義した。

裁判所は、これを全面的に認めて、一審で角栄は有罪になった。

判決を不服とした角栄は上告審まで争ったが、審理中の一九九三年一二月に死去。このため、角栄については公訴棄却となるが、贈賄側の丸紅の幹部役員三人のうち、檜山（ひやま）廣（ひろ）会長と大久保利春（おおくぼとしはる）専務、そして角栄の秘書である榎本敏夫の公判は続いた（その後、大久保は上告審の最中に死去し、公訴棄却）。

そして、有罪が確定した最高裁判所判決（一九九五年二月二二日）では、職務権限について次のような趣旨の判断がなされた。

《内閣総理大臣は運輸大臣に民間航空会社の機種選定について行政指導を行う権限があり、運輸大臣に対する指揮権等が認められる以上、運輸大臣に働きかけを行う行為は内閣総理大臣の職務権限に属する》

厳密には、行政各部の分掌する行政事務について、内閣総理大臣は指揮監督権限を有する（憲法七二条）のであって、大臣に対して指導する権限は明記されていない。

さらに、総理の暴走を防ぐため、総理の職務権限は、「閣議にかけて決定した方針に基いて」行う（内閣法六条）と縛りをかけている。

にもかかわらず、最高裁は具体的な閣議決定があったかどうかに言及していないのだ。結局、大臣を指揮できるから職務権限はあったとみなされている。言い換えれば、国政のあらゆる業務が総理の職務権限になってしまう。

これは、法律を拡大解釈し過ぎているように思える。

だが、当時、異議を唱える人などほぼ皆無で、ごく僅かの勇気ある法律家が、異を唱えただけだ。

その一人に、衆議院議員当選一一回の古井喜實（一九九五年、九二歳で没）がいる。八二（昭和五七）年三月、総合誌「中央公論」で「ロッキード裁判に思う――政治倫理と法治主義の問題」を発表。論文の中で、古井は、「総理大臣は直接的に民間航空会社を指揮監督する権限はない」と断言した。

古井は戦前の内務省に入省し、戦後、公職追放に遭っている。そのため一時は弁護士事務所を開業したりもしたが、追放解除後の一九五二（昭和二七）年に鳥取全県区から改進党（三木武夫や蘆田均、重光葵らが所属）公認で出馬、初当選を果たす。当選同期には、福田赳夫がいた。

自由民主党では松村・三木派に所属し、政治家として師事していた松村謙三の勧めもあって、日中友好に尽力、以降、角栄が取り組んだ日中国交回復実現のための地ならし的役割を担った。

角栄にとっては恩人と言える存在ながら、田中派に所属することはなく、むしろカネのかからない選挙の実現を早くから標榜していた。

古井は論文の中で、行政権は、内閣に属するという憲法六五条の規定を提示し、総理＝内閣ではないと断言している。また、総理大臣は、行政各部を指揮監督する職権を有する（憲法七二条）が、その行使については閣議にかけて決定した方針に基づかなければならない（内閣法六条）という重大な点を的確に指摘した。

すなわち、総理大臣の権限とは、主任大臣である運輸大臣を指揮監督することのみで、自ら管理する権限はない。しかもそれは、内閣の首長としての立場でなすのであるから、閣議にかけて決定した方針に基づかなければならぬという制約を受け、閣議と離れて自由勝手には行えないのだ。

「中央公論」に発表した論文などをまとめた著書『首相の職務権限』で、古井は元内閣法制局長官・林修三（一九八九年、七九歳で没）と対談している。

林は、鳩山一郎、石橋湛山、岸、池田の各首相の下、約一〇年にわたって内閣法制局長官を務めた。また、法令や判例についての著述も多い。

「勇気ある発言」と古井に賛同する林は、「内閣法制局が伝統的に考えているのは、内閣は合議制の機関で各大臣が連帯して国会に責任を負っており独任制の機関ではない」と述べ、総理大臣は、大日本帝国憲法下の天皇のように統治権を総攬（そうらん）したり、米国大統領のように行政権の全部の責任を負っているわけではないと言い切った。

検察の主張は「職務権限」を拡大解釈したもので、全ての国務大臣の長である総理大臣は、各大臣が有している職務権限を全て持っていると言い換えてもよい。「それは、総理による独裁化を後押しすることになる」と言って、両者は検察を非難した。

異論封殺のムード

古井や林の主張は、とても分かりやすい。

しかし、実際の裁判では、これらの考察は一顧だにされていない。

また、古井自身は先の論文を発表する際に、若干の勇気が必要だったと告白している。

《意図は兎も角として、結果的に田中擁護になる見解を公表するのだから（中略）袋叩きに合う覚悟が必要であった》（『首相の職務権限』）

地裁判決後に、法律雑誌『判例時報』一一三七号（昭和六〇年二月一一日号）で、職務権限についての裁判所の判断に異を唱えた学者がいた。

当時中央大学法学部の教授だった橋本公亘（はしもときみのぶ）（一九九八年、七八歳で没）だ。

「ロッキード裁判の法的問題点」と題した論文の冒頭で、橋本は米国連邦最高裁裁判官を務めたオリバー・ウェンデル・ホームズ・ジュニアの言葉を引用している。

――大事件は、難事件と同じように悪法をつくる。

「ほとんどすべての人が報道された事実をすべて真実として受取り、被告人らに対する烈しい憤りと憎しみの感情がひろく行きわたった。このような憎悪の感情の高まりが常に裁判への無言の重圧となっていたように思われる」というのが、橋本が懸念する理由だ。

橋本は、ロッキード事件の捜査について、最初から違和感を持っていたようだが、「私がいかに法律論に限定して見解を表明しても、私の真意は理解されず、おそらくは不快な反響に悩まされるであろうと予想したから」発言を控えていたと、その苦渋を正直に述べている。

一審判決前からマスコミの論調は、「角栄有罪」一色で、批判者の反論しようとする意欲を萎縮させている現状を憂えた橋本は、「いま望まれているのは、冷静な法律論である。批判者を沈黙させるようなことがあってはならない」と筆を執ったのだ。

一審の裁判開始から二年以上も後に、検察は「冒頭陳述の補充・訂正書」を提出し、「（総理は）内閣を代表して、行政各部を指揮監督する等きわめて強力な権限を有する」、

「内閣総理大臣は、閣議において決定された基本方針に基づき、行政各部を指揮監督することができるのはもちろん、行政各部に専属的に分掌せしめられていない行政事務を自ら行うこともできるのである」と、より幅広く総理の権限を説いている。

七二年八月一五日の閣僚懇談会で、大型機の緊急輸入を「決定（閣議決定ではない）」し、その後、角栄がニクソンと会談した際、民間航空機の購入について政府の方針を明らかにし、閣議に報告したことにより、田中内閣は、大型機緊急輸入の責務を負担した——と、検察は冒頭陳述で述べた。

これを「閣議決定」と同義だと言うのだ。角栄が機種選定に関わりを持ったきっかけとは、一九七〇（昭和四五）年一一月二〇日の「航空企業の運営体制について」と題する閣議了解だったと検察は主張している。

具体的には、運輸省が大型機導入を推進し、「全日空・日航に対して示達した」という状況で、政府が航空機の大型化を推進する方針を閣議で「了解」したのだ。

しかし、橋本は、この流れでは、指揮権行使に必要な手続きである「閣議決定」は行なわれていない、という考えだった。

ちなみに、現在の官邸HPでは、「閣議了解」とは、内閣による意思決定ではなく、本来は担当大臣の権限により決定し得る事項だが、事柄の重要性に鑑み他の国務大臣の意向をも徴（ちょう）する（求める）もの、と記載されている。

となると、閣議決定ではないし、そもそも閣議了解した総理は、佐藤栄作である。

検察がこんな無理筋を展開したのには理由がある。

検察は決定的な「閣議決定」の記録を見つけられなかったのだ。一審開始から二年近く経った七八年一二月一日に経済企画庁調整局長が、さらに同年一二月二六日には内閣官房首席内閣参事官が、いずれも「特定の新機種選定に関する閣議決定はない」という内容を検察に回答している。

にもかかわらず東京地裁は、検察の主張をほぼ全面的に認めて、角栄の受託収賄罪について有罪と判決したのだ。

3 不可解な解釈の連続

角栄の「職務権限」について、当時の検察の考えを知るために、元検事である宗像紀夫(むなかたのりお)に会いに行った。

一九四二(昭和一七)年生まれの宗像は、中央大学を卒業後、司法試験に合格、司法修習二〇期を修了し、六八年、検事に任官する。

ロッキード事件発覚時は、福島地検に在籍し、現職知事である木村守江(きむらもりえ)の汚職事件捜査に追われていたが、その後、特捜部に異動し、ロッキード事件丸紅ルート控訴審では、公判検事を務めた。さらに、八八年のリクルート事件では、特捜部副部長として主任検事を務め、その名を轟かせた。

宗像は、二〇〇四（平成一六）年、名古屋高検検事長を最後に退官し、現在は弁護士として活躍している。

私がロッキード事件を改めて見直していると話すと、宗像は「世代の違うあなたが、あの事件を検証するというのは意味があるね」と言った。その言葉に背中を押され、ロッキード事件に向き合うたびに感じる違和感をぶつけてみた。

「一般人の感覚なら、民間航空会社の機種選定が総理大臣の職務権限に含まれるなんて考えもしないでしょう。総理大臣なんだから、全ての省庁の大臣に何でも命令できるし、その権限もある——と、最初から決めつけていたら、検察の主張に説得力なんて生まれないのではないですか」

人を殺せば殺人罪だという分かりやすさが、受託収賄罪にはない。

厄介なことに、受託収賄罪の重要な構成要件である職務権限について、総理をはじめ各大臣の職務は法律で細かく定められていない。したがって、事件を構成するひとつひとつの要素に白黒が付けにくく、結果としてグレーゾーンでの解釈論争になる。

「総理大臣の職務権限自体が曖昧で、しかも、総理といえども好き勝手に判断したり行動できないよう、総理の決断については閣議決定を義務づけている。ところが、角栄が罪を問われた丸紅ルートについて、『全日空には、ロッキード社のトライスターを買わせる』という閣議決定は、存在しない。だから、職務権限なんてないだろうという議論が起きるのは、当然の流れでしょう」

拍子抜けするぐらい、宗像は私の違和感を肯定した。

新機種導入に当たっての許認可

ところが、民間航空機の機種選定に政府が関われるのか、という疑問から出発して考えると、別の結論に至ると、宗像は言う。

民間航空会社が新機種を導入するにあたっては、安全性や経済性、さらには当時問題視されていた離着陸時の騒音などについて、購入前に、政府の審査が必要であるという法的な縛りがあるからだ。

航空会社が新しい機種を採用する場合は、航空法の「定期運航事業者の事業計画変更」（航空法一〇〇条など）に該当する。そして、定期運航事業者の事業計画は免許制で、運輸（現・国土交通）大臣の許認可が必要だ。

つまり、運輸大臣には、民間航空会社の新機種選定の際に指導する職務権限はあったと考えられる。とはいえ、具体的に機種まで押しつけられるのかとなると、疑問である。

それに、運輸大臣は閣僚の一人であるから、権限を行使するとしても、内閣の意志に反する判断はできない。

「しっかりと指導監督せよ」と運輸大臣に命じられるのは、総理大臣ただ一人だ。運輸大臣が総理の意向に背くようなら、彼を罷免する権利を総理は有している。これらは、憲法や内閣法で規定されている。

総理介入についての解釈

宗像が続ける。

「本来運輸大臣が行うべき職務権限を総理が行使することが違法であるという規定はありません。そして、総理は憲法（七二条）と内閣法（六条）で、内閣を代表し、閣議にかけて決定した方針に基づいて行政各部の長たる各大臣を指揮監督する権限を付与されているから、総理が直接全日空に口利きするのは、職務権限の行使であるわけです」

分かりやすく言えば、総理は大臣を束ねるボスだから、各大臣には総理の意向を強要できるし、また大臣の権限についても総理が行使するのは、当然の職務権限だろうという理屈になる。

しかし、法律の拡大解釈は厳に慎むべきであるというのが、法の精神である。この連想ゲームのような「総理に職務権限あり」の発想は、屁理屈ではないか。

「法律的思考からすれば、なんら問題がない。あとは裁判所が判断することになる。それが法治国家のルールだし、裁判というものです」

何を尋ねても、宗像は考えを押しつけるでもなく、余裕綽々である。

そして宗像は当然のように「それが法治国家のルール」だと言うが、その論理がストンと腹に落ちない不可解さ――。

それが、ロッキード事件には漂っている。

ちなみに、ロッキード事件の場合、運輸大臣が全日空に対して機種選定について指導したり、強要したという事実はない。そして、角栄が直接関わった証拠もない。

異色弁護士の反論

では、弁護側は、それにどう立ち向かったのだろうか。

第一審から田中弁護団の事務局長を務めた弁護士・稲見友之に話を聞いてみた。

麹町にある事務所を訪ねると稲見は、裁判記録のファイルを積み上げたデスクの前で、私を迎えた。

そして開口一番、「今までは、核心的な取材には応じてこなかったが、今回はすべて話したい」と言った。

なぜ、今回は特別なのかと尋ねると、稲見は、一冊の本を示した。東京地検特捜部の検事が主人公の拙著『売国』だった。

「連載時から読んでいたが、これを書いた人の手が関われば、もしかしたらロッキード事件に、新しい光が差すのではないかと思っていた。そこに取材依頼が来たので、腹をくくりました」

恐縮するしかなかったが、私自身も、まさにその新しい光を求めているのは間違いなかった。

稲見の大きな目には誠実の光がある。角栄の壮絶な人生の終焉を目撃した両眼は、今も輝きを失っていない。

一九三八（昭和一三）年東京に生まれた稲見は、中央大学を卒業後、六三年に司法試験に合格、司法修習一八期を修了して、弁護士登録した。

スタートは共産党系の弁護士が多い事務所というユニークな経歴の持ち主だが、大学時代から親しかった保岡興治に乞われ、角栄弁護団の事務方を手伝い、やがて事務局長を務めるようになる。保岡は、判事補、弁護士を経て七二年、衆議院議員となり、田中派に所属していた。

「共産党にとって、田中先生は敵です。私は親友である保岡の頼みで、田中先生の弁護団のお手伝いを始めたのですが、所属事務所には内緒でした。結局それが発覚して、事務所を辞めざるを得なくなったのですが」

そう笑って話すが、若手の弁護士にとって、両方の間に立つ苦悩は並大抵のものではなかったろう。

稲見は職務権限について、「検察の主張は、私からすれば無茶苦茶な話で、総理は閣僚全ての職務権限を持つというような論理が通るのなら、総理大臣は独裁しても良いと、裁判所がお墨付きを与えるようなものです」と言っている。

「閣議決定と了解は同義であるという以外に、検察は、二つの答弁書を引っ張り出してきて、それによって閣議決定と考えるとも主張しました」

答弁書とは、国会で議員からの質問を受けて、総理を含む大臣が答える際に用意される文書のことだ。通常は、官僚が用意し、それを大臣が確認後に閣議にかけて決定するという流れになっている。

といっても実際に各答弁書の内容を細かくチェックする大臣など皆無で、ただ回覧して署名捺印をする儀礼的なものになっている。

「検察が見つけてきた答弁書の一つは、大型旅客機導入に関する政府の方針について、野党議員が具体的な機種を問うたものです。それに対して運輸大臣はＤＣ－10、トライスター、ボーイング７４７ＳＲの三機種を想定していると答えています。もう一つは、田中先生の総理就任を受けて、ハワイで行われた日米首脳会談で、アメリカの要請に応える形で、大型機の緊急輸入を認めたものでした」

この二つの答弁によって、検察は、総理にはトライスターを選定するように全日空に働きかける職務権限が成立したと主張した。

「こんなバカげた話が通るはずがない。どちらも、あまりにも拡大解釈が過ぎます。我々はそう信じて、田中先生が、全日空にトライスターを選定させたという閣議決定がない以上、職務権限など存在しなかったと訴え続けました」

果たして、結果はどうなったか。

一審、控訴審ともに、裁判所は検察側の主張を全面的に認めたのだ。

角栄の死で最高裁は判断回避

控訴審が始まる半年前の八五年二月に脳梗塞で倒れた角栄は、その後、弁護団にさえ会えない状態が続く。

そして、上告審が審議中の一九九三（平成五）年一二月一六日、角栄はこの世を去った。

被告が亡くなって、罪を問う存在がいなくなったために、最高裁は角栄の公訴を棄却、最高裁は九五年二月二二日の丸紅ルートの判決で、総理の職務権限について、従来とは異なる判断を示した。

すなわち、「（運輸大臣の職務権限について）民間航空会社が運航する航空路線に就航させるべき航空機の機種選定は、本来民間航空会社がその責任と判断において行うべき事柄であり、運輸大臣が民間航空会社に対し、特定機種の選定購入を勧奨することができるという明文の根拠規定は存在しない」とした。

その一方で、運輸大臣は行政指導する権利を有する立場にあり、機種選定に干渉できるという矛盾する判断を下した。

そして、角栄が機種選定を全日空に働きかけた行為については「判断は示さないこととする」とした。

稲見は言う。

「田中先生が亡くなって、総理の犯罪を立証する必要がなくなった。それによって贈賄側（＝丸紅）が請託の意を持って田中先生にカネを渡したことだけを立証すれば、贈賄罪が成立するため、職務権限については曖昧でも問題がなかったんです」

最高裁が、総理大臣の職務権限についての判断を示さなかったのは、それが判例として、将来に影響を与えるのを避けたかったからだろうと稲見。

「だとしたら、何のためにあんな長い年月闘ってきたのでしょうか」

その時の怒りを思い出したように、その一言だけ稲見の語気が乱れた。

公訴棄却となったが、実際に丸紅から五億円の現金を受け取ったとされる総理秘書官、榎本敏夫の罪（外為法違反）が九五年二月に最高裁で確定した。角栄の死で公訴は棄却されたとはいえ、裁判所は角栄が五億円を賄賂として受領したと認定したわけである。

最高裁の後始末を見ていると、どう考えても、総理に職務権限があったと判断するには無理がある。角栄が裁判中に亡くなるという不運によって、この決定が、判例として現在も残っているのは、理不尽としか言いようがない。

宗像と稲見からは、同じ問題提起があった。

「職務権限の問題も重要だが、それ以上に、ロッキード事件丸紅ルートを検証する上で最も重要なことは、五億円が本当に田中角栄に渡ったのかという点だ」

殺人事件が起きたと言われて現場にかけつけたら、死体がなかった。これでは殺人事件は成立しにくい。

奇しくも二人の証言者は、この同じたとえを用いて、その違和感を説明した。

第五章　五億円とは何だったのか

1　違和感だらけの五億円授受

新潟県柏崎市西山町坂田にある角栄の生家近くに、「田中角榮記念館」がある。かつて角栄少年が通っていた旧・西山町立二田小学校の跡地を利用して、一九九八（平成一〇）年にオープンした。玄関口に小屋根がある寄棟屋根の平屋で、カネはうなるほどもっていた印象のある角栄を偲ぶには、地味な佇まいだ。

館内には、達筆で知られる角栄の堂々たる揮毫が何点も展示されている。さらに、生前の角栄の貴重な映像資料が公開されている。私が同館を訪れた二〇一八（平成三〇）年四月には、角栄が故郷の食の魅力と健康法を語る番組が公開されていた。

そして、見逃してはならない一角がある。目白の陳情部屋と言われた応接室だ。

ロッキード事件はこの部屋から始まったのだ。

一九七二（昭和四七）年八月二三日の早朝、総合商社丸紅の社長・檜山廣と専務の大久保利春が東京・目白台の田中邸を訪れた。

「弊社が代理店を務めるロッキード社の大型旅客機トライスターを、是非とも全日空に購入して戴きたい。そのお口添えをしていただけないでしょうか」

応接室に通された檜山が切り出す場面を想像して、大いなる違和感に襲われた。寸分たがわず復元された部屋を見る限り、そんな密談が全く似合わないのだ。

むしろ、正反対の、明るい交流の場にこそふさわしい空間だった。朝餉の香り漂う中で、故郷の話題、お互いの家族の話、そして、事業の話などを、明るくかわしあった声が聞こえてくるようだ。

無論、目の前にあるのは、目白台の田中邸そのものではない。それでも、本物を知る人は、「まったく同じ！」と太鼓判を捺す。

もちろん、陳情やお礼詣もあっただろうが、時代を揺るがした大疑獄の舞台がこんなに明るく開放的な部屋では、あまりにも不相応なのだ。人間の心理には、空間が持つ〝気〟というものも大きく作用する。ここが持つ〝気〟では、世を欺く話にはならない。

そもそも、隣の控え室では大勢の人が面談の順番を待っているような状況で、そんな面倒かつ慎重であるべき用件を、朝っぱらのわずか数分間で話すものだろうか。

しかも、訪問者は天下の総合商社丸紅社長なのだ。

私が小説でこのような場面を描くとしたら、他者の耳目から遮断された――たとえばしかるべき料亭のような場所を用意する。

陳情場所として知られた、角榮記念館に応接室をそっくりそのまま再現したのは、新潟県民にとって、それが角栄と地元新潟を繋いだ場だったからだろう。

だが、穿った見方をすれば、「朝日の射し込むこの部屋で、五億円を払うから、全日空にトライスターを売り込んでくれと頼んだと、本当に思うか」と来館者達を挑発しているようにも思える。

角栄の右腕が語る違和感

「田中さんが通産大臣に就任し、私が秘書官を務めた翌日から、毎朝午前七時半には、目白の田中邸に通うのが日課となりました」

通産大臣秘書官を務め、角栄が総理に就任した時も、事務秘書官として角栄を支えた小長啓一は、当時を懐かしげに振り返る。

一九七一（昭和四六）年、苛烈な日米繊維交渉の切り札として通産大臣となった角栄と二人三脚で、小長は難局を乗り越えた強者だ。

「午前八時からきっかり一時間、田中さんはそこで陳情客の話を聞くんです。短い時間の会話ですが、陳情団各人の親の話や家族の消息などを的確に尋ねるので、皆大喜びするんですな。あの濃密な光景は、鮮明に覚えています。一組当たり三分、合計で二十組と応対する。選挙区（新潟三区）の陳情団が来る時は、田中さんは陳情の大半を既に承知していました。だから、彼らからの要望が出る前に『今年は難しいけど、来年なんとか実現できそうだよ』と先回りして答えるんです」

緊張している陳情団は、角栄が既に回答しているのに、陳情を言上する。仕方なく角栄は同じ答えを繰り返すというのが、日常茶飯事だった。

朝の面談時間は、地元の陳情団が約半数を占めたという。

「田中さんは、どんな陳情にも『よっしゃ、よっしゃ』というばかりだったなんて伝説がありますが、それは、違います。できないことははっきりそう言います。そして曖昧な答えではなく、常に具体的です。その言葉を土産に、陳情団はホッとして帰って行きました」

小長自身は、通産大臣のお迎えのために田中邸に日参していたが、稀に陳情の席に呼ばれることもあった。

「大半の陳情は、田中さんの陳情担当の秘書が対応します。しかし、たとえば地元の陳情が、通産省の部局や電力会社などに関連した場合、その窓口に連絡を入れるなどのお手伝いをしました」

「目白で受ける陳情は、地元の私的な陳情に限ると、田中さんはルールを決めていました。公のお願いごとや業界を代表しての陳情や相談というのは、通産大臣室で受けていました」

何事にもルールを作る角栄らしいエピソードだ。

それを知っている小長としては、丸紅の社長や専務が目白の田中邸を訪れて、口利きをお願いしたという容疑事実に納得していないようだ。

検察側の冒頭陳述では、一九七二年八月二三日、檜山と大久保が、目白の邸宅で朝の陳情の列に並んだという。

そして、角栄が待つ応接室には檜山が一人で入り、「全日空の新規大型旅客機にロッキード社のトライスターを選定するように口利きして欲しい。そのお礼に五億円を差し上げる」と依頼したことになっている。

さらにその場で、総合商社丸紅の大社長と言われた檜山が、信じがたい言葉を添えたと、検察は冒頭陳述で言及した。

「この五億円は、ロッキード社が支出するもので、丸紅は取り次ぎ役を担っております」

外国企業からカネを受け取るのか

五億円の出所が外国企業からのものであるならば、角栄はこの申し出を即座に退けたに違いない。

なぜなら、正規の政治献金の手続きを経ていたとしても、外国人や外国企業からの献金は、いかなる場合も違法だからだ。

政治資金規正法第二十二条の五には、以下の規定がある。

《何人も、外国人、外国法人又はその主たる構成員が外国人若しくは外国法人である団体その他の組織から、政治活動に関する寄附を受けてはならない》

この規定について、二〇一一年の国会でも問題になった。

菅直人政権当時に前原誠司外相が、京都市内の在日韓国人女性から政治献金を受け取っていた事実が発覚したのだ。本人は、「古くから付き合いのあった人。献金という認識がなかった」と弁明したが、前原は、外相辞任に追い込まれた。

六法全書を常に肌身離さず持ち歩くほど法律を勉強した角栄が、こんな基本中の基本を忘れるわけがない。

「公判期間中に田中さんを何度か訪ねた時、田中さんは私に『外国人から、献金をもらうなんてあり得ない。これは絶対だ』と言っておられた」

小長は、そう強く訴える。

また、一審から角栄の弁護人を務めた稲見友之も、同様の発言をしている。

「そんな外国からの金はもらわないんだと、田中先生は、それは執拗に繰り返しておられました」

そもそも賄賂を贈る側の丸紅としても、なぜ、そんな愚かな言葉を言い添えたのか。

「成功報酬として、弊社（丸紅）から、五億円をお贈りしたい」とだけ言えばいいではないか。日本企業からのものならカネは受け取ってもらえるだろうし、そもそも丸紅としても、ロッキードのカネを、自社のカネだと言う方が得ではないのか。

特捜部に逮捕された時の検面調書（検察官面前調書）での証言を、檜山は法廷で、「検事さんがお作りになったことです」と、全面否認している。


これについて、複数の検察ＯＢにぶつけたところ、思いがけない答えが返ってきた。

「それは些末な問題だろう。相手は、カネまみれの角栄なんだ。外国企業だろうと国内だろうと、バレるなんて思っていないから、何でもポケットに入れたんだ。カネの出所なんて気にしない」

この言葉の背景には、角栄が金権政治家の帝王だからという偏見に近い思い込みがあるように思える。

当時はともかく、現在でも検察ＯＢが「些末な問題」だという認識を示したのは、私には衝撃だった。

五億は、はした金

実は、この五億円について、「たとえ受け取っていたとしても、そのカネは賄賂ではないのでは」と主張する人々が存在する。

元毎日新聞記者の西山太吉もその一人だ。

角栄に何かを請託しようとする時に、五億円は、妥当な金額だと思うかと私が問うと、西山は即答した。

「思わないね。五億円なんちゅうのは角栄にとっては、はした金だ」

自民党宏池会を率いた大平正芳と深い繋がりがあった西山は、財界と太いパイプを持つ宏池会のありようをつぶさに見てきた。

「宏池会の誰かが金を用立ててほしいと財界の窓口に金額を言えば、その日のうちに、億単位の現金が運び込まれた。当時の政財界ではそんな融通なんて日常茶飯事だった」

だからこそ西山は、「五億円ごときのはした金」は、総理への請託に対して払う額とは思えないと断言するのだ。

同じ事を小長も言っている。

「五億円のようなはした金を、外国人からもらうなんてあり得ない、と田中さんが繰り返していたのを聞いています」

庶民にとって五億円は、現代でも巨額のカネだ。当時なら途方もなさすぎて、見当もつかない額であったろう。

内閣総理大臣の職務権限を利用して、便宜を図って欲しいのであれば、数十億円以上を用意しなければならなかったのではないか。

角栄に賄賂の自覚はあったのか

もう一点気になるのが、五億円は丸紅の請託であるという自覚が角栄にあったのかということだ。

自覚があったとしたら、七六年二月、米国上院チャーチ委員会での、ロッキード社元社長アーチボルド・コーチャンの証言――日本の高官に賄賂攻勢をかけた――を聞いた途端に、様々な手を打ち、逮捕されないように徹底的な隠蔽工作くらいは、しそうなものではないか。なにしろ、月刊誌の特集記事で、総理を辞めさせられた苦い経験があるのだ。さらに、総理復権を窺っていた時期でもある。

ロッキード事件発覚時に、無為無策だったことこそが、自分は関与していないと角栄が思っていたことの証拠ではないかと思えてならない。

「五億円は、賄賂ではなく別の理由で丸紅からもらったかもしれない」と語る人物がいた。

角栄最後のお庭番と言われた、元秘書・朝賀昭（あさかあきら）だ。

2　五億円の意味

二〇一八年六月、新潟県中魚沼郡津南町の街頭で、長身の老紳士がマイクを手に、演説を始めた。

老紳士の名は、朝賀昭、七五歳。高校生の頃から角栄に仕えた人物だ。

三一歳の二児の母でありながら、津南町長選挙に挑んだ桑原悠(くわばらはるか)の応援に、東京からやってきたのだ。

「六年前、桑原さんに、衆議院選挙への出馬をお願いしたんだけれど、故郷の復興を優先したいと実現しなかった」

当時、桑原は、出身地である津南町で町議として、震災復興に尽力していた。

彼女が東京大学公共政策大学院で学んでいた二〇一一年三月一二日(東日本大震災の翌日)、長野県北部地震が発生、長野県との県境にある津南町にも大きな被害が出た。二四歳だった桑原は、故郷の復興を決意し、大学院に籍を置いたまま町議選に出馬して初当選し、話題となった。

そんな桑原にこそ国政で活躍して欲しい、と朝賀は目論んだのだ。出馬要請は断られはしたものの、朝賀は、「何かの時には、応援に行くよ」と約束した。

六月の応援演説は、その約束を果たすためだった。

「選挙は、三つ巴の大接戦で、予断を許さなかった。私も一日選挙カーに乗り込んで、町民に支援を求めたんですが、さすがに疲れました」

朝賀の支援の甲斐あってか、桑原は次点と僅か一九二票差ではあったが、町長に初当選した。三一歳の新町長は、現職では全国最年少町長である。

若者の政治参加を支援する活動を続け、日本政治の刷新に今も情熱を注ぐ朝賀に、角栄が丸紅から受け取ったという五億円について聞きたいと思い、東京都千代田区麹町のオフィスを訪ねた。

毎日新聞記者・中澤雄大（なかざわゆうだい）は、朝賀を「角栄のお庭番」と呼び、『角栄の「遺言」「田中軍団」最後の秘書　朝賀昭』で、朝賀の半生を克明に描いた。そこに書かれた角栄との出会いは、朝賀の都立日比谷高校在学時にまで遡る。「割の良いアルバイト口があると聞いて、仲間と一緒に衆議院の事務局に登録をした」ところ、自民党の政調会長室に割り振られたそうだ。

政調会長室に挨拶に出向いた朝賀に、角栄はパタパタと扇子を煽ぎながら尋ねた。

「ところで、君の出身地はどこだ」

東京生まれだと答えたあとで、戦時中は、新潟県刈羽郡高柳町（現・柏崎市）に疎開していたと付け足した。

「なんだ、そりゃあ、オレの選挙区じゃないか！　わははは」

その瞬間、朝賀は角栄を「好きになった」という。

その後、中央大学を卒業した朝賀は、砂防会館の田中事務所の秘書として就職する。以来、三〇年以上にわたって、朝賀は角栄一筋に仕えた。

「総理大臣の仕事は、絶対に戦争をしない、国民を飢えさせてはいけない、これに尽きる。それ以外は些末なことだ――というのが、角栄（オヤジ）の口癖でした。この田中イズムこそ、オヤジらしさです。そして、豪放磊落に見えて、ナイーブで優しい」

まるで、父との思い出話のように懐かしげに話していた朝賀だが、ロッキード事件に触れると、一転、表情を曇らせた。

「当時私は、末端の秘書ですから、深い事情は分かりません。ですが、昭和五一（一九七六）年四月頃、砂防会館の事務所に顔を出したオヤジが、突然私に、『トライスターってなんのことだ』と尋ねたんです。周囲にSPが大勢いました。私が飛行機の種類みたいですよと返すと、『あれは、飛行機の名前だったのか』とオヤジが答えたのを今でもよく覚えています」

米国上院チャーチ委員会で、ロッキード社副会長のコーチャンが日本政府高官に対して裏金工作をしたと発言したことが日本国内で報じられて、二カ月ほど経過した時期だ。

「その時の様子を見て、ああ、オヤジは無関係なんだなと、安堵したんです」

また、佐藤昭が、「ロッキードから賄賂をもらった政府高官のイニシャルは〝T〟だそうだけど、アンタじゃないの」と尋ねた時の角栄の反応も、朝賀は鮮明に記憶している。

「バカッ！　オレがそんなものを貰うと思うかい？　なんで一国の総理大臣がそんな外国の一私企業のために、カネを貰わなければいかんのだ」――角栄は本気で怒っていたという。

「オヤジは、正直な人でした。それに、私はともかく、昭さんにウソをついても、必ず見抜かれていましたからね」

　しかし、角栄は逮捕され、検察が、砂防会館の田中事務所にも家宅捜索に入った。

「本当にそのようなカネを貰っていたのであれば、チャーチ委員会の記事が出てすぐ、証拠を隠したり、棄てるようにという指示を受けるのが当然でしょう。けれど、逮捕される直前でも、オヤジは超然としていた。あれは、自分は無関係と思い込んでる人の態度でした」

五億円は財界からのご祝儀？

　ならば、角栄が丸紅から受け取ったという五億円は、何だったのだろうか。

「七二年は、丸紅が経団連の総理担当窓口だったと記憶しています。総理に就任すれば、財界からご祝儀が出ます。それをまとめて、オヤジに届けるのが、窓口である丸紅の役目でした。それが、問題の五億円だったのではないか」

　財界に詳しく、金融事件や運輸行政についての著書がある元朝日新聞記者の佐藤章は、「私は、朝賀さんの説は、かなり事実に近いんじゃないかと思う。財界内で取り纏めをする窓口を、筆頭（ふでがしら）と呼ぶんですが、七二年の時の経団連の総理担当筆頭が、丸紅だったというのは、あり得ます」と言う。

　総理就任祝いとして、総額で五億円にもなるカネを財界が用意するぐらいは、少なくとも七〇年代なら、あり得たという。

「ロッキード事件発生まで丸紅は、三菱商事、三井物産と共に、〝スリーM〟と言われ、総合商社のトップ企業でした。また、財界内では、三井物産に次いで発言力がありました」

角栄とほとんど面識がない丸紅の檜山社長が、全日空への口利き依頼のために目白台の田中邸を訪れ、カネの話にも言及したことに、私は強い違和感があった。だが、「財界の筆頭として、総理就任のお祝いを述べに行った」のであれば、それほど非現実的な見立てではない。

そこで丸紅に取材を申し込んだが、残念ながらロッキード事件についての質問には応じられないと断られた。

また、財界に詳しい別のベテラン記者にも尋ねたところ、「あり得る」と答えた。

五億円はエントリーフィー

角栄が丸紅を通じてロッキード社から受け取ったとされる五億円について、別の意味があったと分析するジャーナリストがいる。

毎日新聞、朝日新聞で検察担当記者として活躍した村山治だ。

ロッキード事件発生から四〇年を経た二〇一六年七月、村山は、検察取材で名を馳せた元記者二人と共に、鼎談本『田中角栄を逮捕した男　吉永祐介と特捜検察「栄光」の裏側』を発表している。

　同書には、特捜検察の軌跡と社会の反響などが生々しく記されており、ロッキード事件の逸話も四〇年を経たと思えないほどの迫力がある。また、今まで語られてこなかった秘話も多数紹介されている。

　その一つに、角栄に渡った五億円について、村山が示唆した新しい可能性がある。

「米国証券取引委員会（ＳＥＣ）が、米司法省経由で日本の検察に提供した記録の中に、ボーイング社の取締役会議事録があり、そこには、一九七二年頃、日本の航空会社二社（日本航空と全日空）に対する同社の大型旅客機Ｂ７４７の売り込みのため、田中角栄首相に影響力を持つ小佐野賢治国際興業社主に対し、五億円の支払いを決めたという記述があったようです」

　なんとボーイング社までもが小佐野経由で角栄に五億円を払っていたというのだ。

　その議事録には、ボーイング社は「日本の慣習では、売り込み商戦に参加するのに金がいる。仕方ない」として、最終的には「参加手数料（エントリーフィー）として、五億円の支出を認めた」と記されていたという。

　村山にこの情報を明かした法務省関係者は、エントリーフィーとは、大型旅客機を売り込むため、日本市場の顔役である角栄と小佐野に支払う参加料という意味だろうと、説明したという。

　言ってみれば、仕切り役に支払う参加手数料だと考えればいい。

　もし、それがエントリーフィーだとすると、その金は、「賄賂にならない」と村山は、その鼎談で発言している。

「談合に参加するための手数料は、総理大臣の職務権限に対して支払うのではなく、談合の仕切り屋としての角栄に支払うものだ。金を払ったからと言って、それが航空機の受注に直結しないんです」

コーチャンの嘱託尋問記録にも、「（丸紅の大久保利春は）大きな取引をしたいのであれば、五億円は基準レートだと言った。日本は最大のマーケットで、丸紅から今後の販売がダメになると言われると大変だった」とある。

米国財界大物の意味深発言

また、一九七九（昭和五四）年一月一七日、朝日新聞の夕刊によると、米国の巨大財閥を仕切るデイヴィッド・ロックフェラーが、ニューヨークで日本人記者団と会見。エントリーフィーの問題について意味深な発言をしている。

彼は、「企業の賄賂とコミッション（手数料）の区別は簡単ではないので、贈収賄問題は、極めて複雑である」と語ったのだ。

デイヴィッドの兄ネルソンは、フォード大統領が就任した七四年から七七年の期間、副大統領を務めていた。それだけに、この発言は重い。

そこで語られた賄賂と手数料の関係が、ロッキード事件についての話であるとは、デイヴィッドは言及していない。

しかし、当時米国屈指の大銀行チェースマンハッタン銀行の会長だったデイヴィッドが、汚職事件について発言するのがそもそも不自然である。暗にロッキード事件に対する日本の異常な過熱ぶりに、釘を刺したのではないかと邪推したくなる。

さらに、同じようにDC－10を売り込んでいたマクドネル・ダグラス社の代理人である三井物産も、角栄に五億円を支払うと約束したという情報もある。ロッキード社のみならず、ボーイング社、そしてマクドネル・ダグラス社までが角栄に五億円を支払ったとしたら、それらは、村山が指摘する「エントリーフィー」の可能性がいよいよ高くなる。

ボーイングの文書が見つからない

村山は、その辺りをどう考えているのか、実際に会って尋ねてみた。

初めて村山に会ったのは、拙著『売国』執筆の時で、検事の仕事についてレクチャーを乞うたのだ。検察庁についてうっかり軽率な意見を言うと、鋭く切り込む伝説的検察記者の凄みに緊張したものだ。

六年ぶりに再会した村山は、長い記者生活にピリオドを打ったせいか、ずいぶんと柔らかい印象になっている。

「二〇一〇（平成二二）年、朝日新聞の連載企画『検証　昭和報道』で発表しようと考えた時に、検察筋に、ロッキード事件の保存資料の閲覧を求めたんですが、応じてもらえなかった。でも、私は、二人の元検事から、捜査や公判の過程でその議事録を現認したという発言を聞いた」

それが事実なら、検察はこの重大な文書を隠した可能性もある。

「このボーイングの議事録について、捜査すべきだと進言した検事はいましたが、上司は即座に却下したそうです。ボーイングがエントリーフィーとして五億円を、小佐野に渡した裏付けが取れたら、ロッキード事件の構図が根底から覆されかねない。だから、不問に付したのかも知れません」

村山は、ワシントンDCに留学中だった奥山俊宏記者に、米国公文書館でボーイング社の文書調査を依頼したが、文書は発見できなかった。

取材を終えて辞する時に、「ぜひ、真実を詳らかにしてほしい」と村山に背中を押された。

私には、〝動かぬ証拠〟など全く摑めていない。ただ一点、ロッキード事件を検証する上で、今までほとんどの人が考えてこなかった重大な視点があると考えて、それを軸に、ごまんとあるロッキード関連の文献をあさっているだけだ。

それは、七〇年代に米国は日本をどう見ていたかという視点だ。

アジアに裏金はつきもの

中国をはじめとするアジア各国を相手にビジネスを考える上で、「賄賂は文化。アジア諸国は開発途上国だから、何事にも裏金が付いてくるものだ。大がかりな国家プロジェクトを実現したければ、それ相応のエントリーフィーを払う覚悟がいる」と話す関係者が多い。

しかも、「賄賂をいくら払っても、それで目的が達成できるかどうかは分からない。ただ、競争相手がカネを払っているのであれば、自分たちも払わなければ、そもそもビジネス競争に参加すらできない」という諦観が存在する。

七〇年代当時、欧米の先進国から見れば、日本とて開発途上国と同程度だったのではないか。「日本とビジネスしたいなら五億円のエントリーフィーが必要」と言われたら、従うしかないと考えたのだろう。

カネに色はない、というのは、ビジネス界の常識だ。つまり、カネがどういう意図を持っているのかは、詮索する必要はないのだ。

しかし、このカネのやりとりに不正が絡むと、事件となる。

ロッキード事件で問題視された五億円というカネは、賄賂という色が付けられたが故に、角栄は逮捕、起訴された。そして彼が最高裁判決前に死去したので、間接的ではあるが五億円は賄賂だと認定された。

しかし、財界からの総理就任祝いのカネを取りまとめて丸紅が渡したというのが実情だったとすると、そのカネはせいぜいが政治資金規正法に抵触するだけだ。

エントリーフィーの場合も、同様だ。航空機商戦の参加料であるならば、角栄は受託収賄罪に問われない。

そのカネに「受託収賄罪」という色を付けなければ、検察としては、角栄を追い詰められなかった。だからこそ、ボーイング社の議事録を闇に葬り、ロッキード社の証言だけで勝負した、のかもしれない。

いや、勝負という言葉は、相応しくない。もしかすると、でっち上げ(フレームアップ)と誹(そし)られるかも知れない過ちを犯したと言いたい。

だとすると、角栄の弁護団が、米国から寄せられた膨大な資料の全てを閲覧する権利を持てなかったからこそ、逆転の機会を逃したとも言える。

さて、ここで、もう一つ疑っておきたい。

それは、そもそも角栄は、本当に五億円のカネを受け取ったのだろうか——という疑問だ。

3　本当にカネを受け取ったのか

ロッキード事件が発覚した米国上院の小委員会（通称チャーチ委員会）と米国証券取引委員会が入手した証拠の中に、一個一〇〇万円を表す符号として「ピーナツ」や「ピーシズ」という単位と個数が書かれた領収書が存在した。

領収書によれば、一九七三年から七四年にかけて合計五〇〇個のピーナツを四回に分けて支払われたとあるため、検察はそれを根拠に、「四回にわたり合計五億円を榎本敏夫を介して、田中元総理に渡した」と主張したのだ。

四回に分けて？

最も人目を避けたい行為を、なぜ四回も繰り返すのだろうか。

現金授受の場所は、他人の目につかない場所であるべきだ。まず、思い浮かぶのが料亭などの密室だが、これは来客記録が残る場合が多い。

控訴審の判決では裁判所は、「本件五億円は違法な賄賂であって、その支払いを契機に事が露見することは絶対避けねばならない事柄であり、したがって、支払いの時期や方法が慎重に選択されたとしても決して不思議ではない」と、述べている（一九八七年七月二九日）。

意外にかさばらない五億円の札束

現金の授受の回数は少なければ少ないほど露見のリスクが減る。丸紅が立て替えるなり、一度に支払うという選択肢はなかったのだろうか。

そもそも五億円の札束は、車のトランクに充分収まるボリュームなのだ。

拙著『標的』がテレビドラマ化された時、三億円の現金を授受する場面を見学したことがある。ドラマ・クルーは、「リアリティが大切だから」と一〇〇万円の札束の寸法を測り、現金三億円分の紙束を用意した。それらは、ショッピングバッグ二袋で収まってしまった。

ちなみに、当時使われていた旧一万円札——聖徳太子の肖像が描かれた札——の場合、縦八四ミリ、横一七四ミリ、厚さ約〇・一ミリ（旧紙幣は非公表のため現紙幣の厚さ）だ。一〇〇万円の札束一つの厚さは、約一センチしかない。体積で表すと、一〇〇万円で約一四六立方センチ。五億円は一〇〇万円の束五〇〇個分なので、約〇・〇七三立方メートルとなる。

〇・〇七三立方メートルとは、七三リットルだ。イメージしやすいように例えるなら、二リットルのミネラルウォーター三七本分だ。通販などで買うと、段ボール一箱に一〇本入って配達される。つまり、四箱分で、五億円が入る計算になる。

車のトランクにも余裕で収まる。

なのに、人目に触れる行為を四度も繰り返す意味とは……。

四度の不可解

起訴状では、現金の受け渡しについて、丸紅で現金の引き渡し役を務めたとされる専務の伊藤宏は、以下のように供述したことになっている。

授受①：七三年八月一〇日午前八時頃、ロッキード社東京事務所でダンボール箱に入った現金一億円を伊藤が受け取る。榎本へ渡すのは、同日午後二時二〇分ごろ、千代田区一番町一番地の英国大使館裏の路上と決めていた。
角栄付きのドライバーである笠原政則の運転する車で指定の場所に来た榎本に、ダンボール箱に入った一億円が手渡された。その後、榎本は目白の田中邸の奥座敷に運び込み、そのことを田中角栄に報告した。

授受②：七三年一〇月一二日、前回と同様の流れで、伊藤が一億五〇〇〇万円をロッキード社東京事務所で受け取る。千代田区富士見町にある伊藤の自宅近くの公衆電話ボックス付近での現金授受の場に現れたのは、伊藤付きのドライバーである松岡克浩一人であった。この日、伊藤は所用で自宅に戻っていた。同日午後二時半頃、笠原が運転する車で回収に来た榎本に現金が手渡された。

授受③：七四年一月二一日、今回は、ロッキード・エアクラフト・アジア社長ジョン・ウイリアム・クラッターが、一億二五〇〇万円の入ったダンボール箱を丸紅東京支店に運んだ。そして、同日午後四時半ごろ、港区赤坂のホテルオークラの駐車場で、伊藤は現金の入ったダンボール箱を榎本に渡す。カネは、やはり田中邸の奥座敷に運び込まれて、そのことを田中角栄に報告した。

授受④：七四年二月二八日、クラッターから受け取った一億二五〇〇万円の入ったダンボール箱を、伊藤は一旦自宅に持ち帰る。翌三月一日午前八時頃、伊藤宅を訪れた榎本に、ダンボール箱ごと手渡した。榎本は笠原の運転する車で、田中邸の奥座敷に運んだ。

すべての現金授受は白昼堂々と行われている。さらに、四度目を除くと、いずれも屋外での授受だ。

他人の目に触れない場所で、密かに行われるべき行為を、なぜこんな場所で。

これではまるで、みなさん、目撃者になって！　と通行人に向かって叫んでいるようなものではないか。

一度目の現場近くには、ダイヤモンドホテルがある。人がまったく通らない場所ではない。

二度目の公衆電話前では、受け渡しの最中に電話を利用する人が来たらどうするのだろう。

携帯電話などなかった当時は、公衆電話が至るところに設置されていたし、利用者も多かった。

そして、三度目は、密やかな取引には最悪の場所ともいえる。

ようやく四度目に人目につかない伊藤の自宅で現金を引き渡しているが、最初からそ

うすればよかったのではないか？

事件発覚当時の英国大使館裏

起訴状に記された四度の現金授受のうち、最も不可解なのが三度目の授受だ。七四年一月二一日午後四時半、ホテルオークラの駐車場で行われたとある。

この日の午後四時、ホテルオークラ「平安の間」で当時衆議院議長を務めていた前尾繁三郎を「激励する会」が催されていた。自民党宏池会出身の長老である前尾の会だけに、数百人が集まっていた。

伊藤はこの会に出席しており、そのついでに、同ホテルの駐車場に榎本を呼び出して一億二五〇〇万円の現金を渡したというのだ。

ちなみに、駐車場は宴会場の正面にある。政治家のパーティともなれば会場周辺には、ハイヤーなどがすし詰め状態で待機しているし、メディアも大勢いたはずだ。

そんな場所で、参加者の大半が顔を知っている総理大臣の政務秘書官と丸紅専務が、ダンボール箱を車に積み替えている姿など、もはやコメディとしか思えない。

三度目の授受を検証してみた

事実は小説より奇なり。人は時々常軌を逸した行動をすることもある。伊藤と榎本の行動も、その一種かもしれない。そこで、ホテルオークラでの現金授受の経路を、供述通りに、実際に車で走行してみることにした。

実際、控訴審では、この時の榎本の行動を検察が検証している。

この行程は、榎本、伊藤に加え、笠原と松岡、さらには、榎本の公用車の運転手・清水孝士の供述や運行記録を元に作成したものだ。

それによると榎本は、七四年一月二一日、一六時〇五分に、清水が運転する公用車(以下清水車)で官邸(千代田区永田町二－三－一)を出発。田中事務所がある砂防会館(同区平河町二－七－五)に移動する。所要時間は七分。

ここで、笠原が運転する角栄の車(笠原車)に乗り換えて、ホテルオークラへ。八分の移動で、一六時二〇分にホテルオークラに到着、現金を受け取り、笠原車で一二分後に砂防会館に戻る。

五分後、今度は清水車に乗り換えて(おそらく、現金はそのまま笠原車に載せたまま)、官邸に向かう(所要時間三分)。

そして、五分後にまた、清水車に乗り込んで三分で参議院会館に向かう。奈良県選出の自民党参議院議員の新谷寅三郎と面会するためだ。面会はわずか三分で終了、今度は笠原車に乗り込んで、二七分後に目白台の田中邸で現金を下ろした。

記録が正しいならば、二七分で再び榎本は、参議院会館に戻っていなければならない――。

なお、参議院会館と目白台の田中邸の往復の際に首都高速を利用したのかは永遠に不明だ。

というのも、笠原は、七六年七月三一日と八月一日に検事の取り調べを受け、翌朝、自宅近くの山中で、排ガスを車内に引き込んで自殺しているからだ。

そして私は、二〇一八年一〇月一一日、実際に車でこのルートを走ってみた。

不可解な車乗り換え

官邸や国会周辺は警備が厳重だ。さすがに総理官邸前でおもむろにストップウォッチをスタートさせるわけにも行かず、官邸前の交差点からスタート。まずは、砂防会館に向かう。

三分二七秒で、車は改築されたばかりの真新しい砂防会館の前に到着した。七四年当時は七分と記録があるから、所要時間は半分だ。

「ここで、笠原車に乗り換えです！」

三度目の授受（74年1月21日）の立ち回り先地図

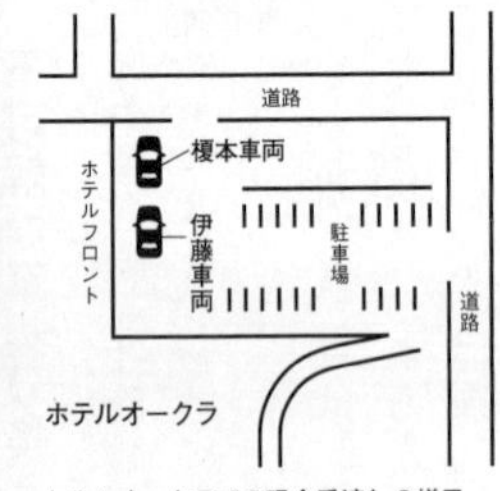

ホテルオークラでの現金受渡しの様子
（木村喜助著『田中角栄の真実』参考）
ホテルオークラ駐車場でダンボール箱を積み替えた時の図

検察想定行程表（ → が榎本乗車。 - - → は榎本未乗車での動き）

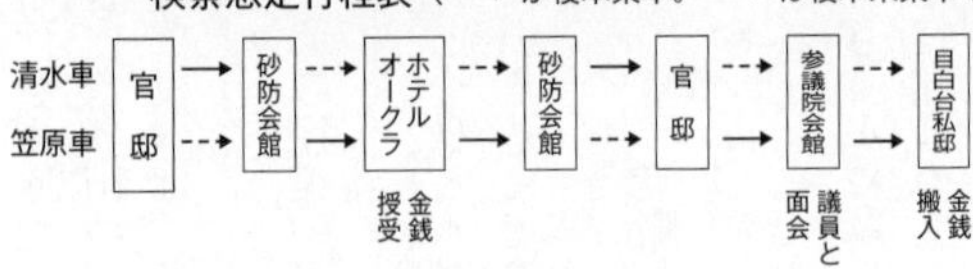

タイムキーパーを務めるスタッフが言うので、「なぜ？」と思わず尋ねてしまった。

「分かりません」

想像するに、清水は砂防会館に用でもあったのだろう。

次はホテルオークラに移動。今度は検察記録より二分四〇秒遅く、一〇分四〇秒かかった。残念ながら、実走した時は、ホテルオークラ本館は、建て替え中で、駐車場の様子は確認できなかった。

再び砂防会館に移動。

その時、ふと気づいたことがある。陳情にしてもカネにしても、角栄は、公私の別をはっきりとさせていた。にもかかわらず、この時受け取ったカネを砂防会館の田中事務所の金庫に入れず、目白台の田中邸に運ばせたのはなぜか。他の三回でも、いずれも田中邸に運んでいる。

それについては、誰も言及していない。

「砂防会館に運び込めば、時間が節約できたのになあ」

独り言を言ったつもりだったが、同行していた取材班の一人が「砂防会館は、人の出入りが激しいから、目白の私邸に運ばせたんですかねえ」と呟いた。

「でも、砂防会館の金庫には、常時一億円以上のカネが保管されていて、頻繁に出し入れしていたんでしょう。一億二五〇〇万円ならショッピングバッグ一袋分に収まるから、目立たないと思うけど」

カネを受け取り運んだ榎本も、二人の運転手も既に鬼籍に入っている。金庫を管理していた「越山会の女王」の佐藤昭も同様だ。

「ここで、清水車に乗り換えです！」

またか。

そして、官邸、参議院会館と移動したところで、「次、笠原車に乗り換えです」。

なぜ、こうも慌ただしく車を乗り換えなければならないんだ。ずっと同じ車で移動すればいいじゃないか。

実のところ、この乗り換え行為は、異様に思える。特にカネを積み込んだ笠原車をそのまま砂防会館に置いて、清水車に乗り換えるのは不用心だ。その上、笠原に参議院会館まで迎えに来させ、目白台に向かっているのだ。

笠原車利用の意味

そもそも榎本には、総理政務秘書官として与えられた公用車と清水という専従運転手がいた。なのに、なぜ角栄専従運転手である笠原の車を使わなければならないのだろうか。

法廷でも弁護側はこの点を問題視しているし、さらに榎本自身が「笠原が運転する車に、自分一人が乗ることは滅多にない」と証言している。

確かな裏付けはないのだが、検察は、最初から現金授受に関与したのは、笠原だと決めつけていたようだ。

無論、検察は清水からも聴取している。

おそらく、二人の運転手を取り調べた感触で、授受は、笠原が単独で担当したと踏んだ——。

さらに、笠原は取り調べについて、田中事務所で「検事の読み上げる通りに（供述調書を）書かされて、署名捺印してきた」と告げ、しきりに「疲れた」と言っていたという。そして、翌日に自殺——。

前々頁の「検察想定行程表」は、一審で検察が示した現金授受の流れである。笠原車だけでなく、清水車も使ったと示されている。

なぜ、全行程を笠原が運転したことにしなかったのだろうか。

実は、清水の手による運転記録を、検察は押収しそこなったのだ。それが弁護側から提出されて、証拠として採用された。検察が確認すると、榎本が「清水車」に乗車している時間が、「犯行時刻」と重なっていた。そこで検察は、記録と辻褄を合わす必要があったのだ。

さて、実地検証だが、参議院会館から目白台の田中邸まで、首都高を利用すると、一五分一四秒で到着した。検察の提示した二七分より遥かに早い。さらに、首都高を使わずに一般道を通っても、二六分四四秒だった。

三度目の授受の最大の争点は、参議院会館と目白台の田中邸間を、五四分で往復できたのかという点だった。現在と当時では道路の状態も車の性能も異なるが、一般道のみを利用して往復しても五四分を切っている。

四〇年以上も前の車と、現代の車とでは性能の差があるのは承知している。だが、高速道路も一般道も、制限速度は当時と同じだ。それに起訴状が提示した時間（スケジュール）内に移動できたのか否かについての検証である。現代の車の方が条件が優位にもかかわらず、当時の記録をオーバーした時のみ疑義を生じるのだ。

だが、重大な事実が見落とされている。

七四年一月二一日、東京は正午頃から降雪で、午後には交通が麻痺を起こすほどの積雪があったのだ。

首都・東京は、雪に弱い。

毎年のように大雪に見舞われるのだが、そのたびに都市機能が麻痺する。たとえば、今年（連載執筆時二〇一八年）の一月二二日――。二〇センチを超える大雪に見舞われた。

この日、私は所用で新宿からタクシーに乗った。行き先は大塚方面で、明治通りを北進していたタクシーの運転手は「スタッドレスタイヤを装着しているので、ご安心を」と太鼓判を押すのだが、何度も雪にハンドルを取られた。それに、雪面での運転に慣れていないと、加速や右左折でハンドルを取られてしまう。

明治通りでは、車体後部を振りながら走る車が多くあった。

不忍通りに入ると、春日通りまでは急な坂道が続く。ここも、路面は真っ白で、走る車は皆ノロノロ運転だ。

信号停止の時、前列のダンプカーが突然、後ろにスリップした。ダンプカーの運転手も焦ったのだろう。アクセルを強く踏んだために、雪上でタイヤが空転しながら、坂を滑り落ちてくる。

タクシー運転手が慌てて車線を変えて、なんとか衝突を免れた。

ちなみに、都内の大動脈、首都高速も雪に弱い。

最大の弱点は、料金所だ。一般道から首都高に入る出入口は、いずれも急な坂道になっている。そこが上れない（あるいは下りられない）せいで、路面を除雪できない。

坂のまち・東京は、積雪ともなると、一気に脆弱な都市となる。道路事情もタイヤの性能も進化した現在ですら、こんな状態なのだ。

一九七〇年代の大混乱ぶりは、それ以上だったに違いない。

積雪を無視した現金輸送時間

一九七四年一月二一日――。その日まで、東京地方は七一日間も降雨の日がなかった。それが、朝から都内の雲ゆきが怪しくなった。都民は恵みの雨を期待するが、雪の洗礼を受けることになる。しかもとんでもない大雪だった。

鉄道網は麻痺し、道路では、雪で立ち往生した車の乗り捨てが相次ぐ。

朝日新聞は翌二二日の朝刊で、前日の降雪を〝雪異変〟と称した。そして、前日（二一日）の午後五時に撮影した通行止めの首都高と、大渋滞している一般道の様子を撮った写真を掲載した。

都心（千代田区、港区、中央区）まで、「新宿から一時間半かかった」「練馬から三時間」などというタクシー運転手のコメントもある。

また、前日の夕刊には「雪による高速道路の閉鎖など首都圏の交通が混乱したため、一部地域では配達が大幅に遅れました」というお詫び記事も掲載されている。

そんな大雪の日に、丸紅の伊藤宏は角栄の秘書・榎本敏夫に、現金を手渡したと供述している。

検察の調書では、午後五時一〇分に現金一億二五〇〇万円を積み、榎本を乗せた笠原車が、参議院会館を出発。同五時四〇分に目白台の田中邸に到着して、カネを下ろした上で、同六時四分に再び参議院会館に戻ったことになっている。

偶然にも、朝日新聞が雪で通行止めになっている首都高を撮影した時間帯だ。

高裁審では、弁護側が降雪の記録を多数提示して、金銭授受は物理的に不可能と訴えている。さらに、降雪翌日の毎日新聞朝刊で、首都高のランプ（出入口）は、平和島など四カ所を除いて、全て閉鎖と伝える記事も提示した。

調書の記録通りに現金輸送を完了するなら、霞が関ランプで首都高に入り、護国寺ランプで降りるのが最適だ。

その両ランプが、雪で閉鎖されていたら、検察が想定した時間内で、参議院会館と田中邸の往復は不可能になる。もちろん一般道も使い物にならない。

だが、この二カ所のランプの同日の開閉状況の資料は、廃棄されていた。

いや、そんな資料がなくても、実際にカネを運んだ運転手の証言があれば、裁判には大きな影響を与えられる。

四回の現金授受について検察側の主張は、二日間笠原を取り調べて得た供述を基本に組み立てられた。

そして、一月二一日、参議院会館と田中邸を往復したのも、笠原だった。

笠原の調書では、天候について言及されていない。現金授受を手伝っておきながら、同日の大雪に言及しないのは、不自然だ。

笠原が生きていれば、雪の問題も、同日の霞が関ランプや護国寺ランプの状況も法廷で証言できただろう。

したがって、検察側は弁護側の訴えを裏付ける証拠がないと反論。裁判所は、これを認めた。

そういう意味で、笠原の死は角栄側にとって痛恨だった。

誰も大雪を覚えていないのか

それにしても、伊藤も榎本も、誰一人として、当日の天候についての供述が検面調書にないのが不可解である。

四回の現金授受の全てについて、榎本は法廷で否定している。一方の伊藤は、全ては検面調書で供述したとおりだと証言している。

にもかかわらず、伊藤は当日の大雪について言及していないのである。

そして、検察が調書作成の際に、この日の大雪を検証しなかったのも不可解である。

首都高の記録が破棄されず、笠原が死去していなければ、どうするつもりだったのだろう。

贈収賄事件においては、現金授受という最重要点を徹底的に裏付けるのは、基本中の基本だ。当日の天候すら確認しないというのは、杜撰と誹(そし)られても致し方ない。

4　榎本敏夫という落とし穴

検察官の取り調べに問題があったとしても、結果的には榎本の自白が、角栄の罪を決定づけた。

榎本自身は、検事の欺瞞行為によって誘導されたと、公判で主張している。

欺瞞行為とはサンケイ新聞のスクープ記事を指す。逮捕翌日の七六年七月二八日付朝刊の一面で、「田中、5億円受領認める」という大見出しが躍った。

榎本の取り調べ検事は、その見出しが目につくように、新聞をさりげなくテーブルの上に置いた。

実は大誤報なのだが、（検察がわざとミスリードしたという説もあるが）その見出しを見た榎本は、あっさりと自白した——と検察側は主張した。

金権政治家といわれた角栄の下に集まる「危ないカネ」の窓口を担当していた筆頭秘書が、逮捕翌日で、検察の軍門に下るとは。これではさすがに、角栄も浮かばれない。

そもそもこんな人物が、なぜ角栄の懐刀だったのか。

越山会の女王こと金庫番の佐藤昭を筆頭に、角栄を取り巻く秘書は強者揃いだ。元記者である早坂茂三と麓邦明らは、「日本列島改造論」制作で活躍した（麓は、事件前に退職）。さらに、東京の私設秘書の要である山田泰司、新潟の国家老と言われた本間幸一などが、オヤジを支えた。

その中でも、榎本は特別な存在だった。榎本一人が、政治がらみの「ヤバいカネ」を扱っていたからだ。

しかし、この検事の取り調べの様子を読む限り、到底、そんな重要な役目を担えた人物には思えない。

逮捕された榎本が踏ん張れば、事件は別の展開をみせたであろう。それは、私だけではなく、事件を知る者の多くが抱く同じ思いでもある。

丸紅ルートの一審が始まった頃の週刊誌によると、「榎本が、五億円は自分が受け取った賄賂だ。角栄とは一切関係ないと罪を一身に被るだろうと筋読みしていた永田町関係者が多かった」と書いている。

「ヤバいカネ」の窓口という人物がこんな小心者に描かれていたら、小説でさえ、リアリティがなさすぎると読者の失笑を買うかもしれない。

なのに、現実ではあまりにも器の小さい人物だった。

榎本は、一九二六（大正一五）年に東京都北区で代々質屋を営む大地主の息子として生まれる。

子ども時代の評判は良く、仲間で悪戯をしても、一人だけ名乗り出て叱られたという逸話がある。また、戦時中の学徒動員で工場に奉仕していた時、勤労課長のイジメにくってかかったこともある——など、榎本は正義感の強い親分肌だったエピソードが多く残っている。

長じて政治への関心を強めた榎本は、戦前からの大物議員である広川弘禅の書生となり、政界への道を歩み出す。

一九五五（昭和三〇）年に、東京都北区議選に初出馬、その選挙応援には、広川をはじめ、赤城宗徳、中村梅吉などという大物議員が駆けつけた。

区議はあくまでも国会議員となるステップだと、榎本は考えていたようだという証言もある通り、区議であるにもかかわらず、彼は代議士秘書のバッジをつけて永田町を闊歩した。

その行動が角栄の目に留まった。そして、二期目の半ばで榎本は区議を辞職、角栄が経営する日本電建の総務部長を経て、角栄の秘書となる。

秘書となってからも、異例の出世を遂げ、角栄が自民党幹事長となった六五（昭和四〇）年には、幹事長秘書に就いている。

榎本を知る複数の人は、「堂々とした風格があった。さすが、角栄の懐刀という印象だった」と声を揃える。

また、角栄の最年少秘書である朝賀昭は「まともな人でしたよ。それに、佐藤昭さんとのコンビネーションが絶妙だった」という。榎本は佐藤昭の後ろ楯で偉くなったという関係者の声もある。

秘書としてそれほどまでに堂々としていたにもかかわらず、被疑者・被告となってからの榎本には冴えない印象がつきまとう。

そして、その印象を決定づけたのが、彼の二番目の妻だった（七七年一〇月に離婚）榎本三恵子の爆弾発言だった。

ハチの一刺し

八一（昭和五六）年一〇月二八日、東京地方裁判所七〇一法廷で、榎本三恵子は、検察側の証人に立つ。

そして、伊藤から現金を受け取ったと、榎本本人から聞いたと三恵子は証言した。

さらに、夫の逮捕を免れるために、榎本の日程表やメモなど、総理秘書官当時の書類を焼いたとも証言したのだ。

この証言によって、「五億円は絶対に受け取っていない」と自白した検面調書を全面否定していた榎本証言は、事実上崩壊した。間接的ではあるが、角栄に賄賂が渡ったと裏付ける証言にもなった。

公判後、複数のメディアの取材に応じた三恵子は、元夫を裏切るような発言をした理由として、「私的な面と社会正義からの二つある」と述べている。

私的とは、子どもとの関係だ。榎本と離婚した三恵子は、我が子（三人）に会うことがかなわず、さらに榎本の実家の冷たい態度と中傷に耐えられなくなったからだという。

また、社会正義については、「権力によって真実が曲げられるのを防ぎたかった」と語った。

そして、元夫のみならず仲人を務めてくれた角栄までも罪人と決定づけた発言についての覚悟をメディアに問われて、名言を吐く。

「蜂は一度刺したら死ぬと言うが、私も同じ気持ちです」

この発言は、この年の流行語の一つともなった。また、彼女の証言は、当時、勃興していた女性解放運動（ウーマン・リブ）のブームとも化学反応した。

「日本女性がかくも強くなったか、とてもうれしい」

「従来の女性観を変えるほど清新なものに映った」

など女性から高い支持を得た。

いち証言者にとどまらず社会的に大きな注目を集めた榎本三恵子は、メディアへの露出も増えた。その一方で、彼女自身のプライベートも徹底的に暴かれた。

五億円を受け取った⁉

さすがに、榎本も元妻に好き勝手ばかりをさせておくものかと奮起したのだろうか。

丸紅ルートの第一審の求刑から一五日後の八三年二月、テレビ朝日の「モーニングショー」の独占インタビューに応じた榎本は、とてつもない爆弾発言をする。

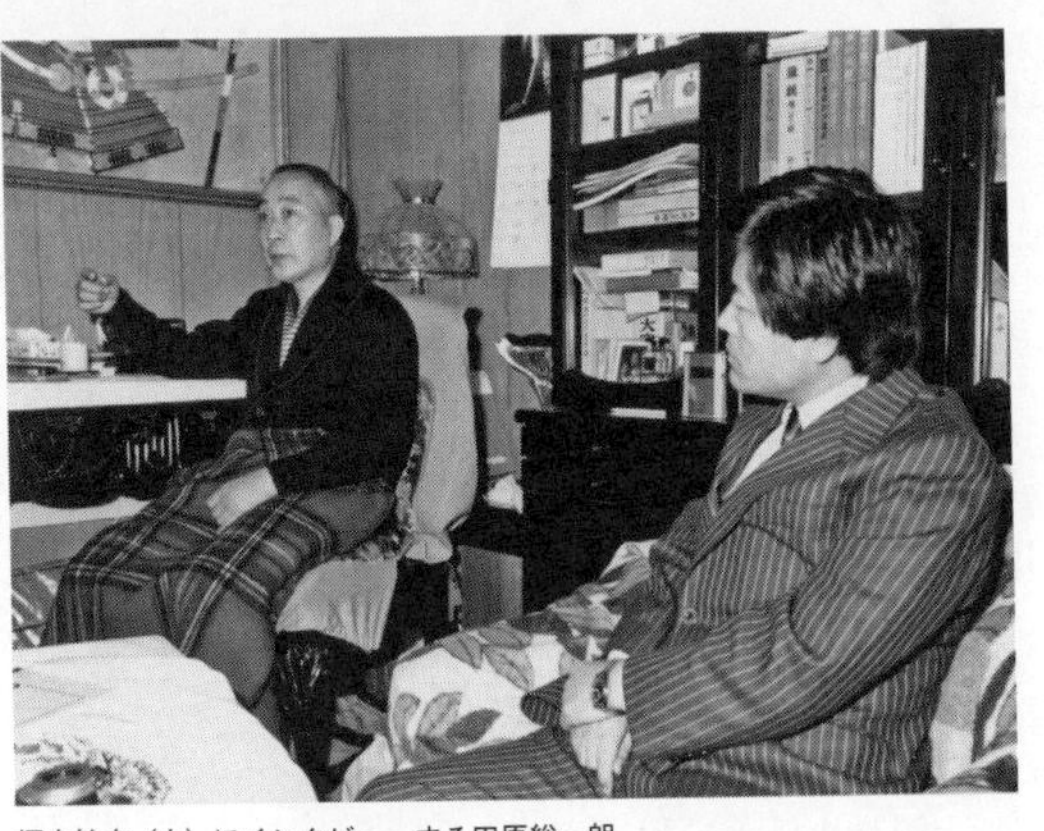
榎本敏夫（左）にインタビューする田原総一朗

日本初のワイドショーである同番組は、一九六四（昭和三九）年四月一日に放送が開始された。九三（平成五）年四月から二〇一五年九月まで中断はしたものの、日本の朝の顔として、現在も多くの視聴者を獲得している。

八三（昭和五八）年二月一〇日と一一日の両日、逮捕・起訴以降、一切メディアの取材に応じなかった榎本敏夫が、同番組で田原総一朗による独占インタビューに（生出演ではなく、収録で）応じた。

しかも、その内容は、検察での供述とも、裁判での証言とも異なる衝撃的なものだった。

《「実は丸紅からカネは貰った。伊藤（宏）さんから受け取った。五億円です。運んだ先は、砂防会館（田中事務所）でもないし、（自民）党本部でもない。消去法でいえば、目白の田中邸ということになる」

「受け取ったのは、全部伊藤さんの家で、田中先生が総理になって、正月を越してはいない（七二年中）はずです」》（『大宰相　田中角栄　ロッキード裁判は無罪だった』田原総一朗）

インタビューの中で、榎本はそう断言した。

さらに榎本は「ロッキードの口の字も、トライスターなんて言葉も、検事ももちろん私も一切口にせず私は伊藤さんから五億円を受け取ったと検事に話しただけだ」と続けた。そして、五億円は丸紅からの政治献金だと考えていると言った。

弁護側の最終弁論と判決を残すばかりのタイミングでの榎本の法廷外発言は、ロッキード事件を根底から揺るがしかねない爆弾となった。

逮捕直後に検察のトリックに引っかかった榎本が、「丸紅から五億円を受け取った」と自白した検面調書がある。

この段階で、彼は裏切り者のレッテルを貼られてしまう。

しかし、裁判が始まると、終始一貫「カネは受け取っていない」と押し通した。

弁護側は、榎本のその証言を元に、検察側の主張を「でっちあげだ」と訴えて攻勢を掛けた。一方の検察は、検面調書こそ真実という主張を譲らない。

結果的には、双方相譲らないまま審理は終わった。

にもかかわらず、榎本は番組で、全く違う発言をしたのだ。

つまり、彼の証言は検察側、弁護側双方の主張を否定したことになるのだ。

榎本は、放送日と同じ日に発売された月刊誌「文藝春秋」に掲載されたインタビューでも同様の発言をしている。

法曹界や角栄周辺で、榎本がテレビ朝日の単独インタビューに応じたという情報が流れ、関係者は内容確認に奔走した。

そして、「文藝春秋」発売直前の二月八日、発言が報道で明らかになると、検察関係者は「この時期になぜ突然言い出したのかわからない」と語り、弁護側も「心からの怒りを感ずる」とメディアに述べている。

毎日新聞は、角栄関係者の証言として「田中は激怒した」と報じる。さらに、榎本の弁護人で、「越山会」の会長も務める原長栄が榎本発言を「まったくのデタラメ」とコメント、現金の受領が本当にあったとするなら、「榎本が自分のポケットに入れたのではないか」とまで言い放った。

他紙のトーンも、榎本の裏切り、そして、角栄激怒という論調で、ヒートアップした。

裁判長が激怒

さらに、角栄の側近である秘書の早坂茂三の発言が、火に油を注ぐ。

二月一三日に新潟県長岡市で開催された越山会の講演会で「検察の主張は土台から崩

れた」とぶち上げたのだ。

「五億円が政治献金ならば、ロッキード事件は振り出しに戻る。検察側の主張している日時、場所での金の受け渡しもなかったことになる」

さらに裁判長を挑発するような発言までした。

「裁判官も人間だから判決を間違えることもある。そのために高裁、最高裁がある」

翌日一四日、弁護団と検察は、丸紅ルート第一審の裁判長・岡田光了(みつのり)に呼びつけられた。

田中弁護団の事務局長を務めた弁護士の稲見友之は、その時の岡田の剣幕を今でも鮮明に覚えている。

「凄まじい勢いで怒られました。榎本は病気だと言うから、最大限の配慮をしたのに、審理を無駄にするような法廷外発言をするとは、何を考えているんだ！　と」

そして、「我々も裁判長とまったく同じ思いだった。榎本は、何を考えているんだと。しかし、そうは言えない。ひたすらお詫びするしかなかった」と稲見は今でも悔しげだ。

「榎本にしっかりと事情を聞いた上で、明日には釈明せよ」と、怒りが治まらぬ岡田裁判長に詰め寄られた。弁護団は「翌週までお時間をください」と返すのが精一杯だったという。

稲見らは、すぐに榎本を呼び出して、事実関係を質した。

「本当のことはどうなのと、何度も聞きました。榎本は、テレビで述べたのが真実の一点張りでした」

その時の榎本の様子は、弁護団の誰も信用せず、心を閉ざしているように見えたという。

「榎本に対して怒りもありました。でも、何度も同じ事を繰り返す榎本を見ていて、自分たちは大変なことをさせてしまったのかも知れないとも思ったんです」

稲見が言う「大変なこと」とは、「偽証させてしまった」という意味だ。

それにしても、不可解な発言だった。裁判の審理が終了し、検察が論告求刑したタイミングで、こんな発言をする真意は何か。

審理中の発言なら分かる。しかし、あの時点で発言するのは、たとえ再度、証拠調べが出来たとしても、裁判官の心証は最悪だ。

長い年月をかけて審理してきた裁判を、最後の最後でぶちこわす男の証言なんて、そう簡単には聞き入れたくないだろう。

インタビュアー田原総一朗

榎本の発言があまりにも不可解なので、あの大スクープをものにしたジャーナリストに会いに行った。

田原総一朗である。

「朝まで生テレビ！」などで、田原はテレビを舞台にしたジャーナリストとして、比類無き功績を残してきた。

一九三四（昭和九）年に滋賀県に生まれた田原は、早稲田大学を卒業後、岩波映画に入社。その後、六四年に開局したばかりの東京12チャンネル（現・テレビ東京）に移る。以降、映像だからこそ表現できる生々しいドキュメンタリーを次々と制作し、注目され、七七年にフリージャーナリストに転身する。

八七年に始まる「朝まで生テレビ！」では、田原の司会進行の妙で論客が熱い議論を展開し、テレビ討論の新しいスタイルを生み出した。時に出席者を怒鳴りつけ、話題が停滞すれば、爆弾発言を厭わず斬り込む姿勢は、誰も真似のできない圧巻の仕切りだ。

二〇一八年三月一九日夜、私は田原と銀座の寿司店で会った。榎本の爆弾発言以外にも、田原自身がロッキード事件を検証した『大宰相　田中角栄　ロッキード裁判は無罪だった』についても、話を聞きたいと申し入れた。

田原はテレビで見る印象とは正反対の人で、話をする時も、うつむき加減にぽつぽつと話す。だが、ひとたびこちらの問いに違和感があると、顔を上げて睨んでくる。

何とも言えない緊迫感の中、榎本が、田原の単独インタビューにだけ応じた理由を尋ねた。

「テレビ朝日の白戸（正直）というプロデューサーが腕利きで、彼が、足繁く榎本さんに会って信用された」

そして、白戸の熱意にほだされて、榎本はインタビューに応じたという。

ただし、別の噂もある。

角栄と親しい同社の専務・三浦甲子二(みうらきねじ)の存在だ。三浦は、元朝日新聞の政治部記者で、後にテレビ朝日の役員になった。朝日新聞記者時代から、自民党の党人派の大物だった河野一郎と親しく、政界のフィクサー的な存在でもあった。

七七年まで、テレビ朝日の前身であるＮＥＴは、教育番組専門局という扱いで、他の民放とは違う制約があった。そこで、朝日新聞社のＯＢで自民党の重鎮・橋本登美三郎の協力を得て、当時首相だった角栄から了解を取り付け、一般局への格上げに成功する。その恩義もあって、一審で形勢不利と見られていた角栄を救うべく、三浦がこのインタビューを画策したのではとも言われている。

尤も、それが事実でも、結果的に榎本は、角栄を救わなかったのだが。

三浦の関与について田原は、「詳しくは知らない。ある幹部が、個人的に角栄を助けたいと思って奔走したとは聞いたことはあるが、私は純然たる好奇心で動いた」と言う。

ロッキード事件で角栄の関与が噂された直後から、田原は「アメリカの虎の尾を踏んだ田中角栄」という記事を『中央公論』に寄稿している。

「角栄贔屓だったのではなく、本当はどうだ、という違和感があったからで、榎本のインタビューもその一環だった」

また榎本自身も、「角栄の弁護団から無視されて、意に染まない証言ばかりやらされていたのが不満だったようだ」と田原は分析している。

実際、榎本からは「自分のような者の話を聞いてくれるのか」と何度も確認されたらしい。

その様子から榎本の話にウソはないと、田原は理解したという。長年、取材を続けていれば、経験者ならではの勘は働くものだ。

「尋問された時に、カネはもらったけど、ロッキードのカネじゃない。単なる政治献金だった――と、検事には言ったらしいんだよね。でも、相手にされなかった」

同じように、田中弁護団の一人にも訴えたという。

「カネはもらったが、検察の言う日時と場所ではない。額も違うと訴えたそうなんだけど、弁護団は、角栄は賄賂を一切受け取ってないを貫くことで一致団結していたから、誰も相手にしてくれなかったと言ってました」

この単独インタビューが放送された後、様々な憶測が流れた。角栄陣営が、二審で戦術を変えるためのアドバルーンだという説や、自分だけ助かりたい榎本が角栄を切ったという説まで、諸説入り乱れた。

放送直後の二月二一日、田中弁護団の代表、新関(しんぜき)勝芳弁護人が、岡田裁判長を訪ねた。

「榎本は深く反省し、陳謝している。従来の法廷での供述を変えるつもりはない。新たに証拠調べを求める意志もない」

田原はインタビューの証言こそ「真相」だと感じているが、弁護団から呼び出しを受けて、榎本は発言を全て撤回してしまったのだ。

これで、裁判的には一件落着した。

だが、不可解な謎は何一つ解決していない。

稲見は今でも「テレビでの証言は、一体なんだったのか」と気にしている。

「何より、弁護団は榎本の主張を、終始相手にしなかった。でも、あのインタビュー映像を見るかぎり、榎本がウソをついているように思えなかったんです」

金銭授受を一貫して否定してきた弁護団の事情と、個人的な感情の間で稲見は揺れた。

「なんであの時に、テレビの映像だけでも裁判所に出すとか、これも見てくれと訴えなかったのか。自分は、弁護団の決定に完全に同意できなかったのに、闘えなかった」

榎本はロッキード事件最大のジョーカーだと、私は考えている。この一連の出来事は、まさにジョーカーの面目躍如と言える。

榎本に会って話を聞きたかった。

だが、榎本は二〇一七年（連載時の前年）七月、九一歳で、その波瀾の人生を終えている。

5　佐藤昭の逆襲

榎本が、突然テレビ朝日で単独インタビューに答えたのは、佐藤昭の画策があったのではないかと、稲見は推測している。

「佐藤ママは、テレビ朝日の三浦甲子二氏と親しかったと記憶しているから」というのが、その根拠らしい。さらに詳しく尋ねようとすると、「そのあたりの事情は、朝賀さんなら分かるはず」と返された。

早速、朝賀に事実確認をしようと考えていた矢先の二〇一八年一一月三日、朝賀本人から電話があった。

「(週刊文春での)連載第二二回にある私のコメントについて、もう少し踏み込んで欲しい」というのだ。

「角栄(オヤジ)は、逮捕されてから脳梗塞で倒れるまで、一貫して『ロッキードという会社から、一円も受け取っていない』の一点張りだった。この事件の最大の鍵は、そこにある」

すなわち、丸紅から五億円をもらったかどうかの事実確認より、そのカネが、ロッキードから出たカネだったか否かの一点こそが、事件の本質だというのだ。

「丸紅から出た五億円は、ロッキードのカネである。だから、受託収賄罪が成立する――と、検察も一貫して主張していた。言い換えれば、ロッキードのカネを受け取っていなければ、収賄罪は成立しないということでしょう」

厳密に言えば、丸紅が何らかの請託のためにカネを払えば、収賄罪は成立する。だが、「ロッキードからのカネだと(角栄に)伝えて、五億円払った」と検察が主張して、収賄罪で角栄を起訴したのは間違いになる。

控訴審から加わった若手弁護士の一人が角栄に、「(ロッキードの)他に(丸紅からカネを受け取ったこと)はないんですか」と尋ねたのを、朝賀は覚えている。その時、角栄は一瞬躊躇(ためら)ってから、「それは、あとで話す」と返した。残念なことに、それから数日後に、角栄は脳梗塞で倒れてしまうのだが。

「最近、稲見さんに会う機会があり、丸紅から受け取ったカネがロッキードのものだとは知らなかったと主張するよう田中さんを説得しなかったんですかと、尋ねたんです。そうしたら、稲見さんは、『その話を切り出すと、必ず激怒されて、説得できる状況ではなかった』と悔しそうだった」

ロッキードから、カネは一円ももらっていない!

それは、角栄が絶対に譲れない一線だったようだ。

角栄の揺るぎない主張については、佐藤昭も『決定版　私の田中角栄日記』で言及している。

《田中にすれば五億円の授受を認めることは全く論外だった。身に覚えがないというばかりではない。

「俺が普通の者ならまだいい。しかし、日本国の総理大臣が外国の企業から金を受け取っていたとなれば、これは国の恥だ。後世まで歴史を汚すことになる。だから、何としても冤罪は晴らさなければいけない。日本国総理大臣の尊厳のためにも、俺は戦わなけ

ればならないんだ」》

一審で有罪判決を受けて暫くしてから角栄から、佐藤が聞いた言葉だ。

角栄の切実な言葉に込められた無念は、計り知れない。

「テレ朝の独占インタビューは、佐藤さんと三浦さんの画策によるものだと稲見さんは言っていますが」

そう尋ねると、朝賀は、電話の向こうで暫し考え込んだ上で、「その通りです」と答えた。

保釈された榎本は、その後、事あるごとに田中事務所に顔を出していたが、その折に榎本自身が「あにぃ、やられたんだ」と悔しそうに言うのを、朝賀は覚えている。

「あにぃ」とは「お兄ちゃん」という意味だ。朝賀は年下だが、榎本に「あにぃ」と呼ばれた。

「やられた」とは、現金授受を自白したことだ。

「検事から榎本が逮捕された翌日のサンケイ新聞に載った『田中、5億円受領認める』という〝スクープ記事〟を見せられて、『オヤジさんは、偉い人だよねえ。皆に迷惑をかけないように事実を認めて、責任を取ろうとしている。あんたらも、オヤジを守ろうと否認しているけど、オヤジさんが認めた以上、それに沿うべきでは』と言われたそうです。それで榎本は現金授受を認めた」

ただ、「ロッキードのカネではない」という一点だけは、角栄同様に譲らなかったんだと、朝賀に繰り返したという。

結局、検事の筋書通りの供述を強要されたと、榎本は、弁護団に訴えた。しかし、角栄は「カネは一切受け取っていない」の一点張りで、弁護団からは「角栄を追い詰めた裏切り者」というレッテルを貼られてしまった。そして、裁判では、「五億円なんて一切受け取っていない」とだけ主張するようにと指示された。

角栄の一審の公判は七七年一月に始まってから八三年まで、実に六年にも渡って行われた。一審の検察側の論告求刑が終わった段階で、「角栄有罪決定的」と、ほぼ全てのメディアが報じていた。その間、榎本はずっと針の筵に座る心持ちであった。

やがて榎本の「本当は、ああ（検面調書にある自白の内容）じゃないんだ」と嘆くようになり、それを聞いた佐藤は「だったら、本当のことを言いなさい」と言う。

そして佐藤は、旧知の間柄であるテレ朝の三浦に、榎本が事件の真相を語りたがっていると伝える。それを聞いた三浦は、プロデューサーの白戸に繋いだのだろう。

尤も、何事も煮え切らない榎本は、せっかく佐藤が段取りを付けたのに、テレビでの証言を躊躇った。それを、白戸が口説き落としたことで、「モーニングショー」での単独インタビューが実現したのだ。

田原総一朗に、私が会って取材をした時、「三浦さんが、関係していたのでは」と尋ねると、田原が「そのあたりは、僕は知らない」と答えているのは、三浦と白戸の間での話だからだろう。

だが、あまりにも詰めが甘かった。結果的に、あのインタビューで注目されたのは、カネの出所ではなく、榎本が別の方法でカネを受け取ったことだった。

榎本は、インタビューで、カネはロッキードからのものではない、という発言をした。だが、別の場所で、丸紅の伊藤宏からカネを受け取り、田中邸に運んだとも言ってしまった。

「細かいことまで、佐藤が詰めなかったんだろうねえ。あるいは、榎本が最後の最後で怯えてしまったか」

佐藤は一審の時の田中弁護団に不信感があった。それは『角栄日記』にも記されている。

《「佐藤さん、一審は有罪でもいいんです。二審か最高裁で無罪になればいいんだから」私に面と向かって、そんな安易なことまで言ったのは弁護士の原長栄氏だった。冗談にしてもひどすぎる。私は田中の無実を信じつつも、こんな弁護士で法廷で争っていくのでは、裁判の先行きには大いに不安を感じていた》
佐藤は弁護団への根回しをしていなかったようだ。

榎本の発言を重く見た東京地裁の岡田光了裁判長から呼び出された弁護団は、あっさり「事実無根」とテレビ証言を否定した。

角栄の油断

歴史にｉｆはない。だが、榎本のモーニングショー証言を、弁護側が真剣に捉えていたならば、一審の判決は覆った可能性もある。

榎本証言が事実であるならば、検察側の主張と真っ向から対立する。いくら、岡田裁判長が激怒しても、弁護側は一歩も下がらず、再審理を求めるべきだった。

弁護団の使命は、角栄の無罪を勝ち取ることだ。だとすれば、丸紅からの現金を受け取った当事者である榎本の新証言を、恥も外聞も捨てて押し通すべきではないか。

だが、弁護団側は、審理再開の申し出をするどころか、自ら「榎本証言はデタラメ」と言わんばかりの行動を取ってしまった。

おそらくは、榎本がそれほどまでに弁護団から、信用されていなかったのだろう。

あるいは、「ロッキードからのカネは受け取っていない」と一貫している角栄に、「丸紅のカネは受け取ったことにしては？」と提案し、激怒されるのを恐れたのか……。

あるいは角栄の一審の時の弁護団は、元総理ともあろう人を、司法に裁けるわけがないと高を括ったのかもしれない。

一審の時の角栄弁護団は、錚々（そうそう）たる経歴の持ち主ばかりが集まった。元最高裁判事、元内閣調査室長、元検事等々、いずれも検察や判事なら、怖じ気づくような顔ぶれだ。しかし、大物ばかりだからこそ、脇が甘くなった。検察の主張を最初から徹底検証すれば、論破できたのに、それすらせずに終わっている。

そして、角栄自身にも油断があった。

一九四七年から四八年に起きた炭管事件での経験が禍となった。炭鉱を国家管理するために提出された炭鉱国家管理法案を巡って起きた汚職事件で、角栄以下一一人の代議士が逮捕されている。この時、一審の判決では有罪となったが、控訴審で角栄らは無罪を勝ち取っている。

この経験があったから、角栄は余裕を見せたと思われる。

これについては、佐藤も『角栄日記』で述べている。

《このころ（筆者注・保釈直後）の田中は裁判の見通しについて自信満々だった。「こんなものは二年で片づける」と私に言った言葉は、炭管事件で無罪になった時の経験と、何より身に覚えがないのだから短期間で決着がつくはずだという確信に基づくものだったろう》

しかし炭管事件では最強の弁護士、正木亮がついていた。正木は、戦前の司法省に入省し、検事として活躍。戦後は弁護士となり、死刑廃止論者として名を馳せた。正木は七一年に死去しているが、正木が生きていたら、裁判は違った結末となったかも知れない。

角栄は自身の「無罪」を、本気で信じていたらしい。

その根拠を、角栄の生前に問うた者はいない。

真実を知るであろう関係者が全員、鬼籍に入っている以上、推測するしかないが、角栄の弁護団の弁護士や関係者に取材するうちに、「角栄無罪」の根拠がぼんやりと浮かび上がってきた。

それは、司法による刑事訴訟法三二一条の無視であり、もう一つは、「嘱託尋問」の違法性だ。

人権派弁護士が角栄弁護団に

この二点について、控訴審から角栄の弁護団に参加した弁護士、石田省三郎に話を聞いた。

東京電力福島第一原子力発電所事故を巡る強制起訴裁判で、検事役を務めたことでも話題となった石田は、若い頃から、社会の不条理と戦い続けてきた。

一九四六（昭和二一）年生まれの石田が、角栄の控訴審に参加した時は三七歳だったが、異色の人権派弁護士として既にその名は、法曹界に轟いていた。

一九六九年から七一年にかけて、都内で四件起こった爆破事件「土田邸・日石爆破事件」で、被告九人（被告総勢は一八人）の弁護を担当し、全員の無罪を勝ち取ったからだ。

自民党から見れば敵方とも言える石田と、「学生運動嫌い」の角栄がタッグを組んだ経緯を含めて、ロッキード裁判について尋ねたいと思ったのだ。

「日々の事件に追われて、今やるべき事が多いので、私は過去の事件についての取材をお断りしている」

取材を申し込んだ時は、そう返されたが、どうにか粘って会う機会を得た。

「ロッキード事件で、田中さんが逮捕された時から、私は終始、日本の刑訴法（刑事訴訟法）の条文にないことを、裁判所が認めるのはおかしいと訴えていました。だったら、おまえ弁護してみろ、と先輩から勧められてお引き受けしたんです」

そう語ってから、「若気の至りではありましたがね」と石田は言い添えた。

「弁護に際して依頼者の思想信条は関係ない」石田としては、角栄の弁護人を務めたことには、違和感をまったく抱かなかったそうだ。

また、彼が弁護した活動家から、非難の声も上がらなかったという。

俺が作った法律で、なぜ有罪に？

角栄とは、砂防会館の田中事務所で初めて面会した。そして初対面でいきなり、「石田君、刑訴法三二一条ってのを知っているだろう」と言われたという。

　刑訴法については、田中角栄自身が法務政務次官を務めた一九四九（昭和二四）年に、戦前のものを廃止し、新たに制定している。そして角栄は、刑訴法成立の時の思い出を石田に語った。同法制定は、最高裁判事も務めた刑訴法の大家、団藤重光（だんどうしげみつ）が中心となった。

「刑訴法三二一条は、拷問をしてでも自白を強要した戦前の反省から生まれたと、田中さんは団藤先生からレクチャーを受けたそうです。すなわち、検面調書には、証拠能力がない。原則としては、法廷での証言に基づいて事実認定がなされていくんだ、と」

　そして角栄は言った。

「俺が作った法律は、どうして適用されないんだ。おかしいよね」

　石田は、「先生、そのとおりです」と返した。

　刑訴法三二一条とは、その第一項で、被告や証人に対して、検事ら捜査官が行った尋問の調書を、証拠として認める場合の判断基準が述べられている。

《三二一条一項　被告人以外の者が作成した供述書又はその者の供述を録取した書面で供述者の署名若しくは押印のあるものは、次に掲げる場合に限り、これを証拠とすることができる》

この条文は、三二一条一項で明示した理由以外では、検面調書などの供述調書は証拠として認めないという意味だ。調書は被告人や証人の生の声ではなく、伝聞証拠に該当するからだ。したがって、刑訴法では、原則として法廷で検察、弁護人双方の反対尋問を経た証言のみを証拠として採用すると規定している。

にもかかわらず裁判所は、法廷での証言をすべて不採用にして、刑訴法三二一条一項二号書面として検面調書を証拠採用している。

二号書面とは、「検察官の面前における供述を録取した書面については、その供述者が死亡、精神若しくは身体の故障、所在不明若しくは国外にいるため公判準備若しくは公判期日において供述することができないとき、又は公判準備若しくは公判期日において前の供述と相反するか若しくは実質的に異つた供述をしたとき。但し、公判準備又は公判期日における供述よりも前の供述を信用すべき特別の情況の存するときに限る」と規定されたものだ。

つまり、検面調書と法廷での証言が異なる場合には、検面調書に信用すべき特別な状況がない限り、証拠として採用しない、という意味なのだ。

角栄にとって、こんな運命の皮肉は不条理以外の何物でもなかったろう。

戦後日本は国民主権となり、民主主義の名の下、被疑者の人権も守られる――そのような制度を俺は作ったのだという自負が、角栄にはあったはずだ。

それに裁判所が法廷での被告や証人の証言を、徹底的に無視するとは思っていなかったのではないだろうか。

俺の国は法治国家なんだ、人権を大切にするんだ。

それは、角栄が戦後、政治家として格闘する上で、貫いてきた信念だった。

国家の隆盛とは、強権を振りかざすのではなく、庶民が盛り上げてこそ続くものだ――。

それが、自らが被告に立った時に、幻となった。

「村木事件」との相似性

「ロッキード事件は、村木事件と同じ構図だ」

角栄の側近であり、長く保守系政治家として活躍し、自治大臣も務めた石井一(いしいはじめ)は、そう断言する。

二〇一七年一二月に都内にある石井の事務所を訪れた時、八三歳の石井が両事件の相似性を訴えた。

障害者郵便制度悪用事件とも呼ばれる村木事件とは、二〇〇九年、障害者団体向けの郵便料金の割引制度の不正利用があったとして、大阪地検特捜部が、官僚や関連業者を逮捕した事件だ。

被告の一人として当時厚生労働省の局長だった村木厚子が逮捕されたが、村木は逮捕直後から無罪を主張した。

第一審では、検察側の証人が次々と「検事に調書をでっち上げられた。村木さんは、無罪です」と証言、その後の調べで、特捜部の強引な捜査と自白の強要が発覚し、無罪判決が下った。

「村木事件の時は、法廷での証言が検面調書より重視され、大半の調書は、裁判所によって却下されました」と石井。すなわち、刑訴法三二一条が適用されたのだ。

ところが、ロッキード事件は、村木事件とまったく同じ構図だったにもかかわらず、正反対の事が起きた。

法廷での証言を裁判所は一切認めず、検面調書の内容を自白として証拠採用したのだ。

なぜ、似たような構図なのに、これほどまでに裁判所の対応が違ったのか。

初当選以来、常に六法全書を手にして、刑訴法改正にも尽力した角栄は、法律を信じていた。

「日本には、法の下にジャッジするという感覚が根づいていなかった。ロッキード事件で、オヤジ（角栄）が逮捕されると、日本人が、オヤジの有罪を確信した。主要メディアが有罪判決を下していたんだ」

世論を敵に回した段階で、角栄の有罪は決まってしまったと石井は感じたという。

「村木さんは、多くの世論が味方した。だから、裁判所は英断を下した。

つまり、ロッキード事件が、四〇年も前の事件で、検察も裁判所も旧態依然としていたからオヤジが有罪になったのではない。世論が裁判に大きな影響力を及ぼしているということなんだ」

今も世論は猛威を振るっている。

「オヤジが死ぬまで、最高裁が判決を出せなかったのは、公判の無理を、裁判所が感じていたからだろう。檜山の請託の事実にしても、現金授受にしても、問題が多すぎる。それでも、オヤジは、無罪にならなかった」

語るうちに、石井の体が前のめりになり、声が大きくなる。当時の悔しさが膨らんでいるようだ。

「こんなことがあって、ええのかな、と思う。弱者ほどいじめられるわけだ。で、不本意なのに、検事が言った通りの調書に署名してしまう。これはあってはならないことだ。それを防ぐために、刑事訴訟法があるんだけどなあ」

米国スタンフォード大大学院に留学経験があり、英語が堪能な石井は、事件当時、独力で米国に渡り、コーチャンやクラッターを訪ねたという。

「直接彼らから話を聞いてみたかった。けど、二人とも怯えてた。もう、何も話せないの一点張りだった」

さらに、米国の敏腕弁護士に、打開策を尋ねてもいる。

結果的には、角栄から「何もするな」と命じられて、石井は、闘いを止めざるを得なかった。

そして、二〇一三年に政界を引退、ロッキード事件発覚から四〇年が経過した一六年に『冤罪　田中角栄とロッキード事件の真相』という本を上梓した。

そこには、彼の角栄に寄せる想いと共に、事件への未だ晴れない疑惑が綴られている。

第六章　裁判所の不実

1　日本に存在しない法制度

嘱託尋問という不条理

角栄が無罪を信じていたもう一つの理由は、嘱託尋問の違法性にあった。

嘱託尋問とは、証人の居住地が、裁判を行っている裁判所から離れた場所にあるなどの理由で出廷できない場合、証人の現在地の最寄りにある裁判所の裁判官が、代わりにおこなう尋問のことである。

証人は法廷に必ず出頭しなければならないし、それが不可能な場合でも、裁判官や検事、弁護士が、証人のいる場所まで出張して対応すると、刑訴法に規定されている。

では、尋問を行う相手が、海外在住の場合はどうか。裁判所や捜査機関は、外国で捜査や取り調べ、証人尋問という権限が行使できない。たとえば、証人に任意で応じる意志があっても、国際電話による聴取すら認めていない。相手国の主権侵害に該当するからだ。

そのため、嘱託尋問は証人が居住する国の司法機関を通じて行わなければならない。ただし、このやり方が可能なのは民事事件だけで、刑訴法には規定がない。つまり、刑事事件での嘱託尋問は認められないという意見が強い。

ロッキード事件は、そもそもロッキード社のアーチボルド・コーチャン副会長が、自社の旅客機であるトライスターの売り込みに際して、日本の政府高官に多額の賄賂を支払ったと米国上院外交委員会多国籍企業小委員会（通称・チャーチ委員会）で証言したことで発覚した。

その後、検察庁と日本政府の強い要望があり、チャーチ委員会のみならず、米国司法省や証券取引委員会の資料などの提供を受け、田中角栄らの逮捕に至っている。

事件の核心は、米国から寄せられた証拠や証言に依拠して被疑者を逮捕し、尋問した上で、起訴したとはいえ、元内閣総理大臣を受託収賄の疑いで逮捕・起訴した以上、贈賄側の証言は、必要不可欠だった。

しかし、贈賄者は全員米国の居住者で、日本での聴取を拒否していた。

検察庁は知恵を絞り、コーチャンやクラッター（ロッキード社元日本支社長）を、米国の連邦検察官によって聴取するというはなれわざを狙ったのだ。

しかも、本来ならば、検察と弁護人両者の立会いによって法廷で尋問されなければならないにも関わらず、弁護人の立ち会いなしでの尋問を目論んだ。

これは、「刑事被告人は、すべての証人に対して審問する機会を充分に与へられ、又、公費で自己のために強制的手続により証人を求める権利を有する」という憲法三七条二項に抵触する。

そもそも尋問当時に逮捕者がいなかったため、コーチャンらへの嘱託尋問はあくまでも捜査のためとして、検察側は、米国司法省と交渉した。嘱託尋問に応じる条件として、コーチャンらは日本の裁判所が証人として召喚しないことを、確約させていたのだ。

日米にまたがるロッキード事件は、総額三〇億円もの賄賂が、日本の国会議員に流れたとされる大疑獄だ。特捜部にとって、事件の全貌を明らかにし、賄賂を受け取った政治家を検挙することは、至上命題だった。

そのために、法の解釈のレベルで許されるなら、どんなことでもする覚悟だったのだろう。

しかし、日本は法治国家である。

コーチャンらの嘱託尋問によって名が明かされ逮捕・起訴された被告には、コーチャンの証言に異を唱える権利が与えられている。にもかかわらず、被告は、ただ罪を受け入れるしか道がなかった。

もちろん被告側からの反対尋問の機会も与えない。

それは、明らかにやり過ぎだった。

ロッキード事件における嘱託尋問の問題はそれだけではなかった。

尋問の対象者であるコーチャンらが、「日本でいかなる罪にも問われないという保証がない限り証言しない」と要求した。

つまり、刑事免責を求めたのだ。

毒樹の果実

日本の刑訴法では、二〇一八（平成三〇）年まで司法取引や刑事免責を認めていない。それを四四年も前に、認めよと言うのだから、法曹界から異論が上がるのは当然である。二審から角栄の弁護団に加わった石田もその一人だった。

アメリカ法には、『毒樹の果実の法理』という考え方がある。違法に獲得した証拠（毒樹）には、証拠能力がない。そのため、その証拠から派生して得られた二次的な証拠（果実）についても、証拠能力を否定すべきという考え方だ。

日本では、条文規定はないが、判例によって違法収集証拠排除法則という考えがあり、事実上、毒樹の果実は、証拠として不採用となる場合が多い。ところが、理論上では、法の規定がないということは、すなわち、いかような解釈をしても違法ではない。

「毒樹の果実の法理に照らせば、そもそも刑訴法にない嘱託尋問や刑事免責は、毒樹と考えられる。ならば、それが端緒となって逮捕された被告の証言は、その果実として、すべて排除されるのが筋です」

実際に、石田は、控訴審でその論を掲げて戦った。

しかし、裁判所は控訴審まで、嘱託尋問調書は、最高裁長官による「刑事免責」の宣明書というお墨付きがあるのだから、毒樹ではないという判断を崩さなかった。米国と異なり、「毒樹」の定義が規定されていない以上、判断については裁判官の裁量に委ねられるしかなかった。

岡田光了の悔恨

裁判所は、公明正大な良心の府だと考えられている。国民は、法律の条文にはない行為を認めたり、証拠としては疑わしい事実を、裁判所が拡大解釈するはずがないと信じている。

例えば、検察が強引な取り調べの挙げ句、証拠を改竄するようなことがあっても、検察、被告双方の証拠と証言を、判事は冷静に精査し、厳正な判断を下す――。

だから、村木事件では、村木厚子に無罪判決を下した。

近年、検察は、事あるごとに批判されているが、それに比べて、裁判所が国民の非難の的になることは稀だ。

にも関わらず、ロッキード事件において裁判所は、法治国家とは思えぬ判断を下してしまった。

そんな中、丸紅ルートの一審裁判を司った裁判長の岡田光了がロッキード事件について心情を吐露したのを、間接的ではあるが、聞いたという人物に出会った。

既に、最前線の検察取材からは「引退」しているが、産経新聞で長年検察取材を続け、『歪んだ正義 特捜検察の語られざる真相』など検察関連の著作もある宮本雅史だ。

「退官後に弁護士となり、特捜部が捜査したある事件の弁護人を担当していた岡田氏が、同僚弁護士との酒席で、ロッキード事件について、『吉永を信じたのではない。（捜査を担当していた）堀田を信じた』と辛そうに話したことがあるそうなんです」

宮本自身は岡田と面識がないが、生真面目な性格だというのが、検察担当記者の一致した岡田評だった。そして、岡田は、丸紅ルート一審の途中から、検察の主張に違和感を覚えたのだという。

「しかし、当時は裁判所と検察の間に、明確な力関係の差があったのと、堀田さんを信用していた岡田さんは堀田調書を信用し、違和感を覚えながらも、吉永さん主導の検察側の主張に引きずられてしまったのではないでしょうか」

丸紅ルートの公判の推移を見ていると、裁判所は、明らかに検察側に寄り添い、押し切られた印象がある。

たとえば、刑訴法では検面調書より法廷での証言を重視せよと明示しているにもかかわらず、法廷での証言と異っていても、裁判所は調書の証言を採用した。公正中立が信条であるのが判事の職責であるにもかかわらず、裁判所は、検察側に偏った立ち位置にあったと言わざるを得ない。

岡田が、裁判について忸怩たる思いを抱いていたのは、彼が裁判官として完全中立を保てなかったからだろうか。

もっと言えば、検察の捜査や取り調べには問題が多く、法廷で被告や証人が次々と「検面調書は、検察官のでっち上げで、脅され無理矢理署名させられた」と訴える言葉と態度に、もっと真摯に向き合い、刑訴法の精神を大切にした判断をすべきだったという後悔があったのだろうか。

いずれにしても、ロッキード事件について、裁判所は検察に忖度したのではないのかという指摘について、一度も釈明していない。

当時の検察と裁判所の関係は、大変良好で、時には合同で忘年会を行ったと、ある法曹関係者から聞いた。

また、有罪率が九九％超なのも、「裁判所が検察に気を遣っているからだ」と宮本は指摘する。

裁判所の不実を生んだ理由は、果たしてそれだけなのだろうか。

最高裁で大逆転

刑事免責による嘱託尋問は、一審、控訴審いずれでも合法として判断され、裁判所は証拠として採用した。

ところが、最高裁で不可解なことが起きる。

判決に際して、嘱託尋問を証拠から排除したのだ。

一九九五（平成七）年二月二二日、最高裁大法廷は、丸紅ルートの被告人（角栄は、九三年に死去したため、公訴棄却）による上告を棄却した。

その判決にあたり、最高裁は、「刑訴法はいわゆる刑事免責の制度を採用しておらず、刑事免責を付与して得られた供述を録取した嘱託証人尋問調書を事実認定の証拠とすることは許容されない」と述べている。

議論の余地なく、嘱託尋問調書には、証拠能力がないと断言したのだ。

その理由は、以下のとおりである。

《「事実の認定は、証拠による」（刑訴法三一七条）とされているところ、その証拠は、刑訴法の証拠能力に関する諸規定のほか、「刑事事件につき、公共の福祉の維持と個人の基本的人権の保障とを全うしつつ、事案の真相を明らかにし、刑罰法令を適正且つ迅速に適用実現することを目的とする」（同法一条）刑訴法全体の精神に照らし、事実認定の証拠とすることが許容されるものでなければならない。本件嘱託証人尋問調書についても、右の観点から検討する必要がある》

その前提を元に、刑事免責を条件とした嘱託尋問について、最高裁は証拠として認めない判断を下した。

《以上を要するに、我が国の刑訴法は、刑事免責の制度を採用しておらず、刑事免責を付与して獲得された供述を事実認定の証拠とすることを許容していないものと解すべきである以上、本件嘱託証人尋問調書については、その証拠能力を否定すべきものと解するのが相当である》

最高裁

国際司法共助によって、コーチャンらの嘱託尋問調書を得るために、彼らに刑事免責を与えた最高裁が、それらの証拠能力を否定する。

一体、これは何なのだ！

角栄でなくとも、そう叫びたくなる矛盾ではないか。

そもそも、丸紅ルートにおいては嘱託尋問調書こそが、角栄や丸紅の檜山らの有罪の決め手だったはずだ。

最高裁判所は、排除したにもかかわらず、丸紅ルートの被告全員に（間接的には、死んだ角栄に対しても）、有罪判決を下したのだ。

角栄以外の被告が、検面調書で罪を認めているからである。尤も、彼らは法廷では調書の内容を否認している。にもかかわらず、裁判所は、それらの証言を一切採用しなかった。

2　最高裁判事の心残り

異色最高裁判事

ロッキード事件で司法が犯した数々の理不尽や不条理について、最高裁は、どのように考えていたのだろう。

最高裁判事として丸紅ルートの判決に関わった判事の多くが物故する中、唯一の生き残りともいえる園部逸夫、八九歳（二〇一八年取材当時）に尋ねた。

園部は、行政法学の専門家だ。職務権限については、どのように考えているのか。

「総理が国政の全てを行っているわけではない。ただし、裁判で重視すべきは、法的に職務権限が及ぶかという判断で、これは裁判官の裁量によって決まる。だから、あのような判決になったと記憶しています」

最高裁大法廷で審議する場合、事件を中心になって検討し判断を提示する主任判事を設定し、その後、提示されたものは意見交換を行って判決が固まるのだという。

職務権限の判断は、主任からの提示（つまりは、従来通り、総理には機種選定を指導する権限あり）に、大きな違和感がなかったという程度の記憶しか残っていない。

総理大臣は全ての大臣の職務を監督するのだから、総理には民間航空会社の新機種選定を指導する権限があった――とする検察の主張を、最高裁も支持した。但し、被告である角栄が既に死去しているために、最高裁は「田中角栄が全日空に、トライスター型機の選定購入を働きかける行為が、田中の内閣総理大臣としての職務権限に属するかどうかの点についての判断は示さないこととする」とした。

被告である角栄が亡くなり、「公訴棄却」したのだから、角栄の罪については何も問わないという理屈だ。

刑事免責による嘱託尋問の否定

角栄ら多くの被告の逮捕の決め手になった刑事免責を受けた事件当時のロッキード社の社長アーチボルド・コーチャンらに行われた嘱託尋問を、最高裁は証拠として不採用としているが、園部はどのように解釈しているのだろうか。

「これも、はっきりとした記憶はないですね。ただ、日本の法律にないやり方で得た調書を、証拠として採用することには問題があります。したがって、証拠として不採用は、当然でしょうね。

その上で、主任判事が控訴審までの経緯を精査して、事件の判断は変わらないと考えたのだと思います。私もそれに異論はなかった」

最高裁判決は判例となる。つまり、この時の判断が、その後の裁判を束縛する。だとすれば、最高裁としては超法規的な判例を残したくなかったのではないだろうか。

「それは、非常に大きいですね」と園部はあっさりと認めた。

「日本は法治国家なのだから、法律に定めのない行為によって得られた証拠は認めないと、最高裁としては筋を通したかったのか」と詰め寄ってみると、園部は笑いながら
「よくお分かりになっている」と返した。

だが、コーチャンらの証言がなければ、角栄や丸紅幹部の起訴はなかったのではないのかという大いなる疑問が残る。

「被告や証人からしっかりと証言を取った。また、それ以外の証拠で事実認定はできたので、疑問は残るかもしれないが、しっかりと判断はできたということです」

園部は、明快に解説した。

にもかかわらず、園部は意外な言葉を漏らした。「最高裁の法廷に、田中さんが出廷して、自らの潔白を主張したら、裁判は別の様相を呈したかも知れません」

角栄が生きていたら

最高裁の近くに、英国大使館がある。

「散歩して英国大使館裏を通る度に思ったんですよ。こんな場所で本当に車から車に現金を移しかえるなんてことを白昼堂々と行えたんだろうか、と」

事実認定では、実際そこで授受が行われたことは裏付けられたとある。

「あの場所を歩く度に、ロッキード事件とは何だったのかと思わずにいられません」

法廷で角栄に会ってみたかったと、園部は今でも思っている。

「最高裁での審理の大半は、法的争点の審議です。でも、歴史に残る事件だからこそ、被告である田中さん自らの言葉で、事件を語って欲しかった」

出廷した被告や証人の存在感は、書面以上の強烈な実感を、判事に与えるのだという。

「顔を見て声を聞き、その主張に耳を傾けると、今まで見えてこなかった真実の片鱗が見える時がある。内閣総理大臣在任時に罪を犯したという田中さんの生の声で、それを聞き、真実の片鱗を見たかった。田中さんの名誉のためにも、最高裁大法廷の場で、彼の最後の叫びを聞かなければ、こんな大事件は終わりませんよ。でも、それが叶わなかった。我々にも、モヤモヤしたものが残りますが、田中さんにとっては、死んでも死にきれなかったでしょうね」

最高裁の審理が始まった時には、角栄はまだ存命だったが、一九八五（昭和六〇）年二月二七日に、脳梗塞で倒れて以降、裁判所に出廷していない。

「フワフワと現れて、フワフワと消え去った事件」と園部が言ったのは、角栄に会えなかったがゆえの言葉だった。

「審理に緊張感も切迫感もなかった。裁く側も被告人である元総理がいないことで、重い責任から解放された安堵感のようなものと同時に、残念な気持ちもありました」

　審理中の角栄の死は返す返すも残念だと園部は言う。

「逮捕された時から、世論もメディアも、角栄は絶対有罪だ！　と騒いだ。ほんの数年前までは、今太閤と持て囃したのに、逮捕と同時に一転して、悪人と決めつけられる。田中さんにとって、無念としか言いようがない」

　では、世論は、裁判に影響しなかったのだろうか。

「裁判所が、世論の影響を全く受けなかったと言えば、ウソになります。だからこそ、国民が納得するように解決しなければならなかったんです。裁判所は、検察の主張ばかりを採用したという批判もあるけれど、検察も必死でした。また、検察のやることに間違いはないという信頼もあった」

　角栄が生きていたら、たとえ最高裁で有罪になっても、徹底的に闘い、再審請求してでも、自らの身の潔白を主張して闘っただろうと、園部は想像している。

「最高裁で田中さんの罪を審理できなかったのは、裁判所にとっても、甚だ不幸なことです。本人の反論を聞いた上で、一審と二審を精査して判断したかった。なのに、あんな中途半端な幕切れになってしまった」

元総理の犯罪を、最高裁で裁かなくて何よりだという意見もあったらしい。だが、誰もが後味の悪さを覚えたのも事実のようだ。

「世間の人々は、田中さんという政治家はどうやら悪い人らしいと考えていますよね。でも、そんなレッテルを貼った状態で、真偽を定かにしないのは、田中さんの名誉を考えても気の毒な話です。だから、最終的に最高裁がビシッと決めるのが、司法の役割だったんです。でも、それができなかった」

違和感を持った園部のような判事が声を上げていたなら、判決は変わったのだろうか。

時代のうねりに呑み込まれて

角栄の〝有罪〟が決まった一九九五（平成七）年二月二二日とは、阪神・淡路大震災が発生してから一カ月余りが経っていた頃だ。

道理で私には、最高裁での判決の記憶がないわけだ。

神戸で震災に遭遇し、日々、これからどうやって生きていくかと格闘していた最中だった。

さらに、その約一カ月後の三月二〇日には、都内で地下鉄サリン事件が発生する。

この二つの出来事で、日本社会は、まさに世紀末の様相を呈する。そして、世論もメディアも、ロッキード事件のような〝過去の遺物〟には、もはや誰も興味を示さなかった。戦後最大の疑獄事件は、大きな時代のうねりの中に呑み込まれて一つの終焉を迎えた。

だからといって、全てが一件落着したわけではなかった。

第七章　吉永祐介の突破力

1　吉永なくしてロッキードなし

歴代総理大臣の一人である田中角栄を逮捕・起訴し、（間接的ではあるが）有罪にまで持ち込んだ最大の功労者は、検察官・吉永祐介その人であると、検察ＯＢをはじめとする多くの関係者が断言する。

但し、それは褒め言葉とは限らない。吉永の捜査を批判する声も少なからずある。

一九三二（昭和七）年、岡山県上道（じょうとう）郡雄神（おがみ）村（現・岡山市東区西大寺）に生まれた吉永は、岡山大学法文学部を経て、五二年、司法試験に合格、五五年に検事として任官する。

東大、京大、中央大、早稲田大の出身者が多い検察の中で、地方の国立大出身というのは、異色だった。

角栄の秘書官だった小長啓一とは、大学の同窓同期だ。また、丸紅ルート一審の裁判長を務めた岡田光了とは、司法修習生の同期だった。

六四年に東京地検特捜部に配属され、六五年には、後に「黒い霧事件」と呼ばれた吹原産業事件の捜査に加わる。

七二年に法務省刑事局参事官として出向するが、七五年一月、特捜部副部長として特捜部に復帰、ロッキード事件発覚後は、主任検事を務め、検察人生のすべてといってもいいほど、ロッキード事件に深く、長く関わった。

たとえば、特捜部副部長のポストにありながら、七七年一月二七日から始まる丸紅ルート初公判で、公判検事として法廷にも立っている。

通常、東京地検では、取り調べから起訴までの過程は特捜部や刑事部が、公判については公判部が担当するが、ロッキード事件だけは特別扱いとして、吉永は公判でも陣頭指揮を執った。しかも、吉永以外の公判立会検事も、全員特捜検事という前代未聞の態勢が敷かれた。

これは、検察が威信を賭けて、必ず角栄有罪の判決を勝ち取るという意思表示でもあった。

そして、七八年には特捜部長に就任するが、ロッキード事件の公判については引き続き指揮を執っている。八二年には、東京地検のナンバー2である東京地検次席検事となり、一審の判決にも立ち会った。さらに九五年の最高裁判決時には、検事総長として、事件の終局に立ち会う。

後に「吉永のロッキードか、ロッキードの吉永か……という存在」と評したメディアがあったが、まさにその通りの存在であった。

徹底した合理主義者

吉永祐介の検察官としての生き様を間近に見た男がいる。小俣一平だ。彼は元NHKの記者で、坂上遼というペンネームで『ロッキード秘録　吉永祐介と四十七人の特捜検事たち』というノンフィクションを発表している。

吉永祐介

小俣に会ったのは、二〇一七年一〇月、ロッキード事件の取材を開始したばかりの頃だ。

小俣は、吉永に最も信頼された記者であり、ロッキード事件の資料を託された人物でもある。『ロッキード秘録』は、その資料と、小俣自身が事件記者として取材した記録をまとめたものだ。

「吉永さんは、極めて合理的な

人でした。捜査が社会に与える影響よりも、裁判で勝てる事件を確実にものにするためにベストを尽くすタイプです」

当時の特捜部の奥底まで知る小俣の吉永観は、端的ながら、的を射ている。

極めて合理主義的だったという吉永の性格は、ロッキード事件捜査にも反映された。

「事件発覚時は、米国上院小委員会（チャーチ委員会）で児玉誉士夫の名が最初に挙がりました。ですからメディアも、検察も、児玉の闇に迫ろうと必死でした。ところが、米国が提供した資料から、ロッキードからのカネが、『Ｔａｎａｋａ』に流れたことを裏付けるチャート図が発見されると、吉永さんの頭から児玉の二文字が消えました」

過去に何度も摘発しようと意気込みながら果たせなかった宿敵の首根っこを押さえられるかも知れない——そう考えたのなら、児玉追及にもっと執着しそうなものだが、吉永は違った。実力派総理と言われた田中角栄の総理在任中の罪を暴く——彼はそちらに意識を切り換えた。

「いきなり大転換したわけですから、検察庁内では色々あったとも聞きます。でも、そんなことを吉永さんは気にもしません。世間は、構造的な巨悪が暴かれることに熱狂する。しかし、吉永さんは法廷で勝てるシンプルな事件を狙った。そのためには角栄が全日空にトライスター購入の口利きをしたという事件の方が、現実的だった」

当時は、全国で年間一〇〇〇件にも及ぶ贈収賄事件が摘発されており、そんな中で、社会が注目したロッキード事件では、絶対に国会議員を逮捕しなければならないという検察の威信をかけたミッションがあった。

「検察の独自捜査の目的は、どぶさらい」というのが、吉永の口癖だったという。

「社会の中に溜まっている溝川（どぶがわ）の泥を取り除いてきれいにするのが目的であり、きれいにした川に澄んだ水を流すか、また泥水にしてしまうかは、主権者たる国民、選挙で選ばれた政治家、あるいは公務員の責任」

退官後に吉永が講演で語った言葉である。

随一の帳簿読み

吉永は、特捜の鬼と言われた河井信太郎（一九八二年、六九歳で没）に師事し、捜査技術を磨いた。

河井は、数々の疑獄事件を担当し、特捜検察の礎を築いた人物だ。著書『検察読本』は、今なお検察官のバイブルとして愛読されている。

自白よりも、証拠重視を徹底し、無理に事件を立件せず、時に撤退する勇気を持てと論じている。

「人に聞くより物を見よ」を捜査の鉄則とした河井の精神は、現在の検察捜査でも、重視されるべき哲学といえる。

敏腕検察記者と言われる元毎日新聞記者・山本祐司（二〇一七年、八一歳で没）は、著書『特捜検察』で、河井の哲学に触れている。

《汚職――法律違反があれば、総理大臣だろうと大臣だろうと逮捕、投獄するのが特捜検察の使命なのだ。その意味で、国家の功労者と一般国民との間に差はない》

そして吉永は、帳簿読みについて河井に徹底的に鍛えられた。

押収した帳簿の中から齟齬を見つけ出し、そこに隠れた不正を暴き出す捜査で、気の遠くなるほどの時間をかけて、一つ一つの数字を精査するという作業を強いられる。そんな労力をものともせず、被疑者の有罪の決め手となる証拠を摑む眼力が、吉永にはあったようだ。

それが際立ったのは、一九六八年の日通事件の時だ。

日通事件とは、運輸業最大手だった日本通運が、社会党の大倉精一（元日通労組委員長）に二〇〇万円、自民党の池田正之輔に三〇〇万円を渡した贈収賄事件だ。

科学技術庁長官を務めた池田は、当時は〝政界のご意見番〟と言われた大物だった。

事件の捜査を指揮したのは、東京地検次席検事の河井だった。捜査の一員だった吉永は、河井直伝の帳簿読みの実力を遺憾なく発揮した。

日通が膨大な利益を金の延べ棒に替えて、役員に分配していた事実を帳簿読みから突き止めたのだ。

さらに吉永は、日通の前社長・福島敏行の取り調べを任され、福島から自白を得ることにも成功する。

ただ、吉永にとって日通事件は、負の記憶としても忘れられない事件だった。吉永が取り調べていた日通の福島前社長の次男が、取り調べ中にトイレに立ち、そのまま投身自殺する。事件の重要証人を、よりにもよって検察庁内で自殺させてしまったのは、痛恨のミスだった。

さらに、池田の逮捕を阻止しようとする政治的な圧力がかかる。同年六月二二日、突然、当時の検事総長だった井本台吉から、池田の逮捕を見送るようにという指示が出る。七月七日に行われる「参議院議員選挙に影響が出るため」だという。しかし、池田同様、日通から賄賂を受け取り、予算委員会での答えを控えた社会党の大倉精一を、既に六月四日、斡旋収賄罪で逮捕している。同じ罪なのに池田の逮捕を見送るのかと、河井ら東京地検は猛反発、結局、検察上層部が「起訴は両者同じ日に行う」という折衷案を提案して、反対派は矛を収め、六月二五日、特捜部は池田と大倉を起訴した。

その後の捜査で、井本総長が、事件のさなかに池田被告らと会食していた事実が発覚、メディアも大きく報道した。河井ら特捜検事は、井本の責任を追及する。ところが検察上層部は、河井らを次々と異動させて、事件は尻すぼみに終わってしまう。

そして、ロッキード事件が発覚するまでの八年間、特捜部は国会議員の疑獄事件を扱わず、眠れる獅子と揶揄されるようになった。

自白は証拠の女王

「人に聞くより物を見よ」という恩師河井の教えを忠実に守って、物証重視を貫いてきた吉永だが、ことロッキード事件については、被疑者の自白に頼りすぎた印象がある。中でも、丸紅の専務、伊藤宏が榎本敏夫に、四度に分けて合計五億円の現金を渡したという自白は、余りにも矛盾が多過ぎる。

ロッキード社から丸紅に渡ったカネを裏付けるピーナツやピーシズと記された領収証の提供を米国から受けたものの、それを角栄が受け取った物証は見つかっていない。ならば、被告を自白させるしかなかったのだろうか。

検察には、「自白は証拠の女王」という考え方がある。

被告の犯罪を立件し有罪とするには、本人の自白が重要な証拠となるからだ。中でも、贈収賄事件では、領収証や請託書などという物的証拠が、そもそも存在しないケースが多いため、事件立件には自白が重要となる。そのため、取調官は容疑者の自白を取るのが至上命令になる。

だが、自白を取ろうとする余り、人権を無視したような取り調べが行われ、それから逃れたいばかりに容疑者がウソの自白をするというリスクも存在するのだ。

それは重々承知していたはずの吉永だが、ロッキード事件においては、自白こそ事件解決の決定打だったと、自身が認めている。

《「丸紅の檜山、大久保、伊藤がそれぞれ順次自白していますので、田中までたどりつけたわけです。そのうちの一人でも自白が得られなければ、この事件の真相は闇に葬られていたと思います」》

一九九七（平成九）年、検事総長を退官した翌年に、早稲田大学で行った、「自白の信用性の検証に関する諸問題など」と題した講演で、吉永はそう述べている。

さらに、吉永は、「（日本人は）自白することによって将来にわたり犯罪を犯さないと決意する場合が多い」とし、その意味でも自白には意義があるとも発言している。

しかし、ロッキード事件では、「検事にウソを書かれた。でっち上げだ」と法廷で、検面調書を否定する被告や証人が相次いだ。

角栄無罪論を主張する一人、産経新聞の宮本雅史は、「ロッキード事件は、吉永祐介が恣意的に自白調書を書かせた可能性が高い」とまで非難するが、それが「根も葉もない言いがかり！」と反論できない部分があるのは、自白を裏付ける物証が乏しく、また被告らはことごとく自白を翻してしまったからだ。

村木事件では、被告を無罪とした現代の法廷で、ロッキード事件を裁いたなら、どんな判決を下すのだろうか。

第八章　毒を喰らった男

1　全日空に多数の逮捕者

贈収賄事件で罪に問われるのは、政治家を含む公務員に賄賂を贈った者と、カネを受け取って請託に応じた収賄側だ。

だが、ロッキード事件では、角栄の口利きを受け入れて機種を選定したと疑われた全日空首脳も罪に問われた。

収賄した政治家から何かを強要されたとしても、本来ならば罪は問われない立場にもかかわらず、ロッキード事件で、全日空は合計六人もの逮捕、有罪者を出した（ロッキード事件で逮捕されたのは、総勢一八人。贈賄罪に問われた丸紅関係者ですら有罪は三人）。

罪状は偽証罪と外為法違反だった。

大庭オプション

全日空で罪に問われた中心人物は、社長の若狭得治だった。

若狭は、ロッキード社から違法にカネを受け取った外為法違反と、国会で偽証した議院証言法違反で逮捕され、有罪となった。

衆議院予算委員会の証人喚問で、前社長である大庭哲夫が、三井物産から頼み込まれて独断でDC－10の仮契約(オプション)を結んでいた事実を、七六年二月一六日の第一次証人喚問で若狭は「知らなかった」と答えた。その証言が、偽証に問われたのだ。

ロッキード事件では、野党も躍起になって調査し、関係者を証人喚問していた。彼らは、「大庭オプション」と呼ばれる仮契約の引き継ぎを、問題視した。

大庭の証言が事実なら、「全日空の次期エアバスは、既にDC－10に決めた」という大庭の申し送りを若狭が反故にして、トライスターに機種を変更したことになる。

それだと、角栄から口利きをされたからに違いない――という見立てが立つのだ。

そして、三月一日に行われた第二次証人喚問にも、若狭は召喚される。

証人のトップを切って大庭が、証人席に立った。

その時の大庭の緊張ぶりを、朝日新聞は「のしかかる事件の重圧に苦しむ様子で」と報じている。

そして、「DC－10についてオプションを交わしていることは、後任社長の若狭君らに引き継いだ」と証言、第一次証人喚問で、「大庭氏がオプションをしていたことは知らなかった」「引継ぎも受けなかった」と答えた若狭の証言と真っ向から対立した。

大庭は、厳しく鋭い追及を続ける野党議員の質問にしどろもどろで、証言を躊躇う場面もあった。また、共産党の三浦久から、故・松尾日航社長との関わりを質されると、体を震わせ約三分間証言が出来ない状態に陥った。

証人喚問時の大庭の様子を、朝日新聞は同日の夕刊で、「証人として『真実』を語ることの息苦しさ、重さをみせつけるような大庭氏の姿だった」と表わした。

一体、朝日新聞の記者は、何を根拠に、大庭が「真実を語る」勇気ある人物だと断言できたのだろうか。

一方の若狭については、朝日新聞は、「腕時計で時間を確かめたり、カメラをながめ回したり、喚問二度目の余裕をみせる」と書いた。それらの仕草は、むしろ不安を紛らわせるためのものに、私には思えるのだが。

大庭の証言内容に対して反論する若狭の答弁は端的で、歯切れが良かった。だが、その発言と態度は、「不貞不貞しい」と議員らの反感を買ったという。

止めは、午後十時から、まるで大庭と若狭を対決させるように行われた再喚問だった。大庭は独断で行ったと認めた上で、若狭や渡辺（尚次副社長）にオプションを引き継いだと再度主張、さらに自身が辞任後、「若狭社長が三井物産に問い合わせたと聞くが、そのときにすべて切れたと思われるふしがある」と推測混じりの見解を示す。

一方の若狭は、オプションの引継ぎを強い口調で否定する。大庭の退任は突然決まったことであり、「大庭氏は大変、混乱されていたのではなかったのか。先輩と争うのは残念だが、引継ぎを受けた事実はない」と言い放つ。

全日空の一連の不祥事を丹念かつ克明に記した作家で経済ジャーナリストの本所次郎は、『ロッキード疑獄　影の権力者の昭和史　四巻』のなかで、「機種選定に至る複雑な経緯を知らない議場内および一般視聴者に、大庭は〝善〟、若狭は〝悪〟との印象をもたらした」と記した。

当時の新聞記事を読み直すと、メディアが、両者の印象を恣意的に誘導しているかのように私には映った。

衆院予算委員会の証人喚問席に並んだ全日空の若狭得治社長（当時・左）と大庭哲夫前社長（76年3月1日／時事）

大庭が正しくなければならない

大庭は〝善〟で、若狭は〝悪〟――。

この構図は、当時のメディアや世間にはっきりとあったある先入観によって、簡単に成立してしまった。

すなわち、当時の社長（大庭）によって、一旦はDC－10に決定していたにもかかわらず、後継社長（若狭）は（丸紅から請託を受けた政治家の口利きに屈して）そのオプションを反故にして、トライスターに決めた――。

若狭は、そのプロットを断固たる態度で否定した。その瞬間、若狭は「悪い奴」となった。一方、筋書に添って証言した大庭は、「善き人」となったわけだ。

様々な圧力を撥ねのけて真実を語るがゆえに、極度に緊張して証言もたどたどしく、体も震える――。世間という観客には、これぞ善き人の姿に映ったのだろう。

大庭が証言中に全身が震えて喚問が止まった時、喚問の様子を見ていた全日空の幹部は、「大庭前社長は、極度のコーヒー中毒で、コーヒーを飲む間隔が空くと、ああいう症状になる。だから、勇気を振り絞って真実を述べたから震えたのではなく、単なる禁断症状だったのに」と悔しがったという。

いずれにしても、大庭の証言によって、野党側は「若狭は偽証している」と決めつけた。それが、衆議院による議院証言法違反（偽証罪）の告発に至る。

全日空ルートの誕生

七月八日、偽証罪と外為法違反の容疑で、特捜部は若狭を逮捕する。

「澤雄次専務らと共謀して、昭和四九（一九七四）年六月中旬頃、二〇七二万円、同年七月下旬頃、三〇三四万五〇〇〇円をロッキード社から違法に受領した」というものである。

外為法で若狭を立件したのは、全日空が賄賂を贈り、ロッキード社のトライスターを新規採用するよう、政治家に働きかけたという受託収賄罪を視野に入れてのことだ。

若狭は一貫して容疑事実を否定している。にもかかわらず、八月二〇日には、元運輸政務次官の佐藤孝行が、さらに翌二一日には、運輸大臣や党幹事長を歴任した橋本登美三郎が、それぞれ逮捕されている。

贈賄側の全日空は、この時点で時効（三年）が成立しており、罪に問われなかった。

これが、ロッキード事件の全日空ルートと呼ばれる事件だ。

全日空が自社の選定機種をトライスターにするために、政治家に賄賂を贈る必要があるだろうか。たとえ、総理から圧力をかけられたとしても、「いえ、それは我々が勝手に決めます。トライスターにします」と宣言したら、それで終わる話なのだ。なのに、全日空は、政治家に賄賂を贈って、自社がトライスターを選定するための支援を受けた、というのだ。

これほど不可解な構図に、誰も異を唱えなかったのだろうか。

それに関する特捜部の資料を入手した。

全日空が政治家に対して、あらゆるルートを駆使してカネをまいていたという事実を裏付ける証拠である。また、丸紅幹部への事情聴取によって、ロッキードの裏金が全日空にも流れていた事実も判明した。

不可解な構図とはいえ、そのような事実がある以上、受託収賄罪でやれる！　と特捜部は確信したのだろう。

辻褄は、あとで合わせればいい、証拠があるのだから立件、という発想は、如何にも特捜部らしい。

だが、それ以上に、絶対に自白しないであろう角栄への攻撃材料が必要だと、特捜部は考えたのではないか――、私にはそう思えてならない。

角栄は自白しない

総理が在任中に犯した賄賂工作で受託収賄罪に問うと決めた瞬間、特捜部には、失敗は許されない重い枷が嵌められた。

一国の総理大臣を務め、総理への返り咲きを虎視眈々と狙う田中角栄のことだから、動かぬ証拠を突きつけられても、二〇日間の勾留期間は否認を続けるだろう。

ならば、全日空側から動かぬ証拠を握りたいと、思うのは自然の流れだ。そこで若狭ら関係者を根こそぎ逮捕して、じっくりと詰める作戦だったのではないか。

全日空関係者らの取り調べの大半は、角栄から口利きをされた事実を認めよというその一点だったと、若狭や渡辺らが法廷で証言している。

だが、若狭をはじめ逮捕された全日空の幹部は、角栄の関与は一切ないと断言し、押し通した。

事件から二〇年後、それまでロッキード事件について、メディアの取材にほとんど応じなかった若狭が、朝日新聞の週刊誌「アエラ」（一九九六年一〇月七日号）のインタビューに応じた。

若狭は、取り調べで検事と頻繁に衝突した事実を明かした。たとえば、検事の質問に「バカなことを言うな」と返すと、「バカとはなんだ、被告のくせに」と検事は激怒、「壁を見て立っとれ」と一人取調室に残されたエピソードを話している。

また、検面調書では、偽証と外為法違反について、若狭は容疑をほぼ認め、署名もしているが、裁判では全面的に否認した。この正反対の行動について記者に問われると、取調中に検事から説明を受けた話を披露した。

《「検事調書というのは、我々が公判廷で罪状を話す時の基礎なんです。公判廷で、『検事はこう言いましたが、実はこういうことなんです』とあなたの意見を言えば、裁判長はどちらが正しいかを考えて決定する。これが裁判というものです。だから、ここに何と書いてあっても、決定的になるわけじゃないんです。そんなに神経質になることはないんです」》

それでも、最初は抵抗していたが、やがて根負けした若狭は「あんた好きにお書きなさいよ。署名してあげますよ」と署名したという。

他の被告も似たような証言を法廷で行い、検面調書の内容を否定している。だが、裁判所は、その証言の全てを認めず、検面調書の自白を採用してしまうのだ。

2 愚直な記録者・本所次郎

二〇一九（平成三一）年一月。平日の午後は、上野駅を出た常磐線水戸行き快速電車は、乗客もまばらだ。

電車は北千住を過ぎたところで荒川を渡り、北を目指す。この辺りから、風景が一変し、東京らしさがフェードアウトする。江戸川を渡って千葉県、そして、利根川を越えて茨城県と、日本の地方の至る所で見られる田園風景を快走した。

小一時間ほど電車に揺られて、牛久駅に降り立った。

茨城県牛久市と言えばギネスブックに「世界一の大きさのブロンズ製立像」と登録された立像大仏・牛久大仏（全高一二〇メートル）で有名だ。一九八〇年代には、東京のベッドタウンとして宅地開発が進んだ町であり、最近では、元横綱・稀勢の里の出身地としても話題になった。

駅から続くケヤキ並木など、ニュータウンらしい佇まいの痕跡があるが、時代の流れからは少し取り残されているようにも見えた。駅前のロータリーからタクシーに乗ると、ものの数分で住宅街になる。そこに目指す相手が住んでいた。

航空ビジネスや運輸行政に詳しく、ロッキード事件を知るための貴重な資料である『影の権力者の昭和史』全四巻を残し、二〇一二年に亡くなった本所次郎の長男だ。

ロッキード事件の関連本といえば東京地検特捜部やメディアの奮闘記、あるいは「角栄無罪論」などが並ぶ中、運輸行政や航空産業に焦点を絞って著された本所の四部作は、私が事件を再考するための貴重な道標になった。細部に至るまで徹底的に妥協せず、丁寧かつ丹念なノンフィクションを生んだ本所という書き手をもっと知りたい――その思いが募り、本所の長男・小宮山太吾を訪ねたのだ。

面白さより事実にこだわった

一九三七（昭和一二）年、東京都に生まれた本所は、明治学院大を卒業後、日刊工業新聞に就職する。運輸省や日銀の担当記者を経て、満五〇歳の時に退職、経済小説を執筆する傍ら、日刊工業新聞時代に培った知識と人脈を駆使して、ノンフィクションを著した。

長男の太吾は、父の作品の最大の理解者でもある。

「父は退職すると、まず小説の執筆に取り組みましたが、面白さよりも、真実を突き詰めることを重視した作家だったと思います。ほぼ事実をベースにしていました」

私自身も、現実社会を踏まえた問題をテーマにした小説を書いているが、常に心がけているのは、現実世界から離陸するタイミングだ。離陸するのは、小説が持つエンターテインメント性やダイナミズムの面白さを読者に提供したいからだ。同時に、現実世界では踏み込めない真実にも、フィクションなら大胆に踏み込める。

そのためにも、取材によって得られた関係者の思いや事実という束縛を、どこかで断ち切る必要がある。その境界線が難しい。

「父は作家の想像を膨らませるために小説を書いたのではなく、関係者に迷惑をかけないように小説という体裁を取っていたようです」

真実は追求したいが、それをおもしろおかしく脚色したくない。その姿勢は尊いが、同時に自由な発想を封じ込める足枷にもなる。

「そのため玄人受けはするんですが、一般読者に届くという意味では厳しかったですね」と、太吾は苦笑いする。

やがて本所はノンフィクション執筆にウエイトを置くようになる。

「納得がいくまで現地に足を運び、徹底的に取材する労を厭わない人でした。だから、昭和史の断面を精緻に浮かび上がらせる作品が多いのだと思います」

小説家でもノンフィクション作家でもなく、歴史家として記録を残すという執念の方が、本所の書き手としての核だったのだろう。

「良い物を書けば、必ず売れると信じていました。そして、自分の作品に確固たる自信も持っていました」

だが、現実は良い作品、後世に残すべき作品であることと、売れることは連動しない。

そういう事態に本所も苦しみはしたが、それでも、そのスタンスを貫いたのは、本所が取材記者として培ってきた矜持なのだろう。

待て、そして希望せよ

そして、自ら集大成と宣言し、「これこそは、絶対に売れる！」と確信して上梓した作品が、『麒麟おおとりと遊ぶ　若狭得治の軌跡』全二巻だ。

先の『影の権力者の昭和史』の親本に当たる作品で、ロッキード事件の重要なキーマンでもある若狭得治の生い立ちから、運輸省での活躍、さらには全日空の社長となりロッキード事件に巻き込まれ、裁判で有罪判決を受けても日本の航空産業の未来に情熱を捧げた軌跡を克明に記した力作だ。

「日刊工業新聞社の記者時代から、若狭さんには信頼されて、かなりディープに取材していたようです。その若狭さんの全てを徹底取材して記録した。父の執念は、凄まじかった」

若狭との付き合いは、若狭が他界するまで続き、互いの信頼は不変だったという。

全日空関係者に取材している時に、同書の話題になると、「誇張もなく、媚びることもなく事実が淡々と綴られている」と全員が口を揃える。

本所は晩年、自らの青年時代を綴った自伝的小説『吉祥寺の朝焼けに歌えば』を発表した。その中で、アレクサンドル・デュマの大作『モンテ・クリスト伯』のような大河ドラマを死ぬまでに書きたいと主人公に何度も言わせている。

「待て、そして希望せよ」という『モンテ・クリスト伯』の一節が、主人公の座右の銘であったが、それは同時に本所自身の心の支えでもあった。

そして『麒麟』は本所にとっての『モンテ・クリスト伯』だった。

「それだけに、絶大の自信を持って世に放ったのですが、意に反して売れませんでした」

無情な現実に打ちのめされた本所は、その後の二年間、取材も執筆もほとんどできなくなってしまう。

愚直な書き手だった本所は、息子の目にどのように映ったのか。

「父は、東京大空襲の時の記憶をよく話しました。当時、本所区（現・墨田区）に住んでいたんですが（本所という筆名は、生地に由来）、一帯は空襲で焼け野原になりました。そういう時代を生き抜いたからでしょうが、絶対に贅沢はしない。節約した生活をするんだと、常日頃から繰り返してました」

本所は決して理想的な父ではなかったようだ。我が子に対しても堅苦しいほど真摯に向き合い過ぎたようで、ある時などは「どう接していいかわからない」と面と向かって打ち明けられたという。

それでも太吾は辛いと感じたことはなかったという。父の思い出を語る太吾の様子にも、敬愛と追慕の情が滲み出ている。

一番記憶にある父の言葉は何かと太吾に問うた。

「分かりやすい文章を書け」

相手に伝わる文章を書くのが大事だ、と父は教えてくれたのだそうだ。太吾がジャーナリストなり小説家を目指すと父に訴えたのであれば、その言葉は、何よりも大きな遺産になったろう。しかし、小学生の太吾が書いた走り書きのようなメモに対して、そう言われたのだという。生真面目にもほどがある。

世間では、気むずかし屋で傲慢、そしてメディア嫌いと言われていた若狭が、本所を深く信頼したのも、この本所の性格に因るところが大きいだろう。

そして、本所もまた、誤解されやすい若狭の素顔を、世間に正しく伝えたいと願い、それを『麒麟』に込めた。

本所があぶり出す事件の別の顔

本所渾身の作品は、若狭得治という運輸行政と航空ビジネス史上屈指の実力者の素顔を明確に浮かび上がらせた。

証人喚問され疑惑の目を向けられても一向に動じない太々しい態度も、素顔を知ると、まるでオセロの駒のように、イメージが逆転する。

それとは対照的に大庭哲夫については、運輸省時代からの評判、日本航空の松尾静磨との関係、さらには全日空でのスタンスという背景を克明に記すことで、白のイメージがグレーへと変化していく。

証人喚問後のある週刊誌の取材で、大庭は「私か、若狭君のいずれかがウソをついている」とまで述べているが、議員の反応と、両者に対するメディアの評価がフェアだったならば、大庭の方が被告席に立っていたかも知れない。

『麒麟』では、一九六〇年代から七〇年代にかけての日本の航空行政と航空会社が置かれた状況、そして、官民の関係性についても克明に描かれており、当時の航空行政の問題点が明確になる。

さらには全日空ルートで受託収賄罪に問われ逮捕・起訴された二人の政治家、橋本登美三郎と佐藤孝行の立ち位置についても、本所はまったく異なる提起をしているが、遥かに説得力がある。

ロッキード事件の謎を解析するためには、多視点からの分析が必要だと、本所は示唆している。

対立する者同士が、ほど良き着地点を冷静に追求するというのは簡単なようで難しい。互いに相手の立場に立った視点から事実を見るなど、まず無理な話である。

ロッキード事件では、検察の視点、あるいは、金権政治家・田中角栄は悪い奴、という先入観を前提としたメディアの視点が、客観的かつ冷静に事件を見る目を奪ってしまった。

あえて、悲劇と呼んでもいい。

本所の期待通りに『麒麟』がベストセラーになっていたら、ロッキード事件について、別の解釈が世間に浸透していたかもしれない。

3　「捨己」の男が突き進む

若狭得治とは、何者だったのか――。

若狭と面識があった者の多くが、彼を絶賛する。

片や、ロッキード事件発覚以降に記者会見や証人喚問の様子を通じて若狭を知った人々の評判は、すこぶる悪い。

本来、人物の評価とは、直接会ったり仕事を共にした人によるものが実像に近いはずだ。だが、若狭の場合は、後者の舌鋒と量があまりにも凄まじく、若狭への悪評は死んでも変わらなかった。

事件が発覚する前の「週刊文春」（一九七四年二月四日号）では、若狭は「荒っぽいところもあるが有能」、「一見野人風だが実は細心な神経をもちあわせ」ていると紹介されている。

あるいは、同年八月一日号の「アサヒ芸能」には、以下のような評価もある。

《同じ運輸次官（出身者＝筆者注）でも朝田（静夫日本航空社長＝同）氏が静なら、若狭氏は動。片や理論派なら片や行動派、朝田氏がおしゃれな紳士なのに対し、こちらは田舎の村長さんタイプと、好対照をなしている。

どうも若狭氏には野暮ったさがつきまとう。（中略）元運輸次官という権力の椅子にいたのに似ず、飾らない素朴な言葉で頭をかけば、相手もなんとなく無理がいえないというふんい気になってしまうのである》

若狭が社長に就任した頃（七〇年）は、全日空は六六年に二度の大きな墜落事故を起こし、存続が危ぶまれていた。その上、社内でも派閥争いが絶えなかった。そんな中で登場した若狭は、野暮ったく骨太な社長だったが、芯の強い決断力で、全日空を企業として安定させる。

その剛腕ぶりは、財界でも一目置かれたが、それが一転、大庭哲夫前社長と共に証人喚問を受けた頃から、若狭バッシングが始まる。

「〝若狭式〟のらりくらり答弁には、テレビを見つめていた人たちから、『本当にハラが立つ。テレビをぶんなぐりたい気持だ』（毎日新聞への投書）といったストレートな怒りもはね返ってきた」（「サンデー毎日」七六年三月二一日号）となり、文字通り〝社会の敵〟というレッテルを貼られてしまう。

尤も、古くからの若狭贔屓は、彼への評価を変えていない。

「週刊朝日」は七六年七月二三日号の記事で、「若狭逮捕に一番ショックを受けたのは、あるいは若狭を取材したことのある新聞記者だったかもしれないくらい」と、その人間的魅力を紹介し、「ロッキード事件以後、若狭は『よくしゃべる男』『役人的答弁の上手な官僚』というイメージが強いが、普通(ママ)は極めて寡黙」とも書いている。

自我を押し出さない

人によって評価が大きく分かれるのは、その人物が、様々な顔を持っているからでもある。

小説では、こういうタイプの人物が一人いると、物語の先が読めなくなって面白さにもつながっていく。

ところが、現実世界――、特に事件の重要人物となれば、ひたすら厄介だ。素顔がさっぱりつかめず、知れば知るほど本心が分からなくなるからだ。

「ロッキード事件」の中で若狭は、狂言回しの役割を担ったのかも知れない。

運輸省の事務次官まで上り詰めた若狭は、若い頃から、実力派として上司、同僚、部下のいずれからも一目置かれた大物だった。終戦直後の運輸省でのエピソードからもその片鱗がうかがえる。

当時、管理職ポストの数が少なく、幹部に居座る先輩たちに退職勧奨しなければならない時に、その役を求められ、先輩に向かって「省のために、退任してください」と堂々と迫ったそうだ。

また、戦後は、海運業界の再編に取り組み、強者(つわもの)揃いの海運会社の経営者たちを説き伏せ、国際競争力を有する海運業界へと立て直した。

運輸事務次官だった時には、佐藤栄作総理から、「全日空は事故ばかり起こしている。日本の航空会社は一社でいい。日本航空と合併せよ」と命じられても、競争のない業界は腐敗し劣化すると譲らず、全日空を存続させた。

大所高所から事案を見据え、一度やると決めたらあらゆる方向から攻めて目標を達成するという、強い突破力が若狭の持ち味だった。たとえ批判の矢を浴びようとも、若狭は一向に気にしない。それより、結果が重要だったからだ。

その実力は、対象企業からも霞が関からも尊敬されたが、その一方で自らの欲望や自我を語らぬ若狭は、腹の内が分からないと敬遠されもした。

ロッキード事件は、若狭のそんな生き様が呼び込んだ災厄だったとも言える。

若狭に対して、事件後も揺るぎない忠誠と敬愛を抱き続けたのが、全日空社員だった。

その献身ぶりは、徹底していた。丸紅など他社の場合、ロッキード事件での逮捕者は要職から解任されているが、全日空は違った。若狭の強い意志で社長は交代したものの、退職については、社員が署名活動して引き止めている。

それほど人望のある人が、この事件でいったい何を犯したのか。

若狭さん以外にいない

全日空関係者のうち、まず会いに行ったのが、ＡＮＡホールディングスの大橋洋治相談役だった。

二〇一八年八月、三五度以上の酷暑が連日続いていた頃だった。

経団連の副会長も務めた大橋は〝ＡＮＡの顔〟とも評される人物である。そんな人が、四〇年以上も昔の、しかも社にとっての旧悪を蒸し返すかも知れない取材に、まっ先に応じてくれたのが、私には驚きだった。

大橋は、一九四〇年、旧満州東北部の佳木斯（ジャムス）で生まれた。慶應義塾大学を卒業後、全日空に入社。航空業務各種の責任者を務めた後、二〇〇一年に社長に就任した。

「若狭さんとの接点は少ないんです。しかし、知っていることは包み隠さず何でも話します」

開口一番宣言した大橋からは、本気で真相に近づく気なら全面的に協力しようという覚悟を感じた。

ロッキード事件が発覚した時、大橋は三六歳で、将来を担う中堅として頭角を現した頃だった。

検察からの取り調べは受けなかったものの、裁判では証言を求められた。補給部在籍時に、〝Ｇｏ　ａｈｅａｄ！〟と題した大型機導入に関する報告書についてであった。

が」

「『トライスターを絶対購入せよという意味じゃないのか』と追及されました。そういう意図はなく、いよいよ大型機が導入できるようになったことへの気勢だったんです

公判では、〝Ｇｏａｈｅａｄ！〟が意味するものを二時間に渡って尋ねられたという。

「ロッキード事件が発覚しても、社員の多くは無関係だと思っていた。それが、いきなり家宅捜索に入られて、巻き込まれてしまった」

ならば、「濡れ衣だ！　無罪だ！」と抗議すべきではなかったのか。

「そんな余裕はありませんでしたね。とにかく社長以下幹部の大半が逮捕されて、会社存続の危機でしたから」

若狭が保釈された時、大橋は、拘置所まで駆けつけて「絶対辞めないでください！」と若狭に直訴した一人だ。

「無罪を信じていたというよりも、全日空が存続するためには、若狭さんというリーダーが必要だった。それは、社員全員の共通認識でした。何があっても、若狭さんに引っ張ってもらいたかった」

保釈直後の社員らの歓喜の声に、若狭は胸を熱くした。そして、引き続き経営陣の先頭に立つと誓った。

大橋は、若狭同様に偽証罪に問われた副社長・渡辺尚次の自宅を訪ね、慰労と激励のひとときを過ごしたこともある。そこで、検察の取り調べについても聞いた。

「渡辺さんが受けた取り調べは、にわかには信じられないほど壮絶なものでした」

検事は、大庭オプションの存在を知っていたと認めよと厳しく詰め寄り、否認を続ける渡辺に、「思い出すまで、壁に立っていろ！」と怒鳴ったという。

「ひどかったんだ。君たちは知らないだろうけど、言ってもわからんだろうけど、ひどかったんだよ、これが——、と辛そうにゆがんだ渡辺さんの顔は忘れられません」

きっと、もっと辛い目にも遭ったのだろう——、大橋は渡辺の言葉の端々から、それを感じ取った。他の保釈者は、慰労も激励も受け入れず、「そっとしておいてくれ」と言うばかり。

いつしか全日空では、「ロッキード事件」は、禁句になった。

若狭は間違わない

いかなる時も若狭の脳裏にあったのは、日本の国益であり、航空業界の隆盛だったはずだと大橋は考えている。

社長以下役員の大半が逮捕されながらも、若狭の頑張りで、全日空は経営危機に陥ることもなく事業を拡大する。それまでは、日航が独占していた国際路線就航を果たし、やがて、国内トップのエアラインへと成長する。

それと同時に、若狭に対する評価が好転する。

若狭の口癖は「ああ、そうですか」だった。部下が若狭に説明をすると、返ってきたのはいつもその一言のみ。良いのか悪いのかの感想さえも言わない。

トライスターに決定したのも、若狭本人が熟慮して、常務会の決定通りの判断をした。だが、決定理由の説明はなかった。

「若狭さんは間違わない、という暗黙の了解があったかもしれません。そして、大抵は正しかった。それでも、もう少し腹を割って説明をしてほしかったということはありました」

ロッキード事件においても、若狭は終始「自分には身に覚えはないが、社員の誰かが関与していたのであれば、責任はすべて自分にある」という姿勢に徹した。

若狭ほどの立場にあれば、いくらでも抗議の方法はあったはずだ。しかし、それは若狭にとって最優先事項ではなかったのだろう。

企業を超えた広い視野

若狭は運輸官僚時代から、「日本航空一社では、国鉄のような弊害が起きる」と懸念し全日空の存在意義を説いていたと、本所の『麒麟おおとりと遊ぶ』などにも記されている。

若狭の思考は常に国益ありきのものだった。とはいえ、経営者としても、全日空という企業への温かい愛情を抱いていた。

社員に対しては、年齢・役職等分け隔てなく接する人柄で、社内には若狭ファンが多かった。

若狭が会長の時に秘書を務めた中川清之は、とにかく公平で律儀な人だったと言う。

「たとえば、依頼事を処理した御礼として商品券や現金をいただくことがあります。すると、会長は『お返しをせねば』とおっしゃって、ご自分で同額分の商品券を購入してお返しに渡すんです」

また、大企業の社長でありながら、若狭の暮らしは質素だった。ロッキード事件で逮捕後、一般人が好奇心から府中にある若狭の家を訪ねたところ、自宅は敷地約六五坪のよくある一戸建てで、あまりの質素ぶりにがっかりして帰ったという逸話もある。

身につける物にも頓着がなかったそうだ。

月刊「文藝春秋」一九八二年五月号で、評論家の草柳大蔵は、若狭は「克己」ではなく、「捨己」を貫いていたと評している。すなわち、己を捨てることで道は拓けるという確信があったというのだ。だから、ロッキード事件についても、己を捨てて罪をかぶった。こんな問題にはさっさとケリをつけて、一刻も早く航空業界の発展に尽くしたいと考えたのではないだろうか。

「リーダーの資質にもっとも重要なのは、深沈厚重(しんちんこうじゅう)だと若狭さんは考えていた。でも、世の中にのさばっているのは、聡明才弁(そうめいさいべん)ばかりだと嘆いていました」と大橋は言う。

深沈厚重とは、どっしりと落ち着いていて深みのある人物を指す。中国・明王朝末期の儒学者・呂新吾が説いた、リーダーの資質を書いた『呻吟語(しんぎんご)』から引いた考えだ。一方の、聡明才弁は、頭が切れて弁の立つ奴という意味だ。

己を捨て、言い訳をせず、ただひたすらに日本の航空産業の未来のために人生を捧げた――。

社員の提案は、「ああ、そうですか」と柔軟に受け入れ、すべてを自身の責任で決める若狭のその姿勢が、全日空にとっての悪い結果を招き、「本当は何があったのか」を再検証しようとする芽を摘んだということはないだろうか。

昭和の大疑獄の真相――、そこに近づくことは、戦後日本を再検証することにもつながるかもしれない。

とにかく全日空関係者にもっと話を聞かなければ。

4 角栄の腹の内

一九七六年五月二七日、既に、ロッキード事件が発覚して四カ月近くも経過した頃に、全日空社内にロッキード事件対策チームが、発足した。通称「第六」――。

当初は、自社とは無縁の事件だと、全日空は高を括っていた。だが、捜査の矛先が、トライスター導入の経緯に向かうと、社員への事情聴取が次々と行われるようになった。

そこで、専従で事件対策を行うチームを結成したのだ。

霞が関ビルにあった全日空本社は、広いフロアーに多数の部署が同居するつくりで、他聞を憚る話がしにくかった。それもあって、広い第六会議室に関連情報を集約した。そこからこの通称名が付いたそうだ。

チームリーダーの保険法務課長である松淵弘以外は、二十代から三十代前半の若手ばかりだった。

その松淵が、取材に応じた。

二〇一八年秋に都内で取材に応じた八六歳の松淵は、「第六」発足の経緯から語ってくれた。

「ロッキード事件で、社員が検察庁から事情聴取を受けるようになり、会社としてその内容を具体的に把握すべきということで、発足しました。検察庁から呼び出された社員は、聴取後、取り調べ内容を『第六』に報告します。事件に関連した記事のスクラップも、『第六』で集めました」

事件対策と銘打ってはいるものの、危機感はさほど強くなかったようで、逮捕者が出るまでは、弁護士はチームに参加していない。聴取報告についても、社員の自主性に任せた。そのため、全ての情報が把握できたわけでもなかった。

もっと早くから会社に危機感があれば、聴取者に対して想定問答の指導もできただろう。

当時の全日空のムードは、なんとも悠長な印象だ。

事態が一変したのは、六月二二日午前、全日空本社に警視庁生活課の捜査員が家宅捜索に入った時だ。

「その頃には、多数の幹部が何度も取り調べを受けており、社員が事件に関与しているのではないかと危惧していましたが、家宅捜索までは想像していませんでした」

同じ日、警視庁と東京地検特捜部の合同捜査班は、全日空の専務・澤雄次、経理部長・青木久頼、元調達施設部長・植木忠夫の三人を外為法違反の容疑で逮捕した。

これがロッキード事件で初めての逮捕者となる。

容疑は「共謀して、七四年六月中旬と七月下旬にロッキード社東京駐在員のアルバート・ハイラム・エリオットから受け取った現金を、大蔵省に届けずに秘匿した」というものだった。これらはロッキード社から全日空に対して支払われたリベートや謝礼だった。

コンプライアンスが厳しくなった現代では、ほとんど消滅した商習慣だが、当時は、大きな契約が成立した際には、契約先に支払代金の一部をリベートとして支払うのが慣例だった。

航空業界に詳しい金融マンの話では「現在は、リベートではなく値引きで、契約先にサービスをするのが当たり前」だというが、当時は、裏金がなければビジネスも陳情もままならない時代だったこともあって、各企業は裏金の捻出方法に知恵を絞っていた。

たとえば、トライスターの場合、一機につき五万ドル（総額三〇万ドル＝約九〇〇〇万円）のリベートが支払われている。さらに、追加で契約した分についても総額で四〇万ドル（約一億二〇〇〇万円）がロッキード社から全日空にキックバックされた。

この行為自体は、民間企業同士で行われる場合は、違法ではない。しかし、カネの出所が、外国となると、外為法の規制がかかる。全日空は、それに抵触したのだ。

全日空の事情

さらに、国会の証人喚問でも問題となったもう一つの裏金疑惑もあった。

「もともと全日空には、リベートを求めたり、裏金作りをするという企業風土がなかった。政治家への企業献金にも熱心ではありませんでした。それが、様々な事情で、そうもいかなくなっていた」

当時の全日空は、日本航空の半ば子会社のような立場であり、そのため本格的に独立独歩の民間航空会社としての飛躍を模索していた。

また、ポスト若狭の有力候補といわれた二人の取締役が、次期社長の座を狙って裏金捻出に奔走したという。

七〇年代のビジネスという視点から見れば、ビジネスの潤滑油として、経営者の判断で、自由に使える裏金が必要だったのだ。

地元住民や企業が政治家に陳情するにも政治資金という名のお土産は当たり前だった。これを、賄賂と糾弾するのか、謝礼と容認するのかの境界線は、微妙だった。

経団連加盟企業は、新総理が誕生したら、総額で億単位のご祝儀を集めて、贈る。財界と密接な関係を続けた自民党宏池会は、電話一本で、二億円でも三億円でもまたたくまに政治資金を集められたという。

簿外に裏金資金を有し、時にそれを有効に使うのが、大企業経営者の才覚とされた時代だったのだ。

そうした事情を松淵が知ったのは、事件発覚後だった。

全日空が一流企業としてのハードルを越えるタイミングに、必要とされるもの——それが、ロッキード事件と重なった。

角栄逮捕のための接点探し

当時、一流企業の商習慣として認められていた工作にもかかわらず、全日空だけが摘発されたのはなぜか。

それは東京地検の豊島英次郎次席検事の言葉を借りれば、「この逮捕はあくまで副産物。本筋の捜査はまだまだこれから」だったからだろう。

本筋とは、言うまでもなく田中角栄逮捕というシナリオだ。

「新規エアバスは、トライスターにせよ」と角栄に圧力をかけられたに違いないと、特捜部は全日空の幹部に対して詰め寄った。だが、誰一人、認めない。そこで、特捜部は若狭と角栄の接点を突破口にしようと考えた。

そして、検事は、総理官邸の面談記録から、ようやく二人の接点を見つける。

一九七二年一〇月二四日午後一時三〇分、若狭は、副社長の渡辺尚次を伴って官邸を訪ねていた。

同年九月二五日、日中国交回復の調印の際に、全日空は、記者団用のチャーター便を北京に運航した。それは角栄の配慮であり、その御礼のための官邸訪問だった。

特捜部は、この場で、角栄が「トライスターを頼む」と口利きをしたとしている。

だが、角栄も若狭も、終始一貫して全面否定している。

「全日空の悲願は、国際線への参入でした。総理にお会いして、今後の国際線参入の支援を求める面談でもありました」と松淵は断言する。若狭から直接、そう聞いたからだ。

尤も具体的な機種こそ角栄は口にしなかったようだが、エアバスの機種選定についても話題にはのぼったようだ。

それに対して若狭は「粛々と選定を進めております」としか答えていない。

検察は、この面談を角栄の口利きの動かぬ証拠だと決めつけた。なぜなら、角栄が言外に自身の意図を匂わせたと考えたからだ。

俺はどこを推しているか知っているだろう。それを忖度せよ――。

総理面談記録が語る真相

もちろん、新機種についての総理の思惑は、若狭も察知している。

その時の若狭の考えを、松淵が直接聞いている。

「総理執務室の扉の前に、三井物産社長の若杉末雪さんと副社長の石黒規一さんがいて、若狭さんと渡辺さんに頭を下げたそうなんです。さらに、面会を終えて執務室から出てくると、お二人がまだ立っていて、もう一度頭を下げた。そこで、若狭さんは、田中首相の意図を察したそうです」

三井物産といえば、ロッキード社のライバルである、マクドネル・ダグラス社の代理店である。そして、石黒は、航空ビジネスの担当役員で、DC－10売り込みの責任者だ。

総理は、DC－10を推している――。

三井物産のトップ二人が、若狭らを総理執務室の前で迎えたのは、角栄によるデモンストレーションだ――、若狭はそのように理解した。

翌日の日経新聞に掲載された「首相官邸」には、午後一時四〇分、三井物産若杉社長が角栄に会っている、と記載されている。これは若狭が総理と面会した一〇分後である。

「若狭さんは、そのことを検事に繰り返し訴えたと言っていました」と松淵。

だが、検事は聞く耳を持たなかった。

たとえ、角栄がダグラス社から賄賂を受け取っていたとしても、証拠がない。それに外国企業から証拠など取れるわけがない。

検察としては、角栄にカネを払った裏付けがあるロッキード社で、事件をまとめる以外に選択肢がなかったのだろう。

にもかかわらず、若狭はダグラス社のＤＣ－10が、角栄の本命だったと主張するのだから、検事が取り合うわけもない。

「今回は角栄を絶対塀の内側に落とすんだ。そのためには、自分たちが描いている構図しかダメなんだと、取り調べ中に言われたそうです」

どんなことをしても、角栄を逮捕する――。その一念だけで、検察は突き進んだ。その前に立ちはだかるものは、全て弾き飛ばした。

若狭をはじめとする全日空関係者は、その犠牲者だったかも知れない。

事件が根底から覆るのか

角栄が推していたのがダグラス社のＤＣ－10だったとしたら、事件は根底から覆される。

ロッキードから角栄にカネが渡ったというアメリカからの証拠の意味合いも変わってくる。

元検察記者の村山治が言うように「五億円は、次期大型機受注競争のためのエントリーフィー」だとしたら、ダグラス社とロッキード社の両社から、角栄がカネを受け取っていたとしても不思議ではない。

さらに、総理執務室前で若杉と石黒が全日空関係者に向かって一礼したのも、角栄によるＤＣ－10採用の口利きと解釈できる。

つまり、マクドネル・ダグラスによる受託収賄罪なら、あり得たかも知れない。しかし、現実にはそうはならなかった。

「俺は、DC－10推しだったのに、なんでトライスターの口利きをした疑惑で逮捕されなきゃいけないんだ！」

角栄としては、そう抗議したかったかも知れない。かといって、「ダグラス社からカネをもらってるんだから、ロッキードは関係ない！」とも言えない。

全てが若狭の言い逃れだという主張もあるだろうが、角栄がDC－10推しだったことを裏付ける証言は他にもある。

それは、事件当時の自民党幹事長で、田中派の大物議員・橋本登美三郎の発言だ。

機種選定のさなか、若狭は、橋本から幹事長室に呼び出しを受けた。そこには副幹事長の竹下登も同席していた。

「ところで、例の大型機導入の件だがね。結論から言うと、三井物産のDC－10を採用してもらいたい」と橋本が言ったと、『巨額暗黒資金　影の権力者の昭和史　三巻』（本所次郎著）にある。

若狭に面と向かって圧力をかけてきた政治家は橋本が初めてで、答えに窮すも、若狭は最後まで言質を与えなかった。そして竹下は終始無言だったという。

橋本は角栄の側近だ。この呼び出しを角栄が知らないはずはない。

若狭は何の確約もしなかったが、橋本はDC－10で決まりだという手応えを得たようだ。

　にもかかわらず、全日空はロッキード社のトライスターの受け入れ態勢を着々と整えていったのだ。

　全日空で、ロッキード事件対策チーム「第六」の責任者だった松淵が、若狭から聞いたという話も、それを証明している。

　次期大型旅客機をロッキード社のトライスターにすると全日空が公式発表した直後、運輸省の大先輩である岡田修一の一周忌の会場で、若狭と橋本は出会う。

「若狭さんが、会場で橋本さんを見かけたそうなんです。それで、これは顔を合わせるとまずいなと思って、急いで帰ろうと宴会場を出た。すると、橋本さんが血相を変えて追いかけてきた。若狭君、若狭君と呼び止められたので、仕方なく立ち止まったら、いきなり『君は、酷い男だなあ』と厳しい口調で叱られたそうです」

　若狭には返す言葉がなかった。

　橋本には大きな借りがあった。全日空が悲願とした国際線進出の糸口をつけてくれたのは橋本だ。いわば恩を仇で返したことになる。言い換えればそれほど、次期大型旅客機の決定は、厳正中立だったという証でもある。

　そして七四年二月六日午後二時二一分、青と白のツートンカラーの全日空のトライスター一号機が、羽田空港C滑走路に着陸した。

　皮肉なことに、橋本はその後、「全日空の次期大型旅客機選定の際に便宜を図った」

として、七六年八月二一日(角栄逮捕の約一カ月後)、東京地検特捜部に受託収賄罪で逮捕される。

全日空のトライスター採用を有利に運ばせたという容疑である。

重大な矛盾を孕んだ橋本逮捕

橋本にとって寝耳に水、いや、言いがかりと言ってもいい容疑だった。

橋本が推したのはDC-10だったのに、トライスター選定のための便宜を図ったなどと疑われるとは。

だが、橋本は一審、二審で、懲役二年六カ月、執行猶予三年、追徴金五〇〇万円の有罪判決を受ける。そして、角栄同様、上告中に死亡し公訴棄却となった。

そもそも彼が運輸大臣を務めたのは、七〇年一月一四日~七一年七月五日の期間で、当時の総理は、佐藤栄作だ。

検察の言う通りなら、橋本運輸大臣は、角栄が丸紅を通じてロッキードから請託を受けた時よりもはるか前に、トライスター選定の便宜を図るよう全日空から請託されていたことになる。

全日空からカネを受け取った事実と、運輸大臣を務めた事実があったというだけで、単純にクロ！ と決めつけたのは、不可解でならない。

たとえ、トライスター選定についての便宜が図られたとしても、それが総理の意向ならば、逮捕されるべきは佐藤ではないのか。

しかし、裁判所は角栄の罪として、二人を有罪にしたのだ。

かくも重大な矛盾を、これまで誰も指摘してこなかった。

大型機導入の延期

橋本が「全日空から頼まれて、大型ジェット機の導入時期を延期する行政指導をしたこと」とは、何だったのか。

七〇年代の航空業界は、監督官庁である運輸省に対し、経営五カ年計画を説明する義務があった。

七一年一月一一日、航空局の幹部を前に、全日空の経営五カ年計画の説明会が行われた。七一年を初年度とする計画書には、七二年以降七三年三月までに、大型機を導入すると記されていた。

その席上、航空局監理部長・住田正二（のちのJR東日本初代社長）は「経営を圧迫する懸念がある大型機の導入については延期にしては」と提案する。航空局の実力派として鳴らした住田は、大先輩である若狭の前でも堂々としていたという。

全日空側が延期期間を問うと、「少なくとも二年間は」と住田は答えた。

日航は、七二年度に大型機を導入予定であるにもかかわらず、全日空だけが遅れる理由が分からない。事実、若狭もそのように抗議するが、住田は「全日空が遅らせるなら、日航にも導入時期を遅らせるよう働きかける」と返してきた。

若狭は、その提案を突っぱねる。

その一カ月後の二月二〇日、衆議院予算委員会で、「空港整備計画の進捗状況から見て、大型機の導入を遅らせてはどうか」と一人の野党議員が質問している。

「ご指摘のとおり、まだ多くの地方の空港は、大型機を受け入れる環境が整備されている状況ではありません。したがって、導入については慎重な姿勢が必要と思います」と当時運輸相だった橋本は答えている。

「橋本が職務権限に基づき全日空の請託を受けて、大型機導入を遅らせるように働きかけた」と検察が主張するのは、この時の答弁である。

この答弁の背景には、当時、トライスターのエンジンを開発していたロールスロイス社が経営危機に陥った上、開発が遅れていたという事情がある。そのため、全日空が、七二年に大型機を導入するとなると、トライスターでは間に合わなかったのだ。

そこで、全日空がトライスターを採用できるように、エアバス購入時期に関する行政指導に運輸大臣が関与した――、それが検察が描いた構図であり、橋本逮捕に至る道筋であった。

だが、運輸省にも、大型機導入を遅らせたい省内事情があった。

5　大型機導入よりも

昭和四〇年代（一九六五年〜七四年）は、日本の航空業界を取りまく環境がめまぐるしく変化した時代だった。

一九六〇（昭和三五）年に一〇〇万人を突破（一一二万人余）した国内便の旅客数は、六五年には約五一四万人を記録している。わずか五年で五倍という驚異的な増加は、いよいよ「空の旅の時代」が到来したことを告げている（次々ページ図1参照）。

当時の国内便の主流機は、全日空がフォッカーF27（座席数四四）、YS－11（同六四）、ビッカース・バイカウント（同六七）、日本航空は、DC－6（同五八）で、乗客数はいずれも六〇人程度が限界だった。

そこでボーイング727（同一二九）を導入したのだが、昭和四〇年代は、事故がたびたび起きた。

中でも、一九六六年がひどく、一年間で五件の航空事故が発生した。

これらの事故によって、六〇年から六五年まで平均年率一五％増で推移していた国内旅客数が、前年比七％（三六万人）も減少した。

やがて事故の記憶が薄れると、再び利用者数は増加する。

六九年には、一〇〇〇万人の大台を突破、翌年は、約一四六八万人を記録する。

業界や運輸省の想定を上回る増加によって、主要区間では、乗客の「積み残し」問題が深刻化する。既に発着便数は限界に達していて、旅客機を大型化するしか対処法はなかった。

全日空は六九年一〇月に、ボーイング727－200（座席数一七八）を、日本航空は同年二月にDC－8－61（同二三四）を、それぞれ投入した。「積み残し」問題は一時的に解消したが、いわば焼け石に水で、再び深刻化するのは時間の問題だった。

解決策はただ一つ。大型旅客機の配備だ。

当時の航空業界は、あらゆる業務が、運輸省の意向によって右往左往させられていた。機種の大型化についても、日航と全日空が、航空局に日参しなければ何も決められなかった。

そして、日航、全日空両社共にようやく大型機選定に取りかかった矢先の七一年七月三日、札幌丘珠（おかだま）空港発東亜国内航空YS－11「ばんだい号」が、函館空港着陸寸前に横津岳の山腹に激突して、乗員・乗客六八人全員死亡という事故が発生する。

さらに同月三〇日、千歳発羽田行きの全日空ボーイング727－281が、岩手県雫石町上空で、自衛隊機と接触し墜落、乗員・乗客一六二人全員が死亡する深刻な大事故となった。

二件の事故を重く見た運輸省航空局は、同年八月、航空三社（日航、全日空、東亜国内航空）に対し、大量減便を指示する。東亜国内航空が目指していたジェット化計画は凍結し、日航と全日空の国内幹線大型化も、安全が確保されるまで当面ストップせよと命じた。

この年の一月に、住田航空局監理部長に大型機導入の時期を遅らせたらどうかと言われて激怒した全日空の若狭も、今回ばかりは従わざるを得なかった。そして、機種選定の過程にあった全日空にとって、「二度と事故を起こさない安全な飛行機を選ぶ」ことは、最重要課題になった。それはまた、企業として生き残るための必須条件でもあった。

図１．年間旅客数／国内定期（人）

昭和33年（1958）	593,556
昭和34年（1959）	748,416
昭和35年（1960）	1,120,416
昭和36年（1961）	1,861,872
昭和37年（1962）	2,708,208
昭和38年（1963）	3,733,152
昭和39年（1964）	4,666,032
昭和40年（1965）	5,142,840
昭和41年（1966）	4,780,812
昭和42年（1967）	5,934,384
昭和43年（1968）	7,982,400
昭和44年（1969）	10,825,200
昭和45年（1970）	14,675,143
昭和46年（1971）	16,058,932
昭和47年（1972）	17,918,669
昭和48年（1973）	22,663,447

※航空輸送統計年報調べ

1966年

2月4日　全日空羽田沖墜落事故
B727東京湾に墜落

3月4日　カナダ太平洋航空事故
DC8羽田空港の岸壁に激突炎上

3月5日　英国海外航空事故
B707富士山山頂付近で空中分解後墜落

8月26日　日本航空羽田空港墜落事故
CV880羽田空港での訓練飛行中に墜落

11月13日　全日空松山沖墜落事故
YS-11松山空港沖に墜落

そして、トライスターの開発が遅れていたロッキード社にとっても、この大型機導入凍結は、朗報であった。

大型機導入より優先すべきこと

運輸省が航空二社に大型機導入の延期を強硬に迫ったのは、遅々として進まない新東京国際空港（成田空港）と、関西国際空港（関空）の建設を優先したかったからだ。

成田空港建設が閣議決定されたのは、一九六六年で、一期工事の総事業費は、五五〇〇億円と計上された。この閣議決定では、同時に開港後に並行滑走路の建設も決定。費用は約四五〇〇億円にのぼると試算されていた。

一方の関空は、具体的な計画はまだ漠然としていた。六三年に「大阪国際空港拡張整備と第二国際空港建設」計画が閣議了承され、六八年に運輸省が関西第二空港建設へ向けての基本調査を開始、周辺が住宅地で騒音問題が深刻な伊丹空港は、拡張が難しいと判断される。代わりに、海上に新空港を建設する案が浮上していた。ただし、そのためには五〇〇〇億円以上の建設費が必要だった陸上の成田空港以上の建設費を要するのは必至（結果的に約一兆四三〇〇億円）だった。国際化を目指す日本としては、成田及び関西第二空港の建設は急務であったが、運輸省の予算では、到底実現不可能であった。

金融や航空行政を取材し『関西国際空港　生者のためのピラミッド』の著者である元朝日新聞記者の佐藤章は「運輸省には、カネがなければ捻出せよという考えがあった」

と話す。

運輸省はこの信条に則り、成田空港建設の際には新東京国際空港公団を設立し、費用の二割を国の支出で賄い、残りを財政投融資から貸し付ける仕組みをつくった。予算がより大きい関空の場合は、株式会社を設立して、地元自治体や企業から集めた一割の出資金と二割の国費、残りを借金で賄おうと計画した。

だが、そのような工夫をしても、資金は到底足りなかった。

そこで、佐藤内閣時代の六七年三月、第一次空港整備五カ年計画が閣議決定される。そこには、航空各社の経営を圧迫する大きな負担が織り込まれていた。すなわち「受益者負担」の名目で、航空各社に着陸料などを前払いさせるものだ。

全日空の場合は、六七年度の二〇億円から始まり、六八年度二九億円、六九年度四一億円、七〇年度は遂に六〇億円にも及んだ（前述・本所の著書による）。

それでもなお空港整備費用は不足し、佐藤内閣は五カ年計画を一年前倒しで終了、七〇年度に空港整備特別会計（空整特会）を計上したうえで、七一年度から第二次空港整備五カ年計画の開始を決定したのだ。

さらなる受益者負担

第二次五カ年計画の総事業費は、約五六〇〇億円。内訳は、新東京国際空港（成田）と関西国際空港に二八五〇億円、一般空港に一八五〇億円、地方空港一五〇億円、航空路整備費に二五〇億円などとされていた。

全国の空港を対象に巨額の予算がついたのは、日航と全日空の大型旅客機導入を前に、地方空港でも滑走路を延伸するなど、大型機を受け入れるための設備が必要だったからだ。

そして、この五カ年計画導入に当たり、運輸省は航空各社に航行援助施設利用料を支払うように命じた。新たな「前払い」システムである。

しかも、負担額は着陸料と同額に近かった。

その受け皿として、七〇年度に空整特会が新設された。

関西学院大学経済学部教授・上村敏之は空整特会の不透明性について研究し、その異常性を訴える。

「日本は、空港が多すぎます。かつて政治家は一県一空港を唱え、官僚もそれを実現しようと動きました。空港が完成すれば、国内の航空会社のいずれかが必ず利用するよう国が命じました。本来、航空路線は、需給のバランスによって各社が自主的に決めるのが当然なのですが、航空業界には、それができなかった」

その異常事態の元凶が、地方空港を維持するための空整特会だ。

そこで、空整特会が誕生した当時からの予算規模の変遷と、歳入の内訳についての調査を上村に依頼した。

上村は、まず、運輸省内にあった整備特別会計のうち三つ（空港、道路、港湾）の歳出規模を比較した。七〇年度決算を一とすると、道路と港湾は、その後三年間の変遷が、一・六倍程度なのだが、空整特会だけは、七一年度に約一・九倍、七二年度は三倍に膨れあがっている（次々ページ図2）。

空整特会の歳入の推移（同図3）を見ると、七一年度から同会計に導入された航行援助施設利用料収入が、初年度で約五二億円、七二年度には約九六億円に及んだ。

また、七二年度には一般会計からの受入額が約三八二億円になっており、従来の三倍以上の額である。これは、航空会社が納める航空機燃料税を、ひとまず一般会計に組み入れた後に、空整特会に一三分の一一を繰り入れるというからくりゆえだ。

「経済成長が続いていた最中で、特会の規模が大きくなるのは分かるが、空整特会だけが突出して拡大しているのは、異常」との上村の指摘は、誰もが首肯できる。

これほど無茶な徴収をせざるを得なかった理由は、航空局にカネがなかったことに尽きた。

カネがない航空局

運輸省や公共事業関係の予算を担当した元財務官僚に取材すると、「当時の運輸省の予算の大半は、鉄道の新線建設や国鉄の赤字を補塡するためにあったと言っても過言ではありません」という。

「運輸省予算が一兆円規模の頃、鉄道局が数千億円に対し、他局は一桁も二桁も少ない額だった。国鉄の赤字が膨らんだ昭和四〇年代では、成田空港早期建設の声が高まったが、一般会計から空港建設に金を回す余裕などありません。

空港建設や整備に費用の調達が急務と言われても、配分を変更できないんです。そこで、空港着陸料等の特定財源を基に空整特会が生まれたように思います」

そもそも航空局という存在が、運輸省内では微妙な立場だと、佐藤は言う。

「運輸省は、戦前の内務省から派生した港湾局が中心でした。そこに鉄道省が合流し、最後に逓信省の外局だった航空局が傘下となりました。そういう経緯があるため、予算も港湾局、鉄道局が優先され、航空局はその後という構図が長年続いていたんです」

後に、航空産業の隆盛で、航空局長は事務次官候補が辿る出世コースとなったが、昭和四〇年代の頃は、予算配分では苦戦を強いられた。

逆に言えば、航空局の出世コースに乗るための必須条件が、予算捻出だったとも言える。

空港か大型機か

さて、日本の空港事情のしわ寄せを食っていた日航や全日空にとって、航行援助施設利用料の徴収は、さらなる経営負担となって重くのしかかる。

しかも、両社とも大型機導入を進めている最中である。

七一年一月一一日の全日空の経営五カ年計画説明会で、住田が「大型機の導入を遅ら

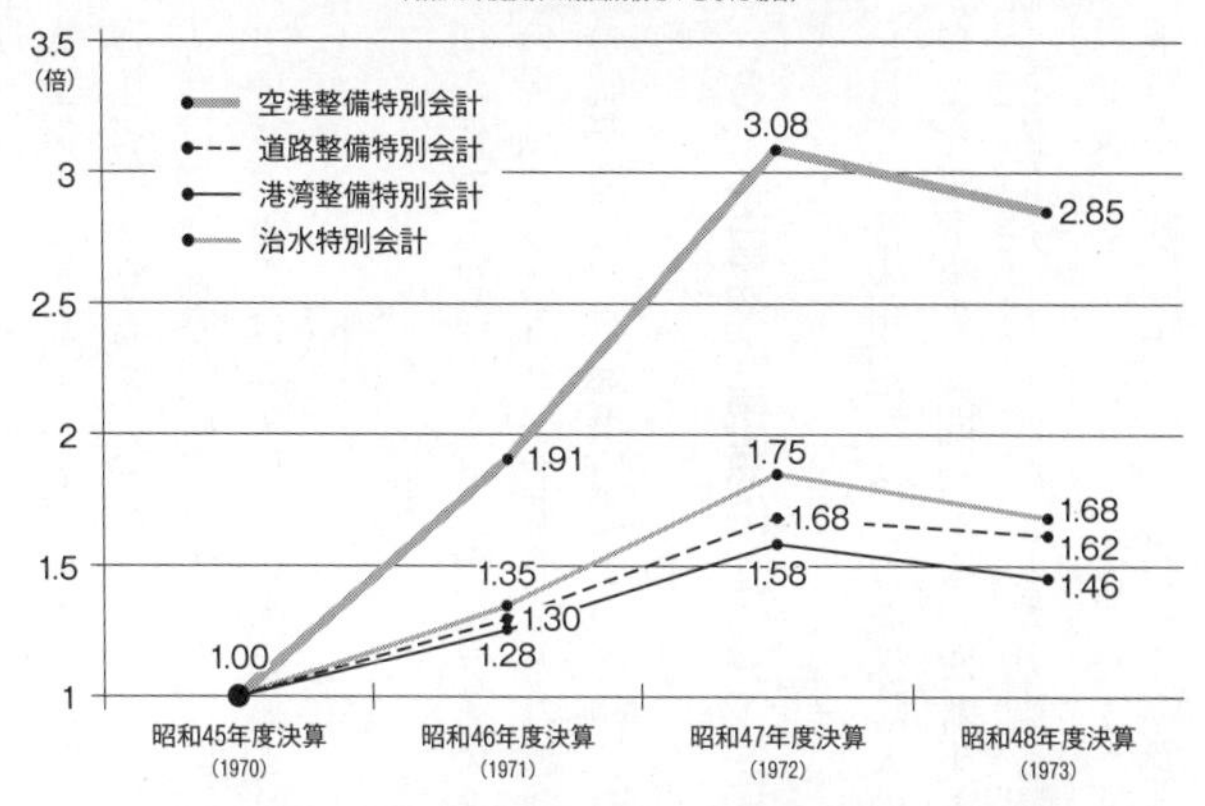

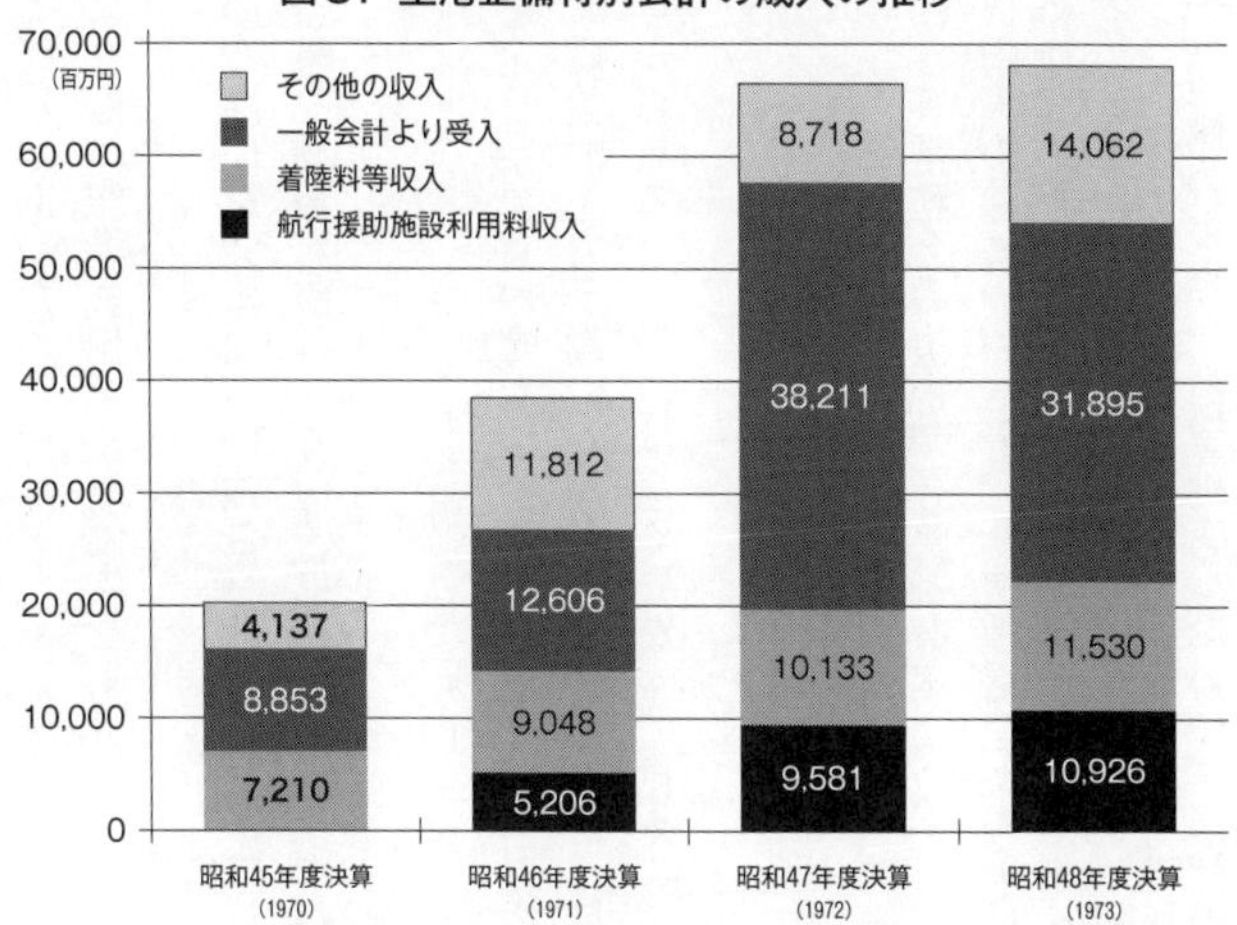

※図2、図3　関西学院大学経済学部上村敏之教授作成に基づく

せたらどうか」と提案したのには、そういう背景があったのだ。

大型機を導入して、需要過多に対応するよりも、空港整備をまず優先せよ。

運輸省はそう考えたのだ。

佐藤は、運輸官僚に取材するたびに彼らの空港に対する愛情の強さをひしひしと感じるという。彼らはエアラインの指導より、空港を建設、整備する労苦に誇りを持っていたらしい。

何が何でもロッキード社がトライスターを全日空に買わせたかったと確信していた検察の視点から見ると、大型機導入の延期は、政治的圧力が働いたからだと思えるが、日本の航空産業、空港事情などの運輸省の視点から見ると、景色は全く異なって見える。

6　全日空の視点に立つと

全日空の社内規定には、新機種購入の際には、常務会の決定が必要とある。

ロッキード事件で問題となった新規大型機購入の件についても、新機種選定準備委員会を社内に設置し、四度にわたり調査団を米国に派遣、そののちに常務会を経て最終決定している。

トライスター決定にまつわる疑惑を、全日空側の視点から検証するために、同社の

『五〇年史』から、その経緯を紐解いてみる。

一九六九（昭和四四）年に同社が策定した三カ年計画で、七二年度には大型ジェット機四機の導入が必要だという案が示されている。

七〇年一月、六名の新機種選定準備委員会が発足しており、当時、副社長だった若狭が、委員長に就いている。この事務局は企画部に設置された。

選定基準について、同委員会が明確に設定している。

第一に挙げられているのが、地上騒音対策で、それ以外に、安全性、コスト、また大量輸送に対処するためのハンドリング方式の有利性の比較評価なども考慮すべき点として挙げている。

当初は、米国メーカーの三機種以外に、ヨーロッパからも二機種が候補に上がっていたが、会議を進める過程で、米国製の三機種に絞られる。

委員会内で結成した第一次調査団（団長：若狭副社長）は、七〇年二月に、米国のダグラス社、ロッキード社、ボーイング社を訪ねている。

この調査で、同年度末には機種を決定するつもりだった。ところが、実機が存在したのは、ボーイング社の７４７型機だけ。これでは調査のしようがない。致し方なく機種決定を延期した。

その後、若狭の社長就任に伴い、委員長は、副社長の渡辺に交代する。そして、七〇年一二月に、七一年度以降の五カ年計画を策定。大型機導入の目処を七二年八月とした。

翌七一年一月一一日、運輸省航空局の幹部を前に、全日空の経営五カ年計画についての説明会が行われた。席上、航空局監理部長の住田に、大型機導入を少なくとも二年間は、延期してはどうかと提案されたのは、既述の通りだ。

「五〇年史」にも、《航空局から一九七二年度の新機種導入を遅らせたらどうかという問題提起もあり》と記されている。

そして、七一年二月、ダグラス、ロッキード両社の大型機の完成時期に合わせて、江島三郎常務（航務本部長）を団長とする第二次調査団が、米国三社を再訪している。

ところが、同年七月に、東亜国内航空の「ばんだい号事故」と、全日空の「雫石事故」が立て続けに発生、事故処理と安全性の厳格化を優先するために、新機種選定作業は中断を余儀なくされる。

そして、七二年から、準備委員会は今後の方針について再び模索するが同年四月、「需要回復のテンポははかばかしくなく、一九七四年度に導入しても、一部の路線では便数調整の必要があるといった程度の需要しか予測できない」として、七三年度の大型機導入が再度見送られた。

それでも、大型機の技術的な研究・検討は続けるという名目で、七二年六月一五日に第三次調査団が、一七日には運航と整備関係者による第四次調査団が、渡米する。

既に候補の三機種は、米国内の航空会社で運用されていたため、より実用的な調査も可能となった。

ちなみに、田中角栄内閣が発足するのはこの年七月七日である。

重要だった騒音対策

全日空が最も配慮したのは、騒音対策だった。

中でも、周辺に住宅密集地がある伊丹空港は、騒音問題が深刻だった。六九年には住民訴訟も起こされ、八一年の最高裁まで係争が続く。その訴訟の真っ最中に計画された新規大型旅客機導入だけに、航空会社各社は、騒音対策に神経質になっていた。

七二年七月二三日から二六日には、羽田空港と大阪国際空港（伊丹空港）で、DC－10とトライスターのデモフライトが実施されたが、これは全日空にとって、機種選定の重要なテストとなった。

トライスターのセールスポイントは、ロールスロイス社製のジェットエンジンの静音性だ。デモフライトでは、その威力を遺憾なく発揮した。

「五〇年史」には、《騒音問題で規制が厳しい大阪空港を管轄する大阪支店の管理職45名のうち、33名がL－1011を推していたことは注目すべき点であった》と記されている。

一方のDC－10は、トライスターには到底敵わぬ性能で、そのうえ同機は七二年五月から六月にかけてエンジン脱落事故や貨物室ドアの脱落事故を起こして、安全性にも懸念があった。

同年一〇月七日、若狭は、常務以上の役員九人を集めて、意見を求めた。技術部門担当役員らは、トライスターで一致していたが、他部門の役員の中には、DC－10やボーイング747－SRを推した者もいた。

尤も、この時点では、DC－10の騒音に関する米連邦航空局（FAA）の証明結果を待って決定するとしている。騒音対策で、トライスターに大きく水をあけられたダグラス社が、当初提出していたデータを再調査するとFAAに申し出たからだ。

結局、ダグラス社からの証明が届くことはなく、一〇月二八日、若狭が再度役員を招集して「皆さんの意見を尊重した結果、ロッキードにします」と決定を下した。

常務会の記録係が語る

六九年から企画部に六年間在籍し、常務会の準備委員会発足時から記録係を務めた繁森実に、この時の状況を聞いた。

「大型機に求める条件のイメージというのはありましたが、それはさておき三機種をとにかく平等に精査しようと、委員会は熱心に調査活動を行いました」

八四歳の繁森は、記憶にないことは「覚えてない」とはっきり言うものの、当時のムードについては、今も生々しく記憶しているという。

「ボーイング747－SRは、乗員が五〇〇人余で、全日空が想定している大型機としては、大きすぎました」

そのため、最初から、社内ではDC－10とトライスターの一騎打ちだと考えられていたという。

「大型機を必要とする主な航路は、伊丹―羽田線です。そのため、騒音公害で注目される伊丹空港で離着陸できるかが、重要でした」

航空機は、耐空証明と騒音証明の二つの証明書がないと、当時は飛行できなかったのだという。騒音証明は、離陸、着陸、側音の三カ所の音が調査される。

「デモフライト前に入手した騒音値は、L10（トライスター）が、一番低い。それを伊丹空港でのフライトで証明しました」

もちろん三機種の総合的な調査も徹底したという。

繁森によると、役員会議での若狭は議論に参加しなかったそうだ。

「役員会で機種選定が諮られた時、L10決定に意見が集まっていました。過半数の役員がL10を支持して初めて、『では、ロッキードにします』と、若狭さんが断を下したんです。六六年から七一年にかけて全日空は、雫石を含めた三度の重大事故を起こしている。だからこそ、徹底的に安全性を最優先した。DC－10ではなく、L10が選ばれた理由は、そこにもありました」

当時の流れを知る全日空関係者は、口利きなどなくても、安全のためには他の選択肢がなかったとみな口を揃える。

「全日空は、特に安全にこだわっているので、安全上必要だと現場が判断したら、上司が許可する前に行動する文化を持っている。再び事故が起きたら、全日空の未来はない――。そんな気概を持っていました。若狭さんも、二度と事故を起こさないことへのこだわりが強かった」

本当に若狭はトライスター決定に関して何も言わなかったのだろうか。

「若狭さんが誘導するなどあり得ない。そもそも若狭さんは、機種選定を審議する常務会に出席していないんです。だから、誘導のしようがないんです」

社内報が伝えるこだわり

全日空が、トライスター決定に至ったと窺える資料を入手した。

同社が、七六年三月に発行した社内報「ぜんにっくう」増刊号だ。同誌の中に、「座談会　機種選定時の回想　自信を持って決めたトライスター」という機種選定に関わった関係者による記事が掲載されている。

座談会が開かれたのは、同年二月一八日とある。ロッキード事件の端緒となった米国上院小委員会公聴会が開かれた同年二月四日から、間もない頃だ。

座談会には、清水教雄副社長、三度米国への調査団に参加した江島三郎専務や、機種選定当時は、調達施設部長だった植木忠夫ら八人が参加した。

選定当時、江島は常務兼航務本部長を務めていた。いわば、乗務員のトップである。彼は、この席上で、米国でボーイング747に搭乗したパイロットが、高い評価をしたことを披露した。その一方で、五〇〇人以上という座席数を懸念する意見が出たとも発言した。

「調達としては、とにかく三機種を公平にあつかって、メーカー、商社から最良の条件を出させようということで努力しました。また、何か資料を要求する時には、必ず三社へ同時にするというようにしていましたね」と選考に当たっての公平性を訴えている。

出席者の多くが、トライスターの先進性に言及している。それを使いこなせるか、従来から扱い慣れているボーイング社やダグラス社の機種にすべきかが、判断基準の一つだったようだ。

「とにかく技術的に考えて優れていること、また航務・整備・運送・営業の各本部の要求に一番マッチしたものということで、三社を公平に扱い、十分検討した上で決めたことですから、全社的総意の上での結論として、少しも悔いはありません。トライスターに決めてよかったと思っています」という清水の主張が、参加者全員の思いを代表していた。

灰色高官に渡ったカネの趣旨

全日空のトライスターの選定時期が、七二年一〇月までずれ込んだ背景には、運輸省や全日空の事情があった。

しかも、その事情の大半は、角栄の総理就任前に起因するものだった。

だが、検察としては角栄がロッキードから賄賂を受け取り、全日空に行政指導してトライスターを買わせたという構図に執着する。

その結果、運輸省の行政指導や全日空の安全重視の方針などによる延期に、橋本登美三郎や佐藤孝行らが関与したとして、二人を受託収賄罪で逮捕したのだ。

それ以外にも、当時の官房長官だった二階堂進ら灰色高官と呼ばれた国会議員に、二〇〇万円から五〇〇万円を贈った——と検察は主張している。

だが、このカネをトライスター決定のために便宜を図ってもらった見返りとして考えるなら、金額が少なすぎる気がする。

それよりも、新規プロジェクトが成就した際に、関係者各位に贈られる謝礼の金一封だったのではないだろうかと、私は考えた。

しかし、「金一封にしては、金額が高いのでは」という指摘を、複数の関係者から受けた。

ならば、やはり贈賄なのだろうか。大物政治家に対して数百万円？

私が迷っているまさにその時、松淵が、若狭から聞いたという真相を口にした。

「若狭さんは、田中総理や橋本幹事長がDC－10を推しているという示唆があったと考えていた。トライスター決定は、その意向を裏切ったことになる。これでは総理をはじめとする政治家や運輸官僚の機嫌を損ねてしまうだろう。それで、一応ご挨拶しておこう、と考えたのだと」

今回はご不興を買ったけれど、これに懲りずに全日空を贔屓にして欲しいという思いを込めた――。

賄賂にしては低額で、謝礼にしては高額に思えるその中途半端な金額の根拠として、その説は腑に落ちる。

また、繁森も橋本について重要な証言をした。

「若狭さんは、『橋本さんは悪いことをしていない。あの人が有罪になるのはおかしい』と言ってました。そのあたりの事情をよく承知していた運輸省の後輩・住田さんに、『裁判でしっかりそう証言してくれ』と言ったそうです。しかし、住田さんは、若狭さんが期待した証言をしなかった。それを若狭さんは、大変憤ってました」

そもそもDC－10を推していた橋本が、トライスターを選定するよう口ききをしたなどという容疑で逮捕されたのだから、若狭の怒りは当然であろう。

全日空ルートの再検証では、検察の無理押しばかりが目につく。「角栄を逮捕し、有罪にする」という考えに凝り固まっていたのだろう。

果たして事件の精査は、本当に足りていたのだろうか。

ロッキード事件には、歴史に刻まれた事実とは異なる真相が存在する、という思いが、私の中で確信に変わっていた。

7　若狭の覚悟

全日空中興の祖といわれた若狭は、富山県東砺波郡東野尻村（現・砺波市）大字苗加に生まれた。ロッキード事件の主人公、角栄はお隣の、新潟県（西山町＝現・柏崎市）出身だ。

雪深い西山町での暮らしが、角栄の政治家としての信条に大きな影響を与えた。では苗加という環境は、若狭得治という人物の人間形成にどのように影響したのだろうか。

若狭の原点を求めて、二〇一九（平成三一）年一月中旬、生地を訪ねた。

予報では、砺波は雪だという。北陸新幹線新高岡駅に到着すると、みぞれ交じりの雪ではあるが、積雪はなかった。

若狭の生家までタクシーに乗る。道中、運転手と話していると、「この季節なら、例年だと五〇センチは積雪がありますよ。去年は久しぶりの大雪で、交通機関が麻痺したんですが、今年は、一転してまったく降らない」と教えてくれた。

「平成三〇年豪雪」と言われた大雪は、富山県でも、記録的な積雪となった。高岡市伏木では、七年ぶりの大雪で、最深積雪は九六センチを記録している。

角栄の西山町と若狭の苗加はどちらも雪と共に暮らす文化圏ではあるものの、両者に、大きな違いを感じた。

それは、視界だ。

西山町は、山に囲まれた谷間に位置し、時に閉塞感を覚える。

一方、苗加は広い砺波平野に位置し、視界が開けている。何より、はるかに見える立山連峰の神々しい美しさに気持ちも清々しくなるのだ。見渡す限り田畑が広がり、その中に、小さな森のように見える屋敷林が点在している。

砺波平野独特の散居村（さんきょそん）と呼ばれる農村集落形態が、日本の原風景のような絶景を生み出すのだ。散居村の成り立ちは、各農家が間隔を置いて家を建てることに由来する。それぞれの家屋は、強風が吹き付ける西・北・南側の三方に杉や欅（けやき）、栗、柿などを植え、風の少ない東側は垣根を薄くする。

国内最大の散居村地区である砺波平野には、約二二〇平方キロの中に約七〇〇〇戸が点在している。夕暮れになると、一帯の雪や土の色は薄闇に溶け、森のシルエットだけが浮かぶ。それは、まるで瀬戸内海に浮かぶ小島を思わせる。

雪に閉ざされるのではなく、悠々と雪に向き合う視界の広さが、若狭のぶれない大局観を育んだのかも知れない。

角栄の場合は、閉ざされた土地から飛び出す行動力、そして豪雪の中から見通しを良くするための創意工夫が、彼の政治姿勢の原点ともなった。

国を思い、国のために命がけで仕事するという同じ志を持ちながら、実に対照的な二人の立ち位置である。

全ては国益のために

若狭と角栄の共通点は日本海沿岸の雪国生まれというだけではない。彼らは身体的な弱さをバネに人生を切り拓いていることでも、共通している。

角栄は吃音に悩み、若狭は、死線を彷徨(さまよ)うほどの大病を二度経験した。

一度目は一六歳の春（一九三一年＝昭和六年）、風邪をこじらせて慢性髄炎にかかり、医師も匙を投げるほどの重体に陥る。二度目は、三五歳の時（五〇年）で、湿性肋膜炎で療養中に、結核を患う。この時も死を覚悟したそうだが、運輸省の上司や同僚がカンパして、結核の特効薬と言われたストレプトマイシンを得て完治した。

「絶対に口を割らない」と検事を困らせた鋼のような精神力とは裏腹に、若狭の肉体は虚弱だった。

「自分は、何度か死にかけている。そういう意味で、拾った命だ。だから、常に全力でぶつかり結果を出す、という信念があった人でした」

運輸省海運局長時代の若狭と知り合い、以来亡くなる直前まで親交があった元朝日新聞経済部記者の早房長治(はやぶさながはる)は、今でも時々、若狭の夢を見るという。かつては、頻繁に夢に出現していたそうだが、最近「一年ぶりに出てきたんですよ」と早房。

「にっこりした笑顔で、何か話しているんです。近寄りがたいという印象を世間が持っているのであれば、それは違いますよ。大変物静かで穏やかな人です」

威圧感など微塵も感じさせず、上司から部下にまで常に真摯に接していたという。

「根はキツいと思います。そうでなければ、運輸省の難事業と呼ばれたミッションを、いくつも成就できないでしょう。でも表裏がない正直な人です。それに、若狭さんは、秘密は一〇〇％、いや一二〇％守る男とも言われていました」

早房はそう評す。その人望の厚さは有名で、財界の鞍馬天狗と呼ばれた大物財界人・中山素平からも、全面的な信頼を寄せられていた。

若狭得治・全日空社長（当時・76年6月）

「若狭君は、役人でも別格だ。彼とだったらどんな大事業も出来ると（中山は）絶賛していました」と早房。

戦後の海運業界再編は、中山と若狭の二人三脚がなければ、実現しなかったと言われている。

だが、虚弱体質だけはさすがの若狭にも手に負えなかったようだ。

若狭の印象を悪くした国会で

の証人喚問の時の様子や、ロッキード事件裁判で、裁判長から態度が悪いと注意されたのも、元を辿れば体の不調にあった。

「結核を患った時から、姿勢が悪くなったそうです。きちんと座ると辛いそうで、いつも肘掛けに体を預けるように座っていました。裁判長に注意された時、体調がすぐれないと言えば良いのに、それは、裁判長に失礼でしょうと、無理して姿勢を良く保った。そういう人物でした」


角栄と若狭は手法こそ違うものの、両者共に有言実行を貫いた。大きな事業に臨む時は、ありとあらゆる方法を吟味し、電光石火で実行に移し成就する。

たとえば、角栄は高速道路建設促進のための財源としてガソリン税を創設した。

若狭は、海運業界再編が進まない一因であった船員の定員協定について、船員組合幹部と何度も交渉を繰り返し、定員減を実現、再編への糸口を摑んだ。

国益のために全力を尽くす——。

彼らの行動原理は、常にこの発想が根幹にあった。

いつの時代も、政治家や官僚は、日々そう思って頑張っている。だが、二人の徹底ぶりは圧倒的だった。

そして若狭は、国際線の定期便就航という全日空の悲願を達成、さらに、中山素平との宿願でもあった羽田空港の国際線復活のために、奔走を続けた。

日本の豊かな未来を見つめてひたすら走り続けた二人だったが、ロッキード事件によって突破力を奪われ、罪人と堕した。

あの事件がなければ、彼らの快進撃は続いたかもしれないし、また日本の姿も今とは違うものになっていたかもしれない。

闇に葬られたもう一つの疑惑

ロッキード事件の捜査は、どこで道を間違えたのか。

その分岐点かも知れない出来事を、本所次郎の『ロッキード疑獄　影の権力者の昭和史　四巻』で見つけた。

一九七六年四月二九日午後、若狭は、運輸大臣・木村睦男（二〇〇一年、八八歳で没）に呼び出される。木村は元運輸官僚で、若狭の後輩にあたる。

そこで木村は、同日午前に開催されたロッキード問題閣僚連絡協議会での決定について若狭に説明して因果を含める。

すなわち、斎藤鎮男・前国連大使を特使として、三木武夫総理の親書をキッシンジャー国務長官に手渡し、ロッキード事件解明への協力要請をする代わりに、捜査対象から軍用機すなわち次期対潜哨戒機（ＰＸＬ）の選定問題を外すと決定した旨を、若狭に伝えたのだ。

「そのため検察は民間機に的を絞り込まざるをえず、検察の上層部もこの決定に従わざるを得ない」

木村が苦しげに言った。

「全日空が（ロッキード事件の）的になるんですね」

若狭の念押しに木村が頷くと、若狭は「ああ、そうですか」と一言口にしただけで、運輸省を後にしている。

ところで、捜査対象から外れたPXLの選定問題については、ロッキード社から二一億円もの工作資金を受け取っていた右翼の児玉誉士夫が暗躍したと考えられていた。もともとは、国産のPXLを配備すると内定していたにもかかわらず、土壇場で白紙還元され、ロッキード社製のP－3Cにすり替った。

問題にまつわるカネも、桁があまりにも違う。P－3Cは、一機約一〇〇億円で、一〇〇機導入したため、一兆円のビジネスとなった。一方の全日空トライスターは二一機、約一〇五〇億円程度に過ぎない。

そして、トライスターの口利き料として角栄が受け取ったとされた五億円とは桁違いの二一億円もの裏金が動いたとされている。にもかかわらず、いわゆる児玉ルートは闇に葬られる――。

ロッキード事件とは、「総理の犯罪」であると、誰もが信じてきた。

だが、本当にそれだけなのだろうか。

今なおくすぶり続ける「児玉ルートの二一億円ものカネの行方」という疑問は、未解決のまま、ロッキード事件は、中途半端な状態で終焉を迎えてしまった。

ＰＸＬを巡る疑惑――その解明が真のロッキード事件解決の道筋に思えてならない。

第二部

ロッキード事件の解明に、多くの人が魅了されるのは、未だ真相が闇に包まれた事件が存在するからだ。

それは、発覚当初には本筋と考えられた、「児玉ルート」である。賄賂額は丸紅ルート、全日空ルートの合計よりも多い二一億円にも及び、大物右翼活動家とも呼ばれていた児玉誉士夫が介在した事件にもかかわらず、結局その輪郭すら定まらなかった。

児玉ルートとは、防衛庁の次期対潜哨戒機選定について、国産機配備という日本政府の方針を覆し、ロッキード社製のP・3Cを押し込んだ事件――というのが、これまでの通説である。

この真相が明らかにならない限り、ロッキード事件の全貌は見えてこない。

児玉に流れたカネの行方は？

なぜ、児玉ルートは未解決のまま闇に葬られたのだろうか。

第九章　もう一つの疑惑

1　歴史は繰り返されるのか

二〇一七年（平成二九）一一月七日、新聞各紙が報じたある記事が目を引いた。

それは、トランプが大統領就任後に日米首脳会談のために初来日した際の共同会見の模様だ。

《非常に重要なのは、日本が膨大な兵器を追加で買うことだ。我々は世界最高の兵器をつくっている。完全なステルス機能を持つF35戦闘機も、多様なミサイルもある。米国には雇用、日本には安全をもたらす》（朝日新聞二〇一七年一一月七日朝刊）

膨大な対日貿易赤字を抱え続ける米国のリーダーは、貿易赤字解消を強く求めたのだ。

そして「バイ・アメリカン」（米国製品を買おう）というかけ声の下、あろうことか武器を日本に売りつけた。米国国民の雇用創出のためとはいえ、一機一四七億円もする（その後一一六億円になる）戦闘機Ｆ－35を買えと、日米首脳会談の記者会見の席上で米国大統領が発言するなど前代未聞だ。

これに対して安倍総理は、「日本の防衛力を拡充していかなければならない。米国からさらに購入していくことになる」と応じたとある。

その記事を読んで、私は我が目を疑った。そして、四五年前と同じ事が繰り返されるのではないかという強い懸念を抱いた。

ロッキード事件の発端と言われる一九七二（昭和四七）年の角栄・ニクソンの日米首脳会談でも、同様のエピソードがあったからだ。

ニクソンは貿易赤字解消のために、次期対潜哨戒機であるロッキード社製のＰ－３Ｃ（ＰＸＬ）を強く勧めたという噂があり、メディアや一部政治家から問題にされたのだ。

航空機のタイプこそ異なるが、自衛隊の後継機を国産機にしようという取り組みは、六〇年代と同じだ。

現在、自衛隊では、対潜哨戒機（Ｐ－１＝川崎重工業社製）、輸送機（Ｃ－２＝同）など、戦後初の純国産機の導入が進んでいる。あとは、花形である戦闘機が国産になれば、名実共に自衛隊は、自前の航空機による国防が実現する。

それに水を差すような出来事は、もはや起きないだろうと思いながらも、一抹の不安を抱いていた矢先の両首脳の発言だったのだ。

ロッキード事件との相似形

二〇一八（平成三〇）年三月五日、朝日新聞朝刊の一面に、「F2後継機　国産化断念」という記事が掲載された。

二〇三〇年頃に退役が予定されている航空自衛隊の戦闘機F－2の後継機について、国産化を断念する方向で最終調整に入ったという記事で、「巨額の開発コストがかかる」ために、財務省が難色を示したとある。さらに、主体的に開発に力を注いできた三菱重工が民間ジェット機MRJ（現・スペースジェット）の開発に苦戦していることもあって、政府が「戦闘機の自国開発はリスクが高い」と判断したとある。

この五日後、時事通信が事実を追認した。

《政府は、航空自衛隊のF2戦闘機の後継機について、国内の防衛産業が求めていた国産開発を断念する方向で調整に入った。政府関係者が10日、明らかにした。開発費が巨額になるためで、今後は国際共同開発を軸に検討を進める見通し》

この報道から九カ月後の一八年一二月、防衛省は五年ごとに見直される「中期防衛力整備計画（中期防）」を発表した。

そのなかで、F－2後継機については「国際協力を視野に、我が国主導の開発に早期に着手する」とした。

次期戦闘機（FX）の国産化断念という報道が各紙で伝えられるなか、果たして国産化に未来はあるのだろうか。

そこで当事者である防衛省と三菱重工に事実確認を行った。

以下が、それに対する回答である。（いずれも一九年三月当時）

「将来戦闘機（F－2後継機）について、現時点では、防衛省内で具体的な開発計画や手法などを検討している段階であり、企業に対して開発計画を示す段階には至っておりません。

将来戦闘機関連の事業については、先進技術実証機（X－2）をはじめ、レーダー、エンジンなどに関する各種実証研究や、将来戦闘機に関するコンセプト、開発プラン、能力などの検討について、防衛装備庁が企業と連携して実施してきております」（防衛省報道室）

「（F－2後継機については）従来から、将来戦闘機に関する要素技術等の研究試作の契約を防衛省と締結しておりました。当該契約に基づき、わが国の防衛に適した戦闘機の仕様、その技術的成立性、コスト等に関する各種支援を適宜実施しております」（三菱重工広報部）

純国産機は画餅か

いずれもが曖昧な回答だったので、日本の戦闘機問題に詳しい記者に尋ねたところ、匿名を条件に解説してくれた。

「防衛省は戦闘機の開発費を、総額で五〇〇〇億円から八〇〇〇億円と言っていますが、実際は、二兆円は必要という見方もあります」

二〇一九年度の国の一般会計予算で、防衛費は五兆二五七四億円だ。その半額は人件費と言われているので、装備費や研究開発費が、ごく限られた額であるのは、自明だ。

この予算規模で、戦闘機だけの研究開発費に、(一〇カ年計画だったとしても)二兆円を投入するというのは、無茶な話だ。

「その実現のためには、純国産機の製造を輸出産業にまで育てあげなければならない。研究費は、それで賄うしかないのです」

だが、日本の純国産戦闘機を売るとなると、とにかく高額になる。また、海外での導入実績もないため割高で、欧米のライバルに勝てるはずもない。取材に応じた記者の話では、「一機百数十億円と言われるF－35の三倍はするのでは」という。

「防衛省としては、純国産機を手に入れたいと強く願っていると思います。事あるごとにアメリカに振り回され、必ずしも最新の装備でないものを押しつけられてきましたから。しかし、現在開発中のX－2は、F－35に性能的に及ばない恐れがある」

純国産戦闘機の課題は、エンジンにあるとも聞いている。

日本はこれまでに、X－2または「心神（シンシン）」と呼ばれる純国産ステルス戦闘機（以下、X－2）を開発している。ただし、ジェットエンジンの性能は、五トン級だ。F－35に匹敵する戦闘機を製造すると、三倍のエンジン出力が必要になる。

そのクラスの戦闘機は、日本では、ようやくエンジンテストに成功した段階で、米国との差はまだまだ大きい。

「F－35の導入決定についてはトランプ大統領のごり押しみたいな報道が多いですが、必ずしもアメリカの横暴に日本が屈したわけではないと私は考えています」

記者は、「純国産機導入断念」報道が出た、二〇一八年三月というタイミングが、重要だという。

「X－2の様々なテストを得て、現状認識と課題が明確になりました。また、F－35のノックダウン生産（米国から部品を輸入して日本で組み立てる方法）も始まり、三沢基地にF－35が配備された。それによって、防衛省は、F－35の実態が把握できたと思うんです」

つまり、ライバルだと考えていたX－2とF－35の両方を、比較検討できる材料が揃ったわけだ。

「その結果、F－35が、X－2よりは性能が良いと分かった。だから、トランプ大統領の無茶を呑むのも止むなしと考えたかも知れません」

「ゼロ戦の夢よ、再び」とばかりに、自衛隊や航空機メーカーがいくら頑張っても、評判が芳しくないF‐35にすら勝てない。それが現実である。

「日本の自衛隊の伝統的発想は、水際撃退です。つまり、少数でも良いので、圧倒的な強さを誇る戦闘機を保有したい。現在保有しているF‐15は、そのようなニーズにぴったりの戦闘機です。だからこそ、圧倒的な強さを誇る国産戦闘機をつくりたいという願望が強い」

そして、二〇一八年末の閣議了解によって、F‐35の取得数は一四七機に決まった。これによりF‐4と近代化改修されていないF‐15は退役となる。

このままでは、日本の戦闘機はF‐35一色になってしまう可能性がある。ロッキード・マーチン社や米国にとっては朗報だろうが、日本の安全保障的には、この偏重はまずい。

原則として戦闘機は、複数の機種を有するべし、という考えが、世界の空の安全保障の常識だ。

また、自衛隊では、墜落事故を起こした機種は、原因が解明されるまで飛行禁止になる。つまり、一機種だと、スクランブルに対応できなくなる。

したがって、日本の航空自衛隊の戦闘機も、F‐4、F‐15、F‐2、F‐35と四機種が配備されている。

また、国産にこだわるのは、日本が〝ゼロ戦復活〟を願っているからではない。

島国である日本で、有事に最も重要な役目を果たすのは、戦闘機だ。それが、外国製だと、技術的なトラブルが発生した時に、日本だけでは、問題解決が不可能なこともある。特にF－35は、先端のミリテク技術が多く、それらは製造メーカー以外は一切タッチできないブラックボックスであるため、迅速な対応ができない。

したがって、戦闘機の国産化は、日本を取り巻く諸国の状況を鑑みると、喫緊の問題として考える必要があるのだ。

「問題は、ポストF－2をどうするかです」と記者は言う。防衛省としては、F－2の後継機をF－35以上の国産戦闘機で運用するのが悲願だという。

中期防で「国際協力を視野に、我が国主導の開発に早期に着手する」と謳ったのは、そのためだ。

今再び歴史的事実を疑う

F－35については、トランプも安倍も既成事実を話しただけで、トランプが強引に、日本の純国産戦闘機計画をぶっ潰したわけではない。

だが、米国製の戦闘機ばかり導入すると、日本は開発現場での技術者確保が困難となり、いずれ開発力の低下にも繋がるだろう。

ロッキード事件は、四〇年以上も前の古い事件だ。当時と今とでは、日米関係も変化している。今さら、古い事件を紐解く意味がどこにあるのか。

取材を進める中で、そのような忠告を何度も受けた。

だが、この次期戦闘機の純国産機白紙問題を見れば、歴史は繰り返されているように思える。

いや、もっと言えば、四十数年前よりもはるかに無理な注文を、我が国は米国から押しつけられており、日本政府の対応は、さらに弱腰になったように思える。

それが我が国の宿命だと諦めるわけにはいかない。だとすれば、やはり闇に葬り、不問に付した手つかずの謎を探るべきなのだ。

すなわち、ロッキード事件では置き去りにされたPXLにまつわる疑惑を解き明かさなければ、防衛問題における重い呪縛に、我々はこの先も何度も苦しめられるかも知れない。

2 すべてはニクソンから始まった

ロッキード事件では何人ものジョーカーが出没するが、最大級の権力者でありながら、見落とされがちな人物がいる。

リチャード・ニクソンだ。

一九六九(昭和四四)年に第三七代米国大統領に就任して以来、ニクソンの政策は、常に強引で唐突だ。まるで、超大国・米国の黄昏を食い止めるために、なりふり構わず突っ走っているような印象だった。

ニクソンが在任五年半のうちに成し遂げた業績はめざましい。ベトナム戦争からの完全撤退、ソ連との緊張緩和（デタント）、中国への電撃訪問、そして、突然のドルの金交換停止、さらにドルの切り下げも断行した。

その都度、日本は振り回され、時に犠牲にもなった。そして、日米安全保障条約のあり方も、右往左往した。

ニクソン

「日本はもっと自主防衛に力を入れるべきだ」と言ったかと思うと、「アメリカの兵器をもっと積極的に導入せよ」と、平気で方向転換した。

全ては、アメリカの繁栄のために――。

ニクソンの強硬路線は、やがて大事件を引き起こす。

ウォーターゲート事件だ。

大統領を辞任しなければ

一九七二年六月一七日、ワシントンDCのウォーターゲート・ビルに忍び込んだ五人組が、不法侵入で現行犯逮捕される。彼らはビル内にある民主党本部に盗聴器を仕掛けようとしていた。ニクソンが再選を目指す大統領選挙で、民主党候補への選挙妨害を行うためだった。しかも、逮捕された五人の中には、大統領再選委員会の関係者や、CIAの元工作員もいた。つまり、ホワイトハウスも大きく関与していたのだ。

こうして、現職大統領を辞職に追い込むという米国史上初めての大政治スキャンダル、すなわちウォーターゲート事件が幕を開ける。

事件の過程については、映画『大統領の陰謀』の原作『大統領の陰謀　ニクソンを追いつめた300日』に詳しい。

ワシントン・ポストのボブ・ウッドワードとカール・バーンスタインという二人の記者が、様々な妨害や圧力を受けながらも果敢に真実に迫る。やがて、大統領自身が関与したと匂わせる事実が明らかになり、七四年八月九日、ニクソンは辞任し、ホワイトハウスを去った。そして両記者の活躍ぶりは、調査報道の金字塔として、今なお語り継がれている。

実は、この世紀の大スキャンダルは、ロッキード事件に二つの作用を及ぼしていた。

ロッキード事件が発覚するのは、七六年二月だが、ニクソンが辞任していなければ、ロッキード事件は起きなかった可能性が高い。

なぜならば、ロッキード社はニクソンの陣営を支えるビッグスポンサーで、彼は事あるごとにロッキード社に対して、格別な便宜を図って保護してきたからだ。

七一年、ロッキード社はベトナム戦争の展望を読み違えて業績不振に陥り、さらに自社製品の不具合なども重なって破綻の危機に襲われる。

するとニクソンは、ロッキード社救済策をすぐに打ち出す。ロッキード社が二億五〇〇〇万ドル（約七五〇億円）もの緊急融資が受けられるよう、政府保証を行う法案をただちに成立させたのだ。

これらの肩入れぶりを見ると、ニクソンが大統領の任期を全うしていれば、ロッキード社の不正を追及するのは、難しかったと思われる。

さらに、ウォーターゲート事件によって、政府や多国籍企業の不正を詳らかにすべきだという気運が米国上院議会で高まったことも、大きかった。

ロッキード事件の際に日本でもその名を轟かせたのが、米国上院外交委員会多国籍企業小委員会（通称チャーチ委員会）だ。

アイダホ州選出の民主党上院議員のフランク・チャーチが委員長を務める同委員会が設置されたのは、七二年春。七〇年にチリで社会主義を掲げるサルバドール・アジェンデ政権が成立したが、その妨害を目論む米系多国籍企業の暗躍があったのではないかという疑惑が浮上した。

チャーチ委員会での証人喚問は、徹底的に厳しかった。調査過程をメディアに公開するのはもちろん、証言を強制する権限を委員会が有し、拒否すれば議会侮辱罪で、偽証したなら偽証罪で、それぞれ告発する権限も有している。両罪は罰も重く、有罪の判決を受けると禁固刑に処せられる。そのため、ひとたび召喚されれば、証人は可能な限り誠実に答えるしかない。

チャーチ委員会の活動については、ノンフィクション作家の柳田邦男の『失速　ロッキード破局の風景』（七六年）が詳細を伝えている。

同書によると、チャーチ委員会は、「米系多国籍企業の海外での活動が、米国外交を脅やかすような行為をし、国益と民主主義を侵すことがないよう調査し国政に反映させる」のが目的であった。

そして、ロッキード事件の前哨戦とも言える事件が、七五年にチャーチ委員会で審議された。

ノースロップ社の不正疑惑だ。

戦闘機メーカーであるノースロップ社は、七二年の大統領選挙の際に、裏金を使ってニクソン陣営に献金（約四五〇〇万円）した疑惑が持たれた。

資金は、海外のトンネル会社から還流された隠し財源と見られ、チャーチ委員会と証券取引委員会（SEC）が合同で調査を開始した。その結果、ノースロップ社が欧州、中東、アジアの政治家などに賄賂を贈る自社製品の売り込み工作が判明した。

「ノースロップ・スタイル商法」と呼ばれており、ロッキード事件発覚後に、朝日新聞がそのビジネスについて生々しくまとめている（七六年二月二三日・二四日朝刊）。

ノースロップ社は、何の伝手もない国に戦闘機を売り込むに当たって、当該国の首脳が信用する代理人探しから始めたとある。

サウジアラビアに売り込む場合、中東情報に詳しいセオドア・ルーズベルト元大統領の孫、カーミット・ルーズベルトを顧問にして、その人脈を使ってサウジアラビアの政界に顔が利くアドナン・カシオギに接近した。

ノースロップ社は武器商人のカシオギと代理人契約を結ぶと、この時点で既にロッキードF－104戦闘機購入を決めていたファイサル国王と軍関係者への口添えを依頼、ノースロップ社製F－5戦闘機への変更に成功した。

もちろん、この売り込みでカシオギには一機当たり数％の手数料、軍関係者には謝礼が支払われている。

「ロッキードもやっている」

彼らのビジネスを問題視したチャーチ委員会は七五年六月、ノースロップ社会長のトーマス・ジョーンズを召喚する。

召喚されたジョーンズは、自社のビジネスについて認め、「この手法は、ロッキード社が発明したもので、我々はそのやり方を真似ただけ」と居直った。

これがロッキード社への疑惑の端緒となったのだ。

この時のチャーチ委員会の様子について、柳田の『失速　ロッキード破局の風景』はこう記している。


《ノースロップ社も航空機産業界の大手企業（国防総省の七五会計年度契約額は十二位）だが、ロッキード社となると、ナンバー1の巨大企業であり、政府から融資保証まで受けている。

多国籍企業小委員会は、二日間の公聴会が終ると、直ちに調査官をカリフォルニア州バーバンクのロッキード本社に派遣して同社のセールスの実態や経理内容の調査を始めた。

ロッキード社は、ノースロップ社のジョーンズ会長の発言を非難し、「ロッキード社としては、何も隠すことはない」との声明を発表したが、社内では、動揺が起っていた。多国籍企業小委員会の調査に対して、ロッキード社は、はじめは拒否していたが、七月になっていやいやながら帳簿外の口座を含む経理資料を提出した。

その結果、ロッキード社は、一九七〇年から七五年六月の調査時点までに、多くの海外諸国の政府高官や有力者や政党に対して、すくなくとも二千二百万ドル（約六十六億

円）を支払っていたことが明らかになったのだ》

七五年八月には、日本の名が

ロッキード社は、各国の政府高官に賄賂を贈ってビジネスを推進したという疑惑について、「事実無根」と否定した。

ところが、同社が八月一日に発表した第二・四半期の営業報告の場で、まるで賄賂工作を認めるようなデータを発表してしまった。

それによると、ロッキード社は、諸外国に対して手数料その他の支払いとして、七〇～七四年の間で六三〇〇万ドル、七五年上半期で、二三〇〇万ドル、計八六〇〇万ドル（約二五〇億円）を計上した。「このうちの、少なくとも一三〇〇万ドルは、数カ国の外国官吏、政党に流れた」。その後、それまでの額と総額に開きがあるとメディアから問いつめられて、実際には二二〇〇万ドルに上ると訂正した。

それでも、受け取り先の相手や国名については明示しなかった。

これを受けてチャーチ委員長は、「これは賄賂だ。兵器産業でのこのような慣習をすぐにストップする新立法が必要なことを示している」と糾弾した（七五年八月二日朝日新聞夕刊より）。

さらに、ロッキード事件発覚四〇年目に刊行された、『秘密解除　ロッキード事件――田中角栄はなぜアメリカに嫌われたのか』には、より詳細な情報が綴られている。これは、朝日新聞編集委員の奥山俊宏が、機密解除された米国の膨大な資料の中から事件に関する資料を抽出して、真実に迫ろうと試みた力作である。

同書によると、チャーチ委員会とSECは賄賂を贈った外国政府高官名の公表を何度も迫るのだが、同社は一向に応じなかったとある。

しかし、七五年八月一五日には、キッシンジャー米国務長官が、政府高官の実名公開について司法省などと協議を始めている。

当初、キッシンジャーは外交に多大な影響を及ぼすと考えたらしく、公表には及び腰だった。

既にこの段階で、「ロッキード社が日本政府高官に不適切な支払いをしており、その記録がロッキード社に残っていることを認識したことになる」と、『秘密解除』では語られている。

それから一〇日後の八月二五日、ロッキード社の前会長であるホートンらが上院銀行委員会の証言台に立った。

ロッキード社は七〇年以来、合計少なくとも二二〇〇万ドルのリベートを外国の政府・政党にばらまいたと言われている。そのカネの行方について委員会は追及した。

ホートンらは個人名及び国名の公開を拒否するが、民主党のプロクシマイヤー委員長は、日本、カナダ、イギリス、中東諸国の半官半民の航空会社に贈賄を行なっていると主張した。

ちなみに日本やカナダの国名が挙がったのはこの日が初めてだったという。（参考：七五年八月二六日朝日新聞夕刊）

チャーチ委員会やＳＥＣと、ロッキード社幹部とのせめぎ合いが続く中、不可解な事件が起きる。

カリフォルニア州にあるロッキード本社からワシントンの会計事務所宛てに送ったはずの同社の重要資料が、誤ってチャーチ委員会に送られてしまったのだ。

チャーチ委員会に引き渡すために用意していた荷物と間違えられたのだと、七五年九月一五日付の「ニューヨーク・タイムズ」が報じているが、誤配された日付は明かされていない。

この誤配によって、ロッキード社の売り込み工作を裏付ける資料をチャーチ委員会は入手、ロッキード社に対する追及は一層厳しくなる。

フランク・チャーチ（75年11月）

日本の爆弾男が放った一の矢

七五年八月には、日本の各メディアが、海の向こうの騒動を報じており、その上、我が国の政府関係者が関与している可能性が高いとも言及している。にもかかわらず、事件そのものが所詮は外国の話という認識で、これらの報道に対して世論が反応した気配はない。

尤も、一人だけ、この問題を取り上げた人物がいた。社会党衆議院議員で、爆弾男の異名を持つ楢崎弥之助だ。

七五年一〇月二三日、楢崎は「ロッキード社の賄賂が日本にも関係があるということが、実は米上院銀行委員会委員長、民主党のプロクシマイヤー委員長によって示唆をされておる」と政府を追及したが、全面否定されている。

偶然だが、来日中のキッシンジャーが、同じ日に宮澤喜一外相と会談している。そこで宮澤はこの件について、キッシンジャーに質すが、キッシンジャーは「私たちの議会では、誰が、どれだけ多くの国と米国との関係を壊せるのかを競争しているのです」と冗談で返したという。

とはいえ、キッシンジャーにも一抹の不安はあったようで一一月二八日、ロッキード疑惑追及に関して、司法長官のエドワード・レビに書簡を送っている。この問題がもたらす影響を伝えたのだ。前出の『秘密解除』は、次のように記している。

《一一月一九日、ロッキード社の弁護士のロジャーズから国務省に意見表明の正式な依頼があった。それを受けて国務省の職員らが召喚状の対象となっている文書を見たところ、ロッキードから裏でカネを受け取ったと疑われる友好国の高官らの名前があった。国務省はそのような支払いを強く非難するが、一方で、中途半端な状態で外国高官の国籍や名前が第三者に開示されると、米国の外交関係を損なう可能性があることに注意を払う必要がある、と手紙につづられていた。（中略）一二月一五日、地裁は、ロッキード社に文書の提出を命ずると同時に、証券取引委にも、地裁の許可なしにその文書を第三者に提供してはならないと命じた》

国務省まで巻き込んで情報提供を拒んでいたロッキード社に対し、チャーチ委員会は、七六年二月六日、ロッキード社の元社長アーチボルド・コーチャンを召喚する。

この席上、コーチャンは、観念したかのように、対日工作の一端を証言。児玉誉士夫や小佐野賢治に対して工作資金を渡したことを認めた。

3　世界を揺るがせたチャーチ委員会

チャーチ委員会によって不正を暴かれた企業は、ロッキード社だけではない。

「ニューヨーク・タイムズ」は、一九七六（昭和五一）年二月一五日付の日曜版経済特集のトップ記事として、チャーチ委員会が明らかにした大企業一六社による「政治献金、リベート、賄賂」の金額を受取人別に記している。

同紙は、全てのカネの支払いが違法なわけではないと断りつつも、米国を代表する一流企業の名ばかりを連ねた。

最も巨額だったのは米国石油メジャーのエクソン（九九年にモービルと合併してエクソンモービル）で、イタリアの諸政党へ政治資金として二七〇〇万ドル（約八一億円）、裏金として一九〇〇万ドル（約五七億円）〜二二〇〇万ドル（約六六億円）を、カナダの諸政党へ一二五万ドル（約三億七五〇〇万円）を支払っている。

ノースロップ社は、外国人顧問へ三〇〇〇万ドル（約九〇億円）、スイスの代理人へ一八〇万ドル（約五億四〇〇〇万円）、サウジアラビアの二人の将軍へ四五万ドル（約一億三五〇〇万円）を支払っている。

ロッキード社の二二〇〇万ドルには及ばないものの、ライバル社のマクドネル・ダグラス社は、外国政府及び航空会社関係者へ二五〇万ドル（約七億五〇〇〇万円）を、軍用機メーカーのグラマン社は、コミッション料として六〇〇万ドル（約一八億円）をイランの顧問に支払っている。

それ以外にも、フォードやゼネラル・モーターズ、ガルフ石油、モービル石油などの名がリストには並んでいた。

チャーチ委員会での告発は、米系多国籍企業のみならず、政府関係者や情報機関まで悪事に加担していた可能性をも示した。フェアで自由な経済活動を標榜し、戦後一貫して世界経済をリードしてきた米国の醜い素顔が、世界に晒されたのだ。

にもかかわらず、アメリカは一向に強欲を改めようとしない。それどころか、その体質は今なお膨張し続けている。

二〇〇八（平成二〇）年に起きたリーマンショックは、その典型例だ。

富を得るなら、規制当局やホワイトハウスまでがそれに加担するという「グリード・イズ・グッド（強欲は善）」こそが、世界金融危機を生んだ元凶だ。

二〇一一年、ニューヨークを訪れた時に、リーマンショックを誘発した投資銀行関係者は、口を揃えて言ったものだ。

「失敗した者は、市場から排除された。だから、我々は反省する立場にない。そもそもグリーディでなければ、アメリカでは生きていけないんだ。グリードとは、アメリカンドリーム達成のための必要不可欠な精神だ」と。

世界中で裏金拡散

さて、ロッキード事件とは、日本を標的にした売り込み工作だと考える人がいるが、標的は世界中に散らばっていた。チャーチ委員会が暴いたロッキード社の裏金工作では、日本だけでなく、ヨーロッパから中東に至るまで、多数の国で工作が行われていた。

例えば、オランダでは、ユリアナ女王の夫であり、戦闘機選定などの立場にあったベルンハルト殿下が、疑惑の対象となった。

一一〇万ドル（約三億三〇〇〇万円）を支払ったというコーチャンの証言に対し、殿下は、「私は潔白だ」と否定するが、その後、五九年のクリスマスにロッキード社の献金のうちの一〇万ドルで友人宛のプレゼントを買ったことを認めた。

オランダの調査委員会は、殿下に提供された裏金がその判断に影響したという証拠は見つけられなかったと調査報告書にまとめているが、「愛国者」として国民に親しまれてきた殿下のイメージは大きく損なわれた。そのため、七六年八月二五日に、兵器購入を含む国防について助言できる立場の軍事監察総監、そしてオランダ航空、フォッカー社（ロッキード社製F－104を組み立てた航空機メーカー）の役員など一切の公職から身を引いた。

コーチャンの証言は、イタリアにも及ぶ。一九六九年四月から七一年四月まで、伊空軍が購入したC－130ハーキュリーズ輸送機一四機の納入を巡り、政界首脳、空軍幹部に二〇一万八〇〇〇ドル（約六億五四〇〇万円）を贈ったと証言したのだ。

それによって同国では、総勢一一人が贈収賄などで起訴、元国防相の国会議員とその秘書、元空軍司令官一人が有罪となり、禁固刑と罰金刑（国会議員は、公民権も剝奪された）を受けた。

イタリアでロッキード社の代理人を務めたオビディオ・レフェブレも摘発され、その兄の弁護士や中間マージンを得ていたトンネル会社の社長も、それぞれ禁固刑と罰金刑に処された。

同国におけるロッキード事件の最大の焦点は、ロッキード社が「アンテロープ・コブラー（カモシカの靴直し）」という暗号名を付けて、三億リラ（約四八万ドル＝約一億四四〇〇万円）を贈った政府高官の特定だった。

報道では、その高官は、売買の最終権限者である評議会議長（首相）ではないかと目された。具体的には、マリアーノ・ルモール、アルド・モロ、ジョバンニ・レオーネの三人の首相歴任者（レオーネは、事件当時は大統領）の名が囁かれた。

その後、キッシンジャーの側近で国務長官補代理を務めるジェームズ・ローウェンスタインのノートに、「カモシカの靴直しとは、モロのことだ」と記されていたという情報が流れ、メディアが大炎上する。それに対して、イタリアの裁判所は、モロの地位保全の申し立てを受け入れ、情報が信頼されうるものではないとして七八年三月三日、捜査の中止を求めた。

同年三月一六日、モロは極左過激派の赤い旅団に誘拐され、約二カ月後に遺体で発見される。一部メディアや政治家は、モロを死に追いやったのは、イタリア政界の実力者ジュリオ・アンドレオッティとＣＩＡだと、非難したという。モロが、赤い旅団に監禁されていた時に書いた手紙に「アンドレオッティは悪事を行うために生まれてきた男」と書かれてあり、またアンドレオッティは、左翼のモロを強烈に批判し、政界からの追放を狙っていたからだ。

イタリアでのロッキード事件は、首相や首相経験者の逮捕には至らなかったものの、大政治スキャンダルとして国中を賑わしたのだ。

西ドイツでも巨額疑惑

コーチャンの証言による大激震は西ドイツをも襲う。ロッキード社西ドイツ代表のアーネスト・F・ハウザーがターゲットに選んだのは、「新ドイツ軍」の装備調達の中心的人物だった当時の国防大臣フランツ・ヨーゼフ・シュトラウスだ。

ミュンヘン出身のシュトラウスは、バイエルン州の地域政党・キリスト教社会同盟（CSU）の党首やバイエルン州首相を長く務め、西ドイツ保守政治家の雄として君臨した大物だ。その強気で行動的な政治姿勢から、「ヨーロッパのストロング・マン」(Strong Man of Europe) と呼ばれた。

朝日新聞（七八年一月七日夕刊）によると、ハウザーは元は米情報将校で、終戦後親交を結んだシュトラウスが一九五六年、国防相に就任すると、営業活動を始めた。そして、シュトラウスとCSUに対して、ロッキード社は約四一〇〇万ドル（約一二三億円）の黒いカネを支払ったとされている。

この見返りとしてシュトラウスは、ロッキード社に入札価格の情報を流すなど、露骨に肩入れする。その結果、グラマン、ロッキード、ダッソー（仏のメーカー）の三社が繰り広げた主力戦闘機の売り込み競争で、ロッキード社に軍配が上がる。
さらに、当初二五〇機の契約だったF－104を、六〇年には七〇〇機、追加購入している。

ロッキード事件米上院の公聴会

自らの懐を暖めるのにも熱心なシュトラウスは、当時、一般的だった一機当たり四～五％のマージンを、八％に引き上げるように求めたこともある。

これほどの悪事が露見したにもかかわらず、西ドイツ法務省の特別調査委員会は、七八年一月、「西ドイツに関しロッキード社から賄賂が支払われた証拠も、また個人あるいは政党が賄賂を受け取った証拠もない」との最終結論を発表し、調査を終えている。

蘭、伊、西独とロッキード社は、巨額な不正工作を行っていた。そして、彼らが惜しげもなく黒いカネをばらまいたのは、軍用機選定競争において、だ。

だとすると、日本でのロッキード社の売り込み工作のメインは、トライスターではなく、次期対潜哨戒機（PXL）ではないのか。

そう結論したいところだが、日本以外にも民間機の売り込み工作で、裏金を使った事件があるから、なかなか一筋縄ではいかない。

民間機の売り込みで裏金が動いた案件の一つに、当時英国領だった香港の航空会社、キャセイ・パシフィック航空の例がある。

同社の調査によると、七五年八月に引き渡されたトライスター一二機の購入時、運航担当の重役がロッキード社から八万五〇〇〇ドル（約二五五〇万円）の裏金を受け取っていた事実が判明したという。

また、ロッキード社が、ビジネス・ジェット機のジェットスターを売り込もうとしていた西ドイツでも、黒いカネを支払ったという証言がある。ただし、その金額も一億円にも満たない。

意味深なチャーチ発言

日本でロッキード事件が発覚した日から、約八カ月後、ハーバード大学で開かれた「東アジア会議」で、チャーチは講演しているが、そこで日本での事件について言及している。

《米政府の緊急融資保証二億五千万ドルのほか四億ドルの借入金を抱え込んでいたロ社は、一九七二年までにどうしてもトライスター機を売り込んでいかねばならない事態に追い込まれたが、米国内のエアバス市場はすでに飽和状態で、海外市場に仰がねばならなくなった。（中略）全日空の二十一機、四億ドルの発注はロ社にとってはもはや失うわけにはいかない市場であった。

つまり米国の国防契約第一位の企業の自己救済は国際市場で民間機を売り込む能力にかかっていたわけだ。ロッキード事件は米経済の重大な要素が米国の地理的国境をすでに越えていることを劇的に示したものといってよい。特に航空機産業は国際市場を考えないではもはや成り立たない。ロ社の場合、六万人の社員、六億五千万ドルの借入金、これらすべてが日本にトライスター機を売り込めるかどうかにかかっていた》

《ロ社はいろいろな政府高官に支払いをすることで、与党の腐敗を助長した。その与党に米国は大きく依存しているのである。従ってロ社が単に自社の製品を売り込もうとしただけで、不正行為を意識的におこなおうとしたのではない、というのは、あたかも雄牛を瀬戸物屋に放ち、瀬戸物を壊すつもりはなかったと強弁するに等しい。ロッキード事件の教訓はつまり、米国の多国籍企業がいまや海外においては政治的主体となりうること、そしてその直接の利害は米国の外交政策の目的とまったく相反することがありうること——といえよう》（朝日新聞七六年一〇月一六日夕刊）

ロッキード社が経営危機を脱するために、トライスターの売り込みがいかに重要だったかを、チャーチは述べているが、日本での軍用機の売り込み工作はなかったとも言っていない。

そして、敢えて念を押しておきたいのは、チャーチは裁判官でも検事でもなく、政治家であるということだ。そして、政治家が最も欲するものは成果である。

《ロッキード事件は米国の主たる同盟国の政治に米企業が浸透し、それを堕落させたことであり、米政府はそのような企業の不正行為は知らなかったし、また規制もできなかったと主張する。しかし、それならばと、議会の委員会がこれらの汚い事実を明るみにし、再発防止の立法を行おうとすると米国の安全を脅かすと政府側から警告されてきた。しかし、日本、オランダをはじめ、米議会の公表資料に基づいて独自の調査を進めた国々の結果は決して破壊的ではなく、建設的なものであった。政府当局者の腐敗は日常茶飯事であり、表に出ることもなければ、直りもしないと国民が思い込むことぐらい政府への信頼を損なうことはない》(前掲記事)

チャーチが委員長を務めた多国籍企業小委員会によって、米国はロッキード事件発覚の翌七七年一二月に海外不正支払禁止法を成立させた。

外国政府高官などに贈賄した企業に対し、一件につき最高一〇〇万ドルの罰金、また、その企業経営者にも罰金や懲役刑が科せられる。

ちょうどこの時期、チャーチは大統領選への出馬を目論んでいた。そういう人物にとって、この成果は大きかったはずである。

第十章　児玉誉士夫という生き方

1　絶対無比の黒幕

二〇〇七（平成一九）年、ジョージ・クルーニー主演の『フィクサー』という映画が公開された。米国では、依頼人の不利になる証拠と証人を裁判前に除外することを生業にする弁護士を、FIXER（フィクサー）と呼ぶらしい。

ロッキード事件の重要人物である児玉誉士夫も、大物フィクサーと呼ばれていたが、そのイメージは、政界を陰で支配し、時に暴力装置を使ってでも、政治を思い通りに操る黒幕である。クルーニーが演じた冴えないフィクサーと児玉のイメージにあったフィクサーとはあまりにも懸け離れている。

児玉という大物フィクサーは、時に正義の味方となり暗躍し、混迷する日本に活を入れる。政局が混乱すれば、大物政治家の間を飛び回り調整する。その一方で、暴力団などの暴力装置を背景に相手を恫喝し、利益を得ることもある。

名前こそ有名だが、その実態はほとんど知られていない。一体、児玉誉士夫とは何者なのか。

評論家の大宅壮一が、一九六一（昭和三六）年に月刊誌「文藝春秋」に書いた「児玉誉士夫論—日本の実力者（一）—」で、児玉を以下のように描いた。

《いま、食卓をへだてて私の眼の前にすわっているのは五尺そこそこの小男である。イガ栗頭で鉛色の皮膚、久しく洞窟のようなところにとじこめられていたのが、急に明るみに引き出されたという感じ》

さらに、「ぜんたいとしての印象は、一種の猛獣にはちがいないが、ライオンやトラのように陽性ではない」と続く。また、児玉の額の傷について「そこから妖気のようなものをただよわし、いくたびか刃の下をくぐってきたことを物語っている」とも記している。

《戦後の日本で、何か異常なことがおこるごとに、マス・コミの矢面に立つことは少ないが、その蔭で、私のいわゆる〝クチ・コミ〟の世界で、いつもひそひそとささやかれるのが、この〝児玉誉士夫〟という名前である。つまり、彼は〝クチ・コミ〟の英雄で

あり、スターである。大人の世界の〝月光仮面〟である》

えらい人物になれ

児玉誉士夫は、一九一一（明治四四）年に福島県安達郡本宮町（現・本宮市）中條に生まれた。

江戸時代の本宮町は二本松藩の領地で、児玉家は、領主の槍術の指南役を務めていた。父・山田酉四郎は、旧二本松藩の御典医から望まれて養子になり、児玉姓を名乗る。養家の家業を継ぐため仙台で医学を学ぶが、徐々に政治活動に傾倒する。

幕末の東北では、幕府擁護に徹した会津藩と二本松藩が、新政府軍と対立していた。結局、両藩を支援する東北諸藩もろとも討伐軍に敗れ、明治維新に乗り遅れる。そして、東北地方は「後進地」というレッテルを貼られ、辛酸を舐める結果となった。

そうした背景が、児玉の父を政治活動に走らせた。

酉四郎は自由民権運動を支持し、東北地方の同運動の中核である福島自由党に参加する。やがて激しくのめり込むようになり、家産全てを政治活動に擲（なげう）ってしまう。

児玉の自伝『悪政・銃声・乱世』によると、酉四郎は釣りが好きで、暇さえあれば阿武隈川に出かけた。それについて行く誉士夫少年に父はいつも同じことを言い聞かせた。

「おまえも立派なさむらいの子だ。この東北は、これまで中央政府から、ずっと継子あつかいされてきたことを忘れてはならない。そして多くの人たちは、いずれも不遇のうちに死んでいった。これらの人びとの霊をなぐさめ、東北を差別待遇から救うには、若いおまえたちが社会に出て、うんと、えらくなることだ。えらい人物になるんだ」

父の政治熱は冷めず、児玉家の生活はいよいよ苦しくなる。そして誉士夫が七歳の時（一九一八年＝大正七）、遂に故郷を捨てて上京する。その年に母が亡くなり、翌年には、一家離散の憂き目に遭う。

四男の誉士夫は、父と弟と共に朝鮮に渡り、現ソウル市内の竜山（ヨンサン）駅の駅長に嫁いだ実姉の家に身を寄せた。

父は誉士夫を姉に預け、五男は他家に養子に出して、単身故郷に戻る。

残された誉士夫は異国の環境に馴染めず、腕白が過ぎたこともあって、結局、二二年には父の元に追い返されてしまう。暫く地元の小学校に通ったが、とんでもないガキ大将で乱暴は一向におさまらない。

十二歳の年で単身上京させられ、亀戸の紡績工場で働いた。一カ月二円という安月給と劣悪な労働環境で、後に児玉は「奴隷のようだった」と振り返っている。その後、より良い仕事を求めて、再び朝鮮に渡った。

少年期に劣悪な労働環境を味わった点は、角栄と共通しているが、「だから、社長にならなければダメだ」と考えた角栄とは違い、児玉は右翼活動に走る。

労働組合活動にも理解を示し、紡績工員だった時には組合員になっている。『悪政・銃声・乱世』に児玉は、その動機を記している。

《われわれ労働者ひとりひとりの力は、ほとんど無力にひとしい。だが、弱者といえども多数が団結し一つの意思のかたまりとなって立ちむかえば、あるていどまでは、強権な資本家に対抗できなくはあるまい。そういう意味で、ただしい労組の活動は、きわめて有意義であるし必要と考えた》

だが、当時の労働運動に、児玉は大いなる違和感を抱いていた。

《争議のばあいなどに、なぜ赤旗を掲げ、「われらの祖国ソビエト」という、奇怪なスローガンを使わねばならないのか》

資本家に対する強い怒りはあるが、それがソ連的な左翼イデオロギーには繋がらない。日本人の誰もが納得できる別のやり方があるはずだ、と児玉は考えたらしい。

私財をなげうって自由民権運動に走った父の「さむらいたれ」という訓え（おしえ）が、誉士夫の人生の水先案内人であった。

えらい人物とは何だ

一八歳になった頃、誉士夫は父が訓え、自身も目標とする「えらい人物」像が摑めず苦悩した。

《偉い人物とはいったい、何を指してのことか。かりに代議士になったにしろ、天下の実業家になったにせよ、けっきょくそれは、貧しい者、ちからなき者のうえに君臨して、その人たちの汗とアブラを搾取し、じぶんだけがドン欲に、のうのうと太ってゆく……ただそれだけのことではないのか》（前掲書）

児玉の思想の根底には、強い反権力の思想があった。それは、激動の少年期に醸成された独特の正義感だ。

イデオロギーよりも、彼自身の正義感を貫くことが、「俺の生き方」と思ったのではないか。

角栄の父も、実現できそうにもないビッグビジネスを追い求めて、家族を顧みなかった。だが、児玉家とは違って田中家には広い農地があり、角栄には勤勉な母がいた。

戦前のどん底生活は、貧困などと一言では済まないほど凄まじいものだ。それを生き抜いた経験と、福島県民独特の反骨精神が化学反応を起こし、児玉の「俺の生き方」が固まっていった。

彼が建国会に出会ったのは、ちょうどその頃だ。

一九二六（大正一五）年に設立された右翼団体で、社会主義者から転向して民族主義者となり、戦前から反共を訴えた赤尾敏が主導して発足した。天皇中心主義を軸として共産主義や社会主義に反対しており、政府の腐敗と堕落に関しても、徹底的に攻撃するという毅然とした態度をとっていた。会長には、日本有数の憲法学者である上杉慎吉東京帝国大学教授が就任し、元東京市長の永田秀次郎、国家社会主義者の津久井竜雄などが名を連ねていた。

労働者の生活、弱い者の生活がいかにみじめであるかを体感していた児玉にとって、赤旗では物足りなかった。それよりも労働者を苦しめる金権政治や悪辣な資本家を攻撃し反抗しうる思想的結社に惹きつけられたのだろう。
以降、児玉は様々な右翼団体を渡り歩きながら、必要とあらば実力行使にも出る活動家へと成長する。

関東軍への失望と怒り

そんな最中（さなか）に、後に父と子のような間柄と呼んだ人物と遭遇する。

外務省情報部長を務めた河相達夫（かわいたつお）だ。

一八八九（明治二二）年、広島県賀茂郡竹原村（現・竹原市）に生まれた河相は、東京帝国大学法学部政治学科を卒業し、一九一八（大正七）年外務省に入省する。三七（昭和一二）年に情報部長に就任すると、盧溝橋事件後の満州情勢を調査するため、非公式の調査員として児玉を中国へ派遣する。

当時、破竹の勢いで占領地を拡大していた関東軍に対して、厳しい目を向けていた河相は、外務省で異色の存在で、関東軍の実態を調べようとする児玉の任務は、「非国民的行為！」と糾弾される可能性もあった。それでも児玉を送り込んだのは、関東軍に不信感を抱いていたからだ。

児玉は、三七年の暮れ、中国に渡る。そして、満州から中ソ国境までを踏破し、関東軍の実態をその目に焼き付ける。

《日本軍の実体は……まさに百鬼夜行、奇々怪々であった。占領地のいずれにおいても、だいいちに目につくのは、日本内地とまったくかわることない柳暗花明（遊郭のこと）で、脂粉の香むせかえる売女が酒席にはべり、夜のふけるまで絃歌がさんざめくのだった。そこには軍あるいは軍関係の車が白昼横づけされ、高級の日本酒や山海の珍味が提供されていた。上、これを行なうときは、下またこれに倣うのが世の常で、上級者から下級の将校にいたるまで、享楽にうつつをぬかし、わが世の春を満喫していた》

《「これが生死を賭けての、日本民族の興廃浮沈を決定する聖戦か」とあきれ失望しないではいられなかった》（『悪政・銃声・乱世』）

児玉はいわゆる軍国青年ではない。冷静に情勢を分析しながら正義感を貫こうとする愛国者の姿が、児玉の嘆きから感じ取れる。

児玉は、帰国するたびに中国大陸における日本軍の醜態を河相に報告、三九年、今度は河相と共に上海と漢口に渡る。それからの二年間で、上海副領事の岩井英一、さらには辻政信や石原莞爾という軍のカリスマ的リーダーとの親交を深めていった。権力者に近づき、着々と信頼を得たこれらの人脈が、後に上海を拠点に暗躍する児玉機関発足へと繋がる。

児玉機関が始動すると、対米英戦争のための資材調達に奔走する。中でも、海軍が要する戦闘機の資材集めに深く関わり、この時の経験が、戦後、児玉が戦闘機選定の際に暗躍する基礎を築いたのかもしれない。

同時に、児玉は軍事必需資材以外の資材も大量に調達した。ダイヤモンドをはじめとする膨大な貴金属だ。

戦後、児玉が政界に大きな影響力を持っていたのは、ひとえにこの時に身につけた財力ゆえだった。

無条件降伏後、児玉は退任前の米内光政海相に会った。中国で蓄えた資産を、海軍に返そうとするが、米内は「海軍はもう存在しないから君の旧部下たちの生活の面倒をみてやってほしい。もしも残る幾分かがあれば、何か国のためになることに使ってもらいたい」と児玉の申し出を断わったという。

この噂を聞きつけたのが、政界の黒幕として知られる実業家の辻嘉六で、彼は児玉に鳩山一郎を紹介する。初対面にもかかわらず、鳩山の人柄を気に入った児玉は、さらに自身が傾倒する「天皇制維持」に鳩山が賛同したことで一気にその信を深め、鳩山が日本自由党を立ち上げる際には、七〇〇〇万円（現在の価値で数十億円相当）の資金を提供したといわれている。

児玉はその後も、鳩山派の河野一郎をはじめ、官僚派の岸信介や大野伴睦ら党人派の政治家らと、深い関係を結んでいる。

児玉とは何者なのか

フィクサー、黒幕、右翼、国士、総会屋の親玉、暴力団のまとめ役、闇の紳士……。

児玉誉士夫という人物は、様々な顔を持つが、共通するのは恩義を忘れない男であるという点だ。

思想よりも、自身が世話になった人物への恩返しを最優先する。その行動規範は、正義であるか否かが全てであった。尤も、児玉の正義とは、彼独自の価値観によるものだったが。

その人物を見込めば、ほとんど初対面のような関係でも、約束は必ず果たす有言実行の人だった。

また、仕事の対価をしっかりと取ることには、躊躇いはない。また、カネは天下の回り物と公言し、支払いのカネは必ず受け取る。その一方で、自らはカネに執着せず、必要とあらば、損をしてでもカネを出す――。「実」のみを求める現実主義者であり、気前の良さは破格だった。

どの様な肩書で呼ばれようとも、結果を出し続けた児玉には、人が群がった。

大宅壮一は前掲「児玉誉士夫論」で、児玉について鋭い分析を下す。すなわち――

《恐らく日本人の中で、その生涯において、彼くらい大量の危機をむさぼり、くぐりぬけてきたものは少ないであろう。いわば彼は〝危機中毒者〟である》

表舞台と裏社会という活躍の場は異なっても、児玉は角栄の映し鏡のようでもある。決断と実行の男であり、困った時は彼に頼め！　と言われた角栄の枕詞は、そのまま児玉にも当てはまる。

貧乏人でも学がなかろうとも、すべての日本人は幸せになるべきだと考えているのも共通だったろう。

「日本のために」という思いは重なっていたが、両者の行動原理が大きく異なっていたため、共に活動することはなかった。

だが、ロッキード事件という大疑獄で、図らずもこの二人の糸は絡まり合う。

2　もう一つのロッキード事件

ロッキード事件が発覚して日本が騒然としていた最中、事件を彷彿とさせる小説が話題になった。

山崎豊子の『不毛地帯』である。

戦後日本社会の歪みに光を当てた社会派小説を次々と世に放った山崎は、同作で総合商社を題材にした。

主人公は、一一年もの長期間シベリアに抑留された元陸軍参謀で、帰還後、日本独特のビジネスを展開する総合商社に就職し、荒波に揉まれる。そこで、次期主力戦闘機（FX）の選定競争の渦中で活躍する。

小説『不毛地帯』は、一九五七年から始まった第一次FX選定競争をベースに戦闘機選定の裏舞台を描いているのだ。

FX――、Fighter-eXperimentalとは、航空自衛隊の次期主力戦闘機（導入計画）を指す略語で、〝F－X〟という名称の戦闘機が存在する（あるいは存在した）わけではない。

FX計画は、一九五〇年代から二〇一〇年代までに四度あった。

第一次FXの機種選定が公に始まったのは、五七年六月頃だ。使用していたF－86に代わって、最新鋭の超音速ジェット戦闘機三〇〇機を導入、国内メーカーがライセンス生産する方針がまず決まった。

ライセンス生産とは、他企業が開発した製品の設計・製造技術を、許可料（ライセンス料）を支払って使用し、生産することを指す。その生産過程で技術力を養い、さらなる向上を目指すので、結果として純国産機生産の実現に近づく可能性がある。

この時のＦＸ候補には、ロッキードやグラマン、ノースアメリカン等の六機種があった。

航空自衛隊の装備に関して、計画を立てて検討する航空幕僚監部（空幕）は、当初ロッキード社のＦ－１０４を強く推していた。

しかし、各航空機メーカーと代理店契約を結んだ日本の総合商社は、逆転を狙って激しい売り込み競争を繰り広げた。

そのような状況の中で、国防会議は発足した。

五四年に制定された防衛庁設置法および、五六年の国防会議構成法に則り、国防の基本方針や防衛計画の大綱、産業等調整大綱の策定、防衛出動の可否の判断などの重大事項を、閣議決定する前に、国防会議で審議することによってシビリアン・コントロールを確保するというのが、会議の役割だった。

構成員は、総理大臣を議長とし、副総理、外務大臣、大蔵大臣、防衛庁長官、経済企画庁長官の五大臣が必ず参加すると定められていた。また、官房長官や国防会議事務局長、通産大臣、科学技術庁長官も出席した。

国防会議では、国務大臣に決定権が委ねられていたので、各社の売り込み戦略の矛先は、彼らに向けられた。

突如出現するグラマン機

第一次FX選定の経緯を追ってみる。

昭和時代における外交・防衛・安全保障の一級資料として知られる「堂場文書」（読売新聞で、防衛や外交記者として活躍した堂場肇の集めた資料）には、その経緯が克明に記されている。

FXの候補に上がった有力機は、米空軍の主力戦闘機であるノースアメリカン社のF－100、ロッキード社のF－104、コンベア社のF－102、ノースロップ社のN－156だった。

実際には、F－100とF－104の一騎打ちだったことが、五七年二月九日付の航空幕僚長から防衛庁長官に宛てた意見上申で分かる。

上申は、両機種を比較した上で、「次期戦闘機としてF－一〇四を整備されることを期待する」とされている。

五七年八月二二日から九月一七日にかけて、防衛庁は調査団を米国に派遣するが、当初予定になかったグラマン社のG－98J－11についても調査せよと、日本大使館及び在日軍事援助顧問団から指示を受ける。

だが、G－98J－11は実験機しか用意されておらず、調査結果は、F－104の評価が最も高かった。ところが、調査団は、判断を先送りする。

そして、翌五八年一月二四日から二月一五日まで、再度調査団を米国に派遣。帰国後、団長が報告したところによると、グラマン社のG－98J－11は「各種の要求性能を満足し、Flexibility（安全性）が大であり、信頼のおける飛行機であり滑走路もN－156（ノースロップ社の新型戦闘機で、この時の視察で、調査機種に追加された）に次で短い等、用兵上及び我国特殊の事情に比較的良く合致している点は上述の欠点を補つて余りあり、航空自衛隊の将来機として最も適するものと認める次第である」と好印象を抱いた報告書を挙げている。

一方、ロッキード社のF－104については、「上昇力、加速等の高性能の点で最も優れているが、用兵上、航続力及び用途の限定され Flexibility の乏しき点で重大な弱点を持つている。将来の航空兵器体系の見地から考慮しても Missile（ミサイル）的なもののくみあわせは適当でない。又本機の特異な設計に関連して避けられない安全性の問題があるが、これは我国情に鑑み軽視出来ない重要事項の一であり、将来の航空自衛隊の健全なる発展に関係する所尠（すくな）くない。従つて本機を次期戦闘機として採用することは避けた方が良い」と切り捨てた。

具体的には、F－104は、離着陸に長い滑走路が必要で、当時の空自の基地に合わないとされた。また、既に同機を採用していた西ドイツで墜落事故が相次いでいたため、安全性が問題にもなった。

この意見上申を受け、同年四月一二日、国防会議で、グラマン社機の採用が内定した。

国士・児玉誉士夫の活躍

ここで、児玉誉士夫が登場する。

児玉は、防衛庁の中堅幹部による「政治的圧力でグラマンに決定した」という風評を耳にしていたが、グラマン内定に不服の河野一郎経済企画庁長官から調査を依頼された。そこで、防衛庁の関係者らから重要資料を集め、児玉はある不正を発見する。

ロッキードF－104には、104Aと104Cが存在し、104Cは大統領の許可が下りていないものの、日本にとってベストな機種であることが判明。にもかかわらず防衛庁の選定担当者はわざと、欠点の多い104Aのデータで議論したのだ。

グラマン内定に不信感を抱く自衛隊関係者や河野一郎らと共に、児玉は岸信介首相に対して厳しい追及を行った。

さらに、野党議員にも情報を提供したため、国会でも岸は批判にさらされた。

当時は表沙汰にならなかったが、一九七八年一二月、米国証券取引委員会は日本への戦闘機売り込みに関する不正事件を告発する。その捜査過程で、第一次FX選定競争での疑惑が明らかになった。東京地検特捜部が入手した資料で、グラマン社が納入一機に対し一〇〇〇万円、最大三〇億円のマージンを、当時の首相である岸信介に支払うという両者の関わりを示す証拠品が発見されたのだ（既に、公訴時効だったため、岸らは刑事訴追されていない）。

児玉はこのマージンの事実を、知っていたに違いない。

五九年六月一五日、児玉が仕掛けた問題提起により、G－98の採用が、白紙撤回された。そして、同年八月、調査団を再度米国に派遣する。

現地で候補機に搭乗した調査団は、防衛庁長官にF－104の採用を上申。一一月六日の国防会議でF－104J（Jは、Cを日本仕様に改良したもの）が選定された。

不可解な児玉の行動規範

児玉はこの頃、既にロッキード社と秘密代理人契約を結んでいたと思われる。

ロッキード事件発覚の時、ロッキード社の元社長アーチボルド・コーチャンは、F－104の大逆転採用劇を指して、「児玉はロッキード社の日本における国務省」と発言したらしいが、それほどに児玉を信頼していた。

とすると、河野や防衛庁に頼まれたから児玉は動いたという解釈は成立しなくなる。

ロッキード事件の捜査で、東京地検特捜部から聴取を受けた児玉の通訳・福田太郎が、興味深い供述をしている。

《昭和三三（一九五八）年夏ころ、ＦＸについてすでに防衛庁はグラマン社のＧ－98採用を内定していた。当時、ロッキード・インターナショナルの社長ハルからＦ－１０４を売り込むため児玉の力を借りたいので紹介してくれと頼まれ会わせた。ハルは「グラマンは紙の飛行機でありまだ実在していないのに比べ、Ｆ－１０４は実在し性能もすぐれているので、これを採用してもらうことが日本のためになることだから、是非これを日本政府が採用してくれるよう力を貸してくれ。日本政府がすでにグラマン採用を内定しているのはその選定を間違っている」と頼み、児玉の求めにより数回にわたって資料を渡して説明した結果、児玉は「Ｆ－１０４の優れていることがよく判ったので、この売込みについて尽力してやろう。私に任せて下さい」と引き受けた》

（福田太郎供述要旨）

「児玉ルート」初公判に出廷する児玉誉士夫（77年6月2日）

カネだけが目的なわけではないが、愛国心のみで動いているとも言えないため、児玉の行動規範は、ルールがないように見えてしまう。

そして、一度動き始めると攻撃に容赦がない。アンチ左翼でありながら、時に社会党議員にまで情報を提供し、閣僚を追い込むことも躊躇わない。

この一件で児玉は、金融王と呼ばれた高利貸しの森脇将光と連携するなど、有益な情報を得るためなら、相手の肩書きにこだわらない豪胆ぶりを発揮した。

森脇もまた、独特の正義感を持っていた。料亭の下足番や仲居を手なずけ、政財界の大物たちの秘密収集に熱心で、「森脇メモ」と呼ばれる情報は、時に疑獄事件の告発の端緒ともなった。

第一次FX選定の一件で、岸に対する世間の追及が児玉の想定を超えると、今度は岸擁護の側に回る変わり身の早さも、児玉の特徴である。

朝日新聞（七六年三月二五日朝刊）によると、五九年四月ごろ、当時、岸を激しく追及していた社会党議員・今澄勇に児玉は面談を求めた。

その席で児玉は、「キミ（今澄）はどうして、岸をああまで攻撃するのかね。二人とも同じ山口県選出の同郷の士ではないか。先輩に対して失礼ではないか。第一、岸は国士だ。それを攻撃するキミは国士ではない。グラマン問題では浅沼稲次郎氏（故人、当時社会党書記長）にも資料をやったりして、納得してもらっている。キミはそういう社会党本部の方針からはずれて、個人プレーをやっているのではないか」と責めたという。

さらに、「おみやげをやるから、ひまなとき、じっくり読んでみてくれ」といって、一冊の本のようなものを手渡したそうだ。

それは、「今澄勇調書」と命名された文書で、一九四七年に今澄が初当選して以来の行状が、五二ページにわたって、克明に記されていた。

この奇妙な行動こそが、児玉誉士夫イズムなのだ。

児玉は、日本社会の闇の奥底に棲息していたかのように考えられているが、メディアの取材にも応じている。

その発言の中にも、児玉の個性の片鱗が窺える。

たとえば、「財界」（五八年一一月一五日号）「児玉誉士夫情報の全貌」では次のように答えている。インタビュアーは評論家の三鬼陽之助だ。

《私が、この飛行機問題をやかましく言うのは、何も防衛庁がにくいんじゃない。やがて憲法を改正、防衛庁が、国民に尊敬される、りっぱな防衛庁にならなければならない。国家予算の一割前後を使って買う尨大な戦闘機の購入問題を、まるで孫がほしがれば、そのおもちゃを無制限に買ってやるお爺さんの様な、言いなりほうだいに買ってやるという、馬鹿げたことは断じて許されない。人格、識見共に第一級の立派な男を、防衛庁長官に回し、すくなくも、月のうち一回や二回は、部隊を回り、若い兵隊と一緒に毛布にくるまって寝、同じ釜の飯をくうくらいの熱情と熱心さを持たねば、日本の国は防衛

庁からして滅びて仕舞うだろう》
《防衛庁には、初めからこの飛行機の問題に、まじめな正義派というのがあった。僕はこの人々から、それは、単なる情報でなく、確実な書類を見せられてわかったのだが、防衛庁が報道機関に発表していることは、僕に言わせれば報道機関をだましている。要するに、グラマンを通すためにあえて都合のよい報道を新聞記者にやらしている。たまたま、報道陣の方でも、それほど深く研究しておらない。
（略）なぜ、もっと真相を深く掘り下げて下さらないかと言うことである。あるいは新聞社が、相協力してアメリカに調査団を派遣、実地に調べてくる。ほんとうにグラマンの性能はどのくらいか、ロッキードの性能はどうなんだ、価格はどうなんだというようなことを、防衛庁の言ったことに疑問があると思ったら、裏から手を回して調べてくる。現に、僕の方では人も派遣し、相当の日数と、費用をかけて、詳細に調べてみた。それで、大きな顔をして言えるのです》

国を憂う国士として、真っ当な正論を、児玉は堂々と吐いている。だがこの当時、既に児玉は、ロッキード社の秘密代理人だったのだから、権謀術数に長けた策士というもう一つの顔も浮かび上がってくる。

3　CIAの影

　児玉誉士夫は米国中央情報局（CIA）の協力者（アセット）──つまり、米国のスパイだったというのは、もはや定説になっている。

「ニューヨーク・タイムズ」の記者として、長年情報機関の取材を続けてきたティム・ワイナーが、CIAが世界中で行った極秘工作について網羅した著書『CIA秘録　その誕生から今日まで』にも、児玉とCIAとの関係が生々しく記されている。

　ワイナーによると、同書は、「CIA、ホワイトハウス、国務省の公文書館から入手して目を通した五万点以上の文書。二千点を超えるアメリカの諜報担当官、兵士、外交官らのオーラル・ヒストリー（口述歴史記録）。一九八七年以降にCIA職員、元職員らと行った三百本以上のインタビュー」を元にまとめられた労作だ。

　噂や伝聞の情報は排除し、匿名の証言も一切使わない。確実な資料と責任ある証言だけに基づいた、まさに、書名に偽りなき「秘録」なのだ。

　同書の第一二章「別のやり方でやった」では、GHQやCIAが行った対日工作が述べられている。

　それによると、戦後、GHQで日本人スパイをリクルートし、運営したのは、チャールズ・ウィロビー少将だった。ウィロビーは、マッカーサー最高司令官の情報参謀として、参謀第二部部長を務めた。

GHQ内で最も右寄りとして知られたウィロビーは、日本を反共の砦に育てようとした。一九四五（昭和二〇）年九月以降、元日本陸軍参謀本部の諜報責任者らを次々にスカウトする。だが、目立った成果が上がらず、立ち往生してしまう。

ウソつきだが有能

四七年に誕生したCIAは、翌四八年には、日本での活動を開始している。そして、四九年から五〇年にかけて、東京支局設立の準備を進めた。

彼らが最初に行ったのは、参謀第二部の活動の精査だった。その結果、ウィロビーがリクルートした元日本軍人らは、私腹を肥やすのに熱心で、「アメリカ側の指揮官たちを常習的にだましていた」ことが判明する。

《アメリカの諜報機関が日本で行った「お粗末な仕事のやり方」の古典的な見本は、政治的マフィア児玉誉士夫との関係だった》

その一例が、タングステン密輸だ。五〇年に勃発した朝鮮戦争によりミサイルの堅牢化が進められた米国では、稀少金属のタングステンを必要としていた。そこで、戦前に児玉機関が調達し、中国に秘蔵していたタングステンを、密かに米国に提供するというミッションが児玉に与えられる。

ところが、児玉は日本まで持ち帰ったにもかかわらず、艦艇が沈んだとして米国にタングステンを渡さなかった。その上、密輸の手数料をそのままポケットに入れてしまったという。

このタングステン密輸作戦には、米国国防総省（ペンタゴン）やＣＩＡも支援費用を融資しており、児玉ら密輸グループは、二〇〇万ドル（約七億二〇〇〇万円）を荒稼ぎしたという。

当初ＣＩＡは、児玉を「有能で粘り強いスパイのグループを仕切っていた人物」と高評価していたのに、タングステンを横領された後の五三年九月一〇日付の支局報告では「彼は職業的なウソつきで、暴力団を仕切るペテン師、根っからのどろぼう」と罵倒している。

とはいうものの、『ＣＩＡ秘録』は、児玉が行った自民党大物議員たちへのはたらきかけについては、率直に評価している。

《それでも児玉は資産の一部を日本の最も保守的な政治家に注ぎ込み、それによってこれらの政治家を権力の座につけることを助けるアメリカの工作に貢献した》

ここで述べられている日本の最も保守的な政治家とは、岸信介元総理を指すと思われる。

同書では、岸信介とCIAの親密な関係が明らかにされているほか、「CIAが反共を目的に、長年自民党に資金援助を行っていた」という、それまでは噂に過ぎなかった日本の暗部にも踏み込んでいる。

朝日新聞編集委員・奥山俊宏の『秘密解除』では、児玉とCIAの関係を裏付ける文書が紹介されている。

それによるとCIAは、児玉の生い立ちからの履歴を細部まで把握していた。そこには、終戦後の四五年一一月、三日間にわたり、児玉がGHQの対敵諜報部隊（CIC）の尋問を受けたという記録もある。その際に児玉は、尋問官に対して「あなたが求める情報は何でもお示しする」とすり寄ったという。四六年一一月二三日付の報告書で、CICは児玉を情報源とすべきだと提案する一方で、「賢く、著しく危険な人物である」とも指摘している。

CICやCIAの児玉調書の量は膨大で、保守の大物だけではなく、日中友好協会や日本共産党の幹部と手を結んだり、暴力団を仲間に取り込んだ事実もつかんでいる。思想や信条ではおさまりきらない独特の行動規範で活動を深化する児玉の軌跡を、克明に記録していた。

米国メディアの告発

ロッキード事件で取り沙汰されるまで、メディアが児玉を取り上げるのは、タブーとされていたようだ。

七一（昭和四六）年四月、ジャーナリストの竹森久朝（たけもりひさあき）が児玉の暗躍をつづったノンフィクション『ブラック・マネー』は、児玉グループの妨害で、刊行中止に追い込まれている。

タブーを最初に破ったのは、米国メディアだった。

七六年四月二日に発売された米国の雑誌「ニュー・リパブリック」の、元「ニューヨーク・タイムズ」記者タッド・シュルツの記事は、日米を騒然とさせた。

児玉が、岸と共に巣鴨プリズンから釈放された四八年一二月二四日、すでに米国の情報機関と協働する関係にあった、と報じたのだ。

《当時、CIAはまだ日本国内で全面的な活動を開始していなかったため、児玉との接触はマッカーサー元帥の占領軍情報部を通じて行われた。最初に面会したのは、米陸軍のストロング将軍（すでに故人）だった》

ストロング将軍とは、ヒトラーの情報機関「東方外国軍事課」、通称ゲーレン機関のトップであるラインハルト・ゲーレンをリクルートし、同機関を対ソの諜報機関に再組織化したCIAの人物だ。日本の関係者の間では、ストロング将軍が目論んだのは、児玉機関を日本における反共の砦として育てることだったのではないかと噂された。

さらにシュルツは、五五年に自民党が誕生して以来の、CIAとの関係についても暴露した。

《私の情報源によれば、CIAは、自民党創立を手助けするのに大きな役割を果たし、以後、同党を支援してきた。この努力にあたって、児玉は明らかに裏でこれを操っていた》

同じ日「ニューヨーク・タイムズ」でも、CIAと児玉に関係するスクープ記事が掲載された。

《児玉がCIAの工作員であることは立証されていないが、元CIA高官によると、米国の在日大使館員と関係を持ち、数回にわたって秘密計画のための米国資金の受領者であった》

これらの記事は、朝日新聞（七六年四月二日夕刊）などによって、日本にも伝わった。

軍事裁判の検察官が暴くウソ

そして、七六年四月、今度は「週刊文春」（四月二二日号）が、極東軍事裁判所検察部捜査局長エドワード・P・モナハンの独占インタビューを掲載した。彼は極東裁判で一五回にわたって児玉を尋問している。

彼はその冒頭で衝撃的な発言をする。

《『ニューヨーク・タイムズ』などは児玉をA級戦犯であるかのように報道しておりますが、児玉は決してA級戦犯ではありません。戦犯として児玉を起訴した事実はないのです。児玉は告発も起訴もされてはいない。ただ、アレゲーション、証拠のない犯罪申したてだけが児玉にはあったのです》

「平和に対する罪」を犯した者をA級戦犯という。つまり国際条約などに違反して戦争を起こしたり、戦争を目的とした計画や謀議に参画、加担した者のことである。

児玉の場合、中国で児玉機関を指揮していた時に、平和に対する罪に当たるような行為があったのではと疑われた。

モナハンは児玉をA級戦犯で起訴しようと試みたが、尋問を続けるうちに、やがて断念したという。平和に対する罪を犯した証拠を得られなかったのだ。そこで、戦時下に殺人や略奪などを行ったBC級戦犯として起訴するよう方針変更された。

児玉の犯罪を裏付けるために、モナハンは何度も中国に渡り、調査を重ねた。だが、結果的には何の確証も摑めず、児玉の起訴は見送られた。

モナハンの証言が事実なら、児玉は米国への協力と引き換えに戦犯の罪に問われなかったのではなく、不起訴で巣鴨拘置所から放免されたことになる。

インタビュアーである同誌取材班アメリカ担当の宇多田二夫が、CIAと児玉の関係を質すと、モナハンは意味深長な答えを返した。

《十五回にわたる尋問で得た児玉の調書、さらに私たちが捜査で得た写真、資料などを一台の特別に厳重なキャビネットに入れ、私は事務所に保管しておりました。ところが、ある夜、突然、この資料がキャビネットごと消えてなくなったのです。何者かが盗みだしたのです》

また、児玉が釈放された四八年一二月、モナハンを訪ねたある人物が、児玉に対する捜査結果の詳細を聞きたがったという。

《この人物はCIAの機関員としてどこかのセクションで働いている、そういうことでした》

CIAはロッキードの工作を把握

児玉が、CIAの協力者（アセット）だったとして、それがロッキード事件とどのように繋がるのだろうか。

前述の「ニューヨーク・タイムズ」の告発記事に、そのヒントがある。

《元CIA職員や日本の情報源によると、一九五〇年代後半にロッキード航空機社によって日本人政治家に支払われた賄賂の詳細の多くは、F104戦闘機の日本への売り込みに関連して、ワシントンのCIA本部に報告されていた。CIAはほぼ二〇年前に賄賂を承知していたが、それはこの二月四日、上院多国籍企業小委員会の公聴会で初めて公開された》

「一〇〇〇億円の空中戦」と言われた日本の第一次次期主力戦闘機（FX）選定の際に、岸総理らに裏金工作を行って自社機を選定させようとしたグラマン社に対して、児玉は、より性能の良いロッキード社のF-104を採用するべく河野一郎らを焚きつけ、最終的に大逆転させた。

この時には既に、児玉はロッキード社と秘密代理人契約を結んでいたのだが、当時は、まったく知られていなかった。

だが、その経緯と関係者の暗躍を、ＣＩＡはすべて把握していたというのだ。

《全体のうち七〇〇万ドル（約二五億円）は児玉氏に渡った。児玉氏はＦ１０４の売り込みで七五万ドル（約二億七〇〇〇万円）を稼いだと見積もられている》

ロッキード社の対日工作に、ＣＩＡ本部が重大な関心を寄せていたことを明らかにしている。

《元幹部は、ＣＩＡ東京支局は「ロッキードに関する物事が持ち上がると、そのすべてについて本部のチェックを受け、その承認を得ていた」と語った。その元幹部は、ロッキードの動きの詳細はＣＩＡの上層部に報告されていた、と強調している。ＣＩＡはその情報を国務省には伝えなかった》

ＣＩＡがロッキード社の売り込み工作に強い関心を寄せた理由については言及されていない。

しかし、ロッキード社は戦前からずっと、数多くの軍用機を開発生産している。それならば、米国政府と一心同体の関係にあったことは容易に想像できる。

ロッキードとCIAの相乗り

「ニュー・リパブリック」で、児玉とCIAとの関係を暴露したシュルツ記者は、「CIAは、ロッキードの日本での秘密工作を知っていた可能性があるだけでなく、現在の調査の状況に詳しい米側の情報源によれば、米政府の秘密の外交目的を達するため、ロッキードの活動に相乗りしていた可能性もある」と推論している。

その上で、「CIAが、秘密の政策を日本で遂行するにあたって、なかんずく、極右を支援するにあたって、その尖兵としてロッキードを使ったのかも知れない」とも続けている。

児玉は、ロッキードの売り込みのために、彼自身のネットワークをフルに活用し、目的を達成した。

もしかすると、工作が潤滑に進むように、ロッキード社に児玉を紹介したのは、CIAかも知れない。

ロッキード社のコーチャン元社長が、児玉を「日本における国務省だった」と評したとされているが、それにはもっと重い意味が込められていたとも考えられる。

4　日系CIA三人衆

さらに、児玉―CIA―ロッキードを繋ぐもう一つの要素がある。

それは、児玉暗躍をサポートした三人の日系アメリカ人だ。

通訳を務めた福田太郎、ロッキードからカネを受け取る時の窓口的役割を果たしたシグ・片山、そして、ロッキード社（ロッキードエアクラフト・アジア・リミテッド）の東京支配人として航空機の売り込み交渉に立ち会った鬼俊良（おにとしよし）のいずれもが、CIAのエージェントだったと言われている。

彼らの素性は、ほとんど不明である。

尤も、まったく情報がないというわけではない。一九七六（昭和五一）年二月にロッキード事件の存在が明らかになり、検察庁を含め、児玉誉士夫こそ首謀者だと思われていた約五カ月間、日本のメディアは、この三人の日系米国人の活動やその背景の解明にも力を入れていた。

まず、ロッキード社から日本の政治家への資金提供を仲介したとされる人物として、シグ・片山（本名・片山茂朝（しげとも））という存在が、チャーチ委員会によって明らかにされた。

片山がロッキード社宛てに発行した総額約二〇〇万ドル（約六億円）の八枚の領収証をチャーチ委員会が保持しており、同年二月四日、実物も公表した。これらの領収証は、ロッキード社が政府高官にばらまくカネを一時的に片山に預けて、賄賂工作の隠蔽を謀った証拠だと委員会は判断したのだ。

公聴会後の二月一六日に、片山は自宅のあるロサンゼルスで記者会見し、事件との関連を否定した。

しかし、日本のメディアは片山の存在を重く見て、彼の過去を洗い出した。

その結果、片山とアメリカの情報機関は戦時中から深い関係があった事実が浮かび上がってきた。

二五（大正一四）年八月、ロサンゼルスで生まれた片山は、カリフォルニア大学を卒業後、四三年に米国陸軍に入隊する。

大戦中は、戦時情報局（ＯＷＩ）に所属したという情報や証言があり、中国の重慶や漢口で活動していたと言われている。ＯＷＩは国務省直属の機関で、軍事宣伝活動を中心とした情報機関だった。

戦後に来日し、四六年から四九年まで、ＧＨＱ経済科学局に軍属として勤務した。しかし実際は、日本国内での諜報活動を行う参謀第二部の一員だったらしい。

五〇年代に入ると、カナダや米国など外資系企業の日本代表に就いたり、米国生命保険の外交員なども務めた。多くの肩書きは素性を隠すための隠れ蓑で、一貫して日本で諜報活動を続けていたという疑惑がある。

ロッキード事件やダグラス・グラマン事件を追及し、多くの著作もあるジャーナリストの吉原公一郎が、七六年の事件発覚直後から「週刊読売」で連載した「ブラック・ロッキード」の中で、片山のビジネス遍歴について言及している。

彼のキャリアは屑鉄ビジネスから始まっている。表向きは、米軍から屑鉄の払い下げを受けて、それを再加工して販売していたというが、実際は中古兵器をタダ同然で買い上げて、台湾やインドネシアなどに販売していたようだ。兵器の払い下げにはGHQの許可が必要で、四社による独占ビジネスだったが、その一社が片山の会社だった。

また、CIAによる海外での偽装工作について吉原は、ロックフェラー委員会がまとめた報告書を元に言及している。

ロックフェラー委員会とは、七五年一月に、ジェラルド・フォード米大統領によって設置されたアメリカ合衆国CIA活動調査委員会である。委員長を、副大統領のネルソン・ロックフェラーが務めた。

委員会が調査した事件の中に、CIAが外国の指導者を暗殺し、親米派のリーダーを擁立したと噂される工作がある。そしてCIAは偽装工作の専有会社を持ち、CIAに職員が政府機関や営利会社に潜入する便宜を図っていたことがわかった。また片山がインドネシアに武器輸出をしていた頃と、CIAの支援を受けたインドネシアの反共勢力によるクーデターの時期が近いことから、片山がCIAと連携していた可能性を、吉原は示唆している。

そして、片山がケイマンに設立したID社も、その一つではないかと吉原は疑っている。ロッキード事件で問題となるＩＤ社は、七三年に設立されている。
七六年六月二日のロッキード問題調査特別委員会では、片山が証人喚問を受けた時に、ロッキード社の裏金を日本に送金する役目を果たしたディーク社との関係について、共産党の増本一彦から追及されている。

増本委員　あなたは香港にしばしば行っておられるようですが、このロッキード事件で問題になっておりますディーク社極東支店を御存じですか。

片山証人（通訳）　ディーク社に関しましては、新聞で読んだことはございます。しかし、香港のディーク社ないしは世界のどこの場所におきましても、ディーク社を訪れたことはございません。

増本委員　あなたのお答えですが、日本の捜査機関等が捜査をしたところによりますと、ディーク社からマニュファクチャラーズ・ハノーバー・トラスト銀行の東京支店の口座に一〇〇億円のお金が持ち込まれていて、この口座からあなたの会社であるＩＤ社へ向けて支払い依頼書が出されている。当然あなたは、ＩＤ社としてこのお金を受け取られていると思いますが、これはどんな趣旨のお金で、幾らあなたが受け取っておられるのですか。

片山証人（通訳）　その情報をどこで御入手になられたのか存じませんが、ＩＤ社としては、ディーク社からもあるいはマニュファクチャラーズ・ハノーバー・トラストからも、一セントたりとも、一円たりとも受け取っておりません。

増本委員 あなたについては、これまでアメリカ中央情報局すなわちＣＩＡの要員ではないかというように言われていることもあります。あなたはこのＣＩＡと関係があるのではありませんか。

片山証人（通訳） いま御指摘の情報源を伺いたいと思います。

米国誌「ニュー・リパブリック」によると、ニューヨークに本社を置くディーク社は「ＣＩＡが長年にわたり全世界的規模での資金操作の地下チャンネルとして利用している機関」であった。

また、ロッキード社の対日工作の為替業者として、六九年から七五年一月まで合計二七回、総額約八三〇万ドル（約二五億円）を日本に持ち込んだ。そのうち約七〇〇万ドル（約二一億円）が児玉の手に渡った。

日系二世の悲哀

片山は、証人喚問のために来日した時に、朝日新聞の取材を受けている。また、証人喚問直後に米国人記者からの取材も受けており、その録音テープを、「週刊ポスト」（七六年七月九日号）が入手、スクープ記事として掲載している。

これらの記事では、根拠もなく日本のメディアにＣＩＡ局員とされ、ロッキード事件にも深く関与していると断定されたことに対する片山の憤りが紹介されている。米国では、被告といえど有罪が確定するまでは、メディアは節度ある態度で記事を書くが、日本ではメディアが有罪を決める、という厳しい非難も口にしている。

さらに同誌では、「私が報道機関から見て一番ずるい、傲慢な日系米国人に映ったこと、説明するのがむずかしいが、日系米国人ということで反感をもたれ差別を受けているのではないだろうか。日系米国人は終戦直後日本人を利用したからね」と、日系米国人の悲哀を訴えている。

これは、あながち言いがかりとも言えない面がある。

七六年一〇月の「朝日ジャーナル」（臨時増刊号）で、ロッキード事件で暗躍する日系二世たちの背景について、ジャーナリストの伊達宗嗣は、以下のように述べている。

《日系二世たちの特殊な心理を、巧みに利用しているのがＣＩＡである》

《ＧＨＱ時代からＣＩＣその他の情報機関には少なからぬ二世が勤務していた。ＣＩＡだけでなく、米軍の諜報機関も同様に二世をつとめて採用したらしい。

米国籍の人々はＣＩＡに「協力しないと市民権を取り消す」とまで脅迫された。さらにＣＩＡは協力者の範囲を日本国籍者に拡大した。この場合は「市民権はいらないか」

が、まだ米国の富と力に眩惑されていた人々に対する殺し文句になったという》

日本を思い通りにコントロールするために、日系二世という苦悩を抱える市民を道具に使うとは非人道的な話だが、現在でも、ＣＩＡなどの情報機関が、イスラム系テロ組織への対策のためと称してアラブ系米国人を利用しているように、それが米国のやり方なのだ。

なお、ロッキードの裏金を政府高官に仲介した重要なキーマンであるにも関わらず、東京地検特捜部は、片山を罪に問うていない。

彼が米国籍だったからだろうか。

それだけでは、ないだろう。

ロッキード社ただ一人の日系人

事件発覚直後から、ロッキード事件の真相を知る人物として注目されたのが、ロッキード社東京事務所の鬼俊良支配人だ。

事務所で唯一の日系人である鬼は、コーチャンやクラッターらロッキード社の幹部と、日本の企業や政府高官との連絡係だとみられていた。

彼もまた、衆議院の予算委員会で証言しており、本社役員の高度なビジネス交渉については一切知らないし、ロッキード社を代表して丸紅や政府高官と接触した事実はないという主張を貫いた。

鬼は、東京・本郷出身の日本人で、父は海軍大佐だった。一九四一（昭和一六）年四月に、高等教育機関である上海の東亜同文書院大学予科に、翌年一〇月同学部にそれぞれ入学している。

終戦後は日本に帰国してGHQ経済科学局に籍を置いていたが、片山同様、中国大陸の情報収集をする工作活動を行っていたという証言もある。

「週刊文春」七六年五月二〇日号の「立花隆　CIAと児玉誉士夫・4　スパイ密輸船の工作者・鬼俊良氏」という記事が、鬼の裏の顔を暴いている。

五二年、密輸船に絡んだ詐欺事件の裁判があり、捜査の過程で、鬼は四八年から、アメリカ極東空軍の米空軍諜報部（OSI）の調査官であったことが明かされ、鬼はその事実を認めている。当時、鬼は立川基地で川崎航空機の通訳をしていたと語っていたが、米第五空軍のOSIは、立川基地にあった。

さらに鬼は日本で投資家や実行部隊を募って中国との密貿易を行っており、そこで中国や朝鮮半島の軍事情報を入手していたことも裁判で判明している。

その後、五八年に、川崎航空機の役員から紹介を受けて、鬼はロッキード社に就職する。

当時、川崎航空機はロッキード社と提携して、対潜哨戒機P2Vの組み立て生産をしていた。

偶然か、必然か、ここでもロッキード社と米国情報機関が繋がっている。

ロッキード社やＣＩＡが、鬼を重要なキーマンとして扱ったであろうことは想像に難くない。

彼もまた、東京地検特捜部の聴取こそ受けたものの罪に問われることはなく、米国で人生を全うした。

鬼は、六二年にロッキード本社に出向した時に、米国籍を取得している。その時点で米系企業での雇用期間は四年ほどしかない。米国籍の取得のハードルの高さはいつの時代も同じだ。よほど才能のある人物や政治亡命者でもない一般人が、たかだか四年ほど米系企業で働いても、取得できるものではない。

この異例の早さもＣＩＡの関係者である裏付けになると指摘するメディアもあった。

日系二世で、敵性活動に従事

ロッキード事件で、最も深く児玉誉士夫と関わった日系米国人・福田太郎の場合、前述の二人とは正反対の動きをしている。

福田は、一九一六（大正五）年に、ユタ州のソルトレイクシティで生まれている。両親は広島県出身の日系人で、生後すぐに日本にも出生届を出したので、福田は日米両方の二重国籍であった。

カリフォルニアのジュニア・カレッジを卒業すると、来日して早稲田大学に入学。三九（昭和一四）年に卒業した後、満州電信電話会社に就職した。

満州電電は、実質は関東軍直轄機関で、満州地区の電信電話を供給するだけではなく、ソ連や中国の通信傍受や、欧米に対してのプロパガンダなども担っていた。

「週刊文春」七六年五月一三日号の「立花隆　CIAと児玉誉士夫・3 〝進駐軍人間〟福田・鬼・片山三氏の役割」では、福田の満州電電時代の様子が紹介されている。

当時の電電局員によると福田は、「いまでいうディスク・ジョッキー的なシャレた番組を作っていました。レコードや生演奏の合間にニュースを流したり、いろんな話をするわけです。こんなこともありました。奉天にコレヒドールや南方から送られてきた捕虜が数千名いました。その一人一人に留守家族あてのメッセージを書かせ、いいものを選んで捕虜本人に朗読させ、その合間には捕虜たちのギター、ハーモニカ、歌などの生演奏をさせるという番組です」。

「いいもの」とは、日本に好意を示すものという意味だろう。それは米国側から見れば、明らかに敵性行為だ。戦時中に行っていた同様のプロパガンダ活動について、戦後に米国から厳しく罰せられた日系米国人は大勢いる。

実際、終戦後、福田も拘束され収容所に収容されるが、別の評価を受けて、巣鴨拘置所で勤務するようになる。

それは、戦犯の通訳だった。

取り調べに対して有意義な情報を大量に提供したから、罪を減じられ、巣鴨で通訳をさせられたというのが、妥当な解釈だろうか。

だが、私のような小説家は、福田はそもそも満州電電に勤務していた時から、米国の情報部員として、満州や関東軍、そして中ソ情報を米国に送っていたのではないかと妄想してしまう。

そして、福田は、巣鴨拘置所で、戦後彼の人生を大きく左右する人物と出会う。

児玉誉士夫だ。

5 コントローラー

福田は、シグ・片山や鬼俊良と同列にみなされているが、それ以上の存在だったのではないだろうか。

福田の供述調書によると、福田家と児玉家は、家族ぐるみのつきあいを続けたとある。

しかし、福田は、戦前の日本の為政者や軍人を、連合国の一方的な理屈で処罰する時に、検事側の通訳として協力しているのだ。国士である児玉が、そのような立場の人間と長年懇意にしていたというのは、やや不自然である。

国内や中国が主戦場だった児玉に、英語通訳など不要だろう。それに児玉が巣鴨の拘置所から釈放されたのは、一九四八(昭和二三)年、ロッキード社と秘密代理人契約を結ぶのは、五八年だ。つまり、一〇年のブランクがある。この期間も、二人の関係は続いていたのだろうか。

児玉がロッキード社の秘密代理人となってからは、通訳の福田が、その活動のほぼすべてを把握していたことを考えても、特別な存在だと推測できる。

その上、ロッキード事件発覚後は、逮捕されたわけでもないのに、特捜検事の度重なる聴取に、福田は応じている。しかも、当時の福田は肝硬変などの重病を患い、長期入院していた。

結局、検察が期待するような告白は無いまま、七六年六月に、福田は死亡している。

福田太郎は、日本を食い物にした米企業や日本の政治家を懲らしめるために、勇気を振り絞り真実を語った。そんな美談で済ませてよいのだろうか。

ロ社への仲介は私が

七六年二月二一日の毎日新聞に、「児玉・ロッキード幹部会談『私が通訳した』」という見出しの、福田の単独インタビュー記事が掲載されている。

記者は、福田がかつて、東京女子医大病院に入院していたという情報を摑み、病院に電話を入れてインタビューに成功した。ちなみに、東京女子医大は、児玉のかかりつけ病院でもある。

《「福田太郎さんという方は、入院していますか」

電話は、消化器病棟六階のナースセンターに回された。福田は、二六〇三号室に入院していた。

「お見舞いに行きたいのですが、面会できますか」

「顔を見せる程度なら大丈夫です。三十分もすると、ぐったりしますが……」》

個人情報の管理が厳しくなった現在では、あり得ない展開ではある。手段の是非はともかく、関係者を訪ね歩いてネタを取る記者の地道な取材が、一つの金星を手にしたのだ。

記事では、病床にある福田への一問一答が、生々しく記されている。

《――児玉さんをロッキード社に一番初めに紹介したのは、福田さんですか。

(約一分間、沈黙したあと)そういうことになります》

この一文には、とても重要な事実が提示されている。

すなわち福田は、児玉がロッキード社とビジネスをするために、通訳として雇われたのではない。むしろ、ロッキード社と児玉を繋いだのは、福田だったのだ。

この記事は、福田が、病院で聴取を行った検事にも同様に供述していたことを裏付けた。

また、ロッキード社のコーチャン元社長は、自著『ロッキード売り込み作戦　東京の70日間』の中で、福田について以下のように、高く評価している。

《実際、彼は私にとっては単なる通訳以上の重要なパートナーで、ロッキード社のセールスマン、売り込み作戦の参謀、さらに交渉相手の考えを読みとる心理学者、といったきわめて重要な任務まで果たしてくれた。鬼氏がロッキード社の日本での〝表向きの通訳〟とすれば、福田氏はさしずめ〝舞台裏の参謀兼通訳〟といったところだった》

福田のことをもっと知りたい。

そう思っている時に、福田に単独インタビューした記者が、存命であることが分かった。

事件当時、毎日新聞社会部の記者だった板垣雅夫だ。

当時の取材での福田の印象や、記事に書かれていない詳細について知りたくて、板垣に会った。

平成が終わろうとしている二〇一九（平成三一）年四月下旬の昼下がり、七六歳の板垣と日本プレスセンターで待ち合わせをした。

「我々の取材の大半は、警察や検察の情報をきっかけに始まる。でも、ロッキード事件は、我々が先行して、事件を探った稀な例でした」

やり甲斐はある分、膨大な無駄足も踏んだ。幸運もあれば、悔しさを噛みしめたこともある。

「電話して、ちょっとでも脈があれば、会いに行く。そして、必死で協力を求めた」

板垣は、取材班に参加した初日の七六年二月一〇日、いきなり金脈を探り当てる。

それは防衛庁の元関係者で、その後商社に入社した人物だ。夕刻自宅を訪れたが、不在だった。そこで、板垣は帰宅予定時刻を聞いて、約四時間待った。

二月の寒空の下で粘ったのが奏功したのか、相手は取材に応じてくれただけでなく、信じられないほど明確かつ克明に、事件の概要を話し始めたのだ。

そして、ロッキード事件が単なる一民間企業の売り込み不正事件ではないと断言した。さらに、複数の政治家の名前や、情報機関の関与について言及し、鬼や福田の存在と児玉との関係についても、話したという。

そして、板垣は、福田を追うべきだと直感した。それが、単独インタビューに繋がったのだ。

福田は、キーマン

「私は、福田さんは、ロッキード事件のキーマンだったと思いますよ」

福田は、戦前から満州電電に勤務し、米国と通じていた可能性もある。そのあたりの情報も、板垣は取材していた。

もしかすると、福田は、児玉とＣＩＡのパイプ役だったのではないか。

「その可能性は、高いかもしれませんね」

板垣自身、福田との面会後は、時に監視者の影を感じることがあったという。不可解な電話で呼び出されたこともある。

「監視されているとしたら、アメリカの情報機関なんだろうな、とは思いましたね」

板垣の話を聞く内に、私の中ではあるストーリーが生まれていた。

――第二次大戦が終結し、世界は冷戦時代を迎えた。米国としては、ソ連、さらには中国の動きを警戒すると同時に、日本国内の赤化についても、防ぎたかった。

その目的を成就するためには、児玉が適任者だと判断され、協力者（アセット）にしたいと米国は考えたのではないだろうか。時にウソをついたり、米国の裏をかいて金儲けしたりもするが、それを差し引いても役に立つ男だった。米国人には到底理解できない日本の政財界や闇の紳士との交流はもとより、表では処理できない案件の始末屋として、児玉は使えた。

諜報の世界では、各情報機関が、現地のアセットを指揮監督するための人物を、工作官（コントローラー）という。

コントローラーは可能な限り、目立たない方が良い。従って、Ｇ２（参謀第二部）やＣＩＣ（対敵諜報部隊）などに所属するアジア系ではない米国人は、日本では動きにくい。

そこで白羽の矢が立ったのが、福田太郎だったのではないか。

福田のプロフィールについては、詳細はほとんど不明だ。その名が残っている記録としては、戦後すぐの極東軍事裁判で、検事の通訳として取り調べに同席しているというものがあるくらいだ。

また、GHQ内の情報部長として権勢を振るっていた、チャールズ・ウィロビーとも関係があったようだ。

それを裏付ける一冊の書籍がある。

『ウイロビー報告　赤色スパイ団の全貌―ゾルゲ事件―』だ。ウィロビーが、戦前日本で暗躍したソ連のスパイ、リヒャルト・ゾルゲについての調査をまとめた書で、福田太郎が翻訳している(日本版は五三年刊)。

しかも、同書を刊行した東西南北社は、福田太郎が社長を務めた出版社なのだ。そのような事実を重ねると、福田はウィロビーが重用した大物エージェントだったとも言えるのではないか。

戦前から満州にいたという経歴だが、日本ではなく米国に貴重な情報を送り続けていたとも考えられる。そうでなければ、戦後巣鴨拘置所でGHQの通訳にはなれないだろう。

だとすると、福田は拘置所の中で、日本で動けるアセット候補を探した可能性もある。

それが、児玉誉士夫だった。

すなわち、児玉が通訳として福田に目をかけたのではなく、福田がアセットとして児玉を見付けたのだ。

福田証言の意図

そして、CIAとロッキード社が共同戦線を張ったとも言われている五八年、ロッキード社の戦闘機売り込みの時に、福田が児玉と共に、日米のビッグビジネスの表舞台にいきなり姿を現す。

F－104の売り込み作戦を指揮していたロッキード・インターナショナル社長のジョン・ケネス・ハルを、福田は児玉に紹介したのだ。

児玉は期待に応えて、第一次FX選定競争で、八面六臂の活躍を果たした。

通訳という仕事は、コントローラーとしての務めを果たすのに、最適の職業だ。児玉と共に行動しても不自然ではなく、重要な面談の内容を全て把握して、児玉の行動や成果を間近で確認もできる。

児玉―福田のペアは、日本に於ける米国情報機関の最強コンビだったのではないだろうか。

さらに、福田が死の間際に東京地検特捜部に協力したのも、彼がコントローラーだとしたら、腑に落ちる。

検察の捜査をＣＩＡの思惑通りに進ませるための戦略だったのではないかと考えるのは、私の妄想に過ぎないのか。

仮にもパートナーだった児玉を、なぜ、裏切るのか。それは、福田の祖国（アメリカ）への最後のご奉公が、検察をミスリードすることだったからではないか――。

米国からの資料以外で、最初に田中角栄の関与について検事に証言した関係者は、福田だと言われている。

角栄とトライスターというラインこそが、事件の本筋だと、児玉の通訳が言うのだ。信憑性は充分ではないか。

だからこそ福田は、検察の聴取にも、記者の取材にも応じたのだ。

先入観が歪めた構図

先入観は、洞察力を鈍らせる――。

先入観の罠に嵌まると、本質とは全く異なる答えに着地することになる。

ロッキード事件は、その好例だったのかも知れない。

チャーチ委員会の場で、日本で起きた巨大な疑獄事件がいきなり暴露される。しかも、そこで明かされた名は、日本最強のフィクサーだった。

その名が、米国から伝わった瞬間、メディアも捜査機関も、そして世論までもが、興奮してしまった。

その結果、児玉＝黒幕説が正解と言わんばかりに、事実を都合良く積み重ねてしまったのだ。

福田太郎は、児玉の通訳だったと言われると、疑いもなく受け入れた。両者の関係を精査せず、福田の断片的な証言を疑わなかった。

しかし、福田の経歴を辿って、彼が所属したとおぼしき情報機関の思惑、さらには当時の国際政治にまで視野を広げると、まったく別の絵が浮かび上がってくる。

児玉が、ＣＩＡのアセットだったという視点からロッキード事件を眺めると、たんなる自社製品の売り込み汚職ではすまなくなる状況が、はっきりと見えてきた。

児玉―ＣＩＡ―ロッキードというトライアングルが、戦後二〇年以上、日本で暗躍していたとするならば、ロッキード事件の本質は、従来の〝定説〟と全く異なるものであったことは明らかだ。

すなわち、一軍事企業の長年にわたる賄賂工作事件ではなく、日米安全保障条約の裏面史の断片を白日の下にさらけ出した端緒とみるべきなのだ。

もし、児玉―福田ラインが進めたルートが、ロッキード事件の本線だとすると、米国側は何としても対潜哨戒機Ｐ－３Ｃを、日本に買わせたかったということになる。

第十一章　対潜哨戒機

1　ソ連原潜の脅威

田中角栄が、東京地検特捜部に逮捕される一二日前の一九七六（昭和五一）年七月一五日、ＮＨＫ総合テレビで、「見えない防衛線～米ソ世界戦略と太平洋～」という特集番組が放映された。

タイトルからは漠然としたイメージしか湧かないが、番組の主役は、米ソの原子力潜水艦（原潜）と対潜哨戒機Ｐ－３Ｃだ。

番組は次のようなナレーションから始まる。

《この深く捉えどころのない海を絶好の隠れ家に、核ミサイルを大量に呑み込んだ原子力潜水艦が潜んでいる》

続いてリポーターの解説が続く。

《太平洋には、この潜水艦（筆者注＝当時の日本の最新型潜水艦を示す）よりも深く潜り、ほとんど無制限に航行する能力を持った原子力潜水艦（原潜）が、アメリカ、ソビエトを合わせますと、一〇〇隻近く活動しているとみられています。しかも、原潜は合わせて広島に落とされた原爆の八〇〇倍もの威力を持つ核ミサイルを積んでおり――》

互いに冷戦と称しつつ、米ソは軍拡を進め、核兵器の保有数を競った。ソ連はそれに加え、原潜の開発にも力を注ぐ。

海中では酸素を必要とする火力エンジンが使えないため、それまでの潜水艦は、蓄電池を利用したモーターを動力源とした。尤も、蓄電池は、最長でも四八時間しか持たないので、定期的に浮上し、ディーゼルエンジンを用いて充電しなければならなかった。だが、頻繁に浮上していては、敵側の偵察機に発見されてしまう。

そこで開発されたのが、原潜である。エンジン駆動に酸素を必要としない原潜なら、最長一カ月間浮上せずに活動ができた。

米ソ両国の原潜開発は、ほぼ同時にスタートするが、七〇年代に入ると、ソ連の原潜の優位性が際立った。

番組では、核ミサイルを搭載したソ連の原潜を探るため、米国が開発した最新鋭対潜哨戒機P－3Cにフォーカスを当てた。

NHK取材班は、米国海軍との交渉によって、番組クルーのP－3Cへの同乗に成功。生々しい映像によって当時、最新鋭と言われたP－3Cの凄さの片鱗を日本に紹介した。

同機は当時、ロッキード社が日本に売り込み工作を行ったといわれる軍用機だった。日本の自衛隊が、P－3Cを次期対潜哨戒機（PXL）として正式に採用したのは、七七年八月二四日だ。つまり、同番組放送段階ではまだ、選定の最中にあった。

空飛ぶコンピューター

P－3Cはレーダーの代わりに、潜水艦潜航による地磁気の乱れを摑む磁気異常探知機、シュノーケル航行中のディーゼル排気をとらえる赤外線探知装置などを搭載。そして高度三、四〇〇〇メートルから潜水艦を捜索、識別し、ソノブイ（海中の音や反響を探るソナー）を投下、その受信信号をコンピューターで解析し、位置を特定する。潜水艦探索のために、約一万五〇〇〇品目にも及ぶ電子機器（アビオニクス）を搭載し「空飛ぶコンピューター」と呼ばれた。

さらに、米軍は、グリーンランド―アイスランド―英国間の海底に、潜水艦の音をとらえるハイドロホンを多数備えたケーブルを敷設して、大西洋でのソ連の戦略ミサイル原潜の潜航を封じ込める。同様に、太平洋側でも固定式監視網の充実を進めようとしていた。

米国が積極的に対潜戦略を進める以上、同盟国である日本の海上自衛隊は座視しているわけにはいかない。

防衛庁は、六八年頃から、対潜哨戒機の機能向上について研究を進めており、列国潜水艦の進化に対応するためには、新しい対潜機の開発が必要であるとして、七〇年度以降、基本設計等のための予算を毎年要求していた。

六八年三月には、P－3Cに搭載するコンピューターシステムであるA－NEWの機器の購入の可能性と価格について、在日米軍事援助顧問団に問い合わせている。航空機は自国で開発し、コンピューターシステムだけは輸入しようと検討したのだ。

P－3C

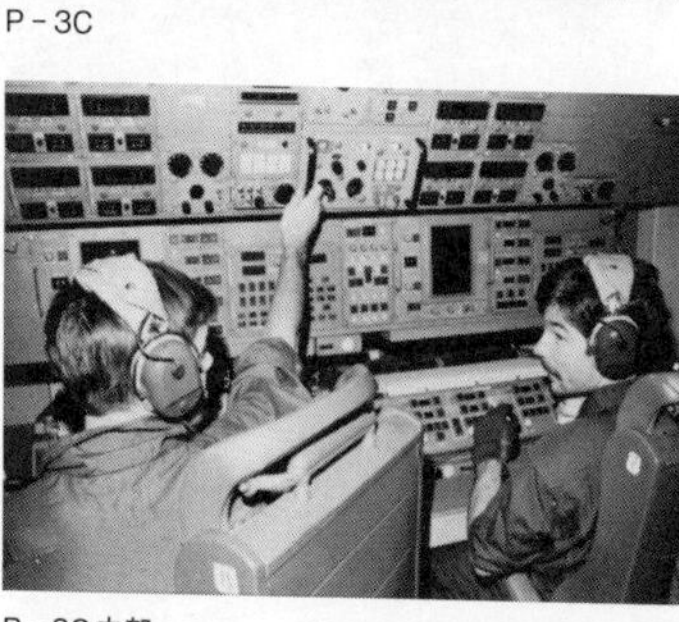

P－3C内部

しかし、翌年四月に、同顧問団から、「現時点ではA－NEWに関する資料を日本政府に提供することはできない」と返された（防衛庁長官官房広報課編著「防衛アンテナ」一九七七年九月臨時増刊号）。

対潜哨戒機は飛行機の性能としては、最先端技術を駆使する必要はない。P−3Cの場合は、ロッキード社が五九年から運用を開始した、ジェット機なみの推進力・運動性能を備えるターボプロップ旅客機L−188エレクトラを改良して利用した。だが、当時の米国は、たとえ相手が日本でも最重要機密であるシステムを提供するつもりは、なかったようである。

さらに、もう一つ厄介な問題が立ちはだかる。

六九年に米国大統領に就任したリチャード・ニクソンが、七月に外交政策の基本姿勢である「ニクソン・ドクトリン」を発表、その中で、アジアの安定に積極的に尽力せよと、日韓に対して意思表示した。

そして一一月、ワシントンDCで行われたニクソン―佐藤（栄作）会談で、ニクソンは武器の国産化推進を佐藤にそれとなく勧めた。

しかし、日本の領海の防衛を強固にするには次期対潜哨戒機（PXL）は、P−3Cがベストである。それが当時、海上自衛隊の幹部の共通認識だった。

海底にある米軍の固定式監視網を共用するためには、コンピューターの互換性も不可欠だ。

にもかかわらず、一部の政治家や自衛隊幹部の中には、ニクソン・ドクトリンを受け、米国からの自立を目指そうと、国産兵器の開発を求める声があった。

さらに、衆議院議員に初当選して以来、自主防衛を提唱し続ける中曽根康弘が、七〇年に防衛庁長官に就任したことで、自主防衛路線が一気に加速した。そのため、ＰＸＬを純国産で製造しようという気運が高まったのだ。

そこで、防衛庁は、七一年四月に発表した四次防（第四次防衛力整備計画＝七二年度〜七六年度の計画）の原案の中で、「装備の開発を推進する。項目としては、対潜哨戒機、レーダーとう載警戒機等の航空機、各種誘導弾及び各種電子機器等を重視する」という文言を織り込んだ。

２　「海の忍者」を見つけよ

匿名を条件に、海上自衛隊のＰ－３Ｃの試乗経験がある人物に話を聞いた。

「四〇年以上も前のプロペラ機という先入観があったので、乗り心地の良さに驚いた」

その人は、海上自衛隊の訓練に参加したという。

「何度も急旋回を繰り返して、海上を行き交う船を自在に撮影したり、上空から海上二〇〇メートルまで急降下して、潜水艦の音紋（潜水艦が発する音の波形で、指紋のように、明確に個体が見分けられると言われている）を探す飛行など、実戦さながらの訓練だった」と語った。

海面ギリギリまで降下し、水平を維持しながら、低速で長時間飛行できる性能が、対潜哨戒機には求められる。

低空飛行は機体が不安定になり振動が激しくなると言われているが、P－3Cでは、揺れや細かな振動を感じなかったという。

「ターボプロップエンジンを片翼に二基、計四基備えて、安定性を維持していると聞いた。機種選定の時に、一部の政治家が（片翼）二発のエンジンは贅沢と指摘したそうだが、実際に乗ってみれば納得したはずだ。海中の潜水艦を探索するのにあの安定性は必要だろう」

上空から静かに海上すれすれまで降下し、海の中を探る。敵に探知されそうになると、疾風のように現場から消え去る。

「海の忍者」とも呼ばれる潜水艦に対抗する対潜哨戒機は、「空の忍者」としての機能を持たなければならなかったのだ。

国産機P－2J登場

日本初の哨戒機である「東海」は、一九四四年一〇月に運用開始されている。同機は低速での長時間飛行が可能で、潜水艦を発見すれば、急降下しながらの攻撃もできた。

総計一五三機が生産されたが、正式採用されたのは、既に日本軍が本土周辺海域の制空権すら失っていた終戦間際だったため、運用期間一年足らずで、半数以上が失われてしまった（戦後に残ったのは、六八機）。

一九五四年、海上自衛隊が発足した翌年に、ようやく米国からロッキード社製の中古で、Ｐ２Ｖ－７一六機の無償供与を受ける。そして五七年九月の国防会議で、Ｐ２Ｖ－７国産化の方針が決まる。

ここでいう国産化とは、ライセンス生産を指す。

翌五八年一月に日米共同生産の取決めが調印されると、政府は同年八月に川崎航空機（現・川崎重工）にＰ２Ｖ－７を発注、以降六五年までに、ノックダウン生産とライセンス生産あわせて計四八機が製造された。

ただし、米海軍では五九年に、Ｐ２Ｖ－７の後継機であるＰ－３Ａの初飛行が既に成功しており、Ｐ２Ｖ－７の製造中止も決まっていた。

つまり日本は、米海軍の断捨離の受け皿として利用されたに過ぎず、時代遅れの哨戒機で、領海を守らなければならなかった。

六〇年代に入ると、Ｐ２Ｖ－７の旧式の装備では、最新の機種に歯が立たなくなり、バージョンアップが重要課題となった。

だが、米国が新型のＰ－３Ａの提供を拒否したために、Ｐ２Ｖ－７を改良した新たな対潜哨戒機を開発すると政府は決定し、六一年、川崎航空機が設計に着手する。

Ｐ２Ｖ－７とは異なり、従来のプロペラ機用のレシプロエンジンではなく、ターボプロップエンジンを装備した。また、補助エンジンに国産を採用して、日本で最初の量産型ジェットエンジンとなった。

さらに、胴体を一・三メートル延長したり、捜索用レーダーを高性能なものに替えたりと、様々な工夫を凝らした。

五年の歳月を経て、六六年にP－2Jの試作機が完成し、初飛行にも成功する。

一九八〇年に刊行された『「航空情報」別冊　対潜哨戒機　近代戦の主役　ASW機を総括する。』では、この改良機P－2Jは「P2V－7よりは格段に強化されており、ほぼ米海軍P－3Bに準じた対潜能力をもっている」と評価されている。

ロッキード社製対潜哨戒機のライセンス生産を手がけて、領海警戒の最前線を支えた川崎重工（川崎航空機）は、川崎築地造船所として一八七八（明治一一）年に産声を上げた。九六年に、前身となる株式会社川崎造船所を神戸市内に設立。以来、三菱、石川島播磨重工（IHI）と並ぶ日本三大重工業会社として、日本の近現代の繁栄を牽引してきた。

航空機部門の歴史も長い。一九一八（大正七）年、兵庫工場に飛行機科を設置。三七（昭和一二）年、航空機部門を分離し、川崎航空機工業株式会社が誕生する。

設立当初から、軍用機の開発にも携わり、戦時中は陸軍に九九式双発軽爆撃機や、三式戦闘機「飛燕」などが採用された。

そして戦後は、国産（＝ライセンス生産）初のジェット練習機T－33を五六年に製造している。

これらの歴史から川崎重工には、戦闘機メーカーのイメージがあったが、P2V－7の成功以降は、哨戒機や輸送機の製造も受注するようになった。

対潜哨戒機で純国産機が製造できたら、自他共に認める「哨戒機の川崎」となるのは、間違いなかった。

その後、P2V－7の改造型である日本独自の対潜哨戒機P－2Jを開発、のべ八三機を生産、六一万飛行時間無事故という偉業を達成して任務を終了した。

先進国の最新鋭製品を自国で製造するライセンス生産には、その製造技術を国内企業に根付かせたいという、政府の強い思いがある。

川崎重工は、対潜哨戒機生産に関して、まさに、ホップ（P2V－7）・ステップ（P－2J）で結果を出した。

残るは、ジャンプ、すなわち純国産化の実現だった。それは、もはや不可能ではない現実的な未来だと考えられるようになっていた。

ただし、軍用機はすべてが国任せだ。

川崎重工は、時が満ちるのを待った。

急務だったPXL導入

P－2Jは、計画当初からP2V－7と次期対潜哨戒機（PXL）との繋ぎ役と言われていた。

P2V－7と比べれば格段に性能が良くなったとはいえ、米ソによる原子力潜水艦時代の到来には、到底対応できなかったからだ。

防衛庁が欲していたのは、P3シリーズの最新型であるP－3Cだったが、米国は、日本へのリリースを一向に認めようとしない。それに加えて、防衛庁にも、「自衛隊の装備は、全て純国産で」という考えがあり、特に技術系の幹部は、PXLの純国産化に対して前のめりになりつつあった。

P－2Jの開発と同時期に、民間機では日本初の国産となるYS－11の製造開発が続けられており、P－2Jよりひと足早く六五年四月、営業飛行を開始する。

民間機とはいえ、この運用開始は、PXLの純国産化を目指す川崎重工にとって、大きな追い風となった。

また、五年ごとに日本の防衛装備の計画を決める防衛力整備計画の第三弾である三次防（六七年度から七一年度）の「大綱」では、海上自衛隊の項目を次のように記した。

《周辺海域の防衛能力および海上交通の安全確保能力を向上するため、護衛艦、潜水艦等の増強、近代化を図るとともに、新固定翼対潜哨戒機、飛行艇等を整備する》

そして、早くから自主防衛を訴える中曽根康弘が、七〇年、防衛庁長官に就いた。

追い風は突風となって、川崎重工の夢を急上昇させたのだ。

だが、海外から思わぬ強敵が出現した。

ヨーロッパで最新の対潜哨戒機P－3Cの販売に苦戦していたロッキード社が、米政府のお墨付きを得て、日本でも販売すると発表したのだ。

3　P－3Cを日本に売れ！

世界で最も自己中心的な国を挙げるとすれば、私は米国だと思う。

横暴で強引と言われる中国ですら、現在の米中貿易戦争の様子を見ると、その足元にも及ばない。

米国の〝自己中〟が最も顕著に現れるのが、防衛問題だ。

開発当初は、日本にはP－3Cは売らない！　と明言していたくせに、一転、売り込みに躍起になるのは、いかにも米国らしい。

ベトナム戦争では、多くの米国人青年が命を落としたが、それに引き換え、米国の軍需産業は空前の利益を上げた。大儲けした企業の一つが、ロッキード社だ。

ところが、ベトナム戦争の終盤に、ロッキード社は、大きな損失を被ってしまう。政府の軍用機開発方針の転換に、翻弄されてしまったのだ。

六〇年代、米国防長官ロバート・マクナマラの発案で、世界初の攻撃型高速ヘリコプターの開発計画が動き出した。

六五年、複数社の競合の中からロッキード社のAH－56Aシャイアンが採用される。

最大時速四〇〇キロ、機関砲一、対戦車ミサイルなどが搭載可能で、六七年九月には、初飛行にも成功する。

しかし、存外に経費がかさんだ上に、米軍の戦術構想の変更もあり、開発に成功したにもかかわらず、採用中止という憂き目に遭う。そして、総額八億七五〇〇万ドルの契約が反故になった。

さらに、軍用超大型長距離輸送機C－5も、開発の遅れや機体価格の高騰のため、当初の発注は一一五機だったのに、八一機に縮小されてしまう。

これらによって、ロッキード社の経営は一気に悪化する。

その上、キッシンジャーの活躍で、ベトナム戦争の終結も見えてきた。ベトナムでの赤字を補うだけの武器消費は見込めない。

そこでロッキード社は、選挙支援をしていたニクソン大統領に救済を要請する。

議会では反対の声が大きかったものの、最終的には米政府は、ロッキード社が二億五〇〇〇万ドル（約九〇〇億円）という多額の特別緊急融資を受けられるよう保証した。

それでも、ロッキード社の経営は、一向に改善されなかった。

そんな中、ソ連の原潜開発への対抗策として、P－3Cの日本輸出にGOサインが出た。

着実に進んだ純国産化への道

ロッキード社によるP－3Cの売り込みが本格化し、PXLを巡る環境が激しく揺さぶられても、川重は、純国産の対潜哨戒機開発の準備を着々と進めていた。

そして、同社の航空機部門を受け持つ岐阜工場（岐阜県各務原市）に「次期対潜機開発室」を設置し、年内にも試作設計をまとめる方針というニュース（朝日新聞七一年六月一七日朝刊）も報道される。

川重がいかにPXL開発に注力していたかについては、七六年六月一五日の参院ロッキード特別委員会に喚問された室井則泰・川重航空機営業本部副本部長の証言で分かる。

「七〇年度はPXL調査研究計画として受託。防衛庁からの予算は、一九〇〇万円で、社員七〇人程度を投入しました。この年は、主に性能諸元についての全般的研究を行った。

七一年度は技術調査研究計画で二億八六〇〇万円の防衛予算を受け、約一一〇人の規模で研究を行った」

社の命運を賭けて、全力で開発に邁進する川重に対して、防衛庁も予算計上を進めることで応えた。まさに、悲願達成に向けて順風満帆が続いていた。

七一年七月には、防衛庁が七二年度予算にPXL基本設計委託費として約一七億円を要求し、七七年に初飛行、八〇年度ごろから部隊編成を始める予定とまで報じられている。

そして、同年九月、PXLの開発調査の民間協力先として、川重が防衛庁から正式に指名を受ける。

《今回防衛庁と川重との間で結ばれたのは基本設計に先立つ調査研究委託契約。契約額は今年度の予算額いっぱいの二億八千九百二十万円で、契約の内容は、①機体の大まかな形を示す三面図の作製②ケーススタディのための設計計算、風洞試験③潜水艦探知システムの設計④量産時点での推定価格の算出――など。川重では、これらの研究結果を来年三月末までにまとめ、防衛庁に提出する》（朝日新聞七一年九月一七日朝刊）

翌年一月には、七二年度予算にＰＸＬ開発のための関係経費が計上され、その後、国会でも研究開発費として六億八〇〇〇万円が承認される。

《次期対潜しょう戒機開発

川重など本格着手

川崎重工業は（昭和）四十七年度予算案で防衛庁の次期対潜しょう戒機ＰＸ―Ｌの関係経費が認められたことに伴いＰＸ―Ｌ開発に本格的に着手することになった。四十七年度ではとう載機器の開発が中心になるが、川崎重工はすでに日立製作所、東京芝浦電気、日本電気、富士通と開発グループを結成して同機器の開発準備を進めており、このグループを軸に開発したい方針である。

＝中略＝

防衛庁としてもわが国の航空機工業分野で先進諸国と比べ特に遅れているといわれる航空機用エレクトロニクス工業の振興をＰＸ―Ｌとう載機器の開発を通じて図っていきたい考えで四十七年度は予算に従って潜水艦探知機、レーダー、一部機器などの設計、試作、さらにとう載エレクトロニクス・システム全体の調査、研究を進めたいとしている》（日経新聞七二年一月二一日夕刊）

防衛庁も川重も「ついに純国産対潜哨戒機実現！」と確信したに違いない。七七年の試作機初飛行を目指して、開発に熱が籠もった。

慣例では、新年度予算を踏まえた防衛庁との開発計画の正式契約は、秋頃になるのが一般的だったが、ひとたび予算計上されたものが、反故になるような例など滅多にない。そのため、川重では、正式契約を待たずに、開発を進めた。

ところが、ここであり得ないどんでん返しが待っていた。

七二年一〇月九日に開かれた国防会議で、ＰＸＬ国産化について「白紙還元」が決定されたのだ。

六〇年代後半から、防衛庁と二人三脚で開発を進め、多額の予算（七〇年度以降「ＰＸＬ技術調査費」として約一〇億円の予算を計上）を投入したプロジェクトが、突然、白紙化される――。

この前代未聞の事態は、川重を大混乱に陥れた。

政権交代の狭間で

唐突な大転換について、ロッキード事件発覚後の七六年六月一六日、東京新聞が「47年度ＰＸＬ研究委託費　示達書遅れ執行せず」という見出しで、興味深い記事を掲載した。

《室井証言によると、防衛庁は「白紙還元」以前から七二年度の契約を引き延ばしていた。例年、この種の委託契約は七月から九月にかけて行われるが、七二年度は防衛庁側が契約の動きを見せなかったので、部下に督促させた。これに対し、防衛庁側の契約窓口となる調達実施本部は、「防衛庁内局に支出負担行為計画示達書を流してくれるよう要請しているところだ」と答えた。しかし結局、契約は行われないまま一〇月九日の白紙還元を迎え、契約はできずに終わった。予算に計上された技術調査研究委託費六億八六一〇万四〇〇〇円は執行されなかった》

川重への、ＰＸＬ国産機の研究開発についての委託契約は、単に予算計上するだけでは締結できない仕組みになっている。

契約には、内閣総理大臣名の「支出負担行為計画示達書」が必要になる。

これは、官邸が独自に作成するものではない。

まず防衛庁が「実施計画」を作成し、大蔵省の「承認」を受ける準備をする。そして、大蔵省の承認を受けると、すぐさま総理大臣署名の「支出負担行為計画示達書」が発行される。

ところが、七二年度のPXL研究開発のために、官邸が発行するはずの示達書が、防衛庁の担当部署に届かなかったようだと、室井は参議院の証人喚問で証言しているのだ。

防衛庁が「実施計画」を作成しなかったか、それとも大蔵省がその計画を「承認」しなかったか、あるいは総理が止めたのか——このいずれかでなければ、そのような事態にはならないだろう。今も真相は不明だが、一〇月の国防会議で突然、白紙還元されたわけではない可能性があったのは事実だ。

そして、七二年度予算として計上されたPXL関連の予算約七億円は、執行されることなく終わった。

常識的に考えると、七月から九月に委託契約が締結されるならば、まだ佐藤政権だった六月中にはある程度の目処が立てられており、示達書が作成されるのではないだろうか。

PXLの疑惑を解明したいとあちこちに手を尽くして、当時のPXL国産化の動き、及び白紙還元となった事情を知るという関係者から話を聞くことができた。

その人物によると、七二年度のPXL予算については、新年度が始まった頃から、防衛庁の反応が鈍かったという。

「契約締結の時期について防衛庁に確認を入れても、『大蔵省からの承認がこない』という。一体どうなっているんですかと詰め寄ると、政治的な配慮が必要になったために、防衛庁の与り知らないところで予算執行がストップしていると、言われたそうです。そのような経緯もあったので、一〇月に白紙還元になった時、恐れていたことが起きたと思った川重の現場担当者もいたと聞いています」

その人物の記憶は曖昧で、防衛庁の反応が鈍くなった時期については、定かではない。

「四月から七月の間だったと思う」という。

だとしても、七月に総理に就任した角栄の独断で、国産化白紙還元が断行されたと考えるのは、かなり無理がある。

それより、佐藤内閣で既に大枠が決まっていた可能性の方が、高い。

そのことを裏付ける事実は、他にもある。

七二年七月、日米通商協議（箱根会議）は、角栄の総理就任直後の日米首脳会談の地ならしとして行われた。そこで米国側は、佐藤内閣時の西村直己防衛庁長官が「四次防で米国製武器購入は倍増」と発言した件を田中内閣は踏襲せよと求めた。

ハワイ会談で角栄は、その要求を呑んだとみられている。その中に、Ｐ－３Ｃが含まれているのかは不明だ。

ならば、示達書に関して政治的に配慮したのは、むしろ佐藤内閣の誰かであったと考えるのが妥当ではないのだろうか。あるいは、防衛庁内部はＰＸＬ国産化で、意思統一ができていなかったのかも知れない。

第十二章　白紙還元の謎

1　別の国産化

突然の「白紙還元」が決定した七二（昭和四七）年一〇月九日、田中角栄首相を議長とする国防会議について、メディアはどのように伝えたのか。

同日の朝日新聞夕刊では、一面に「防衛庁の主張通り国産」という大見出しが躍る。この見出しだけ読むと大誤報か、と思うだろう。

だが、この時の国防会議では、まず第一に四次防（第四次防衛力整備計画）が正式に決定している。そこで輸入か国産化かが議論され、その対象はＰＸＬの他に四機種あった。そのうち防衛庁の主張通り国産に決定したのはＴ－２超音速高等練習機と対地支援戦闘機ＦＳＴ－２改のみである。

記事によると、日米首脳会談で対米輸入の増加を約束している田中総理としては、「外貨減らし」に有効な輸入を進めたかったが、防衛庁は性能重視の立場で国産化を主張し、総理も諦めた、とある。

両機とも、米国から調達する案が有力だったが国防会議ギリギリまで防衛庁と大蔵省の間で折衝が続き、逆転で二機種の国産化が決まったのだ。

今後の日米関係を考えれば、角栄は、全機種を米国からの輸入にしたいところだった。メディアも、防衛庁もそういう落とし所を想定していた。

にもかかわらず、最終的に、二機種で国産を勝ち取ったのだ。

国防会議の報道では、T－2とFST－2改が国産に決まったことが主眼になるのは、当然だった。そこで件の夕刊が「防衛庁の主張通り国産」となったのも、そのためだ。

一方で、PXLと早期警戒機（AEW）については、再度検討するとして「白紙還元」された。

しかし、それについて問題視したメディアはなかった。朝日の夕刊では、補足記事として、「対地支援戦闘機を国産にする見返りとして、次期対潜しょう戒機（PXL）や早期警戒機（AEW）などの国産問題は白紙に戻し、国防会議事務局に専門家会議を設けてこんご米国からの輸入をふくみとして機種を選定することになった」とあり、白紙還元については、「これまでつぎこんだ研究開発費のムダ使いという問題も出てこよう」と、やんわりと警告するにとどめている。

朝日は、二面で防衛関係者の談話も取り上げた。

《四次防決定の最終段階まで国産か輸入かでもめ続けたT2超音速高等練習機とFST2改対地支援戦闘機の両機種が結局国産化に落着いたことについては、「航空機工業の命運をかけるもの」（守屋学治日本航空工業会理事長＝三菱重工業副社長）と気をもんでいただけに航空機業界あげて政府の措置を歓迎している。

T2関係については、経団連防衛生産委員会は「いったん決ったことがぐらぐら変るのでは不見識きわまる。国産化は当然のこと」（千賀鉄也経団連防衛生産委員会事務局長）としているが、T2、FST2の主契約会社で、わが国最大の防衛生産メーカーである三菱重工業は「T2関係はすでに国の方針に基づいて開発を終え、量産体制を整えている段階でハラハラし通しだった。下請けを含め五百の関連会社が大打撃を受けずにすむ」（曾根嘉年常務）と率直に胸をなでおろしている》

一方、白紙還元された側の代表として、川崎重工の四本潔社長がコメントしている。

《研究開発が白紙に戻されたことには、国産化推進へのブレーキとしてこれを警戒する空気が強く、すでにPXLの開発研究に取組んでいる川崎重工業は「わが国産業は付加価値の高い技術集約型へ移行しなければならないのに、PXLをかりに輸入に切替えることがあれば問題だ」》

国産化を目指していた航空機が四機種もあったという事実は重要である。しかも、T－2やFST－2改は、既に研究開発を終えて、量産体制の一歩手前だった。国産化の優先順位は、PXLよりこの二機種の方が上位であるのは、自然なことに見える。

四次防決定を経て、専門家会議が立ち上がり、再度PXLとAEWの選定が始まる。会議の座長にはゼロ戦設計者の堀越二郎を抜擢するが、それ以外は、元官僚、大学教授、ジャーナリストという顔ぶれで、専門性の高い両機種の選定を的確に行うには、心許ないメンバーとなった。そして、一年四カ月で本会議一九回、分科会七回も話し合った結果、米国機のP－3CとE－2Cが最適と、国防会議に答申した。

海上自衛隊では、以前から、ロッキード社のP－3C導入を切望していた。四次防が決定した段階で、事実上、別機種を検討する余地はなかったことを考えると、専門家会議など不要だった気もする。

ただし、堀越は答申時に、「PXLについては、もう少し国産機の研究開発を続けさせたかった」とコメントを残している。

いずれにせよ、この段階でも、ロッキード社による売り込み工作が問題になった形跡はない。

粛々と、P－3C導入に向けて、歯車は動き続けていた。

衝撃の防衛次官発言

七六年二月四日、米国上院チャーチ委員会によってロッキード事件が発覚する。その五日後の九日、防衛庁の坂田道太長官が、記者会見の中で三年前のＰＸＬ選定時のいきさつを述べた。

《「これは田中―ニクソン会談によるドル減らしという高度の政治判断に基づき決まったもので、国産化を主張していた防衛庁自体に疑惑の余地はない」》（朝日新聞七六年二月一〇日朝刊）

ところが、同庁の久保卓也事務次官が、爆弾発言をする。

《「ＰＸＬの国産化方針が白紙に戻ったのは、国防会議の直前、当時の後藤田官房副長官と相沢大蔵省主計局長が田中首相同席のもとに首相官邸の総理室に入って協議、決まったもので、防衛庁事務当局はその時まで知らなかった」》（同前）

ＰＸＬはロッキード社のＰ－３Ｃに内定していたが、坂田防衛庁長官はこの発言を受けて、Ｐ－３Ｃ導入の延期を示唆した。

ちょうどチャーチ委員会で名が上がった児玉誉士夫の居所を探っていた真っ最中だったメディアは、防衛次官の発言に騒然となった。

しかも久保は、ＰＸＬ選定が白紙還元された七二年一〇月の国防会議時には、防衛局長の立場で、会議の事務方として関わっていた。

後藤田・相澤の反論

早速、白紙還元の核心を知る人物と名指しされた後藤田正晴と相澤英之両名は共に寝耳に水と反論、ただちに久保に厳重抗議したとコメントしている。

同日付の毎日新聞朝刊は、「ＰＸＬの話、わずかしか出なかった」という小見出しをつけて、後藤田の談話を載せた。

後藤田正晴

《当時、国防会議で問題になっていたのはＴ２改（次期対地支援戦闘機）だった。防衛庁は国産を計画、大蔵省は輸入を主張して両者の意見がまとまらず、調整役を海原国防会議事務局長と私が買って出た。防衛庁側が国産を主張するのは国防政策上の立場からだったのに対し、大蔵省は、防衛庁のいう国産はエンジンなど重要部分を輸入したうえでの国産であり、おかしい、としていた。(昭和)四十七年十月九日の国防会議の直前、田中前首相にまず相沢大蔵省主計局長が呼ばれ、次に私が呼ばれた。私は「国産でいきませんか」と主張し、その通りになった。そのとき相沢主計局長は「それならPXLは白紙に戻してほしい」と言い、国防会議も了承した。そのとき問題になっていたのはT2改で、PXLの話はわずかしか出なかった》

相澤のコメントは、同日の朝日新聞の方が詳しい。相澤は、地元の米子市で記者会見し、「決定に関与できる立場になく、当時の田中首相、後藤田官房副長官とこの問題で話し合った記憶はない」と答えている。

そして、大蔵省が国産化に反対した理由について言及した。

《国産化よりは外国から購入する場合の方が安くつくことが多い。

＝中略＝

当時、ドル減らしの外貨対策として大蔵省内には政府購入は輸入にし、円の再切り上げを防ぎたいという空気はあった》

国産化決定と白紙還元

ところが、久保の発言はこれで終わらなかった。先の会見から九時間後の翌一〇日午前〇時、再び防衛庁で記者会見し、「四七年一〇月九日の国防会議の直前、首相官邸総理室で田中首相と後藤田副長官、相澤大蔵省主計局長が協議し、PXLの白紙還元を決めたというのは私の想像であり、何が話されたかについては承知していない」と釈明した。

にもかかわらず、「こうした重大な決定が防衛局長（久保のこと）の知らない間に決められるものなのか」という記者団の問いには「通例は全く考えられない」と答え、PXL国産化白紙還元がきわめて政治的決定であったことを認めた。

単純に考えれば、久保は最初の会見で真実を語ったが、関係者の逆鱗に触れたため、慌てて発言を撤回したとしか見えない。しかも、撤回しているのに、暗に白紙還元は異例だったと、含みを残している。

この発言は、ロッキード事件発覚直後から灰色高官の一人だと目されていた角栄の関与を強く疑わせるものだったが、角栄はP－3C導入については、罪に問われていない。

翌日一〇日に、PXLの白紙還元について衆議院予算委員会で坂田長官ら防衛関係者の証言が予定されていたから、巷を騒がせているロッキード事件と一切無関係であると、防衛庁は強調したかったようである。

だが、前年の専門家会議の答申を受けて購入が内定していたP－3Cは、ロッキード社のものである以上、防衛庁が無関係と突っぱねるのは無理がある。

むしろ、「PXLの白紙還元の件では、自分たちは全く関与させてもらえず、官邸で勝手に決めたのだ」と発言して、海自へのP－3C導入をスムーズに行いたかったのが、ホンネではなかったろうか。

また、見方を変えれば久保発言は、P－3C導入に当たって、角栄はロッキード社からの口利き料を受け取ったと内部告発したとも解釈できる。

それ以上に節操がないのがメディアだ。

七二年一〇月に四次防が決定した時、新聞各社はこぞってT－2とFST－2改という国産機に注目して「国産化実現」を強調していたではないか。

なのに三年半後には、その時のお祝いムードを忘れたかのように、PXL国産化の白紙還元だけを捉えて、陰謀のように語っている。しかも、久保を含め、同じく白紙還元されたAEWについて指摘したメディアはなかった。

PXLに採用されたのがロッキード社製だったから、単純に陰謀と結びつけたのではないだろうか。

防衛庁の主張通り国産

七六年五月、朝日新聞に「ロッキード事件　灰色の日付」という連載企画が掲載された。これを読むと、国防会議での流れが、よく分かる。

国防会議の前々日の七二年一〇月七日午後、ホテル・ニュージャパンで後藤田正晴官房副長官による「関係者会議」（出席者：相澤英之・大蔵省主計局長、両角良彦・通産事務次官、島田豊・防衛事務次官、海原治・国防会議事務局長）が開かれた。席上、海原が豊富な知識を基に、防衛庁の対地支援戦闘機ＦＳＴ－２改の国産固執を攻撃する。つまり、防衛庁で「天皇」と呼ばれていた海原は、戦闘機の国産には否定的だった。防衛庁関係者は一枚岩ではなかった。

そして、大蔵省は貿易黒字を減らすとともに、予算縮減（Ｔ－２から米国のＦ－５にすれば半額）の観点から、Ｆ－５導入を主張している。

なお、この時、ＰＸＬは議論の俎上にすら載っていない。

同日夕方、筒井良三・防衛庁誘導武器室長が海原に反論し、国産化有利のムードに傾く。

翌八日は日曜日にもかかわらず、防衛庁は必死で大蔵省を説得するも、話は平行線のまま、後藤田の裁量に期待を寄せる。だが、後藤田は「総理の裁断に掛かっている」と結論を出さなかった。

午後一〇時頃、ついに大蔵省が譲歩する。宮下創平・大蔵省防衛担当主計官が小田村四郎・防衛庁経理局長に電話を入れ、「どうしてもＴ－２、ＦＳＴ－２改の国産を主張されるなら、対米考慮もあり、ＰＸＬの国産はあきらめてもらうほかはありません」という相澤の意向を伝える。

国防会議当日の九日午前七時、増原恵吉・防衛庁長官が、念押しのため目白台の田中邸を訪れる。

「二階堂進官房長官から、外貨減らしの一つとして輸入を考えてくれるよう言われたが、国産するFST－2改はF－5より性能がいいのです」

増原長官は、恐る恐るそう訴えた。そして、防衛庁の主張どおり超音速高等練習機T－2と対地支援戦闘機FST－2改の国産化を選定するよう角栄に懇願する。

黙って話を聞いていた角栄は、「わかった、わかった」とだけ返した。

この「わかった」は、了解したというよりも、角栄の常套句で、「話は聞いた」程度の重みしかなかった。

午前九時前、首相官邸では後藤田が首相執務室に入室。続いて、相澤が呼ばれる。

そして、午前九時一五分、二階堂が会議の開始を伝えに来るまでの約二〇分間に交わされた会話の内容は、公式な記録がない。後藤田は空自の要望でT－2、FST－2改の国産を進言し、相澤はT－2、FST－2改以外の国産化は困ると主張したという。

彼らの意見を受入れはしたが、角栄は「機種がどうのこうのというような細かい問題は、オレのところまで持ってくるな。専門家の会議でも作ったらどうか」と言い放った。

全ては藪の中――。実際に何が話し合われたのかを知る術はない。

2　元大蔵省主計局長の反論

二〇一九年四月、「週刊文春」編集部に一通の封書が届いた。差出人は、静岡県富士宮市議会議員（当時）を務める手島皓二（てじまこうじ）という人物だった。

《私は貴誌特集記事の愛読者で、現在七十七歳の男性です。以下の事情から、（ロッキード）裁判の結末に納得が行かず、事件の真実・全容を知りたいと願っている読者です》

相澤英之（時事）

《私はロッキード事件が発覚した一九七六年二月当時、元衆議院議員相澤英之氏の事務所勤務秘書で、当選後は公設秘書を務めました》

手紙には、相澤がPXL白紙還元のみならず、ロッキード事件にも関与していたとメディアなどで非難されたことについても触れていた。そして、事件発覚直後の防衛庁会見で相澤を名指しした久保次官に対して、相澤の秘書として抗議文を作成したり、相澤の無念の言葉を耳にしたとも記されていた。

また、相澤に対して「自身が知り得る真実を語る責任があるのではないか」と何度も説得したとも書かれてあった。

相澤は病に倒れ、重篤ではあるが、会話は可能なので、ロッキード事件の真相を探るのであれば、存命中に取材をすべきではないかという主旨で締めくくられていた。

手島の手紙には、二〇一九年四月三日の日付が記されていた。

そして、その翌日である四日、相澤は九九年の人生を終えた。

「対潜哨戒機ってどう書くんだ」

ロッキード事件の関係者の多くは、鬼籍に入っている。また、存命でも、高齢の場合が多い。そのため、取材がかなわぬケースが多かった。

相澤への取材も検討したのだが、九九歳という年齢から「話を聞くのは厳しいのではないか」と思い込んでいた。

それだけに、手島の手紙は衝撃であり、相澤を取材しなかったことは痛恨だった。

さっそく手島に連絡を取り、都内で会った。

「久保次官が発言した当時、相澤は鳥取県から衆議院議員に出馬する準備の真っ最中でした。あの発言は、寝耳に水でした」

　正式出馬表明の直前の事だったという。

「久保次官は、すぐに発言を撤回しましたが、相澤の元には、記者が大勢詰めかけて、もう明日にでも逮捕されるのではないかというような勢いの取材攻勢をかけてきました」

　大蔵事務次官を退官し、衆議院議員選挙に初挑戦するという大一番の直前であり、迷惑などという表現では済まされない大打撃だった。

　逆境の中、相澤は初当選を果たし、手島も公設第一秘書になった。

「七二年の国防会議について、相澤が語ったことはほとんどありません。ただ、印象に残っている話があります」

　四次防の大詰めで、後藤田正晴と相澤が首相執務室に呼ばれた時、角栄は彼らの説明を聞いて、T－2とFST－2改の国産化と、PXLとAEWの国産化白紙還元を了解する。その際、角栄は、二人に「おい、対潜哨戒機ってどんな漢字を書くんだ」と尋ねたという。

　P－3Cについても、それがどういう軍用機なのか、彼はよく知らなかったようだというのが、相澤の印象だった。

「ロッキード社から賄賂を受け取り、土壇場で国産化を中止させて、P－3Cに変更したというような犯罪に手を染めた印象は受けなかった」とも、繰り返し語ったのだという。

事件について相澤がそれ以上の詳細を語るのを、手島は聞いたことがない。

相澤の述懐の重み

相澤は、一九一九（大正八）年、大分県宇佐市に生まれる。東京帝大法学部を卒業後、四二（昭和一七）年に大蔵省（現・財務省）に入省したが、翌週には召集され、陸軍に入営、陸軍主計少尉として京城（現・ソウル）で終戦を迎えた。

ところが、ソ連のタタール自治共和国エラブガで三年間、抑留生活を強いられる。そして、四八年に復員し、翌年大蔵省に復職する。

逓信系の主査（主計官補佐）を振り出しに、二十二年という長い年月を主計局で勤務した。これほど長い期間主計局に在籍したキャリア官僚は、戦前戦後を通じても相澤一人だ。

主計局とは、国家予算の配分を吟味・検討する重要な部署だ。そこに長年籍を置き続けた相澤は、文字通りの「ミスター主計局」として活躍した。

また、戦中戦後に苦労を味わったために、軍に対して強い怒りを抱いていたようだ。

「防衛庁は軍ではないですが、あまり良い印象は持っていなかったと思います」

しかも、輸入なら半額以下で入手できる軍用機を国産化しようなどとは、ミスター主計局としては、「あり得ない」発想だったに違いない。

相澤が金融再生委員長だった頃に著した『一日生涯　角さんと酌み交わした男の真

実』で、相澤は角栄の想い出を語っている。

歴代の大蔵大臣のうち、一番印象に残っているのは角栄だとして、勉強熱心な角栄のエピソードを紹介している。

《役所でよく、作った資料を渡すのだが、普通の大臣はほとんど見ない。が、田中さんは隅から隅まで見て、赤線なんか引いている》

角栄に対してそういう印象を持つ相澤にとって、「対潜哨戒機ってどう書くんだ」という発言は、全く関与していなかったと信ずるに値する根拠になったのだろう。

また、『予算は夜つくられる　相沢英之、半生を語る』の中では、ＰＸＬの白紙還元についても言及した。

《ここで大事なのは、本来の問題は「対地支援戦闘機」を国産にするか輸入にするかにあったので、「対潜哨戒機」ではなかったということだ。本来、戦闘機の問題であったのが、ロッキード問題と絡まされて、「対潜哨戒機の国産化白紙還元問題」とされて、大問題となってしまったのだ。

＝中略＝

増原防衛庁長官が月曜日の朝、田中邸に行って総理に対地支援戦闘機の国産化を決定するように頼みに行った。そこで国防会議が始まる前に総理が後藤田と相沢を呼べと言い、大臣を呼ばずに私たちを呼んだ。

総理が「これはどうするのがいいか」と私に聞いたので、「この件に関しては一昨日に一応結論は出ています。今回の戦闘機に関しては国産でいいが、今後あらゆる飛行機が国産というわけでは困ります」と言うと、角さんが赤ペンを取り出して「例えば何だ」と言うから、「対潜哨戒機などです」と私が答えた。総理は「うん、タイセンショウカイキとはどういう字を書くのか」と聞かれるので、こうこうと言うと、赤ペンで書いた。そして「じゃあこの対潜哨戒機なんかの問題については、専門家会議でも開いてやるか」ということになったのである》

相澤の述懐は、当時の新聞や相澤の秘書だった手島の話とも符合する。

ここで語られなかった事実が存在したのかどうか。そして、児玉誉士夫を通じて、ロッキード社の賄賂が角栄に渡っていた疑惑について、相澤が何かを知っていたのか否か──、それを知る術は、もはやない。

『予算は夜つくられる』の中には、「ともに苦汁をなめた後藤田さんのためにも、PXLについては後日もっと詳細にきちんと書き残しておきたいと今も思っている」とある。

返す返すも、会うタイミングを逃したのが悔やまれる。

どだい初めから、間違い

もう一人の当事者の後藤田正晴も既に鬼籍（二〇〇五年、九一歳で没）に入っている。ただ、『情と理　カミソリ後藤田回顧録』の中で、後藤田は、「白紙還元」について詳しく語っている。

《四次防でいちばんの問題はＰＸＬじゃないんですよ。戦闘機の選定を巡ってです。財界と防衛庁は国産発注、ナショナリズム的な一つの考え方ですね。当時の通産大臣は中曽根さんですが、これは国産派です。ところが、国産にすると五割も高い。それで、五割安いアメリカの戦闘機を買った方がいいではないかというのが大蔵省で、頑として譲らない。だから、戦闘機を輸入にするか国産にするかの争いは、閣議でもありました。

しかし、哨戒機については、その頃はまだ大蔵と防衛庁の間の事務レベルの喧嘩だったんですよ。だから四次防策定のときは、政治レベルでの喧嘩はまだそこまでいっていない。それなのに、戦闘機を国産に決定したと同時に哨戒機の国産も決まっていたのに、輸入に方針転換をした。その転換を巡って金が動いている、という筋書きですよね。これはどだい初めから間違いです。その当時は、哨戒機については閣議だの国防会議だのという段階まで上がってきていなかった》

相澤の話と、ほぼ同じことを後藤田も述べている。

いや、疑惑の二人が、口裏を合わせているのは、当然ではないか、と考えられなくもない。

ただし、前述したように、四次防を決定するに当たって、防衛庁が大蔵省や官邸と侃々諤々（かんかんがくがく）の交渉を行ったのは、対地支援戦闘機と練習機についてだった。

だとすれば、久保発言は何だったのだろうか。

その点についても、後藤田は『情と理』の中で、一つの推測を投げている。

《戦闘機については、田中さんは輸入派だったんです。その方が五割安いからな、ということでした。それで僕が説明して、それはあかんです、練習機が国産なのに輸入したら、輸入した飛行機の練習機を買わなければならないですよ、だからそれはだめだ、という話をしたわけです。田中さんは早いですから、ああ、わかった、ということで、それで国産に決まったわけですね。

防衛庁は先ほど言ったように、どうしても国産にしたかったわけですから、閣議で決まったときに、久保事務次官はこうやって［Vサインをして］部屋から出ていったんです。それで新聞記者に国産になったと言ったわけだけれど、それは戦闘機について言っているわけです。それを、どうもＰＸＬと受け取った気配があるんですよね》

結局、相澤と後藤田の反論は誰からも顧みられなかった。久保事務次官が記者会見で述べた公式発言を半日で撤回したことで、ますます疑惑が強くなったからだ。

総理を辞任していたとはいえ、当時の角栄の政界への影響力は絶大で、自らに降りかかった疑惑を払いのけるためには、当然のごとくどんな手段でも厭わないだろう――と世論は考えた。

皮肉なことに、久保が発言したことよりも、彼が発言を撤回したことが、角栄の関与を強く印象づけるきっかけとなったのだ。

防衛庁はどう考えていたのか

現在でもそうだが、主力戦闘機の選定は官邸主導で行われ、上意下達の既成事実として、防衛省に対して受け入れを強要しているフシがある。

近年、次期戦闘機としてロッキード・マーチン社製のF－35の導入が決定したのは、日米首脳会談の席上である。トランプに押しきられる形で、安倍が要望を認めたかのように見えたが、果たして、このような計画が官邸の独断で決定され、防衛省は唯々諾々と決定事項を受け入れるしかないのだろうか。

防衛省関係者や防衛問題に詳しいジャーナリストなどに尋ねると「そういう側面はあるが、官邸が独断で決められる話でもない」というのが大方の見方だ。

だとすれば、ＰＸＬ白紙還元問題について、当時の防衛庁は何を考えたのか、どのように官邸にサジェスチョンしていたのか──。

3　防衛庁の理想と現実

文民統制（シビリアン・コントロール）という思想から、防衛庁の方針は、自衛隊幹部（制服組）の幕僚監部ではなく、内局と呼ばれる防衛官僚幹部（背広組）が決める。一つの省庁内に、思惑も立場も違う「制服組」と「背広組」が存在しているのだ。

その上、制服組の中でも、武器の国産化を主張する技術系と、実戦に備えて性能を優先したい幕僚が、時として意見を異にする。

ＰＸＬ白紙還元を含む四次防の決定は、この複雑な体質の問題点が、顕著に露出した例だった。

このため、防衛庁では、それぞれの立場の意見を汲み取りつつ、高度な統制力で現実路線を仕切る人物が、これまでにもたびたび現れている。

庁（省）の「天皇」と呼ばれる実力者だ。

記憶に新しいところでは、守屋武昌元事務次官がそのような存在であった。汚職事件によって逮捕（二〇〇七年一一月）されてしまったが、守屋は事務次官時代、たとえ相手が大臣であろうとも、それが日本の防衛としてあるべき姿でなければ、断固として闘った人物としても知られている。

彼の下で仕えた背広組の防衛官僚に話を聞く機会があったが、その人物は守屋が有罪判決を受けた後も「天皇」と呼んだ。

その守屋を超える「天皇」が、四次防決定時には存在した。

当時、国防会議事務局長を務めた海原治だ。

現実路線の徹底

一九一七（大正六）年に大阪で生まれた海原は、三九（昭和一四）年に東京帝国大学を卒業し、内務省に入省、五〇年まで、警察官僚としてキャリアを積み上げている。しかし同年に朝鮮戦争が勃発すると、GHQ司令官のマッカーサーが警察予備隊令を発令し、それに伴い海原は後の自衛隊となる警察予備隊発足に関わる。

次に保安庁（防衛庁の前身）が創設されると、海原も籍を移した。

その後、内局の要である防衛局の要職を歴任するうちに、いつしか「海原天皇」と呼ばれるようになり、防衛庁長官を凌駕するほどの実力を有するようになる。

ところが、事務次官間違いなしとみられていた六七年に、異例の人事で総理府国防会議事務局長に転任させられてしまう。

原因は定かではないが、F－104主力戦闘機の後継機選定が背景にあったと言われている。

本人は辞職も考えたようだが、結局、国防会議事務局長に着任する。そして、それまで形だけの追認機関に過ぎなかった国防会議に、重要な役割を与えた。

日本の防衛問題は、必ず国防会議で熟議するというルールの確立だ。


海原の防衛に対する考えは、終始一貫していた。

すなわち、自衛隊の身の丈にあった装備と政策の徹底だ。

たとえば、七二年一〇月に四次防が正式に決定したことで事務局長を退任した海原は、翌年、防衛力整備計画を審議するにあたっての問題点について朝日新聞（七三年一二月九日朝刊）のインタビューに答えている。ロッキード事件発覚前のことだ。

《重要な問題は内局が決める前に国防会議に諮ることになっている。しかしここでも各省の意見がわかれることがあり、高度な政治判断で決まることが多い。要するに防衛庁だけでは決まらないわけだ》
《制服は概してなんでもよい装備品を欲しがる。日本に向いているものは何かを考えるより、どの装備品がよいかが先に立つ。かつて四次防の主力戦闘機（ＦＸ）を決める際、重く、高いものを基準にするか、軽く、安いものを選ぶかで議論が分かれた。当時、世界でも最新鋭の重戦闘機とされていたＦ４ファントムを採用するよりは、軽戦闘機の方が日本に向いている、というのがわたしの主張だった》

さらに、国産化についても、海原の考えは明快だ。

《国産至上主義的な考えもあるが、これはおかしい。国産する場合は、その利点は何かを絶えず考えなければならない。わが国では研究開発を決めると、自動的に国産そして量産に入る傾向が強いが、研究開発と装備とは分けて考えるべきだ。

技術導入による国産化が典型的な事例だ。国産化する場合、わが国のように量産規模が小さいところでは、単価が非常に高くつく。それを無理してやることがいいかどうか。かつてミサイルの一つであるサイドワインダーの国産化が決まった。これは国産技術水準を向上させる意味で受け入れられたものだ。ところが量産が進んでも単価が一向に下がらない。同じものを米国から買えば一発百十万円ですむものが、国産価格は一発六百七十万円もする。性能がよいかといえばそうでもない。輸入の六倍もするミサイルを国産する必要があるのかどうか疑問だ》

四次防での奔走

七二年一〇月の国防会議の際にも、海原は後藤田と共に、四次防を軟着陸させようと奔走する。ちなみに後藤田は、内務省入省時の同期だった。

四次防で選定を検討していた四種の軍用機については、海原は終始一貫して全て輸入すべしという立場であった。

大蔵省から防衛庁に出向し、経理局長を務めていた小田村四郎は、「『いま総理の頭の中にあるのは四次防の内容や金ではない。問題は日米関係だ。日米の貿易摩擦、貿易黒字をどうするかということなので、日本は極力輸入を優先する姿勢を示さなくてはいかん。したがって飛行機については、総理は必ず輸入にしろと言われるはずだ』と海原さんはさかんに主張していた」と、オーラルヒストリーで証言している。オーラルヒストリーとは、政府関係者などによる口述記録で、歴史研究のひとつの手法である。

日米関係を軸に防衛を考えていた海原だが、その一方でT－2とFST－2改を国産化したいという防衛庁の訴えについては耳を傾け、国産化やむなしという理解も示した。「天皇」などという通称には近寄りがたいイメージがあるが、海原は常に関係者の主張に耳を傾け、防衛関係者以外からも情報を集め、判断していたようだ。

海原は、ロッキード事件発覚直後の月刊誌「諸君！」（七六年四月号）に「ロッキード狂騒曲の真実」という原稿を寄せている。

その中で海原は、国産方針は四次防大綱で決まったという新聞報道に対し、「これが、間違いです。国産方針なんかきまっていません。きまるはずがありません。次期対潜哨戒機というのは第五次防以後の問題なんです。だからこの時点にPXLをきめる必要はぜんぜんない。それがきめられたのだと考えられている。ここが、大問題なんですね」と、問題の根本に触れている。

さらに、国産至上主義について、

《防衛庁自衛隊の諸君は、研究開発をするというと、それが直ちに国産されると、思い込んでしまうんです。研究開発の予算がついたとなると、将来、必ず国産されるという期待を持つ。それは防衛庁の関係者、そして国内の航空機工業にもある。ところが残念ながら、日本の技術は非常に低いから同じものは作れない。だから国産といいながら組立てだけに終る場合が多い》

さらに、ＰＸＬ白紙還元についても、「ＰＸＬの国産というのは、防衛庁海上自衛隊の希望にすぎず、決まっておったのがひっくり返ったのではありません」と主張。白紙還元とは、国産化を否定するのではなく、再検討するという意味であるとも述べている。

そもそも米軍と自衛隊を同じ土俵で語るのがおかしいと、海原は考えていたようだ。四次防が決定した後の七二年一一月、「自衛隊はまだ実戦力を備えておらず、訓練段階の途上にあるにすぎない」と、米国防総省関係者らに告げている。

シビリアン・コントロールの視点からすれば当然で、海原は自国の防衛力について、自主防衛も最先端兵器の保有も時期尚早であるという冷静な判断を下しているに過ぎない。

ただし、防衛庁の技術系や防衛産業などからは国産化を進めよという圧力があり、それを抑え込むために、時には強引な手法をとったことから、海原は煙たがられたようだ。

国産化実現は、ポーズ?

自衛隊機の国産化がメディアを賑わすのは、産業界からの期待が大きいからだ。
航空禁止令が解除されて以来、財界は航空産業の復興を目指してきた。そして、自衛隊機の国産化こそが、復興の鍵を握ると考え、政府や防衛庁などにも積極的に働きかけてきた。

そして、メディアも国産化を煽った。

一九八〇年代後半に次期支援戦闘機(FSX)の国産化への期待が盛り上がった時も同様に、メディアが先行して報道して、国民の期待を膨らませた。

当時、FSX取材に明け暮れた防衛庁担当記者によると「防衛庁としては、国産化は技術的に難しいと考えていても、財界や国民の期待には、一生懸命応えているというポーズが必要でした。そのため最終決定までは、国産化実現かという情報が漏れてくるんです」という。

その記者は、PXL選定については確たる情報はないと断りつつも、自衛隊機開発時、前述のような流れで暗黙の了解とするのが通例だと言う。

しかも、四次防の時は、無理だと思われていた二機種で国産化を勝ち取ったのだ。それまでの常道を破る快挙が起きたからこそ、メディアも財界も、成功を騒いだ。

一方、ＰＸＬは、海幕（海上幕僚監部）が求めていたＰ－３Ｃの輸出を米国が認めなかったので、致し方なく国産化を模索した。ところが、一転Ｐ－３Ｃの輸入が可能となったことで、Ｐ－３Ｃに飛びついたのだ。

つまり、防衛庁が欲していたＰ－３ＣをＰＸＬとして採用できたわけで、ロッキードはわざわざ裏金を使う必要もなかったのだ。

裏金が必要な相手は、むしろ武器の国産開発を強く訴えていたごく一部の日本の政治家や官僚だ。

やがて、該当するかも知れない一人の人物が浮かんできた。

自主防衛を強く主張していた、中曽根康弘だ。

第十三章 〝MOMIKESE〟と訴えた男

1 角栄との深き因縁

二〇二〇年(令和二)年一〇月一七日、内閣と自民党による元内閣総理大臣・中曽根康弘の合同葬が行われた。二〇年三月に合同葬が予定されていたのだが、新型コロナウイルスの影響で、延期となり、同日の開催となった。

この日は、秋篠宮ご夫妻をはじめ、衆参両院の議長や歴代の総理大臣など約六五〇人が参列した。

前年一一月二九日、一〇一歳で永眠した中曽根の生年は一九一八(大正七)年で角栄と同じ、誕生月も同じ五月だった。

角栄は七五歳で亡くなったが、中曽根はそれより二六年も長く生きた。そして、ロッキード事件のキーマンの中で最後の生存者でもあった。

何度か中曽根に取材を申し込んだが、「取材は受けられない」と叶わなかった。

安倍晋三を評して、大統領的首相と呼ぶ人がいる。政策や政府の方針を総理自身が決め、「独断」と批判されても突き進む。かつて角栄が標榜した「決断と実行」を徹底的に行っているとも解釈できる。

尤も、政治とは本来、調整と妥協の産物である。特に日本の場合、様々な意見を丸く収めてこそ優れた指導者だと認められる傾向が強いため、大統領タイプの首相は馴染まないと考えられてきた。

コンピューター付きブルドーザーと呼ばれた角栄も、実際のところは調整型の首相だった。

では、安倍が突然変異かと言えば、そういうわけではない。小泉純一郎が安倍の雛形であるのは、間違いない。だが、その小泉よりも前に、やはり大統領的首相と評された人物がいた。

中曽根康弘だ。

一九一八年五月二七日、群馬県高崎市に生まれた中曽根は、住み込みの使用人が十数人もいた材木商の次男だった。

四一（昭和一六）年、東京帝国大学法学部政治学科を卒業し、内務省に入省。まもなく海軍経理学校へ入学し、海軍主計中尉となる。終戦後は内務省に復職するも、四六年に香川県警の警務課長を経験して、政治家を志向する。

中曽根が著した『政治と人生』に、決断の理由が記されている。

《いっぱしの教育を受けた若者は、過激な左翼から郷土を守らなければならない》
《復員軍人として戦死した英霊に報いる最高の選択は、日本の再建のために政治の第一線に出て、前途も分からないこの苦難の道を行くことです。しかし、私には自信があります。人生には戦機というものがあり、今がまさにその戦機なのです》

そして四七年、二八歳で、第二三回衆議院議員総選挙に群馬三区で初出馬し、最高得票で初当選する。全国最年少での当選だった。

この時の選挙で、やはり二八歳で初当選した男がいる。

田中角栄だ。

ほぼ同じ時に生まれた二人ではあるが、政治家としてはまったく正反対のタイプだった。

角栄は、どこまでも泥臭く人間くさい。人心掌握術に長け、カネ塗れと言われても、人を惹きつけて止まない魅力の持ち主だ。

一方の中曽根は、持論に対する自信に満ちあふれているが、そこに人間味を感じにくい。

確固たる哲学と思想を抱き、迷わず突っ走る――。それは理想の統治者かも知れないが、情の薄い政治家は、国民に歓迎されにくい。

政治記者として中曽根を長年ウォッチし続けた松田喬和毎日新聞社特別顧問に、両者の違いを聞いたことがある。

松田は、「総理の座を射止めるまでの活躍が誰よりも凄かったのは、田中角栄だが、総理になって、政治家として成果を上げたのは、中曽根が突出している」と評した。

権力者の心理を瞬時に読んで、全力で尽くし、政治家の階段を駆け上がった角栄は、大臣や党の要職にいち早く就き、五四歳で総理の座を手に入れる。

一方で中曽根は、当選以来、「自主防衛」と「憲法改正」を主張し続け、権力に阿る（おもね）ことなく我が道を進んだ。

そのため、なかなか大臣の座も巡ってこなかったが、大して気にもならないかのように、自身の政治哲学を貫き通した。

辛辣な角栄評

中曽根は、数々の著書を発表しており、政治家としての活動の真意と哲学に言及したり、他の政治家への厳しい忠言を残している。

『自省録　歴史法廷の被告として』では、角栄についてもページを割いている。

たとえば、吉田茂をはじめ池田勇人や佐藤栄作ら首相たちの汚れ役に徹し、成果を上げた角栄について、以下のように語っている。

《田中君は池田と佐藤の二つの梯子を上手く並べて両方に足をかけて登り、のし上がっていったのです》

角栄評として間違ってはいないが、同書で「田中君には敬意を表していた」と述べているとは思えない辛辣さがある。

また、角栄の『日本列島改造論』も、厳しく批判している。

《要するに、「列島改造論」というのは「田中式開発発想」にすぎないからです。とてもほんとうの政治哲学といえるような代物ではない。ほんとうの政治というものは、「列島改造」というような安直なものではなく、日本改革論といった姿をした、もっと厳かなものであるべきだと私は考えていました》

列島改造論によって地方の地価が高騰、そのうえオイルショックも重なったため、日本社会は狂乱物価に苦しんだので、中曽根の指摘は的外れではないだろう。

だが、政治とは哲学であり、厳かであるべきだと断言されると、そんな単純なものなのかと反論したくなる。

政治とは国民社会を豊かにするためにあり、その目的に勝るものはないという信念が、角栄にはあった。また、地方が常に犠牲になるのは公平ではないという想いを、「田中式開発発想」の一言では切り捨てられない。

自民党総裁選を前に、田中角栄（左）と中曽根康弘（72年6月21日）

徹底した自主防衛論者

中曽根が掲げるのは、憲法改正と自主防衛だ。

日本国憲法は、マッカーサーから与えられた民主主義に過ぎず、日本国民が自ら勝ち取った民主主義を体現する憲法制定が必要だと、中曽根は信じていた。さらに、自主防衛の発想も、初当選直後から堂々と訴えている。

未だＧＨＱの統治下であることを考えると時期尚早だったが、お構いなしだ。自らの国を自軍で守らないようでは、真の独立国家ではない——と主張し続けた。

中曽根は当時所属していた保守合同前の民主党の元党首、蘆田均に選挙区（京都二区）の応援演説を頼まれた。その道中、蘆田に自主防衛論を強く訴えている。

《一国の防衛の基本は、自らの意思で、自らの汗でやるべきです。いずれアメリカと同盟するにしても、日本は相応な再軍備をして、できるだけアメリカ軍を撤退させ、アメリカ軍基地を縮小しなければならない。さもないと日本は、永久に外国軍隊の進駐下にあり、従属国の地位に甘んじなければならないのではないでしょうか》（『政治と人生』）

当時の日本政府は、GHQの統治下から脱却して一刻も早く講和条約を締結したいと願っていた。

この講和条約の成否は、同時に締結される予定の日米安全保障条約の行方に掛かっていた。

安保条約では、「アメリカ合衆国の陸軍、空軍及び海軍を日本国内及びその附近に配備する権利を、日本国は、許与し、アメリカ合衆国は、これを受諾する」（旧安保条約第一条）ことが、大前提だった。

そんな最中に、中曽根は、米軍撤退を主張したのだ。

さらに中曽根は、五一年一〇月二四日に衆議院で開かれた平和条約及び日米安全保障条約特別委員会でも、自説を強く訴えた。

《「このような片務的な、一方的に保護されるような条約ではなくして、もう少し日本の地位を向上せしめた平等な条約ができたのではないかと考える」

「たとい日本には自衛力がなくても、自衛をやる意思がある、それにスタートをするという決意さえ示せば、このような片務的な、濃度の薄い条約にはならなかったと思うのであります」》

中曽根の突進は、この後も止まらない。

五三年七月に渡米してハーバード大学国際セミナーに参加、九月には、当時副大統領だったニクソンと会談、自衛軍の創設と、日米安保条約を対等同盟にすることを要求している。そのうえ、自衛軍の増強が進めばいずれ、米軍は順次撤退してほしいとまで言っている。

《自ら守るという立場に切り替え、日本は真に対等、独立の友邦としてアメリカと協力していきたいのです。現在の日米関係は保護、被保護の不健全な関係であって、一日もすみやかにこれを健全な関係に直さなければならない。それは自ら国を守るという日本国民の決意からスタートすべきものです》(『政治と人生』)

一体、ニクソンはどんな心持ちで、中曽根の訴えを聞いたのだろう。

日本の首相どころか、大臣ですらないいち政治家が、米国副大統領相手に堂々と要求するとは。

このエピソードを見ても、中曽根は異なる意見は常に真っ向から否定し、また、自らの信念には絶大な自信を持っているのが垣間見える。

だが、彼に共鳴する大物政治家はいなかった。当初、中曽根が頼りにし、憲法改正と自主防衛を強く訴えていた鳩山一郎も、総理に就任すると、吉田茂が敷いた安保維持路線をなぞる。

さらに、安全保障や憲法改正よりも、国民の豊かな生活のための支援を優先すべきとした池田勇人による「経済志向」への転換が世論に支持されて、いつしか自主防衛という言葉は立ち消えになる。

これらの時流の中で、中曽根は政権から敢えて距離を置く姿勢を保つ。『自省録』では、「総理になるための雌伏期間」だったとも記している。

実際、読売新聞の渡邉恒雄や氏家斉一郎らと勉強会を開いたり、奥多摩にある別荘「日の出山荘」で、農業に励んだりして過ごしている。

すっかり低調となった自主防衛論だが、沖縄返還という一大転機を前に、再び光が当たるようになる。

そして、中曽根は再び独自の自主防衛論を声高に訴えるようになり、「七〇年代は日本の自主防衛を主力とし、補充的に集団安全保障に頼るように方針を変更すべきだ」とか「一九七五年ごろ安保条約はいったん廃棄し、新しい日米親善関係を確立すべきだ」などという発言を繰り返した。

これらの発言を阻止するには、閣内に取り込むのが一番と考えたのか、佐藤栄作は、六七年に中曽根を運輸大臣に迎える。科学技術庁長官は経験していたが、議員二一年目にして初の大臣就任だった。

それまで「党内野党」と孤高を貫いてきた男だけに、佐藤の軍門に降ったと、与野党から一斉に批判の声が上がり、「風見鶏」や「変節漢」などというレッテルを貼られてしまう。

中曽根は、「切っ先の触れ合う距離に入らなければ勝負はできない」と泰然と構えつつも、「将来の首相を目指す政治戦略や派閥の力を増す派閥戦略があったことも否定できない」と後に日経新聞「私の履歴書」の中で述懐もしている。

そして、七〇年一月、中曽根は防衛庁長官に就く。運輸大臣経験者からすれば、格下げのイメージがあるが、中曽根にとって願ってもないポストだったはずである。

ニクソン・ドクトリンという追い風

自主防衛を声高に叫び、政界や外交の空気も読まずに我流で突き進む中曽根を、佐藤は防衛問題の責任者に据えた。

その点についても中曽根は「私の履歴書」の中で語っている。

《私は友人の四元義隆氏を通じて、佐藤首相に入閣するなら防衛庁長官と希望を伝えていた。なぜか、と照会が戻ってきた。私は、「日米関係の基軸は安全保障である。日米関係をつなぐギリギリの線はどの辺にあるのか、日米関係の表に現れない底の底を知っておきたいからだ」と返事をした。

佐藤氏もこれを諒としてくれた》

だが、「人事の佐藤」の異名を持つほどの男が、中曽根に防衛庁長官を命じるにあたり、別の思惑があったはずだ。

おそらくは、一九六九（昭和四四）年七月二五日に発表されたニクソン・ドクトリンの影響が大きかったに違いない。

それまでの日本は、米国の核の傘の下で守られており、米国の指示通りにさえ防衛していれば良かった。それが突然、一八〇度転換したような方針を米国大統領から突きつけられた。

沖縄返還を悲願とし、なりふり構わず突き進んできた佐藤としては、米国大統領の新方針を無視するわけにはいかない。内閣として明確な対応を示さなければならなくなった。

同年一〇月一四日、当時の有田喜一防衛庁長官が、四次防の原案を七〇年の夏までにまとめるように陸海空各幕僚監部や防衛局などに指示を出す。それは、海上防衛力の強化、迎撃能力などの防空力の向上とあわせて、装備の国産化を重点目標に置いたものだった。

これらの動きは、ニクソン・ドクトリンから影響を受けた佐藤内閣が、防衛力拡大路線へ舵を切る姿勢を表明した、つまりニクソンを忖度した結果だと見られる。

そして、自主防衛に真摯に取り組んでいるとアピールするために、今までにない防衛力整備計画となる四次防策定を、佐藤は中曽根に求めたのだろう。

雌伏を続けた自主防衛論者は、遂に活躍の時を迎えたのだ。

これまでに暖めてきた構想を四次防に織り込もうと、中曽根は精力的に活動を始める。

2 自主防衛の誤謬

七〇年一月、防衛庁長官に就任した中曽根は、長官就任直後に私見として、「自主防衛五原則」を発表する。

具体的には——、

一、憲法を守り国土防衛に徹する
二、外交と防衛は一体であり、諸国策と調和を保つ
三、文民統制を全うする

四、非核三原則を維持する
五、日米安全保障体制をもって補充する
自衛隊を解体して自衛軍を創設するとか、核武装すら認めると言わんばかりの発言もあったかつての中曽根とは思えぬ、遠慮がちな原則に見える。

その一方で、日米安全保障体制については、あくまでも自国の戦力で防衛するのだという姿勢を明確にした。

同年三月一九日、自民党の安保調査会では、自主防衛が主で、日米安保が従であると明文化すべしと主張した。

六〇年代後半から七〇年代には、安保体制の堅持が「米国追随、すなわち日本を実質上米国の植民地と認めることにつながる」と反発する声が、自民党議員の中にあった。

さらに、沖縄返還後の米軍基地のあり方や、日本が負担する米軍基地維持費についても、真の独立国としての矜持を見せるべきだと訴える議員が少なくなかった。

そうした機運に乗って、中曽根は日本の防衛政策の根幹にメスを入れる。

まず、従来の五年単位で策定する計画ではなく、一〇年後までを見越した「新防衛力整備計画」の策定に着手する。

そして、「外交力の裏づけとなる軍事力」として海空の整備を訴え、科学技術開発と装備国産化の重視を求めた。

ただし、中曽根が編成した計画を実行すると、予算規模は三次防の二・二倍に膨張してしまう。

もともと二次防・三次防は備品購入計画にすぎなかった。それ以上の整備を求める中曽根の新防衛力整備計画は、財政規模の観点で、大蔵省からの批判を受ける。

また、海上防衛力重視など基本的な軍備構想についても、国防会議の海原治事務局長が強い反対を示した。

結果的に、新防衛力整備計画案は取り下げられ、中曽根が防衛庁長官に就任する以前からの「四次防」として作成が進められた。

米国防長官に直談判

それでも、中曽根は怯まなかった。安保条約のカウンターパートである米国で自説を訴えると決意すると、同年九月八日から二〇日まで、約二週間という長期にわたり米国に滞在し、ニクソン政権の安全保障政策に関わる重要人物と会談する。

中でも、中曽根はメルビン・レアード国防長官との会談を切望した。そして、米国滞在中二度、レアードと意見交換を行った。

外交文書によると、この時、中曽根は日米安全保障条約について、「相互安全保障条約は日米間にある結合と友好の象徴である」と位置づけた上で、「条約は、そのまま維持されるべきだと考えている」と明言し、さらに、核武装の考えも否定した。

中曽根が訪米する前の八月、日米の外交関係者が面談し、現地での対応を協議した記録が残っている。

この中曽根訪米を丹念に調査した龍谷大学法学部教授・中島琢磨の論文「戦後日本の『自主防衛』論：中曽根康弘の防衛論を中心として」に、その様子が克明に記されている。

まず、駐米日本大使館の吉野文六公使が、米国マーシャル・グリーン国務次官補を訪ねる。

吉野は席上、日本の核武装や自主防衛についての中曽根の見解は、「防衛長官就任と同時にトーンダウンした」と伝えた。だが、日本が再び軍事大国化するのではないかと懸念する声が未だに米国にはあると、中曽根には伝えるつもりだとも言い添えた。

そして、日本の防衛政策は全体として米国の安全保障戦略と一致しており、日本の諸資源は大規模な防衛政策よりは経済支援に費やされる方がベターだと考えていると、中曽根に分からせて欲しいと依頼した。

日本の外交官が、自国の閣僚の暴走を止めて欲しいと、米国の外交幹部に依頼するのもおかしな話だが、中曽根が自主防衛論を持ち出して、深刻な外交問題に発展するのを防ぐためには、米国の協力が必須だったのだろう。

さらに、アーミン・マイヤー駐日米国大使は、中曽根訪米に関する事前情報をワシントンに報告している。

マイヤーは、「我々は（基地の）共同使用や安全保障条約の相互的な側面に関する米国の見解を中曽根に『教育する』ためのいくつかの手段を提案する」と述べた上で、「自主防衛」(autonomous defense)は武装中立(armed neutrality)を意味するのではなく、極東における平和と安全に対する日本の関心や緊密な日米安全保障協力に依拠していることなどについて中曽根に理解させるよう、レアード国防長官に求めた。

マイヤーらの教育が奏功したのか、レアードらとの会談で、中曽根は核武装の否定や日米安全保障条約の現状維持を訴えた。

純国産兵器へのこだわりか

もしかすると、中曽根は、国内で支持を得られない防衛政策を押し通すため、米国の力を借りようとしたのではないだろうか。

自説を封印してまで国防長官に取り入ったのは、悲願である純国産兵器の開発のために防衛費が拡大されるよう、米国のお墨付きを得たかったのだという気がしてならない。

日本の防衛史の中で、中曽根が掲げた自主防衛論は、他に類を見ない主張だった。そのため、防衛史や対米外交史の専門家の鋭い論考が複数存在する。

そんな専門家の一人である佐道明広中京大学教授に話を聞いた。

佐道は、長年防衛庁OBのオーラルヒストリーのインタビュアーを務め、彼らの証言を踏まえた日本の防衛史を記録・検証してきた。

名古屋市の中京大学で教鞭を執る佐道に初めて会ったのは、二〇一八年六月だった。

「日米安保によって在日米軍基地という外国の軍隊が日本にあるという状態を、今では当たり前に思えますが、東京など大都市圏の米軍基地が整理・統合された七〇年代頃までの国民は違和感を抱いていました。占領が終わったら占領軍は帰るんだと思っている人が多かった。そもそも、自国内に、外国の軍隊が存在するのは当たり前の状態ではありません」

日米安保に対する国民の認識は、当時と現在では大きく異なると佐道は言う。防衛についてのエモーショナルな世論のあり方が、当時の政治家にも大きな影響を与えたからだ。

それはロッキード事件や当時の防衛感覚を再検証するためには、重要な視点だ。

「中曽根さんが自主憲法や再軍備を掲げて若手議員として頭角を現した一九五〇年代は、米軍基地に対する反対運動が非常に高まった時代でした。中曽根さんは、そうした動きを背景にして、ナショナリストとして日本の防衛を憂えているという立場をとりました」

厄介な存在である米軍には出て行ってもらって、国民の手で自国を守るという、国家安全保障としては至極あたりまえの発想である自主防衛を、強く打ち出したのだという。

「中曽根さんは防衛庁長官に就くと、日本初の『防衛白書』を作成したり、防衛問題に対しての意識を高めようと努めました。そして、自衛隊や防衛庁は、日本の防衛に責任を持つべきだと訴えたのです」

当時の防衛に関する新聞論調などを調査した外務省の資料には、東南アジアや米国の新聞も網羅されており、総合的に検証すると、日本の自主防衛については、各国とも軍国化を懸念していたようだ。

「そのため、日米の外交・防衛関係者は、中曽根さんの突進を止める必要があると考えたんです」

さらに、佐道は興味深い指摘をする。

「中曽根さんは、その頃から、総理の座を意識するようになった。総理を目指すのであれば、日米安保について強硬派でいいのか、反米と取られかねない行動は慎むべきではないかと考えたように思います」

日本の防衛史を研究し、多くの防衛関係者をインタビューした佐道の実感だ。私も、佐道の説は大いにあり得ると考える。

総理になりたいのなら、バランス感覚を磨け。そして、米国に理解者を持て。

米国は日本の防衛力拡大を、全て否定しているわけではない。彼らの意に沿う範囲で日本の防衛を考えればいいではないか。

結果的にそれが、日本の真の自主防衛への道になるのだ。

米国に滞在して、レアードらとの交流をきっかけに、中曽根の胸の中にそんな考えが生まれたのかも知れない。

アメリカで何があったのか

渡米中の中曽根の様子と、当時の日米関係を知るために、「戦後日本の『自主防衛』論：中曽根康弘の防衛論を中心として」の著者である中島に実際に会うことにした。

二〇一九年の八月七日は暑い日だった。東京駅から新幹線に乗り京都駅に降り立つと、全身を圧されるような暑さを感じ、三〇年以上前の学生時代を思い出した。

大学に在籍した五年間、京都に馴染んだつもりだったが、この重みを感じる暑さだけは慣れなかった。地面から湧き上がるような盆地特有の湿気が、圧迫してくる。

八条口でタクシーに乗り、烏丸通りから師団街道に入る。約一五分ほどで龍谷大学深草キャンパスに到着した。

タクシーを降りたところで雷が鳴り、突然、大粒の雨が降ってきた。

夕立の中、中島琢磨法学部教授が待つ紫英館に急ぐと、彼はさっそく私の疑問に答えてくれた。

一九七〇年の中曽根の訪米には二つの目的があったと、中島は分析している。

「第一に、自身に向けられた米国の警戒感をほぐして、『自分はアメリカが警戒する対象ではない。むしろアメリカとうまくやれる人だ』とアピールしたかった」

まずは米国と共存共栄しつつ、その一方で日本の防衛力を高める方策を練っていこうとしたのだろうと中島は言う。

「渡米時のもう一つのミッションは、中曽根という政治家の魅力を伝えること。日本の政治家にも、アメリカのトップと対等に安保議論できる人物がいるというアピールですね。それまでの日本の政治家は、こと安保問題に関しての発言は非常に慎重でした。それは国民の支持を得るための配慮でもありました。でも、中曽根さんは、それを気にせず目立とうとした。

この二つの目的は、いずれも達成したと思います」

当時、中曽根が総理候補になるのは、もっと先だろうと考えられていた。そもそもが、運輸大臣や科学技術庁長官を経験した程度で、重要閣僚に就いていない。

にもかかわらず、渡米時に、ロジャーズ国務長官、レアード国防長官、ジョンソン国務次官、キッシンジャー大統領補佐官など、米国の要人と多数会談している。

「防衛庁長官が、やすやすと会える相手ではない。これは、過去の例をみると極めて異例です」

だが、その理由があるのだと、中島は指摘する。

「自民党の他の政治家と比べて、中曽根さんの発言は、クリアすぎるぐらい問題を提起するんですよ。国防の基本方針を変えるだとか、GHQによる占領が終わっているのに、関東地方に米軍がいるのは、未だに占領軍がいるのと同じだとか。こういうはっきりとした言葉で問題提起する政治家として、米国の日本担当者らの間では、非常に目立っていました」

駐日米国大使館は、定期的に日本の政治や安全保障などの情報を本国に上げている。その際、米国大使館の関係者は、中曽根の発言を面白いと話題にしており、彼はちょっとした有名人だったのだ。

本人がそうした評判を知っていたかどうか、定かではない。とにかく中曽根は、当時の日本人政治家としては稀有な存在であり、その行動原理は庶民の代表である議員のそれではなく、国家を統べる者としての「論と哲学」に基づいていた。

これは、米国における為政者の基本姿勢でもある。そういう意味で、米国人が理解しやすい日本人だったのかも知れない。

実際に彼に会った米国の要人たちは、評判通りの男だという手応えを得たようである。

「中曽根さんの考えに変化があったというよりは、この訪米で感覚を磨いたのではないでしょうか。大勢の要人と会って、アメリカとの付き合い方を学んだのだと思います」

帰国後には、霞が関が難色を示す新防衛力整備計画（四次防）の原案作りをしている。

「政治家として、挙げた手は下ろせなかったのではないですかね。中曽根さんが兵器国産化に強く傾いたのは帰国後だと思います。レアードなども、日本が自前で防衛強化することは、容認してくれたからでしょう」

尤も、中曽根の兵器国産化論は、防衛庁幹部からは歓迎されなかっただろうと、中島は考えている。

「防衛や安全保障に通暁している長官ではあるが、兵器国産化論の実態は、日本が軍事的に独立するためには国産兵器が必須というような、抽象論だったと思います」

国防会議事務局長だった海原治のような、予算やニーズなどが日本の国防の身の丈にあった兵器の装備が望ましいという発想とは、明らかに違っていた。だから、中曽根の四次防案は、大蔵省だけではなく、防衛庁の一部からも猛烈に批判され反対されたのだろう。

3　キッシンジャーの秘蔵っ子

中曽根が若い頃から師と仰いだ人物が、米国の政権中枢にいた。

ニクソン大統領の補佐官、ヘンリー・キッシンジャーだ。

ウォーターゲート事件の悪名がついて回るニクソン大統領だが、外交における彼の成果は華々しい。中国との和解、戦略兵器制限条約の締結によるソ連との緊張緩和（デタント）、そして、ベトナム戦争の終結など、いずれも、歴史に名を残す偉業だった。

これらの偉業が成功したのは、策士キッシンジャーの暗躍があったからだ。

ヘンリー・キッシンジャーは、戦後の米国史上最強の策謀家だと私は考えている。

ナチスドイツの戦禍を逃れ、着の身着のままで米国に辿り着き、抜群の頭脳と才覚、そして、悪魔的なまでの策謀力で頭角を現し、米国の政界を掌握した。徹底的な秘密主義を貫き、子飼いの若い官僚や情報部員、外交官を各所に張り巡らせて情報収集を徹底し、必要とあらば、最前線にも飛び込んでいく。

このようなキッシンジャーの行動は、外交責任者の鑑(かがみ)だった。

一九六九年、ニクソン政権が誕生すると、キッシンジャーは国家安全保障担当補佐官に就任、自らが大統領の代理として自由に権力を揮(ふる)える基盤づくりに取りかかる。

それまでは、国務長官が外交政策の主導権を握り、大統領に進言するのが常道であった。だが、キッシンジャーは、当時、形式的な組織に過ぎなかった国家安全保障会議(NSC)こそが、外交政策の要であるべきだとニクソンに進言、ホワイトハウス主導の外交が行える体制を整えたのだ。

さらに、NSCのスタッフを一新し、若手の外交官、軍将校、国際政治学者をスカウトした。アンソニー・レイク、ローレンス・イーグルバーガー、アレクサンダー・ヘイグ、ブレント・スコウクロフトなど、ニクソン退任後も、米国の外交をリードする人物が、キッシンジャーの下に集められた。

独自のネットワーク構築

国際政治を舞台に、キッシンジャーはまるでチェスの名人(マエストロ)のように、自陣の駒を冷徹に動かし、必ず敵のキングを倒した。

勝負師としてのキッシンジャーの強さは、優秀な駒に支えられていた。

NSCに集められた若き精鋭の顔ぶれを見れば、それは歴然としている。

さらに、ハーバード大学在籍時に構築した世界各国の中枢に関わる人物たちとの連携も、存分に活用した。

その一人が、中曽根康弘だ。

一九五三（昭和二八）年七月、中曽根は、ハーバード大の夏期セミナーに参加している。

国務長官在任中のキッシンジャー（74年11月）

中曽根の著書『政治と人生』によると、このセミナー受講のための試験は、自発的に受験したのではなく、GHQの対敵諜報部隊（CIC）に所属していたケネス・E・コールトンに勧められたのがきっかけだったらしい。

《よく国会に情報収集に来ていたコールトン氏である。コールトン氏はハーバード大学出身の清潔な正義感の強い人で、吉田首相や自由党に好意を持ってい

なかった。その点でも私と親しくなっていたのである》

CICに所属している人物を、「清潔な正義感の強い人」と評するのは、いかがなものかと思う。インテリジェンスの常識からすれば、正義感に溢れ高潔に見える人物こそ、諜報機関の人間なのに。

五三年の夏期セミナーには二二カ国、四五人の代表が集まり、日本からは、中曽根を含めて五人が参加している。

そして、受講者の面倒を見る責任者が、《エリオット政治学部長の下で助教授をしていたキッシンジャー博士であった。ここから私と彼の四十年以上に及ぶ交流が始まるのである》(『政治と人生』)。

この時、中曽根は三五歳だった。

偶然だが、二人は共に五月二七日生まれだ。キッシンジャーは中曽根より五歳若いが、中曽根はキッシンジャーを師と仰いでいたようだ。

九〇年に二人は『世界は変わる―キッシンジャー・中曽根対談』という本を上梓している。

その冒頭で、中曽根は「キッシンジャー博士は、ハーバードのインターナショナル・サマーセミナー以来の私の先生で、総理大臣をやっているときにも、博士に会うとマイ・ディア・プロフェッサーといつも呼んできた仲です」と、キッシンジャーを持ち上げている。

　それに対して、キッシンジャーは「三十年来の旧友であり、現代の傑出した指導者の一人である中曽根元首相」と返した。

敢えて敵性の高い人物に注目

　一方、キッシンジャーの中曽根評がどんなものかは、不明だ。少なくとも、中曽根が内閣総理大臣になるとは予想していなかった気がする。

　中曽根は、日米安全保障条約に批判的であり、初当選以来ずっと自主防衛を訴えていたし、国会議員としても、派閥に属さず保守本流から程遠く、誰が見ても総理の目はほぼなかった。だからこそキッシンジャーは目をかけた。

　インテリジェンスの世界では、公然とアンチを掲げる人物であるほど、スカウトする価値は高い。そのような人物を転向させられたら、容易に操れるからだ。

　中曽根が、防衛庁長官に就任した七〇年、在日米国大使館から、一通の公信（三月三一日付）が米国国務省に送られた。

　中曽根の人物像を分析したものだった。

　この公信に関する資料は、朝日新聞の奥山俊宏から提供を受けた。これは彼が、『秘密解除　ロッキード事件』の資料を収集する中、米国立公文書館で入手したものだ。

　それによると、中曽根は二面性（アンビバレンス）を持つ人物で、日和見主義が根深いと評されている。

防衛庁長官として渡米した時も、中曽根はキッシンジャーと面談している。話の具体的な内容は不明だが、キッシンジャーは、日本の防衛庁長官としてのあるべき姿を教示したのではないだろうかと、私は推測している。

その後もキッシンジャーと中曽根の親密な関係は続く。

例えば、キッシンジャーが来日した際、キッシンジャーとの面談を渋る角栄を説得したのも、中曽根だった。

また、キッシンジャーは、中曽根に別の一面を見せつけたこともある。

田中角栄内閣で通産大臣を務めていた七三年一〇月の出来事だ。

第四次中東戦争が勃発し、アラブ産油国が、イスラエルを支持する国には石油を輸出しないと宣言したことから石油危機が起き、日本への石油の輸入が止まる恐れがあった。

そこで、当時通産大臣だった中曽根は、アラビア石油を通じて「日本だけは特別扱いで輸出してくれないか」と打診した。

すると、サウジアラビアは「日本がアラブに対して好意的な声明を出せば、いい方向に戻す」と回答、中曽根は、それに応じた声明文を書く。だが、外務省から強硬に反対され、立ち往生する。

その最中に、キッシンジャーが来日した。

中曽根と二人でホテルに籠もり、一時間半ほど話し込む中で「世界石油秩序はメジャーを中心にしてできているから、それを荒らさないでくれ」とキッシンジャーが訴えた。

だが、中曽根は、「日本には石油がないのだから、独自に行動するつもりだ」と返した。

キッシンジャーは「貴方はそう言うが、石油には多分に政治商品である側面がある。そして、その秩序はメジャーによって作り出されている。だから、日本が世界的な安定を切り崩して石油を求めれば、酷い目に遭うよ」とまで言ったようだ。

それでも田中内閣は、アラブ寄りの声明を発表した。

その時の経験で、中曽根は学習した。


《「なるほど、石油メジャーというものは世界に張り巡らされていて、産油国に対しても、消費国に対しても、敵うべからざるぐらいの力を持っているんだな」という印象を得ました。これはキッシンジャーと会って一番痛感したことだな》（『中曽根康弘が語る戦後日本外交』）

そして、次のようにも述べている。

《メジャーが英米政府を動かし、外国に干渉する実例に出くわしたわけで、彼らの力を再認識させられました。アメリカという国は、メジャーの利益を代弁していたのです。要するに、アメリカ即メジャーでした。日本やドイツが石油を自前で手に入れたいと踠（もが）いているのを横目で見ながら、「あ、やっとる」と、笑いながら見ていたろうね。「メジ

ャーには敵わん」と、心から感じたよ》

中曽根にとってショックだったのは、師と仰いでいたキッシンジャーの別の貌（かお）――メジャーの代理人としての顔を垣間見たことである。

それは、キッシンジャーの真の怖さでもあり、米国の怖さでもあった。

この一件以来、中曽根は、対キッシンジャー、対米国についての考え方が明らかに変わったと、中島は感じたようだ。

同書にはそれを裏付ける発言もある。

中曽根は通産相時代に、日本が自前で石油を手に入れるための「日の丸原油」構想を主唱していた。だが、それはメジャーの怖さを知る前で、後にとても危険な構想だと自覚したと認め、以下のように続けた。

《田中角栄がロッキードでやられてから、そういうことが関係していたのかという気がしました》

そして、角栄がロッキード事件で狙われたのは、独自の資源外交のせいかと尋ねられると、「私は、可能性があると思う」と踏み込んだ。さらに、ロッキード事件についてキッシンジャーが打ち明けたことについても同書では言及されている。

《キッシンジャーはよく話したなと思いましたね。「田中をやったのは間違いだった」という表現でした》

田中角栄は、世界の資源秩序を司っているメジャーの掟に反したから倒された——。ロッキード事件の真相について語られる中で、最も多い筋書きの一つだ。

それが事実なら、メジャーが倒すべき相手は、角栄ではなかった。

アラブ諸国に好意的な声明を出すのを止めてくれとキッシンジャーが頭を下げたにもかかわらず、それを断ったのは中曽根だ。さらに、彼は日の丸原油構想の主唱者でもある。

世界の石油資源を牛耳っているメジャーが許せない日本人——その筆頭は、中曽根康弘ではないのか。

キッシンジャーは飴と鞭を上手に使って、中曽根を見事に掌中の者とした。

日米関係について、総理（角栄）や外交ルートと別に、中曽根とのチャンネルが存在していたのは、ニクソン政権にとって、大きな意味を持った。

さらに、中曽根は着実に日本で権力者の階段を上っている。アメリカが支援すれば、もしかしたら中曽根総理が実現するかも知れない——。

4　中曽根―児玉ライン

一九七六（昭和五一）年二月にチャーチ委員会で、日本におけるロッキード社の売り込み工作が暴かれた時、不正に関わった人物として児玉誉士夫と小佐野賢治の名が上がった。

その段階から、児玉が裏金を使った可能性が高い人物として、中曽根に疑惑の目が向けられていた。

七七年四月一三日、衆議院ロッキード問題に関する調査特別委員会で、中曽根は証人喚問を受けた。

委員長の原健三郎（自民党）から、児玉との関係を問われると、六一年頃に、中曽根が所属していた派閥の領袖である河野一郎主催の会合で出会ったと述べている。そして、六五年に河野が没した後は、関係は希薄になったと証言した。

「児玉被告との関係というものは、個人的なつき合いで、政治家としてつき合っていたというようなことはございません」

料亭で一〇年間に二回ほど同席し、さらにゴルフも二、三回はしたが、二人だけではなかったと強調している。

ところが、その証言は、中曽根派の重鎮で、ロッキード事件の捜査にも少なからず影響を及ぼした稲葉修法務大臣の国会答弁と食い違っていた。

稲葉は、中曽根と児玉とは「六八年の佐藤三選をめぐる総裁選挙以降関係を断ち切った」、そして「政治資金の関係を断ち切ったのだ」と答えている。

児玉との関係について中曽根は、改めて社会党の横路孝弘から事実を質された。

「稲葉法務大臣が何を言ったか知りませんが、私は前にも後にも政治資金を受けたことはないです」と断言した。

尤も、中曽根派の政治資金収支報告書によると、六七年度末に東京スポーツ新聞社から三〇〇万円の献金を受けたと自治省に届け出ている。東京スポーツは、児玉が社主の新聞社だ。

それについて聞かれると「そういう細かいところまでよく知ってはおりません。（昭和）四二年という十数年前のようなことを、とても記憶するだけの能力はございません」と返した。

急増した政治資金

追及する野党議員も、児玉から中曽根にカネが流れたという証拠は摑んでいなかった。

ただし、集金が下手と言われた中曽根の政治資金額が、七二（昭和四七）年から急に跳ね上がっている。

《（昭和）四七年から確かにあなたの政治資金というのは膨張しているわけです。そして支出の問題についても、この間いろいろと問題になって訂正をされた、七億近いお金ですね。四七年から四九年の三カ年だけで概略二一億ぐらいの収入があるわけですよ》

（昭和）四七〜四九年は、ロッキード事件との関係が疑われる三年間であり、その間の献金総額が約二一億になると言って、献金元を明らかにするように横路は詰め寄った。

実際に、中曽根派の二つの政治資金団体、「新政治調査会」と「近代政治研究会」の「寄附及び収入または寄附の総額」が、大きく伸びている。

しかも、献金元の九割近くが、報告義務のない「会費収入」として処理された不透明なものだった。

ちなみに二一億円は、ロッキード社が、児玉に工作資金として渡した金額と合致する。児玉が受け取った全額を、そのまま中曽根に支払うとは、考えにくい。横路が強引に二一億という数字をつくり上げたと考えるべきだろう。

いずれにしても、中曽根は献金元については自治省で公表されていると繰り返すのみで、一切明らかにしなかった。

答弁で疑惑は深まったが、決定的な決め手を欠いたため、児玉とカネについての証人喚問は、結局は腰砕けになって終わってしまう。

存在しない人に金を払う？

横路が「支出の問題についても、この間いろいろと問題になって訂正をされた」と言及したのは、中曽根派の複数の政治団体が政治資金収支報告書に虚偽の記載をしていたのが七六年四月に判明していたからだ。これは国会でも大きな問題となった。

きっかけは月刊誌「現代」七六年五月号だ。同誌に、「指さして言う——三木首相、中曽根幹事長へ」と題された自民党の金権体質をあぶり出すリポートが掲載されたのだ。

中曽根康弘（総理就任の頃　82年11月）

そこには、中曽根派政治団体のカネの使途が奇妙であるとして、以下のように記されている。

《他派閥の支出のほとんどが議員直接にか議員秘書、もしくは議員の政治団体かその代表者、会計責任者といった議員関係者がほとんどであるのに、中曽根派のそれは議員とまったく関係のない無名の人名がズラリと並んでいて、支出金額も最低二十万円から、なかには一千万～二千万円と、とてつもない額が記入されている》

支出先の一二五人の内、住民票を確認できたのは一三人のみ。残りは架空の人物に対する支払いだったのだ。

しかも、住民票があったとしても、その人は中曽根とは無関係だったり、受け取った覚えがなかったりした。

記事を受けて、中曽根派は自治省に過去三年分の支出先を訂正報告している。

中曽根派会長を務めていた桜内義雄は記者会見で次のように釈明している。

「これらの政治資金を受け取ったからといってなんら不都合なものではないのだが、事務担当者が国会議員の名前を出すのはまずいと独断で判断したためだ」と。

ところが問題はこれで収まらなかった。

自治省は、報告書訂正のやり直しを命じた。

《先に自民党の中曽根派が提出した政治資金収支報告書の訂正について、自治省は「あいまいな点が多すぎる」として、二十六日までの期限つきで訂正のやり直しを求めている。デタラメを訂正したものがいいかげんなものだったわけで、こうした安易な姿勢は、

正常化後の国会で野党から厳しい追及を受けることになりそうだ》（朝日新聞七六年四月二一日朝刊）

訂正した報告書は、虚偽の人物名の代わりに中曽根派議員の秘書や職員の名前を入れただけと判断された。

そのため、最終的にカネが渡った議員名を明記し、領収証の提出及び訂正書の再提出が命じられたのだ。

こうした行為を悪質と見たのだろう。

警視庁捜査二課が捜査に着手、一二月一一日、中曽根の秘書など派閥の各団体の会計責任者だった三人を政治資金規正法違反と私文書偽造、同行使の疑いで書類送検している。

児玉は中曽根推し

一方の児玉は、証人喚問に呼ばれても、体調不良を理由に国会に姿を見せなかったため、二人の関係は遂に証言されなかった。

尤も、児玉は、中曽根を高く評価し、将来の首相候補として期待していたことが、いくつかの著述に残されている。

児玉の著書『生ぐさ太公望』で《「（河野一郎の遺志を継ぐのは）中曽根さんでしょう。

あの人は大臣病の方は免疫だし、金を貯めようとする妙な小欲がない。いわば書生ぽ気質（原文ママ）で、群小の政治家がするような駆け引きもないし、第一、彼には狡さがない。彼なら将来必ずや河野さんの志を継ぐでしょう』》と高く評価している。

また、週刊誌などでは、早くから中曽根に「将来の総理候補」と入れ込んでいる児玉の発言が複数見られる。

児玉がひとたび惚れ込むとひたすらに尽くす男であるのは既述の通りである。彼は、時に信義を曲げてでも支持し、カネを惜しげもなく与える。

戦時中に中国で築いた資産は、惜しげもなく鳩山一郎に提供して支援した。鳩山亡き後は、河野に、そして河野を失った後、中曽根に期待を寄せた。チャーチ委員会によれば、七五年末までに、二一億円ものカネがロッキードから児玉に渡ったことになっている。その一部でも児玉が中曽根に渡した痕跡は見つかっていない。

児玉が中曽根に、何らかの政治的請託をしていたとしたら、その見返りに相当額のカネを渡した可能性はかなり高い。

第三者の証言で浮かぶ関係性

二人の関係の強さについて、両者をよく知る萩原吉太郎が、「週刊文春」七六年八月一二日号に寄稿している。

一九〇二（明治三五）年生まれの萩原は、政商と呼ばれた大物実業家だった。二六（大正一五）年に三井合名会社に入社し、その後は北海道炭礦汽船（北炭）の社長に就任、道内屈指の大会社に成長させる。

北炭の社長就任の際に、児玉の協力を受けて以来、二人の間には親密な関係が生まれ、共に自民党の党人派政治家を支えた。

萩原は、児玉について次のように述べている。

《心のかたすみには、根っから悪い策略家で人をひっかけているようには、どうしても思えないということもある。

まだ、他の財界人と関係がない頃から、わたしはつきあってきており、そのころの印象はまことにきれいだった。国士として立派なこともいっていた。

自分の方から割り込んでいくのではなく頼まれて仲に入って相手を救う》（「〝政商〟だけが知っている　陰の『田中・小佐野・児玉・中曽根』」）

また、中曽根と児玉の関係についての記述も興味深い。

《まず、中曽根は児玉と関係ないといってるが、それはまったくのウソであるということだ。

児玉と中曽根は古い仲だ。
＝中略＝
児玉は中曽根を買っていた。いわば先物買いで「やがて中曽根の天下がくる」とまでいっていたくらいだ》(同前)

なお、同じ号に掲載された別の記事では、七二年七月二五～二八日の日程で行われた日米通商会議（通称・箱根会議）での中曽根の暗躍に触れている。

それによると、対米緊急輸入についてエバリー米大統領通商交渉特別代表と、当時通産大臣だった中曽根は個別に会談をした。この場で、P－3Cについて話し合ったかどうかは不明だ。しかし、通産相は国防会議のメンバーだ。そして中曽根は軍用機を国産にしたいと考えていた。これらの事情を踏まえて、「週刊文春」は児玉にとって、最も工作を依頼しやすかった政治家は中曽根だったはずと書いている。

兵器国産化、断念？

児玉がロッキード関連で、中曽根に何らかの依頼をしたとするなら、最も考えられるのは、「PXL国産化の断念」だろう。

それについても、前述の七七年の衆院の証人喚問で、中曽根は追及されている。質問したのは、社会党の爆弾男、楢崎弥之助だ。

楢崎は、PXL国産化が白紙還元された七二年一〇月の国防会議の席上、通産大臣として出席した中曽根が一言も発言しなかったことを疑問視した。通産省は、国内産業振興の観点から国産化を熱望していた。

《いままでずっと国産化を主張してきた通産省の立場、前の防衛庁長官としての立場も国産化である。それが青天のへきれきのように白紙に返された。言うならば、われわれの常識からすれば、一体どうしてそういうことになったんだろうか、国産化でなぜ悪いんだろうかというような話が出るのが普通であるし、そういう任務を与えられて国防会議に出ないと、何のために国防会議議員として列席させるようにしたか、意味がないのですよね。自分のところに関係がないことだったら何も言わない、そういう国防会議であれば国防会議自身が問題になるわけですけれども、そこはだれが聞いても、国民の皆さん聞いておられると思うけれども、この点の不自然さ、なぜだろうかという疑いは消えない》

この国防会議の直前に、米国が突然、P－3Cの提供を承認している。つまり、国産化を断念すれば、より性能が高いと評判のP－3Cを配備できるようになったのだ。

そんな時期に、ロッキード社の社長コーチャンが、児玉にある頼み事をしていた。ロッキード事件の顚末を告白したと言われる『ロッキード売り込み作戦　東京の70日間』によるとコーチャンは、田中新政権に代わっても、エアバスのトライスターを全日空に採用してもらえるよう有力政治家の後押しを求めた。それに対し、児玉は「中曽根氏をよく知っているから、エアバスのことはまったく心配はない」と答えたという。

そして、その数カ月後には児玉は中曽根と電話で長時間話し込み、「中曽根氏があす一番に、この件で努力をしてくれると約束しました」とコーチャンに伝えている。

これに対して中曽根事務所は「指摘の時間には、汽車で新潟から上野への移動中で、電話は不可能」という反論をしている。

コーチャンの告白によれば、この時コーチャンと児玉は、トライスターの売り込みについて話し合ったことになっている。

しかし、楢崎はここで異論を唱えた。

《コーチャン回想録によれば、その明くる日の朝片づいた、こうなっているのですね。そこで、夜八時過ぎに電話して明くる日の朝には解決するというのは、よほど証人に力がある問題である。力、影響力を及ぼし得る問題である。そうすると、職務権限から考えて、もしトライスターであるならば、これは当然運輸大臣がその中心に座っている。証人は通産大臣である。われわれから言わせれば、一発でそういうふうに影響力を及ぼすということであれば、一体これは果たしてトライスターであったのだろうかという疑問を私はコーチャン回想録の中から得たわけです》

トライスターの売り込みについては、コーチャンが児玉を使わねばならないほど難しいビジネスではなかったと、社会党が調べあげている。

《問題は、トライスターではなくて実は一発であなたが影響力を及ぼし得るPXL問題、つまりP3Cの問題ではなかったか。これを白紙に還元しようというその動きに何らかのまた変更なりが出てきたのではないかということで、あわててコーチャン氏が駆けつけてきたというふうに見るのがこのコーチャン回想録の自然の解釈ではなかろうか》

児玉と中曽根が電話で長時間話した日とは、国防会議の四日前、すなわち、PXLを国産にするか、輸入にするか、大きく揺れていた時期だった。

コーチャンが児玉を頼ったのは、トライスターではなくPXL問題ではないか――。当事者の回想録の一部を否定する檜崎の異論は当時、荒唐無稽に響いたかも知れないが、改めて事実検証してみると、説得力がある。

あれほど国産兵器にこだわっていた中曽根が、国防会議ではPXL国産化の白紙還元について、静観したのが不可解である。

中曽根という男は、カネでは転ばない気がする。だが、キッシンジャーと児玉から、「将来の首相候補としての行動をすべし」と囁(ささや)かれたとしたら、さすがの中曽根にもブレーキがかかったのではないか。

5 中曽根の狼狽

二〇一〇(平成二二)年二月一二日、朝日新聞朝刊一面に、一本のスクープ記事が掲載された。

スクープをものにした記者は、米国で公文書を徹底的に読み解き、ロッキード事件を新たな視点から検証してまとめた『秘密解除 ロッキード事件』を著した朝日新聞編集委員の奥山俊宏だった。

ロッキード事件「中曽根氏からもみ消し要請」米に公文書

《ロッキード事件の発覚直後の1976年2月、中曽根康弘・自民党幹事長(当時)から米政府に「この問題をもみ消すことを希望する」との要請があったと報告する公文書が米国で見つかった。裏金を受け取った政府高官の名が表に出ると「自民党が選挙で完敗し、日米安全保障の枠組みが壊される恐れがある」という理由。三木武夫首相(当時)は事件の真相解明を言明していたが、裏では早期の幕引きを図る動きがあったことになる。中曽根事務所は「ノーコメント」としている》

問題となった文書は、七六（昭和五一）年二月二〇日にジェームズ・ホジソン駐日米国大使が、国務省に送った公電だ。

チャーチ委員会でロッキード事件が発覚したのが、二月四日。

外務省は一八日、「高官名を含むあらゆる資料の提供」を米政府に改めて要請するよう、駐米大使に訓令した。これは三木武夫首相の意志であった。

ところが中曽根は、その夜と翌朝に、三木首相の要請とは正反対の秘密のメッセージを米国政府に伝えよと、米大使館に依頼したというのだ。

《中曽根氏は三木首相の方針を「苦しい（KURUSHII）政策」と評し、「もし高官名リストが現時点で公表されると、日本の政治は大変な混乱に投げ込まれる」「できるだけ公表を遅らせるのが最良」と言ったとされる。

さらに中曽根氏は翌19日の朝、要請内容を「もみ消す（MOMIKESU）ことを希望する」に変更したとされる》

ちなみに、この公電では、「苦しい」と、「もみ消す」は、その英単語に続いて敢えてローマ字表記の日本語が記されている。

中曽根が米政府に「MOMIKESU」よう要請したのが、三木の意向だったとは思えない。

自民党の幹事長、つまり総理である総裁と歩調を合わせ、政権維持をサポートする立場にある者が本当に発言をしたならば、不可解としか言いようがない。

そして、もみ消したいと強く思ったのは中曽根自身だったのではないか、という疑問が湧いてしまうのだ。

同様の解釈を、ホジソン大使もしている。

《「今後の展開に関する中曽根の推定は我々にはオーバーに思われる。三木の判断について中曽根が言っていることとは、我々の理解する三木の立場と合致しない」

当時、三木武夫首相は、事件の真相解明を国民に約束し、中曽根氏はそれを支える立場にあった。国民の間で真相解明を求める声は高まっており、「日米安保の枠組みの破壊につながるかもしれない」という見方は誇張に過ぎるというのが大使の見解だったようだ。さらに大使は「中曽根自身がロッキード事件に関与している可能性がはっきりしない点にも注意すべきだ」として、要請の意図にも疑問を投げかける。

ただ、大使は「日本政府の公式の姿勢とは異なり、自民党の指導者たちの多数は、関与した政府高官の名前を公表してほしくないのではないか」「日本政府の公式の要請を額面通りに受け止めるべきではない」と指摘。米政府としては「もし可能ならばこれ以上の有害情報の公開は避けるのが我々の利益だ」と結論づけている》（朝日新聞・同日

三四面）

中曽根の思惑を、大使は見抜いていた。

だから、大使は、中曽根の要請を公電に載せたのだろう。

事件捜査に懐疑的な態度

奥山の『秘密解除』では、この「MOMIKESU」依頼について、中曽根が積極的に米国政府と接触する様子がより詳細に紹介されている。

まず、ロッキード事件発覚翌日、偶然来日していた国務省日本部長ウイリアム・シャーマンと会談している。

単なる表敬訪問となるはずの面会だったが、結果的に話の中心は、ロッキード事件になった。

その内容は、同日、米国大使館を通じて国務省に公電として伝えられた。

それによると、「このようなことがらについて（米国の）国内問題として調査するのはいいことかもしれませんが、他国を巻き込むのは別問題であり、慎重に検討されるべきです。米政府にはこの点を認識してほしい。この問題はたいへん慎重に扱って欲しい」（『秘密解除』）と中曽根が釘を刺している。

また、「ロッキードに有利な取引はニクソン大統領と田中前首相の間で結論が出ていた」との疑惑にも言及したという。

これは、七二年九月、ハワイで行われた日米首脳会談において、ニクソンと角栄が、トライスターまたはP－3Cについて話し合ったと暗に匂わせている。両国のトップによる決定を蒸し返すなとでも言いたかったのだろうか。

さらに一一日朝には、幹事長の中曽根の指示で、自民党幹部の佐藤文生がワシントンDCに行き、東アジア・太平洋担当の国務次官補フィリップ・ハビブと面談している。佐藤は、日本政府高官の名前に関する議論に触れ、「自民党は自らの立場を守らなければならない」と述べたと公文書に記録されている。

在日米大使館内でも、灰色高官の候補についての分析が行われ、中曽根は現職の党幹部の中で「もっとも脆弱に見える」とされ、「ワシントンで具体的な情報が明るみに出れば辞任となる可能性がある」と同じく公文書に記録されている。

中曽根は誰に伝言を依頼したのか

奥山は、さらに不可解なものを発見している。機密として文字が伏せられた箇所があったのだ。

《前後の文脈からすると、そこには、中曽根と会話した相手の名前や役職が記載されている可能性がある。

秘密を解除できない理由は「国家安全保障上の制約」。白抜きにされたのは二〇〇七年七月二三日。この公電のその他の部分の秘密解除についてCIAの承認が下りたのと同じ日なので、CIAの都合で秘密とされているのではないかと推測できるが、実際のところは分からない》

中曽根は、誰と接触したのだろうか。

相手が大使なら、わざわざ名を伏せる必要はなかっただろう。もしも、相手がCIAだったとすると、中曽根との繋がりが気になる。

そして、中曽根と関係が深いと取り沙汰されていた児玉誉士夫は、CIAとのパイプがあった。

中曽根の必死のもみ消し作戦は、中曽根がロッキード事件に深く関与していたことを、自ら喧伝するようなものだ。

いずれにしても、米国からもたらされた情報によって、角栄は逮捕された。中曽根のもみ消し作戦は、失敗だったのか。

いや、自身が罪に問われなかったという意味では、成功だったのか。

曖昧な否定

タブー視される社会問題を次々と切り裂いていく奥山に、「MOMIKESU」発言

について さらに詳しく尋ねた。

「『検証　昭和報道』という朝日新聞の大型企画の一環で、ロッキード事件を再検証しようということになりました。それで、私は米国公文書館に通って、ロッキード関連の秘密解除文書を探しました」

それが「MOMIKESU」と記された公文書を発見したきっかけだったと、奥山。

文書は膨大で、かつ、あちこちに散らばっている。ホワイトハウス、国務省、司法省、国防総省、証券取引委員会、裁判所、議会など機関ごとに文書は整理されているが、それ以上は、おおざっぱな目録を見ながら勘を働かせて見当をつけ、根気よく一枚ずつチェックするしかない。

その上、歴代大統領にゆかりのある地それぞれに国営図書館があって、ホワイトハウスの内部文書はすべて、そちらに移される。そこへも足を運ばなければならない。「MOMIKESU」ことを中曽根が依頼した文書を見つけたのも、フォード大統領図書館（ミシガン州アンアーバー）だった。

そもそも、そんな重大発言の存在など、奥山はそれまでまったく知らなかったという。

「中曽根氏が、何らかの形でロッキード事件に関わったのではないかという疑惑は、事件発覚時から取り沙汰されていましたし、国会の証人喚問も受けています。そういう意味では、疑惑の人だった。あの文書を発見したことで、その疑いがより強まったのは、間違いありません」

中曽根本人がトライスターやP－3C採用について、口利きをしたり、ロッキード社からカネを受け取ったというような裏付けはない。

また、奥山のスクープ記事が掲載された時に、朝日新聞は中曽根事務所に文書についての事実確認をしているが、「ノーコメント」と返されている。

その後、二〇一二年に刊行された『中曽根康弘が語る戦後日本外交』の中で、中島琢磨が、その点を問いただしている。

それに対する中曽根の答えは「アメリカ人に対して『もみ消す』なんていう言葉を使うはずがありませんね。私と大使館の間に入った翻訳者がそう表現したのかもしれないが、日本の政局も考えて、仮に摘発するにしても、扱い方や表現の仕方を慎重に考えてくれと伝えたつもりです」という歯切れの悪いものだった。

また、同書で中曽根は、「アメリカ側には、田中勢力の打倒においては、三木に期待していたところがあったのでしょう。田中は石油を世界中から獲得するために、中東だけではなく、ソ連、ノルウェー辺りの石油にまで日本が手に入れようと動き出しているので、アメリカ石油資本が田中は敵（エネミー）だと認識して、彼をやっつけろと。そういう動きがアメリカ議会やアメリカの政治にありました。嘘か本当か知らんが、そういう情報もありましたね」と述べている。

角栄が、米国の虎の尾を踏んだために、葬られたという説を、暗に追認している。

「MOMIKESU」と公電に記載されたメッセージを伝達した相手について、中曽根は、「私が個人的に使っているアメリカ通の英語のできる人間に指示したのだろうね」と答えている。

中曽根の説明の通りだと、中曽根は大使館関係者に会ったのではなく、大使館に通じている密使を立てたことになる。

奥山と私が、この言動を不思議に思うのは、中曽根がロッキード事件に関与していたのなら、下手な動きは禁物なのに、よりによって米国政府に、隠蔽を依頼しているからだ。

「もみ消しを頼むことそのものが、中曽根さんにとっては、負い目になったはずだと思います。表では『徹底的に究明する』と公言していたのに、裏では国民世論の大勢に背くだけでなく、上司である総理・総裁をも裏切って『もみ消し』を外国政府に依頼した。中曽根さんがアメリカに弱みを握られたのは、間違いないですよね」

それぐらいの損得勘定は中曽根にも分かっていたはずだ。


国務省への極秘メッセージを依頼した人物について、未だ極秘扱いされていると先述の中島に伝えると、彼は驚いた。

「中曽根さんが、アメリカ大使館にそのような対応を求めていたなら、相手の氏名や所属先を秘密扱いにする必要はありません。大使や公使の署名入りの公文書は、肩書きと名前も含めて公開されています」

類推すると、やはり中曽根が「MOMIKESU」ことを頼んだ相手は、情報機関――CIA局員の可能性が高いと考えるのが妥当ではないだろうか。

しかも、CIAといえども一局員の立場では、国務省幹部に伝える権限などなかった。だとすれば、この公文書は、日本にいた大物情報部員からの報告だったと考えられる。国務省幹部に繋がるような立場の人物が、当時日本にいたのだろうか。

CIAのアセット、ロッキード社のエージェント――。

可能性のある人物はいるが、それは状況から見た推理に過ぎない。

今もってなお、公文書で明かされない名前がある。その事実を前にすると、事件を過去のものとして扱うにはまだ早いと感じる。

果たして中曽根は、何をもみ消したかったのだろうか。

自民党幹事長という責務を捨て、米国の協力者に強引に頼み込むほどの、暴かれては困る秘密があったのだろう。

またそれは、中曽根の異常行動にこそ、ロッキード事件の真相を解く鍵があったと裏付けているとも考えられるのではないか。

中曽根の秘密が暴かれていたなら、角栄は破滅しなかったのではないか。

しかし、中曽根亡き今、全ては闇の中に葬られてしまった。

第四部

東京地検特捜部は、間違わない。巨悪を眠らせないためには、手段を選ばなくても良い。

裁判所は、常に公平である。

角栄は、カネ塗れだから、丸紅から賄賂をもらっているに決まっている。

総理は、何にでも口利きが出来るから、職務権限なんて問題ない。

国会での態度が、若狭の本性だ――。

そして、その先入観を誰一人疑うことなく、いかなる反論にも耳を貸さず、解決したつもりになっていた。

冷静に考え、証拠と法廷での証人の証言を重視して裁判をもう一度行えば、角栄は有罪にならなかった気がする。

田中角栄という人物は、よほど不運だったのかも知れない。

しかし、ただ不運だっただけなのだろうか。

なんとしてでも角栄を葬らなければならない理由があったのではないか。

第十四章　角栄はなぜ葬られたのか

1　正義と必要悪の衝突

米国は、不思議な国だ。

世界中の誰よりも「正義」という言葉が好きで、いかなる時も、正義は自分たちにあると信じて疑わない。

日本に落とした二発の原子爆弾、ベトナム戦争や、現在沸騰中の米中貿易戦争——たとえ世界中を混乱に巻き込む行為であっても、米国自身は、常に完全無欠の正義なのだと信じて攻撃のトリガーを引く。

そして自国の富や国民を毀損しないよう、モンロー宣言のような自分勝手なルールを、一方的に打ち立てたりもする。

そんなエゴすら、彼らにとっては当然の主張であり、自国を守るためなら、必要悪すら認めてしまうのだ。

その一方で、独裁者を嫌い、権力者の不正に厳しく監視の目を光らせる市民が存在するのも、米国の特徴だ。

「ニューヨーク・タイムズ」のスクープに始まり、「ワシントン・ポスト」も追随した「ペンタゴン・ペーパーズ」の暴露は、その最たるものである。これは「ベトナムにおける政策決定の歴史、1945年─1967年」と呼ばれた記録文書の、米国がベトナム戦争に本格的に参戦するきっかけとなったトンキン湾事件の報告書が捏造されていた事実を暴いた。

これによって政府が参戦するために掲げた大義名分がウソだったことが明らかにされたのだ。

さらに、再選するためなら、手段を選ばなかったニクソン大統領の不正行為がウォーターゲート事件として連鎖的に発覚、メディアの緻密な追及が、ついには議会を動かし現職大統領を辞任に追い込んだ。

以降も米国のメディアは、国家権力、軍部、多国籍企業などの不正を、果敢に白日の下に晒し続けている。

監視者はメディアだけではない。政治家や捜査機関も、相手が誰であろうとも、不正は徹底的に追及してきた。

額面通りなら、米国はとても健全な国家だと言えるのだが、その浄化の背景には、一筋縄ではいかない関係者の思惑が渦巻いている。

ロッキード事件を考える時、必要悪を認めながら同時に、相反する潔癖的正義が内在している米国独特の気質を無視してはいけない。

では、事件当時、米国の必要悪とは何だったのか。

第二次世界大戦以降、世界の政治経済は米国の支配下に入った。そして、宿敵、ソ連との闘い＝冷戦の勝利が至上命令となった。

一九四五年の終戦から九一年のソ連崩壊まで、米国は世界の共産化を防ぐために、先頭に立って奮闘した。

共産主義は資本主義を破壊するものであり、人権も自由もなく、独裁者による恐怖政治が横行しているというのが、米国から見る共産主義国家だ。

米国が、共産主義は敵だと訴えるのは、思想闘争のためではない。資本主義国家として世界の覇権を握る立場上は、資本家の存在を否定するような社会を認めるわけにはいかないのだ。

あるいは、最強の敵であるソ連に勝つためには、共産主義を全否定して、ソ連のシンパを駆逐するしかなかったのだ。

戦後、次々と独立し、国民主権に則った建国を目指したアジア、アフリカ、中米諸国には、エネルギー資源や貴金属資源が豊かな国が多い。

米国は反共の大義名分の下、これらの利権を得ようと触手を伸ばす。

たとえば、一九六五年、インドネシアでは軍事クーデターがもとでスカルノ大統領が失脚する。そして次期大統領となったスハルトの下で、「インドネシア共産党員狩り」と称した大虐殺が行われた。犠牲者は五〇万人とも、三〇〇万人とも言われる（九月三〇日事件）。殺害された中には、さらなる民主化を進めようとした活動家や学生、政治活動には無縁の国民も含まれていた。全ては「反共」という言葉によって、正当化されたのだ。

この殺戮の背景には米国情報機関も関与していたことが、最近の情報公開で明らかになっている。また、反共を掲げるスハルト大統領就任で、米国は多大な支援を惜しまなかった。

やがて、反共目的の虐殺やクーデターは、世界中で巻き起こる。ベトナム戦争もその一つだった。

ウォーターゲート事件が追い風

チリでの米多国籍企業の暗躍が、米国の外交を歪めているのではないかとの疑惑をきっかけに、七二年にチャーチ委員会（上院外交委員会多国籍企業小委員会）が発足した。翌年から公聴会を開き、海外での企業活動を積極的に調査し始める。

しかし、七三年九月一一日、サルバドール・アジェンデ大統領政権が、軍事クーデターによって崩壊する。

クーデターを仕掛けたのは、アウグスト・ピノチェト将軍ら軍部だった。ピノチェトは、米国から全面支援を受け、社会主義政権を倒して南米の共産化を防ぐという名目でクーデターを敢行した。

背後では、CIAの暗躍や米系多国籍企業による、反政府勢力への資金援助が行われていたと目されていた。

次第に、クーデター前から、ニクソン大統領やキッシンジャーが、経済制裁のみならず、CIAのエージェントを使ってアジェンデ政権を揺さぶっていたことが明らかになる。

そんな最中に、ウォーターゲート事件は最終局面を迎え、七四年八月、議会で弾劾決議される前にニクソンは大統領を辞任する。

それが追い風となり、チャーチ委員会は、政府と多国籍企業の不正の追及に、より一層力をいれるようになる。

七四年、米国の資源外交は国際石油資本(メジャー)と癒着しているとして、公聴会を開いて海外での石油メジャーの不正活動を追及した。

翌七五年、今度はCIAの非合法活動に焦点を当て追及。上院の中に、情報活動調査特別委員会が発足すると、チャーチは委員長を兼務した(そのため、こちらも「チャーチ委員会」と呼ばれる)。そして、CIAが七件の外国人要人暗殺計画に関与していたことを明らかにする。

ニクソン政権は、反共産主義を隠れみのに、海外での非合法活動を次々と行うだけでなく、それによって米系多国籍企業に大きな利を与えていた――。

チャーチ委員会は、米国の正義、米国の民主主義の砦として、政権の不正を明らかにしていったのだ。

キッシンジャーの焦燥

だが、石油メジャーの代理人だったキッシンジャーにとってチャーチ委員会の調査は許しがたい行為だったに違いない。

国際政治が激動の時代を迎えようとしている時に、青臭い正義感を振りかざすなんぞ、言語道断とキッシンジャーは怒っていたはずだ。

だが、キッシンジャーの憤りなどものともせず、チャーチ委員会は七五年頃から、ノースロップやロッキードなど軍事産業を標的に据えた調査に着手する。中でも特に悪質だと判断したロッキードを追及の俎上にのせた。

キッシンジャーにとって、またもや自身の活動に大きな影響を及ぼし兼ねない事態になったわけだ。

「世界の警察」を自任する米国が海外で平和維持活動を行えば、多額の軍事費が支払われる。したがって、ロッキードをはじめとする軍事産業が富を得るのは当然だった。それに、結果的には、彼らの活動が米国経済に豊かさをもたらしたのではないか。

そもそも米国民は、海外事情に関心が低い。海外で果たすべき責務を米国が全うしているならば、それで満足だし、詳細には興味がなかった。だから、軍事系の多国籍企業は、やりたい放題のビジネスができた。

それが、チャーチ委員会によって、突如、糾弾の対象となってしまった。

だが、それで諦めるキッシンジャーではなかった。彼は熟考を重ね、この難局を乗り越える策謀を巡らせた。

それは、チャーチ委員会と歩調を合わせるように見せながら、オープンにして良い事実と、絶対に明かせない事実を分類し、前者に光を当て、後者は闇に隠すという戦略だった。

ある程度の犠牲はやむを得ない。被害が最少で済む生け贄(にえ)を定めて、それ以上の追及をくい止めるしかない。

そして、チャーチ委員会の公聴会で実名が公表される。その一人がＴａｎａｋａだったのだ。

角栄は、キッシンジャーに嫌われていた。だから、キッシンジャーに破滅させられた、というのは日本人の心情からすれば受け入れやすい。

だが、ことはそんなに単純ではない。もしや、角栄を犠牲にしなければならない必然的理由があった、のではないだろうか。

2　キッシンジャーの暗躍

ヘンリー・キッシンジャーは自他共に認める稀代の策謀家だ。チャーチ委員会が開けてしまった〝ロッキード〟というパンドラの箱を、彼はどのように守ったのか。

チャーチ委員会は、証人を喚問する際、委員のみが立ち会う秘密聴聞会と公聴会を連続して行った。

事件資料を読むと、「秘密聴聞会で証言した全てを、公聴会で話しているわけではない」と記されている。

これは日本の証人喚問とは異なる仕組みだ。公聴会の前に行う秘密聴聞会という閉ざされた環境で、まず証人を安心させて、洗いざらい自白させる。それから情報を選別し、公聴会では国民に公開しても良い証言を整えていたのではないか——と私は考えた。

『秘密解除　ロッキード事件』の著者、奥山俊宏に、その点について尋ねた。

「公聴会前の、エグゼクティブ・セッションという秘密聴聞会では、ロッキード幹部は田中角栄の名前も出していたそうです。秘密聴聞会での証言を、公聴会でどのように公開するかについて、協議されたようですが、その議事録は今なお開示されていません」

奥山は、その時の記録も近い将来開示されるのではないかと考えている。

想定外の伏兵たち

チャーチ委員会の仕組みは、キッシンジャーにも使い勝手のよいシステムであった。トライスターの売り込みで裏金を使ったことは、エグゼクティブ・セッションで、開陳しよう。

その代わり、P-3Cについては一切触れない。

そして公聴会では、政治家の名前は伏せて、日本でも評判が芳しくない児玉誉士夫と小佐野賢治の名前、さらには代理店である丸紅について、言及すればいい。

だから、公聴会では、角栄の名は出ることはなく、日米のメディアが大騒ぎしても、灰色高官が誰なのかは一向に漏れ聞こえてこなかった。

そこに、三木武夫の大奮闘という予想外の展開が起きる。

さらに、吉永祐介を中心とした東京地検特捜部が、チャーチ委員会や証券取引委員会、司法省の資料を請求した。そのうえ公聴会で明らかにされた「児玉に渡った二一億円」の解明が、最大の焦点になってしまった。

このタイミングが米国には最悪だった。なにしろ、未だにウォーターゲート事件の衝撃冷めやらずの状態で、ニクソンの後を引き継いだフォード大統領も、大疑獄の可能性のあるロッキード事件をうやむやにはできないという態度を示した。

このままでは、日本からの強い要請を受けて、一切の資料を、渡さざるを得ない状況に追い込まれる。

そこで、キッシンジャーは、次の一手を打ち、角栄は、疑惑の渦中に引きずり込まれた。

前総理という抑止力

トライスター関連の資料提供だけでお茶を濁したいキッシンジャーは、前総理の首を差し出せば、東京地検特捜部も三木政権も、驚愕のあまり捜査を止める方向に動くと踏んだようである。

キッシンジャーは、自民党の体質を知っていた。党内に派閥間の闘争はあるが、野党である社会党や共産党につけいられそうになれば、挙党態勢で角栄を守るだろう。万が一、前総裁の角栄が逮捕されるような事態になれば、自民党は野党に転落するかもしれない。それを避けるために、事件は、闇から闇へと葬られるはずだ。

特捜部に情報が渡るまでの過程で、キッシンジャーの関わりを示す記録がある。

事件発覚後の七六年三月一一日にも、キッシンジャーは公式の場で「米企業の海外における不正行為が暴露されたことにより、米国の友邦諸国の政治構造は重大な打撃を受けている」と述べている。

同時に、これ以上、米議会などが他国の政府高官の名前などを一方的に公表すべきでないと強く訴えた。

日本の捜査当局や三木総理は、灰色高官の名前を含めた捜査資料や証拠を提供するよう、チャーチ委員会や司法省などに対して何度も要求している。そして、米国との交渉に奔走し、コーチャンやクラッターらの嘱託尋問実現に向けて尽力したのが、特捜部検事の堀田力だ。

堀田には二度会って話を聞いたが、二〇一八年一一月に語った、当時の米国の対応に関する証言が大変興味深い。

「ロッキード事件に関係した政府高官の名を明らかにするのを、キッシンジャーは強硬に反対したそうです。その影響か、私が米国司法省と交渉する時は、必ず国務省の幹部らが同席していました。彼らはキッシンジャーの意を受けており、司法省に横槍を入れるためにいるのだろうと思っていました。ところが、一切嘴(くちばし)を挟みませんでした。あれは、拍子抜けでしたね」

証言の影響拡大を防ごうと奔走していたキッシンジャー率いる国務省が沈黙した。にもかかわらず、国務省幹部が同席したのは、司法省がP－3C売り込みの情報を堀田に渡さないための監視だったのではないか。

角栄に通じるチャート

東京地検特捜部が、米国から持ち帰った資料に、売り込み工作のカネの流れが分かる人物相関図（チャート）があった。

そこには、ロッキード社と日本の政治家らの名前が多数記され、カネの流れとおぼしき矢印が記されていた。そして大半の矢印は、Tanakaとローマ字で書かれた人物に向かっていた。

どこの世界に、賄賂のチャートを作る贈賄者がいるのだ、と、私は呆れたのだが、複数の検察関係者に尋ねると「巨大な組織では、上司に報告するために、チャートを書くことがある」から、違和感はないと言われた。

当時の特捜部も、そのチャートを重視した。つまり、米国が提供した資料の証拠能力をそれだけ信頼していたわけだ。

日本の官民どちらに対しても、ロッキード社の営業担当は当時社長だったアーチボルド・コーチャン自身だった。

企業のトップが、誰かに説明するためにチャートが必要だったなど、どう考えても不自然だ。

そして、このチャートにはもう一つ、大きな疑問点がある。

そこには、全て実名が記されているのだ。それは、ロッキードが世界各国に注ぎ込んだ贈賄の流儀からはずれたものだった。

賄賂先を実名で書くのか

イタリアでの、戦術輸送機C－130（ハーキュリーズ）の受注を巡る売り込み工作では、ロッキード事件に関わった元国防相や軍関係者が有罪になっている。

事件では「アンテロープ・コブラー＝カモシカの靴直し」というコードネームで記されていた人物が、売買に最終権限を持つ黒幕だと考えられていた。

それは、マリアーノ・ルモール元首相、ジョバンニ・レオーネ大統領、アルド・モロ首相のいずれかだと噂されたものの、結局、捜査当局は本丸に辿り着けないまま、彼の国のロッキード事件は収束している。

イタリアでは、国家の最高権力者に暗号名を用いたのに、日本では丁寧なチャートがあるうえに、すべて実名が表記されている。

この差は、なんだろうか。

英国やフランスのような先進国ならまだしも、国力的には日本よりやや劣っていたイタリアにすら、配慮しているのだから、米国の安全保障戦略のためにも重要な日本にも、同様の対処をするのではないか。

すなわち、イタリアのケースこそ、本来の贈賄工作におけるロッキード社のルールだったのではないかと私は考える。

日本の高官に対しても、イタリアのようにコードネームが付されているべきなのに、決定的な証拠であるチャートには、そうした配慮がなされていない。

キッシンジャーが捜査の深入りをさせないために仕組んだとしたら、それはやり過ぎだった。

あのチャートがなければ、ロッキード事件の捜査は、途中で頓挫しただろう。

チャートに田中角栄の名があったからこそ、特捜部は突き進んだ。

彼らは二年前、金脈問題で総理を辞任した角栄を追い詰められなかったからだ。捲土重来を狙っていた中、願ってもないチャンスが舞い込んだ。

キッシンジャーが抑止力になると考えたのとは、まったく正反対の作用が働いたのだ。

3　ロッキード事件が映し出す日米関係

自国の必要悪を隠蔽するために、上院委員会の調査を操作し、日本の前総理を生け贄として差し出す――。

そのような突飛な陰謀に、米国の国務長官ともあろう者が手を染めるのだろうか。

七〇年代に入って日本は、アジア初の先進国に名乗りをあげ、世界に認められ、さらに米国に肩を並べるまでに成長しつつあった。東南アジアや中南米のような途上国のクーデターを支援したり、要人を暗殺してきたのとは、訳が違う。

では、はたして米国は、日本を対等な国と認めていたのか。

答えは、「Ｎｏ！」だろう。

独立国なら最優先事項である安全保障の面で、日本は戦後一貫して米国の庇護の下にあるからだ。

戦後制定された日本国憲法で戦争放棄を謳い、核や軍隊を持たない国として歩み続けてきた。

それは、日本自らが選んだ道ではない。米国をはじめとする戦勝国が強く求めたのだ。

独立国とは名ばかりの実質的隷属――それが世界の力学の中での日本の立ち位置であり、だからこそ、どれほどの経済大国になろうとも、国際秩序を守るための軍事的な負担はなかった。日本の繁栄も平和も、偏に米国のお陰なのだ。

日米は対等ではない

世界中の頬を一万円札の束でひっぱたけるほど円が最強になった時、日本人の誰もが、我が国は列強国と対等だと思っていたはずである。

長年、自衛隊史を研究する中京大学教授の佐道明広は、いかなる時も日米は対等ではなかったと断言する。

「日米安全保障協議委員会（SCC）という、日米安保が協議される会議があります。日本からは一九六〇年の開設以来、外務大臣が主宰者となり防衛庁長官（現・防衛大臣）が出席しています。ところがアメリカ側は、一九九〇年一二月までは駐日米大使が議長を務め、軍事の代表として、太平洋軍司令官が出席していました。日米安全保障条約を検討する最高会議という位置づけにもかかわらず、このアンバランスにこそ、アメリカの日本に対する姿勢がよく示されています」

両国の安全保障を協議する首脳会議に、日本は大臣が出席しているのに、相手は大使や現地司令官だというのは、まるで植民地扱いである。九〇年に、日米双方から二名の閣僚が参加する「2プラス2」がスタートするまで、戦後三〇年間も続いたのだ。

このような歪な状態について、外務省、防衛庁（省）や政治家が大問題にした記録は、ほとんどない。

中曽根康弘は七〇年の渡米時に、この問題を取り上げ、米国も国務長官と国防長官に参加して欲しいとレアード国防長官に訴えたが、中曽根に好意的だったレアードでさえ、この提案は、一蹴している。

《レアードは日米安全保障協議委員会の格上げ問題について、「アメリカ側を代表する駐日大使や太平洋軍司令官とともに、東京で定期的な委員会を継続させるのがベストだろう」「国防長官と防衛庁長官の会談は、適切かつ必要な際に開催できるだろう」として、慎重な表現でありながらも、中曽根の提案を事実上拒否している》（「戦後日本の『自主防衛』論：中曽根康弘の防衛論を中心として」）

中曽根の要望は、身の程知らずのおねだりだったようだ。

防衛庁長官時代の渡米記録をはじめ中曽根の日米外交の記録をまとめた『中曽根康弘が語る戦後日本外交』の聞き手の一人に名を連ねた中島琢磨も、「日米が対等だったことはないと思います」と話す。

戦後続く米日主従関係

米国＞日本というパワーバランスが崩れたことは一度もない。

九〇年代のバブル経済崩壊の一因にも、この関係は大きな影を落とした。

バブル経済が崩壊するまで、日本の会計制度は、簿価会計だった。簿価会計では、不動産などを取得した時に、会計帳簿に資産として計上する。だが、不動産の価値には変動があり、毎年、評価額も変化する。現在、日本の基準となっている時価会計では、下落するとその差額を反映するが、簿価会計なら、売却まで損益計算は行わないのが一般的だった。

それを攻撃したのが米国やヨーロッパの先進国である。日本の悪しき商慣習こそが不良債権まみれの経済を生んだ原因だと彼らに糾弾されて、グローバル・スタンダードという名の経済ルールを導入したが、結果的にほとんどの企業が経営をさらに悪化させた。

また、従来の雇用制度にもメスが入り、終身雇用や年功序列が否定され、実力主義、成果主義の徹底が求められた。この干渉が、日本企業を支えていた従業員の結束力を大いに削ぎ、世界を凌駕した経済大国・日本を骨抜きにしたのだ。

二〇〇四（平成一六）年に刊行された『拒否できない日本　アメリカの日本改造が進んでいる』（関岡英之著）では、「日米規制改革および競争政策イニシアティブに基づく要望書」（通称「年次改革要望書」）によって、米国の国益を利する規制緩和や新制度を次々と日本に押しつけたことが暴かれ、国民に衝撃を与えた。

実際には、両国が相互に規制緩和を求めているのだが、日本の要求はほぼすべて黙殺された。その一方で、米国側の要求は、建築基準法の改正、法科大学院の設置、著作権の保護期間の延長や著作権の強化、裁判員制度をはじめとする司法制度改革、独占禁止法の強化と運用の厳格化、労働者派遣法改正（労働者派遣事業の規制緩和）、郵政民営化など次々と実現した。

同書の問題提起は大きく注目されて、国会でも議論されたが、政府が改めることはなく、この要望書の交換は、二〇〇九年まで続いた。

米国の都合に振り回され続ける日本の姿は、戦後の日米関係の底流を連綿と流れていると考えるべきだ。

G20後にトランプが「日米安全保障条約は不公平」と発言したことや、首脳会談でいきなり一機一〇〇億円以上するF－35戦闘機を購入するよう安倍に言うのも、米日の主従関係を考えると、腑に落ちる。

だとすれば、大切な軍事企業であるロッキード社のスキャンダルを隠し、安全保障政策を維持するために、日本の総理経験者一人を生け贄にするくらいは、米国としては、至極当たり前のトラブルシューティングにも思えてくる。

ロッキード事件は、米国を差しおいて日中国交回復を断行した報いだとか、エネルギー利権の巨人たちの怒りを買ったなどの見方は、七〇年代の日本の牽引役だった角栄を米国が警戒し潰したという考えが元にある。

その発想は、米国が日本をライバル国だと思っていることが前提だ。

ライバル国だから、あるいは角栄を脅威と捉えたから葬った——とは、私にはどうしても思えないのだ。

そもそも角栄は、その時すでに首相を退いていた。再起を図っていたとはいえ、首相に返り咲ける可能性はそれほど高くなかった。

冷静に考えれば、角栄を葬らなければならない理由が米国にはないのだ。

そもそもロッキード事件はキッシンジャーが暴いたものではない。それどころか、あの一件については可能な限り封印しようと必死だったのだ。

だが、それが無理だと判断したので、被害を最小限に抑えるために奔走したのだ。

米国にとって重要なことは、ロッキード社を守ることだったのではないか。

効かなかった角栄抑止力

田中角栄は人気も実力もある、大政治家だったはずだ。しかも、首相も経験している。そんな人物を、米国から飛んできた事件で立件するなど、絶対にあり得ない。自民党が疑惑の広がりを押さえ込むのが筋だ——。

キッシンジャーでなくても、そう考えるのだが、この時総理・総裁だった三木武夫には、その常識が通用しなかった。

三木は、総理就任直後から、党の近代化や政界浄化、さらには独占禁止法の改正など、まるで野党のような改革を推し進めた。

彼が意識していたのは、党内の力学ではない。金権政治の一掃を求める国民の期待に応えること。それだけが、脆弱な三木内閣の安定をもたらすと考えたのだ。

ロッキード事件が大スキャンダルに発展し、政権の危機になるであろうことは、自民党総裁でもある三木にはすぐに予測できたはずだ。なぜなら、発覚直後から疑惑を向けられた政治家は、すべて自民党議員だったからだ。

党所属議員の関与が明らかになれば、総裁の責任が問われる。本来は、収賄に関わった議員の糾明を防ぐために奔走するのが、自民党総裁として取るべき行動だった。

ところが三木は、自らの政権の生きる術を見つけたかのように、灰色高官と呼ばれた政治家の追及に血道を上げる。

「日本の政治の名誉にかけて真相を明らかにする必要がある」と宣言して、事件解明に突き進んだ。

そして、東京地検特捜部の副部長・吉永祐介が動き出す。

巨悪の存在が認められれば総理大臣でも捜査する――と標榜していた検察庁だが、実際は、明らかな不正が行われているのにお咎めなしという理不尽ばかり。

七四（昭和四九）年に騒がれた田中金脈問題でも、捜査の手が角栄に及ぶまでには至らず、「眠れる獅子」どころか、すでに検察は死んだも同然とまで揶揄されていた。

吉永にとって、世間の注目を浴びるロッキード事件の解明は、検察の起死回生の最後のチャンスだったのではないだろうか。

たとえ政権から圧力が掛かっても、屈するわけにはいかない。不退転の強い意志を持って事件に向き合うと、早くから覚悟していたに違いない。

さらに、金権政治追及の機会を狙っていたメディアがその流れに乗った。

それと同時に、「必要な手を打ったから沈静化するだろう」と安堵していたキッシンジャーら米国政府関係者の思惑は瓦解した。

4　七〇年代という時代

ところで、事件が発覚した七〇年代とは、どのような時代だったのか。

発覚直前に大ヒットした歌がある。

フジテレビの幼児番組「ひらけ！ポンキッキ」から生まれた童謡「およげ！　たいや

きくん」だ。〝まいにち　まいにち　ぼくらは鉄板の上で焼かれて　嫌になっちゃうよ〟で始まる歌は、たいやきくんの大冒険を描いたものだが、それがいつしか「サラリーマン哀歌」として企業戦士の父親たちの心に刺さる。七五年一二月に発売されると、僅か一カ月でレコード売上げ二〇〇万枚を突破。最終的には、約五〇〇万枚もの大ヒットとなった。

変化の乏しい日々の暮らしに汲々とし、そこから飛び出してみても、結局は安住の地を見つけられない――。

明るい歌の中に見え隠れする閉塞感は、働きづめのサラリーマンの生活そのものだった。

国民が一丸となって邁進してきたおかげで戦後は高度経済成長を遂げ、生活は物質的に豊かになった。

だが、成長のカーブが緩やかになると、無茶をしてきたツケが浮かび上がってきた。光化学スモッグが都会の空を覆い、工業地帯では深刻な公害病が顕在化した。物は溢れていたが、生活に余裕があるとは感じられず、多くの国民は精神的に満たされていなかった。

そんな中、七三（昭和四八）年一〇月、第四次中東戦争の影響で、オイルショックに襲われる。

「狂乱物価」と呼ばれるほど物価が上昇し、社会が大混乱に陥った。

そして七四年、戦後初めてのマイナス成長を記録してしまう。

角栄の肝いりで断行した予算拡大と日本列島改造論の推進が、狂乱物価と最悪の化学反応を起こし、社会の停滞は益々深刻になる。

七五年になってようやくプラスに転じるものの、企業の倒産は一向に収まらない。同年八月、興人(旧・興国人絹パルプ)が戦後最大規模の負債総額一五〇〇億円で倒産する。一一月には倒産件数が戦後最多となり、完全失業者は一〇〇万人を突破した。

経営者側は賃上げの抑制を検討するが、労働組合は、それに真っ向から対立して、ストライキに突入する。

私鉄一〇社が春闘の決戦ストに突入した五月七日の交通ストライキ以降、庶民の怒りは鎮まることなく、一一月二六日から一二月三日までの八日間、公務員や国鉄などの公共企業体がスト権獲得を求める「スト権スト」が断行される。公労協九組合、自治労など公務員三組合が参加し、国鉄や郵便が営業停止するが、政府は強硬姿勢を崩さず、公労協側が国民生活への影響を考慮してストを収拾する結果となった。

先進国らしい豊かな暮らしは一体どこにある。

政府や経営者の旗振りの下、勤勉に働いてきたのだ。この息苦しさは、自分たちのせいではない。

国民の不満は膨らむばかりで、明るい未来の兆しなどどこにもなかった。

選挙の時には、立派な公約をまことしやかに誓うくせに、晴れて国会議員になった途端に、カネという甘い蜜に群がるばかりの政治家がのさばるなんて、許せない。

不況と物価高であえいでいた国民の行き場のない怒りが、ロッキード事件の発覚で、一気に火を噴いた。そして、その矛先は、ロッキード社からのカネを受け取ったとされる政府高官に向けられた。

突然降って湧いたような事件だが、不正に交わされた金額を聞くだけで腹立たしい。巨額の汚れたカネを懐に入れた政治家が誰なのか、絶対に暴いて、国民に懺悔させなければ――暴発寸前の国民の怒りを鎮めるためには生け贄が必要だったのだ。

飛ぶように売れた新聞

「週刊平凡」七六年三月四日号の「〝ロッキード事件〟これが巷のゴシップ！」を読むと、日本国民が、ロッキード事件にどれほど強い関心を持っていたのかが分かる。それによると、二月一六日から衆議院予算委員会で始まったロッキード事件の証人喚問は、普段は国会中継など行わない民放すら生放送したとある。第一の証人である小佐野への喚問が行われた同日午前中、NHKと民放の合計で三三・五％の高視聴率を記録した。

この年の一月二三日、三木首相が行った施政方針演説の視聴率はわずか一・一％。国民のロッキード事件への関心は、異常と言えるほど高まっていた。

さらに同記事は、東京駅の国鉄ホームのキヨスクの新聞の売れ行きにも言及した。

《二月》一六日の夕刊、一七日の朝・夕刊は飛ぶように売れ、早い時間に売り切れになる売店も多かった。

売店にいたおねえさんの弁によると、「いつもはスポーツ紙のほうが売れ足が早いんですけどね、この二日間は、一般紙がアッというまに売れて、スポーツ紙が残ってるんです。こんなこと、いままでありませんでしたよ」》

また、「サンデー毎日」同年三月七日号では、元毎日新聞記者で政治評論家の松岡英夫が、国会での証人喚問に対する国民の感触として、次のように述べている。

《国会におけるロッキード疑獄の究明劇を見、聞いて、国民の大多数がどう判断したかという点である。新聞、テレビ、ラジオはこの事件の報道に全力をあげた。その報道量は日本のマスコミ史上における空前の記録といってよい。それだけ国民が関心を持っているということであり、その関心のフィルムに事件の進行ぶりが焼きつけられていった。国民の大多数にとっては、国会における証言の多くがウソらしいという感触を得たのではないかと、私は思う。この感触は無言の判決である。〝感触〟というものは一人々々の心の問題であるから、けしからんと怒っても仕方がない。これが集約されると、抵抗できない国民の審判というものになる。その国民の審判では明らかに「勝負あっ

た」である。いかに国会の場で証人たちが言葉をとりつくろっても、国民の前ではムダな努力であった》

ロッキード事件への抗議デモ（76年2月29日／時事）

「日本のマスコミ史上における空前の記録」と松岡が表現した報道量は、国会の二日間だけではおさまらなかった。

新聞社は、特捜部でさえ摑んでいないような関係者に取材するなど、米国メディアばりの調査報道を繰り広げ、疑惑の人物についての新事実を次々と報じた。

また、週刊誌や月刊誌も負けじとばかりに、独自路線を展開する。永田町の専門家に加えて学者や作家まで多数引っ張りだし、縦横無尽の報道を展開した。

チャーチ委員会の公聴会以外からはほとんど情報が入手できなかった特捜部は、連日の報道を後追いしながら、事件の概要を摑もうと必死だった。

日本国民はこぞって探偵と化して、捜査当局の動きとメディア報道を元に、侃々諤々と推理を巡らせた。

またもや大山鳴動して鼠一匹で終わるのか、それとも、大物政治家が逮捕されるのか——。

そして、運命の七六（昭和五一）年七月二七日、田中角栄前内閣総理大臣は、外国為替管理法違反の容疑で特捜部に逮捕される。

翌日の朝刊で、毎日新聞は「『もはや政治疑獄は摘発しきれない』『いくら捜査当局が、がんばっても、どうせ政界トップにまでは伸び得ない』と、いつしか庶民の間に、やるせなく定着しかけてきた二つの神話が、崩れ落ちる一瞬でもあった」と記した。

国民の憎悪の対象に

かつて国民は、七二年に角栄が総理に就任した時は、ジャパニーズ・ドリームの実現といわんばかりに歓迎した。

それからわずか四年後に、巨額の賄賂を受け取った犯罪者に角栄は堕する。そして糾弾の熱狂は、角栄を歓迎した熱狂をはるかに上回った。

八月一六日、受託収賄罪と外為法違反で起訴されたその翌日、贈収賄事件としては史上最高額の保釈金二億円を払って、角栄は東京拘置所から保釈されている。

その時の模様を、「群衆千人、怒りの出迎え」という見出しで、朝日新聞が翌日の朝刊で伝えている。

《この日、同拘置所正門には早朝から約百五十人の報道陣をはじめ、近くの荒川土手に付近の人たちが田中の出所を一目見ようと集まり、田中出所のころには、群衆は千人を超えていた。亀有署は二十人の署員に加えて機動隊員三十人を追加動員、群衆の整理にあたり、かつての権力者に神経をとがらせていた。

＝中略＝

朝六時半から拘置所前に待機していたある老女は「人の模範にならなければならない総理大臣だった人が、わいろを取るなんて一体どんな顔をしているか、ぜひこの目で見たかった。顔つきをよくみなければ死に切れない」という。

また、荒川土手に座り込んだ若者は「五億円もくすねるのはすげえなあ。ようやるよ」。「一体どんな顔をして拘置所から出てくるのか興味がある」という人も》

さらに、目白台の角栄の私邸にも、約二〇〇人近い見物人が集まった。

《正門前にさしかかった時、右手を軽く上げようとしたが、二百人を超す住民、六十人ほどのカメラマンに驚いたのか、途中で手をおろした。車が正門前で立ち往生したのは約二十秒。ややうつむきかげん。時おり両わきの人に一言、二言話しかける。だが、表情は硬い。立ち往生の時間がよほど長く感じたのか右手でトン、トン、トンと座席をたたき、いらだちを示した。

この日、歩道上の住民には斜めに見るような冷たさ、怒りをこめたような目が多くあった》

記者の先入観もあったかも知れない。だが、角栄を一目見ようと集まった人々の怒りを肌で感じたからこその筆致ではないだろうか。

5 角栄を葬った怪物の正体

米国、三木総理、検察庁、そしてメディア――はそれぞれが欲しいものを手に入れるために、角栄を破滅の淵に追いやった。角栄にとっては、余りに理不尽で不運な事態が、重なった。

だが、角栄を破滅させた本当の主犯は、彼らではない。

政治家・田中角栄の息の根を止めたのは、別にあった。

世論だ。

かつては今太閤と持て囃した国民こそが、角栄を葬ったのだ。

誰も世論には逆らえない

世論とは〝世間一般の人が唱える論。社会大衆に共通な意見〟と、『広辞苑』は言う。

世論は、社会に於いては同調圧力でもある。同調圧力の威力が凄まじいのは、今も昔も変わりなく、少数意見を持つ人は、沈黙してしまう。

その沈黙が、さらに世論にバイアスをかける。

ドイツの政治学者エリザベート・ノエレ＝ノイマンは、そういう現象を「沈黙の螺旋」と呼んだ。

彼女は、世論を「社会的な皮膚」と呼び、人間は世論に逆らおうとすると、苦痛を感じるのだと主張している。

だが、孤独を畏れず世論に異を唱える「声ある少数派」をなおざりにしてはならぬと、ノエレ＝ノイマンは訴えている。少数派が存在するから変革は実現されるのであり、社会に安定をもたらす従順な多数派と対をなして、社会を進化させていくのだ、と。

角栄が逮捕された時、私は中学二年生で、日本国中が受けた衝撃と角栄憎しのうねりは実感として記憶している。

そして、一連の騒動に対しては、当時から強い違和感を抱いていた。

日本の前総理大臣が逮捕されるような大事件なのに、なぜ賄賂を贈った側はお咎めなしなのか。

米国は、法治国家ではないのか。

こんなことが許されるのであれば、米国は気に入らない外国人政治家を、好き放題に破滅させられるじゃないか。

そんな勝手は、許されない!

米国は卑怯だという私の訴えは、「悪いのは角栄だ!」という両親をはじめ、大人たちの正論にかき消された。

角栄逮捕直後の新聞投書欄を見ると、世論の昂ぶりがそのまま伝わってくる。

《いや田中まではとてもといった大方の予想を、捜査当局はもののみごとに粉砕、国民をしてスカッとさせてくれた》(学生・二三歳/読売新聞)

《ロッキード事件がウヤムヤになれば神も仏もないと思っていたが、やはり神仏はいた。大新聞の日々の事件追及に国民はロッキード賞を贈るべきだ》(無職・六〇歳/毎日新聞)

《街のおかみさんまでが「ジレッタイワネ。田中まで行けばよいのに」と特捜本部の飛躍的活動を深く期待していた。(略)児玉、小佐野らと灰色高官を別件でもよいからすべて逮捕し、全国から検事の応援を求め、調書の出来たものから公判を請求して、法廷で徹底的に追及し、累積した政治悪と企業と政治屋との不倫な醜関係を白日の下に暴露し、彼らを政財界に二度としゅん動できないように、ぶちのめしてもらいたい》(自由業・七四歳/朝日新聞)

《逮捕は捜査の一過程にすぎず、国民の願いは、彼らを起訴し、有罪にして刑務所にぶちこむことにある。（略）検察当局は国民の期待を裏切らぬよう、とことん懲悪の姿勢を貫いてもらいたい》（会社役員・三七歳／朝日新聞）

怒りの世論は圧倒的な勢いで、社会を覆い尽くした。「声ある少数派」が現れる隙間すらなかったのだろう。

そのような社会の熱を考える時、丸紅ルートの上告審で、判事の一人だった元最高裁判事の園部逸夫の述懐が、とても重く響く。

「田中さんは有罪にならなければならないという世論の強い意志をひしひしと感じていて、裁判所内に検察の捜査を疑うような空気は生まれなかった」

そして、「もし田中さんが、生きて裁判に臨んでいたら、果たして有罪を下せたかどうかは微妙だったかもしれない」と言った園部の一言は、私の頭から離れなくなってしまった。

判事も逆らえないほどの勢いと熱量の民の声。それらに追い詰められる状況を、角栄の立場で想像してみる。

並の神経では到底生きていけない重圧に襲われたであろうし、その恐ろしさに寒気を感じる。

痛恨だった一審弁護団

僅かながらではあるが、角栄に反撃のチャンスはあった。

検察が積み上げた強引な調書を打ち破る弁護団がいれば、角栄の晩節がこれほどまでに汚されることはなかったかもしれない。

検察の主張は証言ばかりに頼り、物的証拠に乏しい脆弱なものだったのだから、それを丁寧かつ的確に突けば、主張は破綻し、角栄は有罪にできなかったはずだ。

だが一審の弁護団は、個々の過去の経歴こそ立派だが、まともに機能しない顔ぶれで、検察のやりたい放題に振り回されていた。

あるいは、二審の際に一新された弁護団と角栄が、真剣に法廷戦略を練れば、高裁で無罪を勝ち取れただろう。

無罪とは、ロッキード社あるいは丸紅のカネを、角栄は受け取らなかったという意味ではない。当時の角栄に対する企業献金の多さを考えると、ある程度の金銭の授受があった可能性はゼロではない。

検察が組み立てたロッキード事件における収賄容疑は、証拠が不充分であり、到底法廷で勝てるような代物ではなかったと、私は考えている。

だが、二審の準備に取りかかった矢先、角栄は脳梗塞で倒れ、病床に伏してしまった。

角栄には、角栄がいない――。

角栄の公私にわたるパートナーだった佐藤昭の『決定版　私の田中角栄日記』に記された一節である。

自分の身代わりになって、汚れ仕事やトラブルシューティングができる者が、角栄にはいなかった。それが、彼の最大の不運であった。

検察の強引な捜査について理路整然と問題提起したり、慌てふためく自民党内の調整、さらには、米国との連携をネゴシエーションできる、かつての若き角栄のような懐刀がいれば、そもそも事件が立件されたかどうかも怪しい。

せめて、世論が彼の味方だったらと思う。だが、世論こそが角栄を追い詰めたのだから、彼に勝ち目はなかった。

庶民宰相だったことが仇に？

角栄に対する憎悪といえるほどの国民感情は、どのようにして生まれたのだろうか。

就任直後の熱狂的人気こそが、その元凶だと、私は考えている。

いちサラリーマンの立場で、その感情を想像してみる。

受験戦争を闘い、地方から東京に出てきた男は、名の知れた企業になんとか就職する。

家庭を持ち、念願のマイホームも手に入れた。

だが、それで家計は精一杯。定年までローンを抱え、生活費のために、妻がパートに出るのは当たり前だ。

そんな時、高等小学校卒の国会議員が、総理大臣に就任する。

今まで、名門の出か東大卒のエリート官僚しか乗れなかった出世街道に、遂に庶民が乗り込んだ。

これぞ、戦後の民主主義の象徴じゃないか。

角栄は、「俺たちの総理」なんだ。

多くの国民が熱狂し、応援した。

そして、総理が身近になったことで、思わぬ副作用が生じる。

「角さんみたいに、大学どころか高校も行けなくても頑張って総理大臣になる人もいるのに、うちの旦那ときたらそれなりの大学を出ているくせに、既に出世争いからは脱落。給料は上がらず、酒ばっかり喰らって、残業、接待と土日すらほとんど家にいない。角さんとは大違いだ！」

妻から、そんな心ない言葉や怒りをぶつけられた男どもが、日本じゅうにいたのは想像に難くない。

いつの間にか、角栄は嫉妬の対象にすり替わっていた。

七四年、月刊「文藝春秋」が、角栄の金脈と女性問題を取り上げた。この二本の記事で、世のサラリーマンたちの恨み節は、さらに膨らんだ。

そんな時に、角栄は巨額の賄賂を受け取っていたとされたのだから、国民の怒りは、すぐに沸点に達した。

一億総中流と言われて、不満を腹に溜め込んできた日本社会に渦まいた、この時の世論の破壊力は、ロッキード事件が語られる時、なぜかいつも見過ごされてきた。

だが、この現象は、日本が民主主義国家になった証であり、民主主義の怖さを示す好例でもある。

世論が突然コントロール不能になって、社会を突き動かし、誰も止められなくなるような事態は、あの時が最初で最後であるという保証はない。

例えば、二〇二〇（令和二）年に起きた新型コロナウイルスの蔓延では、世論が、猛威を振るった。

他国では外出禁止令が発令されたが、日本には国民の行動を規制する法律がないため、外出の自粛要請しかできなかった。

強制力がないにもかかわらず、国民の多くは、政府や行政の呼びかけを忠実に守った。これは、国家の一大事の時には、国民がこぞって「お上」に協力しようという日本の国民性の良い面が出た結果ともいえる。

ところが、「自粛警察」が、到る所に出現し、自粛要請に従わぬ飲食店や県外を越えて移動する車に対して、脅迫するなど実力行使に出る市民が後を絶たなかった。

彼らの行動の根源にあるのは、「我々は正しいことをしている」という思い込みだ。

世論が大きな力を持って動き出す時、その原動力は、「正義は我にあり！」という確信だ。

努力しても報われない社会や、賢く立ち回る者だけが金持ちになっていく構図のもとでは、成功システムから零れ落ちた人達の鬱屈した負のエネルギーが充満している。それが、どこに向かうのか、何が原因で発火するかは分からない。

発火したが最後、それを止めるのは不可能に近い。

終章　残された疑惑

1　二一億円の行方

ロッキード事件の複雑にもつれた糸をいくら解きほぐそうとしても、必ずぶち当たる壁がある。

ロッキード社から児玉誉士夫に流れた工作資金二一億円の行方だ。

東京地検特捜部は、捜査の対象をトライスター選定の贈収賄容疑に絞り込んだ。その結果、児玉ルートを解明せずとも角栄を起訴できたため、そちらの追及は中途半端に捨て置かれてしまった。

ただし、脱税と外国為替管理法（外為法）違反では、児玉も起訴されている。

初公判は、一九七七（昭和五二）年六月二日に東京地裁で行われた。重病を理由に国会の証人喚問は欠席したが、この日は出廷した。

検察の冒頭陳述によると、児玉は、七二年から七五年の期間に、総額一九億一四〇〇万円を脱税した。

また、七三年から七六年までの間にロッキード社から受け取ったカネ、合計九億五七〇〇万円分に対して、外為法違反に問われた。

しかし児玉側は、脱税容疑を全面否認した。外為法違反についてては、ロッキード社からコンサルタント料を受け取ったことは大筋で認めたが、航空機販売手数料については否認、六九年から七六年の各年五〇〇〇万円以外は受領していないと主張している。

また、領収証は一切作成しておらず、チャーチ委員会で証拠として提出された領収証は、児玉に無断で作成されたものだと訴えた。

過去に、ロッキード社の航空機購入について、便宜を図るよう誰かに働きかけた事実はなく、当然ながら現金も渡してはいない、と否定している。

児玉は役に立った

七六年二月六日のチャーチ委員会の公聴会で、コーチャンは秘密代理人として児玉に二一億円を支払ったと証言している。

《**チャーチ**　あなたが児玉氏にカネを払っていたのは、販売契約を取り付けるのに協力してもらい、そのためにはなんでもしてもらうためだったのですね。（略）あなたは児玉氏に七〇〇万ドル支払った。価値のある仕事をやってくれたから、払っていたのだ。
コーチャン　その通りです。非常に価値がありました。
チャーチ　そして、ロッキード社が販売契約をとるために、あらゆる手を打ってもらうためだったのでしょう。
コーチャン　ええ、われわれに協力してもらうためでした。
チャーチ　払ったカネに相当するものを手に入れた、と満足していたわけですね。
コーチャン　ええ、そうです》

さらにコーチャンは、嘱託尋問において「児玉は日本における国務省だった」と褒め称えたと言われている。にもかかわらず、児玉がどのような政界工作をしたのかについては、検察は裁判で触れなかった。

児玉初公判を伝える翌日の朝日新聞でも、その点の違和感に言及している。

《ロッキード事件「児玉ルート」公判の冒頭陳述には奇妙な印象が残った。（昭和）三十三年のロ社と児玉の出会いから事件発覚の昨年二月以降の児玉側の隠ぺい工作に至るまでが詳細に述べられているにもかかわらず、その中に政治家の名前が一人も登場しないからである。

「いずれ、公判廷で明らかに」と法務省や検察当局はかねがね語っていたが、事件の本

筋ともいえる「児玉ルート」の真相は、黒幕・児玉の胸の中で眠り続けるかに見える》

法廷上のロッキード事件は、すべてがトライスター選定についての口利きに収斂している。

だが、トライスターの購入額を考えると、児玉に流れたとされる二一億円もの工作資金は高額すぎる。それよりも、最終的には総額一兆円のビジネスとなったPXLの選定に、カネが流れたと考える方が自然だ。

実際、全日空の若狭得治社長は、七六年二月一六日の国会の証人喚問で、児玉を知っているかと尋ねられて「私はお顔を拝見したこともございませんし、電話で声をお聞きしたこともございません」と断言している。

若狭の言を信じるのであれば、児玉とトライスターは繋がらないのだ。

児玉が総理大臣に推したかった中曽根康弘は、事件を「MOMIKESU」ことを米国側に依頼しているが、彼もまたトライスターと繋がらない。

中曽根が、児玉から何らかの金銭を受け取ったとしたら、それはPXLに関連したものだと考えられる。

尤も、それでPXLの国産化白紙還元を黙認したとは考えにくい。それよりも、ここで米国に貸しをつくれば自らが総理になるための布石になると踏んで、自主防衛の要諦でもあった純国産化の旗を降ろしたのではないだろうか。

全日空の大型旅客機の選定にしろ、ＰＸＬ選定にしろ、わざわざ政治家に口利きを頼まなくても、きちんと精査すれば当然の帰結として、トライスターとＰ－３Ｃが選ばれただろう。

だとすれば、児玉は何もする必要がなかったのではないのか、という疑問が湧いてくる。

もしかすると、児玉は様々な情報から、さほど苦労しなくとも、ロッキード社の希望は叶うと判断したのではないだろうか。つまり、二一億円全額を、自分の懐に入れた可能性がある。

だから、事件発覚後に検察やメディアが、カネの動きを洗っても何も出てこなかったのではないだろうか。

児玉はカネを受け取っていない？

あるいは、児玉はそもそもカネを受け取っていないのではないか、という推理もできる。

「受け取ったことにして欲しい」とロッキード社に頼まれたのかも知れない。

あながち妄想とも言い切れない事実がいくつかある。

児玉が、ロッキード社に渡したとされる領収証に押されていた印鑑は、非常に珍しいサイズの印で、児玉の名も自筆でなくゴム印だった。

児玉の裁判の際、これらの事実をもとに、弁護側は領収証は本人が作成したものではないと主張した。


事件当時、シグ・片山名義の領収証に押された印鑑の販売元を探り当て、片山を日本に連れてきたジャーナリストに会った。

元朝日新聞記者で、軍事評論家の田岡俊次だ。

田岡と言えば、田原総一朗が長年司会を務める「朝まで生テレビ!」で、安全保障や防衛について舌鋒鋭い指摘をする姿が有名だ。

田岡を千葉県浦安市の自宅に訪ねたのは、酷暑が続いた二〇一九年八月の午後だった。

田岡は、児玉ルートのカネについて、独自の説を展開した。

「児玉に渡ったと考えられているカネは、日本から米国に還流して、ニクソンの大統領再選委員会に流れた可能性があると私は考えている」

田岡の先輩記者である高木八太郎が、児玉の領収証と、児玉にカネを支払ったディーク社の書類を照合したところ、両者の金額に齟齬があった。

「児玉の領収証の金額が、ディーク社が日本に送金した額より一時的には多いことが分かったんだ。そこで、あの領収証はデタラメではないのかという疑問が出てきた。だとすると、二一億円はどこにいったのだろうか、ということになる」

ニクソンがウォーターゲート事件の渦中にありながら大統領の再選を狙っていた頃と、児玉名義の領収証が作成された時期が近いこと、さらに、ニクソン陣営は資金繰りに苦しんでいた点に田岡は注目している。

「ニクソンが大統領に再選されるためには、資金がもっと必要だった。ニクソンに世話になっているロッキード社は、カネを出して当然。そこで、ロッキード社は、児玉名義の偽の領収証を作り、日本での売り込み費用ということにして、二一億円分をニクソン再選委員会に回したとも考えられる」

ずいぶんと回りくどいやり方だが、それには理由がある。

まず、七二年四月、大統領選挙の前に、米政治資金法が改正され、企業の政治献金が禁止された。これによってロッキード社は政治資金という手段で、ニクソンを支援できなくなったのだ。

それなら、児玉を使ったからくりも、あり得るように思えてくる。

当時の米国の法律では、外国での贈賄は罪に問われなかった。つまり、日本を舞台に何をやろうとも、ロッキード社は傷つかなかったのだ。

七六年二月二四日から、毎日新聞が五回にわたり「ワイロの経済学　ロッキード事件の断面」という連載記事を掲載しており、児玉について考える時の大きなヒントになる。

《一九七五年八月二十五日、米上院銀行委――。

プロクシマイヤー委員長　カネは代理店ではなく航空機採用決定に発言力のある役人に支払われたのだネ。それはワイロではないのか。
ホートン前ロッキード会長　多分相手側はワイロだとは考えていないと思う。
委員長　あなたはどう思うか。
前会長　ウーン、まあこの状況下では、競争に勝つためのコストでしょうな。
＝中略＝
前会長　社の弁護士はキック・バックといっているが、あなたがワイロと呼びたいならそれでもよろしい。

この短いやりとり。実は、国際ワイロの経済的位置づけをするのに重要な手がかりを提供している。すなわちホートン氏が「ワイロと名づけたいならご自由に」と、平然と開き直っているのは、名前はどうあれ「海外でのいかなるワイロも米国刑法に触れない」という裏付けがあるからなのだ。この点が第一のポイント。第二のポイントは、ワイロをやったことを帳面で明らかにしないと公認会計士に決算書を認めてもらえないという経理的事情である。そこでホ氏は「海外の高官に上前をはねさせた」事実をあっさりと銀行委で証言しているのだ。
「道徳律には触れても法律に触れなければよい」と盛大に世界にワイロをばらまく多国籍企業の行動原理はこうして形成された》

もちろん、抜け道があったとしても、実際にロッキード社がそれを利用したとは限らない。

しかし、前述の連載記事の続編「ワイロの経済学Ⅱ　ロッキードその死角」にこんなくだりがある。

《このノースロップ事件公聴会はロ社にとって極めてショッキングな事件だったのだ。事実、このノースロップのケースを調べると、ロ社の驚がくぶりがうなずける。登場人物は、ウォーターゲート事件の主役であるモーリス・スタンズ（前商務長官）とニクソンの個人顧問弁護士ハーバート・W・カームバックの二人。一九七二年、彼らがノース社のジェームス・アレン副社長にニクソン再選委に対し「十万ドルを個人名義で献金してほしい」と要請した。この要請を受けたノース社は、欧州顧問に一方的に手数料を追加するとの名目でバンク・オブ・ルクセンブルクの口座に十二万ドルを送金。このうち十万ドルを持参人払いの五千ドル小切手二十枚に分けて引き出し、本人がニューヨークまで運び、再選委に献金したという内容。ロッキード事件とそっくりであり、ジョーンズ会長は「ロッキード社を真似しただけ」と爆弾発言をしたのである。

ノースロップが、コンサルタントの報酬引上げを名目に「カネの洗たく」するところまでロッキード社を真似していたとすれば、児玉に渡ったのは領収証どおり十七億五千万円だったかどうかもあやしくなってくる。四十六枚の領収証のうち米国内で作成したニセ領収証があることとも関連させれば、相当部分は米国に還流したと考えた方が合理的なのではなかろうか》（毎日新聞七六年四月六日朝刊）

ノースロップ社も、ニクソンを支援していた企業だ。ロッキード社のように破綻の危機を救われたほどの恩義は受けていないが、にもかかわらずニクソンへの政治献金を捻出したのであれば、ロッキード社が何もしなかったとは考えられない。ノースロップ社が、ヨーロッパで行なった工作を、ロッキード社は、日本で行なった——。

「コーチャンの証言はウソ」

この疑惑を裏付けるのは、七六年二月四日のチャーチ委員会の公聴会での、ロッキード社の監査法人を務めたアーサー・ヤング会計事務所の会計士ウイリアム・フィンドレーの証言だ。

《ジェローム・レビンソン（チャーチ委員会のメンバーで法律顧問）政治的な目的でアメリカに資金を持ち帰ったことはないという点は確かか、と私はお尋ねした。二日の証言（二月二日に行われたフィンドレーの秘密聴聞会）であなたは、どんなカネも政治的な目的でアメリカに戻ってきたと信ずる理由は絶対にないと言明しました。

フィンドレー　間違いありません。

レビンソン　ロッキード社の職員はこの質問については極めて断定的だったと確信する、とあなたは言った。

フィンドレー　その通りです。

レビンソン　一九七二年の選挙でロッキード社は政治献金をするよう大きな圧力を受けたが断固として拒絶した、とあなたは言いましたね。

フィンドレー　そう聞きました。

レビンソン　誰から聞いたのですか。

フィンドレー　直接聞いたのではありません。ホートン会長（当時）が取締役会に対して言ったのを聞いたのです。

レビンソン　圧力をかけたのは誰だったか、彼は言ってましたか。

フィンドレー　言ったかもしれませんが、記憶がはっきりしません。彼が強く抵抗し、最大限の強い言葉でそれを表現していたのが印象的でした。ロッキード社が政治献金をするのは問題外だ、政治献金をすれば大変なことになるので、どんな圧力を受け、どんなリスクがあろうとも、断固拒否すべきだ、といっていました》

フィンドレー発言は、「政治献金はしていない」と否定しつつ、国有企業同然だったロッキード社に対して、政治献金を強く求める動きがあったことを明かしている。

つまり、ロッキード社はニクソン再選委員会から、政治献金を強く求められていた。ロッキード社はそれに応えなければならない。だとすれば、合法の範囲で再選委員会にカネを送るよう知恵を絞るしかなかった。

児玉ルートの解明は、大前提としてロッキード社のカネが児玉に渡っていなければならない。

そして、コーチャンは、チャーチ委員会で「児玉に七〇〇万ドル（約二一億円）を渡した」と証言しているのだ。

二一億円はどこに行ったのか。その存在の有無について、一審の判決が注目されたが、八四年一月、児玉の死により公訴棄却された。角栄同様、司法に裁かれることなく、終わってしまった。

だが、田岡は断言する。

「コーチャン証言には、ウソが入っていると思う」

2　ワールドワイドの視点

コーチャンの回想録『ロッキード売り込み作戦　東京の70日間』を読んだ時に、私は違和感を抱いたのだが、田岡の言う通り、これがウソならば辻褄が合う。

そもそも、チャーチ委員会で証言した直後に、日本の売り込み工作の実態についてのみ改めて証言し、わざわざ日本で回想録を刊行するのが、私には不可解だった。

欧米の企業経営者たちの生理に詳しい人物に、その疑問をぶつけると、「事件について包み隠さず話す」ことで、経営者としての禊ぎになるのだと解説された。

だから、回想録には、全て真実が書かれているだろうとも言われた。実際、国会の証人喚問でも、同書に基づいて質問した議員もいた。東京地検特捜部も、嘱託尋問でのコーチャンの発言と、同書の内容が一致して、安堵したようだ。

対日工作を証言するロッキード社のコーチャン副会長（76年2月）

だが、その内容を細かくチェックすると、不審な点がいくつも見つかる。

たとえば、全日空がトライスターを採用するよう、コーチャンが児玉誉士夫に頼み込むくだりがある。

この時、児玉は、コーチャンの面前で中曽根康弘に電話をして、話をつけたと記されている。

だが、トライスターの売り込み工作において、中曽根に決定的な疑惑は突きつけられていない。さらに、児玉が全日空にトライスターを売り込んだという情報や証言は得られていない。

また、回想録では、P－3Cの売り込み工作については、ほとんど言及されていない。あの回想録は、日本においてロッキード社が売り込み工作をしたのは、トライスターだけだったと強調するのが目的だったと、私は理解している。

そもそも回想録とは、当事者が語った話をまとめただけで、関係者の証言などほぼ皆無である。

極論を言えば、当人が伝えたいこと、社会に信じ込ませたい話だけを残せるわけだ。

全て鵜呑みにしてはいけないのではないか。

米軍への売り込みの可能性

一方、毎日新聞は前出の連載記事で、別の可能性を提供している。

《第一は、ロ社東京駐在の仕事は日本への売込みと同時に極東米軍への機材や部品納入も大きなウエートを占めていたハズで、当然そちらにも何らかの働きかけをしていたと考えられること。第二は、ロ社東京駐在の初代代表A・H・エリオット氏は横田基地の元米第五空軍大佐から転職しているほか、ロッキードのPRを引き受けている福田太郎ジャパンPR社長、鬼俊良ロッキード・アジア・リミテッド日本支配人、シグ片山・ID社長らも戦後、米軍やGHQに関係したといわれ、ロ社東京事務所は極東米軍ときわめて密接な関係にあること。

さらにナゾとされている大量の円の送金ルートについてもX氏（筆者注・記事中、複数のビジネスマンの見解をまとめて『X氏』としている）は「為銀（筆者注・外国為替銀行）を使ったり、税関を通り抜けることはまずムリだが、軍用機に積んで運ぶなら安全だし、人目にもつかない」とうがった見方をする。

大胆にみえるこの推理も米国の航空機業界とペンタゴン（米国防総省）とのゆ着ぶりを知る人にとっては、実は決して不思議ではないのである》

この臆測は、その後の検証がなされていない。おそらく荒唐無稽と一笑に付されたのだろう。

だが、ロッキード社にとっては、国防総省の方が日本の自衛隊より遥かに上得意である。

しかも同社は、事件直前に破綻危機に陥り、政府の援助を得て経営を立て直している最中だった。

経営危機打破のため、さらに強引に受注獲得に奔走したことは、想像に難くない。

もし、この推理が正解だとするならば、今まで語られてこなかった点が、もう一つ見えてくる。

世界規模で派手に裏金工作を展開してきたロッキード社が、最大の発注元である米国内の政府要人に対して、裏金工作を何もしなかったとは考えられないという点だ。
米国内で直接ワイロを贈れば、監査法人から告発されたり、ＦＢＩの捜査で摘発されるリスクがある。
つまり、米国内で兵器の発注に影響力を持つ政府高官にワイロを渡す極秘ルートを、彼らは開発しなければならなかったのだ。

ケイマン諸島の存在

毎日新聞の前述の連載の続編「ワイロの経済学Ⅱ」（七六年四月六日）では、日本ではまだ馴染みが薄かった税金回避地（タックスヘイブン）として、英国領ケイマン諸島の存在に注目しており、《「本社、ケイマン島」というだけで〝うさんくさい〟目でみられる》とある。

同諸島には、当時既に六〇〇〇以上のペーパーカンパニーが存在し、マネーロンダリングが行われていた。

そして、ロッキード社の裏金授受の窓口役だったと見られているシグ・片山が社長を務めるＩＤ社の本社も、ケイマン諸島にあった。

《ＩＤ社社長、シグ・片山氏の記者会見の発言で調査マン氏（筆者注・米国帰りの銀行の海外調査担当者）の頭に浮かんだのはＩＤ社―ケイマン島―裏資金操作という図式。これが「カネの洗たく」という言葉になるには、実はもう一段階の連想経過がある。ご記憶の方もあるだろうが、ニクソン失脚の要因となったウォーターゲート事件のさい、盛んにこの言葉が使われた。企業のカネをいろいろな国にころがし、会社名を消してしまい、個人名義のカネにクリーニングすることを意味している。一九七二年の四月、秋の大統領選挙を前に米政治資金法が改正され、企業による政治献金が禁止されたあと、考え出された手のこんだ方法なのである。これまで調査された事件のカネのころがし先はスイスをはじめとしたヨーロッパが中心だったが、当時の米金融界では「為替操作が完全に野放しのケイマン島で洗えば、足がつかない」という見方がよく話題にのぼったという。つまり、調査担当者のつぶやきは、米国―スイス―香港をまわり児玉、丸紅を通じて日本政府高官に流れたといわれているロッキード社の工作資金のうち、かなりの部分は香港―ケイマン島経由で米国に還流、ニクソン再選の政治献金として使われたのでは……という金融専門家としての推理なのだ》

このような工作が、世界各地で行われ、カネはケイマン諸島から米国に還流していたと思われる。そして、日本には、もっと手っ取り早くカネを還流する方法があった。国内数カ所にある米軍基地の存在だ。

米国の治外法権が認められる基地なら、人も物も、自由に海外に運び出せる。つまり、現金を手っ取り早く本国に還流させるなら、日本は最高に都合が良い場所だったのだ。

米国は、公平かつ正義を重視する民主主義国家というイメージを持たれがちだが、実際は、カネに対する執着心は凄まじいものだし、権力者が利権を得るのは当然と考える文化も、厳然と存在する。

その上、国内法を徹底的に研究した上で、抜け道を探す狡猾ぶりは、日本人など比較にならない。時には、その抜け道を法律として認めてしまう荒技も、まるで平気だ。

国防長官が退職後、軍産複合ファンドや多国籍企業の役員に天下りするのは既定路線で、現職時代には渡せなかった賄賂を、多額の役員報酬という形で贈る仕掛けもある。日本のように「天下りはおかしい」という声すら上がらない。

また、国益（時にそれは一部の権力者の利益）のためには、他国を利用し、状況次第では犠牲にするのもやむなし、という伝統も現在に至るまで生き続けている。

アメリカ・ファーストの伝統

二〇一九年四月に、『バイス』という米国映画が日本でも公開された。

ジョージ・W・ブッシュ政権で副大統領を務めたディック・チェイニーの、政治活動の闇を暴いた伝記的作品だ。

二〇〇一年九月一一日に起きた同時多発テロから一カ月も経たないうちに、首謀者の軍事基地はアフガニスタンにあるとして、チェイニーは攻撃を決定する。さらに、イラクに大量破壊兵器が存在すると断定して、宣戦布告した。

その後、CIAはイラクは大量破壊兵器を保有していないとチェイニーに伝えたが、その報告は無視されている。

史上最強の副大統領と呼ばれたチェイニーは、同時多発テロの影響で米国が弱体化するのを嫌って、一方的に敵国を決めつけ、徹底的に破壊したのだ。

これは、アメリカ・ファーストを掲げる米国の伝統の象徴と言える。

また、イラク戦争によって、大量に保有していた世界的石油販売会社の株が高騰したお陰で、チェイニーは巨万の富も得ている。

さらに、映画では驚くべき事実に触れている。

チェイニーは、ニクソン政権時代に、大統領次席法律顧問を務めているが、ニクソンがウォーターゲート事件で辞任すると、次のジェラルド・フォード政権で史上最年少三四歳の若さで大統領首席補佐官に就いている。そして、ヘンリー・キッシンジャーが顔をしかめるほどの傲慢さで、フォードにソ連の脅威を吹き込み、軍拡路線を再提案している。

アフガニスタンやイラク戦争で指導的役割を果たした国防長官のドナルド・ラムズフェルドは、チェイニーの師だ。彼も、ニクソン政権時に大統領補佐官、フォード政権時には、大統領首席補佐官を務め、七五年に史上最年少の四三歳で国防長官に就いた。

チェイニーの軍拡路線は、ラムズフェルドの考えを受けてのものだった。

両者の発想は、まさにアメリカ・ファーストそのもので、自国の利益拡大のためなら、躊躇することなく他国に戦争をしかけた。

この強硬路線を突っ走る二人の出発点が、共にニクソン政権にあったというのは、興味深い。

米国の政治を俯瞰してみると、ベトナム戦争までの米国は、他国に干渉する時に反共という大義名分を掲げていた。だが、ロッキード事件以降は、国益のためなら手段を選ばなくなっているのが分かる。

そして、今なお世界は、米国のわがままに振り回されている。

真実は公文書で語らず

米国の立場からロッキード事件を精査した奥山俊宏の『秘密解除　ロッキード事件』の功績は大きい。

奥山は、米国公文書館の開示文書から、ロッキード事件の隠された事実を掘り起こした。

とはいえ、公文書は、所詮、時の権力者が残すと決めたものに過ぎないし、書かれていることが、全て真実なわけではない。そもそも、不都合な真実の多くは、文書として残らないものだ。

ハワイでの日米首脳会談で、角栄とニクソンがトライスターやＰ－３Ｃについて話し合った内容は、公式には記録されていない。

だからといって、それは、「彼らが話していない」証拠にはならない。

日米安全保障に関するセンシティブな話題や、ニクソンの個人的なお願い事などは、文書に残されるはずがない。

政治は、関係者同士の秘密の囁きで決まっていく――。古今東西、この仕組みは不変であろう。

だからと言って、真相を探ることを、我々はやめてはならない。

表出した事実を細かく精査し、そこに矛盾や不可解な点があれば、それを突破口にして、為政者が隠蔽しようとする真実を、白日の下に晒す――そうすることでしか、世界で何が起きているのかを、正しく知る術はないのだ。

3　佐藤栄作への疑惑

ロッキード事件とは何だったのか――。事件から半世紀近く経っていたからこそ明らかにされた事実や資料に出会えたし、新しい視点から事件を再解析できた。

だが、最後まで開けられなかった匣（はこ）がある。

それは、佐藤栄作という匣だ。

ロッキード事件に関連した中で佐藤の名前が挙がることは、皆無といえる。

だが、佐藤は元々運輸官僚で、事務次官を務めた後、政界に転じたという経歴の持ち主だ。佐藤内閣時代の国防会議では、軍用機の選定について、細かい指摘をしたという記録がある。

また、彼には拭えない汚点もある。

一九五四（昭和二九）年一月に強制捜査が始まった造船疑獄だ。

第二次世界大戦後、日本では船舶が不足し、造船業の復興が急務だった。ところが、連合国軍最高司令官総司令部（GHQ）は、戦争に協力したとして、造船業界への戦時補償債務を打ち切り、その結果、業界は再建困難な状況に陥った。

そのため、四七年に、海運会社が新規造船する際は、まず政府から長期低金利の融資を受けた上で、発注する法律を制定した。

その融資の割り当てを優先的に受けようとした一部海運・造船企業が、自由党の政治家や運輸省高官に賄賂を贈ったのだ。

そして、検察庁は、与党自由党の幹事長だった佐藤を収賄容疑で逮捕する方針を決定した。

にもかかわらず、犬養健法務大臣は、検事総長に逮捕は認めないという指揮権を発動し、佐藤は逮捕を免れている。

そんな過去を持つ佐藤が、再び賄賂に手を染めた――という推測は妄想がすぎるだろうか。

ロッキード事件と佐藤の間には、つながりはなかったのか――。当時の政治情勢を知る者や捜査関係者に、そう投げると、全員が一笑に付した。

佐藤が無関係だという一番の根拠として、造船疑獄以後、佐藤が自らの政治資金集めから距離を置いていた点を挙げる人が多い。

実兄の岸信介が、財界の大物たちに資金集めの窓口を委ねたのだから、佐藤には賄賂は渡らなかった、とされている。

しかし、それを鵜呑みにするのは、私には抵抗がある。

佐藤栄作（1969年12月）

ロッキード事件は、角栄の総理就任直後、七二年八月三一日と翌九月一日にハワイで行われた日米首脳会談が始まりだというのが通説だ。

ハワイでニクソン大統領に言い含められた角栄が、トライスターの選定やＰＸＬの国産化白紙還元、さらにはＰ－３Ｃ採用への道筋を付けたのであり、前首相である佐藤の関与は一切なかった――。四十数年間、ロッキード事件はそう捉えられてきた。

だが、元々防衛問題には興味がなく、運輸行政にも明るくなかった角栄が、まったくの独断で、それほど大きく舵を切れるものだろうか。

私はそれが引っかかって仕方ないのである。


自由民主党は、五五年の結党から初めて下野する一九九三年まで、三八年間に渡って、与党として政権を維持してきた。

その間の政権交代とは、自民党内の派閥のパワーバランスの変化を意味する。党のトップに立つ派閥は、それぞれが掲げる最優先課題の実現に邁進、日ソ国交回復、経済成長、沖縄返還、そして日中国交回復など、いくつもの歴史的成果を上げた。

その一方で、象徴天皇の存在、平和の維持、自由主義経済の堅持、そして、日米安全保障条約の継承など、党としての不変の政策もある。

それらは、国体の根幹を成す不動の精神であり、諸外国に対する日本国の立ち位置である。

尤も、このようなスタイルは、日本社会独特の気風に合っていた。一つの約束事を守り続けるためには、いわゆる「申し送り」によって次期政権が継承するのが最善の策だからだ。

ロッキード事件は、軍用機と民間機、いずれについても本来は日本国内で選定すべき案件を、政治的な影響力でねじ曲げられて生じた事件だと考えられている。

そして、ロッキード社という民間企業は、当時の大統領だったニクソンと関わりが深く、米国最大の軍事企業でもあった。日米安全保障条約の観点からも、他の民間企業とは異なる扱いが求められた。

従って、ロッキード社のお願いは、すなわち、米国政府のお願いだった。

「ニクソンが贔屓にするロッキード社は大切にすべし」という方針は、佐藤内閣からの申し送りではなかったのだろうか。

米国製武器を買え！

日本の武器購入について、米国政府がいかに関心を持ち干渉していたかを考える上で注目したい記事がある。
七二年七月二五日から二八日に日米間の貿易不均衡を解消するために行われた日米通商協議、通称「箱根会議」期間中に、米国政府筋発言を取り上げた朝日新聞の記事だ。
《米、武器購入増を質す　4次防　西村発言を根拠に
米政府筋が二十五日明らかにしたところによると、米国は箱根の日米通商協議で、四次防に関連した米国製武器購入について、日本側にただす方針である。とくに、昨年秋、

当時の西村（直己＝筆者注）防衛庁長官が、四次防では米国からの武器調達を倍増すると語った点について、改めて日本側にその具体的な説明を求めるといわれ、そうなればその波紋は、通商協議を越えて広がりそうな形勢である。

米側は日米貿易不均衡を是正するには、日本の濃縮ウランや農産物の備蓄買入れとならんで、武器の売込みが最も手っとり早いと考えている。しかし、日本の国民感情もあり、これまであまり表面に持ち出していない。米政府筋はこの点、特定の武器の売込みを考えているわけではない、と断っている。

しかし、西村発言によれば、米国製武器購入は三次防の四億五千万ドルから四次防は九億ドルと十億ドル近くになるなど、米国にとってはきわめて魅力がある。同政府筋は、西村発言にそって四次防でこの構想がどのように具体化するかを確かめたい、としている。

米側がこのように西村発言を重視するのは、この発言は当時の佐藤首相の了解を得ているとの判断にたっているからで、政権が交代したとはいえ、その方針は変りなく、対外的にも新政権を拘束しているものと受取っているためとみられる》（朝日新聞一九七二年七月二六日朝刊）

文中にある「西村防衛庁長官が昨年秋に武器調達の倍増を語った」ことは、メルビン・レアード国防長官に宛てた手紙が元になっており、アメリカ公文書（七三年七月一九日付）でも確認できる。

　文書には「一八カ月ほど前」に、レアードが「当時日本の防衛庁長官だった人物」に手紙を書いたとある。その中で米軍装備品の購入検討を提案したこと、そして、その後七三年七月には、来日したエバリー通商交渉特別代表が大平正芳外務大臣と会合を行い、その点を強く要求した経緯が書かれている。

　すでにこの時期、米国は、P－3CやE－2Cなどを「第一線防衛装備」として、具体的、かつ積極的に売り込もうとしていた。

　ちなみに西村は、佐藤内閣では防衛庁長官を務めている。だが就任後に、「国連は田舎の信用組合みたいなもの」と失言して、半年たたずに長官を更迭される。その後、レアードとの約束を、どのように引き継いだかは不明だ。ただし箱根会議で米政府筋が西村発言を引き合いに出している点を考えると、政権交代後の田中内閣に釘をさす狙いがあったものと思われる。

　二〇一六年に放送された、NHKスペシャル「未解決事件」を書籍化した『消えた21億円を追え　ロッキード事件　40年目のスクープ』では、レアードの証言が紹介されている。

　中曽根康弘が防衛庁長官を務めた頃、米国は日本の対潜哨戒機についての考えを大きく変えたと、レアードは語っている。

《ソ連に近い日本の北では高性能の対潜哨戒機が必要なことは明らかでした。それには、耐久性があって高性能のP－3Cの配備が最適でした。

ただ当時は、P－3Cは生産ラインを開設したばかりで、アメリカ国内で生産してほしかったのです。そこで、我々としては、防衛費を負担するニクソン・ドクトリンの観点からも、日本に対潜哨戒機を買ってもらうことのほうが良い、となったのです》

中曽根防衛庁長官が希望する対潜哨戒機の国産化を、一度は容認したレアードが、一転してP－3C購入を迫ったのだ。

「中曽根は非常にがっかりしていました。すぐには同意しませんでした。彼の立場も理解できましたが、私は日本がP－3Cを購入することで、アメリカと対等なパートナーになるべきだと話しました」というレアードに押し切られ、遂に中曽根は、P－3C購入に同意したという。


この時の総理も、佐藤だった。

NHKの取材を受けた後、レアードは鬼籍に入ったため、もはやこれ以上の事実確認はできない。

だが、この証言は重大な意味を持つ。

ニクソン政権の国防長官が、「PXLは、米国のP－3Cで」と中曽根に頼み、認めさせた。

そして、朝日が報じた「西村発言」へと続く。

これらの事実を読み解くと、やはり「日本の軍用機は、政権が代わってもアメリカから調達すべし」という申し送りが、佐藤から角栄にあったと考える方が自然だ。

ハワイでの日米首脳会談の際、オフレコの場で、ニクソンは「栄作から聞いていると思うけど、ロッキードをよろしくな」と囁き、角栄は「聞いている。悪いようにはしない」と返す——そんな会話があったと言い切れないのと同様に、あり得ないとも言い切れない。

では、佐藤にもカネは流れたのだろうか。

それを示唆するような資料や証言は、断片すら見つからない。

しかし、カネ以外ならどうだろう。佐藤がどうしても手に入れたい見返りがあるじゃないかと、私の妄想は止まらなくなる。

沖縄返還だ。

沖縄返還のために

佐藤は八年にも及ぶ長期政権を維持する一方で、「歴史的成果に乏しい」という批判を受けていた。そのため、沖縄返還に執着し、その実現のためには、なりふり構わなかった痕跡がいくつもある。

例えば、七〇年代に深刻化していた日米繊維交渉の解決のため、角栄を通産大臣に抜擢して解決を図った。

当初は、総理の後継者とされた福田赳夫に花を持たせようとしたが、福田は成果を上げられなかったために、角栄を投入、結果的には角栄の総理への道を開くことにもなった。

当時、メディアから「糸（繊維交渉）で縄（沖縄）を買った」と揶揄されたが、佐藤はまるで気にならなかったようだ。

また、沖縄返還交渉における密約の存在を追いかけていた毎日新聞記者の西山太吉らが、国家公務員法違反で逮捕されたのも、沖縄返還のためには手段を選ばない佐藤の執念の現れとも解釈できる。

その状況で、ニクソンから「経営危機に陥っているロッキード社を救うと思って、日本もしっかり同社の製品を購入して欲しい」と頼まれたら、米国の機嫌を損ねたくない佐藤に断る理由はなかったはずだ。

全ては、沖縄返還のため。

その大義を前に、不正でも利権でもないと、正当化し続けたのだろう。

そして沖縄は、七二年五月一五日、佐藤が退陣する二カ月前に返還された。

ノーベル平和賞も影響？

佐藤は七四年に、非核三原則の提唱者として、ノーベル平和賞を受賞している。「核兵器を持たず、作らず、持ち込ませず」という非核三原則は、六七年に、佐藤が国会答弁で表明した。七一年には衆議院でこれを遵守する旨の国会決議が行われている。だが、実際には佐藤内閣時代、この原則は厳密には守られていなかったことが、米国の軍関係者と元駐日大使の証言で明らかになっている。

佐藤のノーベル平和賞受賞が発表される直前の七四年九月一〇日、アメリカ上下両院原子力合同委員会軍事利用小委員会では、「国防情報センター」のジーン・ロバート・ラロック所長（元海軍少将）が喚問され、「核兵器搭載艦船は日本寄港の際にわざわざ兵器を降ろしたりしない」と証言した。

また、八一年、元駐日大使エドウィン・O・ライシャワーが、日本人記者に対して「日米間の了解の下で、アメリカ海軍の艦船が核兵器を積んだまま日本の基地に寄港していた」と発言している。

さらに、沖縄返還交渉で、佐藤の密使を務めたと言われる国際政治学者の若泉敬は、著書『他策ナカリシヲ信ゼムト欲ス』で「一九六九年（昭和四四年）一一月の佐藤・ニクソン会談後の共同声明の背後で、有事の場合は沖縄への核持ち込みを日本が事実上認めるという秘密協定に署名した」と明かした。

この証言は、その後、米国国立公文書館の機密解除文書でも裏付けられた。

つまり、非核三原則が絵に描いた餅なのを、佐藤は誰よりもよく理解しており、だからこそ結果は手段を凌駕すると信じているのがよく分かる。ウソを吐き通したにもかかわらず、佐藤はノーベル平和賞を臆面もなく受賞する。

そして、受賞翌年に急逝したこともあって、佐藤栄作という存在は、ロッキード事件における最大のタブーになったのかも知れない。

未来のために過去を検証する

二〇一九（令和元）年一一月三日、私は再び、新潟県柏崎市西山町の角栄の生家の前に立った。初めて訪れた時、降り積った雪の重さで割れていた窓ガラスは新調されていた。

この数日で急に寒さが厳しくなり、町はまもなく冬を迎える。この年の降雪は、平年に比べて少ないという。それでも冬本番を迎えれば、真っ白な世界が広がって、あらゆるものを覆い隠すだろう。

昭和の風化と共に、ここで生まれ育った政治家を思い出す人も少なくなった。角栄生誕一〇〇年に当たる二〇一八年には生家が一般公開されたが、その時以上の賑わいを見せる日など、この先もうないだろう。

一年半前にここに立った時は、この歴史的な大事件に、この期に及んで自分はどんな光を当てようとしているのか、まったく予想できなかった。

入手できる資料を洗いざらい漁り尽くし、細い糸をたどって関係者に当たり、時には初めて明かされる新事実に驚愕することもあった。

そして、我々がいかに先入観に毒されて、真実を探ろうとする目を曇らせていたかを思い知った。知りたい情報だけ手に入れればそれで満足し、自分勝手に歴史を理解してはいけないと痛感した。

未来を探る知恵を授かるために、過去の事件の真相を探り続けなければならないと、教えられた。

これで、事件と角栄の真実が全て解き明かされたなどとは思っていないが、昭和という時代が風化しつつある今だからこそ、冷静に事実を見据える時間が持てたのではないだろうか。

角栄の生まれた地に、冬の雲が流れ込んできた。

謝辞

私は、小説家ではあるが、いつかはノンフィクションに挑みたい、その時は、昭和を総括できるテーマを選びたいと思っていた。

二〇一六年一一月――

「世の中をあっと言わせるようなものをやりませんか」

当時の「週刊文春」編集長の新谷学氏の一言で、その野望に本気で向き合う決心がついた。

掘り起こすほどに深くなる底なしの沼のような昭和の大疑獄に、最後まで挑み続けられたのは、文春ロッキード取材班各氏の支援があってこそだった。

新谷氏を含め、各氏に心からの謝意を表したい。

小田慶郎、西本幸恒、児玉也一、石井一成、波多野文平、薦田岳史、野田健介
また、フリージャーナリストの立場で、プロジェクトの最初からアドバイザー兼編集

者として協力してくれた田中博氏には、連載執筆中、何度も心が折れそうになったのを励ましてもらった。彼の支えは、執筆のターボチャージャーであった。

さらに、関係者の方々から多大なるご支援を戴き、深く感謝申し上げる。
お世話になった方を以下に順不同で記す。
なお、ご協力戴きながら、ご本人のご希望やお立場を配慮してお名前を伏せた方々にも、謝意を表したい。

秋山謙一郎、朝賀昭、石井一、石田省三郎、板垣雅夫、稲見友之、上村敏之、大橋洋治、大治浩之輔、小川海緒、奥山俊宏、小俣一平、勝尾修、加藤正史、鎌田靖、久保信博、小島俊文、小長啓一、小宮山太吾、齊藤成人、佐藤章、佐藤光政、佐道明広、澤田浩禧、繁森実、須賀彩子、鈴木伸一、園部逸夫、田岡俊次、高尾義彦、高野信義、高柳直明、田中清士、田原総一朗、手島皓二、中川清之、中嶋太一、中島琢磨、西山太吉、濱口卓二、早房長治、広瀬道貞、藤本泰司、堀田力、松田喬和、松淵弘、松村香、松本卓臣、水野光昭、宮本雅史、宗像紀夫、村山治、山上正雄、山田純嗣、山本皓一、米谷友司、米山伸郎
金澤裕美、柳田京子、花田みちの、河野ちひろ

井上史菜、大井友貴、岡本宇弘、尾川佳奈、家久来美穂里、捨田利澪、鈴木麻里奈、舘内謙、東由哲、松岡弘仁

【順不同・敬称略】

二〇二〇年一二月

関連年表

1968

10月 ロッキード社、丸紅との間にトライスター販売の代理店契約
11月 ニクソン、米大統領選で勝利(5日)
　　 田中角栄、佐藤栄作内閣改造で自民党幹事長に復帰(30日)
12月 児玉誉士夫、防衛庁長官に対し次期主力戦闘機(FX)の機種決定に関する公開質問
　　 三億円事件発生(10日)

1969

1月 国防会議、FXにF-4EJの採用を決定(10日)
　　 児玉、ロ社とトライスター代理人契約(15日)
5月 全日空、大庭哲夫社長就任。副社長に若狭得治(30日)
7月 日本航空、DC-10の3機を突然キャンセル
11月 佐藤・ニクソン会談。日米共同声明で沖縄返還合意(21日)

1970

1月 中曽根康弘、防衛庁長官に就任(14日)
2月 全日空、大庭社長主導でDC-10を4機確定発注(2日)
3月 大阪万博開幕(15日〜9月13日)
5月 全日空、若狭社長就任(31日)
8月 中曽根、経団連・防衛生産委員会のパーティで防衛装備の国産化を目指すスピーチを行う(12日)

1971

9月　中曽根、渡米（8日〜20日）
10月　初の防衛白書が発表（20日）
4月　防衛庁、第四次防衛力整備計画（四次防）原案発表（27日）
6月　沖縄返還協定署名（17日、発効は72年5月）
7月　東亜国内航空の「ばんだい号」が函館近郊で墜落（3日）
角栄、第三次佐藤改造内閣で通産大臣に就任（5日）
キッシンジャー、中国を極秘訪問（9日〜）
ニクソン訪中宣言（15日、第1次ニクソンショック）
8月　全日空機、雫石上空で自衛隊機と衝突（30日）
米、金・ドル交換停止など発表（15日、第2次ニクソンショック）
10月　角栄―ケネディ米特使の交渉で、日米繊維交渉決着（15日）
12月　円、1ドル308円に（19日）

1972

2月　国防会議、四次防大綱決定（8日）。次期対潜哨戒機（PXL）は国産化方針
3月　沖縄返還協定の密約について社会党が佐藤首相を追及（27日、後に西山事件へ発展）
春　米議会の上院外交委員会に「多国籍企業小委員会」（チャーチ委員会）が発足する
6月　キッシンジャー、非公式来日（9日〜）
角栄、『日本列島改造論』を発表（11日）
佐藤首相、引退声明（17日）

米で民主党全国委員会事務所への侵入者が逮捕される（17日、後にウォーターゲート事件として表面化）

7月 **角栄、臨時党大会で第6代自民党総裁に選出（5日）**

角栄、第六十四代内閣総理大臣に就任（7日）、中曽根は通産大臣に

日米通商協議（25〜28日）で米側は、米国製武器を四次防で購入するという佐藤政権での約束について質す

8月 閣僚懇談会で大型機の緊急輸入を決定（15日、検察の冒頭陳述による）

軽井沢で田中ーキッシンジャー会談（19日）

丸紅の檜山廣社長、大久保利春専務が目白台の角栄邸に来訪（23日）

ホノルルで日米首脳会談（31日〜9月1日）

9月 全日空の若狭社長に橋本登美三郎・自民党幹事長がDC-10の採用を打診（下旬）

日中国交正常化（29日）

10月 児玉、中曽根に航空機に関する電話をする（5日）

四次防の主要項目を閣議決定、PXL国産化は白紙還元（9日）

若狭、官邸を訪ねる（24日、検察は請託を認定）

ジャイアントパンダのカンカン、ランランが来日（28日）

全日空、役員会でトライスターの採用を決定（28日）

12月 第二次田中内閣成立（22日）

1973

1月　全日空、1974年度用としてトライスター6機を正式発注（12日）
　ベトナム和平協定調印（27日）
2月　円、変動相場制に移行（14日）
3月　ウォーターゲート事件表面化（16日）
5月　田中内閣支持率、27％にまで急落
　米上院でウォーターゲート事件公聴会（17日）
7月　田中―ニクソン会談（31日～8月1日）
8月　金大中事件発生（8日）
　「丸紅ルート」第1回金銭授受、英国大使館裏の路上で（10日午後2時20分頃、伊藤宏供述）
10月　第四次中東戦争（6日～22日）
　日ソ共同声明（10日）
　「丸紅ルート」第2回金銭授受、伊藤宏宅近くの電話ボックス付近で（12日午後2時半頃、伊藤宏供述）
11月　角栄、来日したキッシンジャーと中東情勢について会談（14日）
　官房長官談話としてアラブ支持声明を発表（22日）
12月　OAPEC、日本を友好国とみなし石油供給決定（25日）

1974

1月　キッシンジャー、日本のアラブ支持を批判（3日）
　「丸紅ルート」第3回金銭授受、ホテルオークラの駐車場で（21日午後4時半頃、伊

藤宏供述）
2月 全日空のトライスター1号機、羽田に到着（6日）
3月 「丸紅ルート」第4回金銭授受、伊藤宏の自宅で（1日午前8時頃、伊藤宏供述）
パリ郊外でDC-10墜落事故（3日）
7月 参院選で自民党惨敗（7日）
8月 ニクソン大統領辞任（8日）、フォード大統領就任（9日）
10月 佐藤栄作にノーベル平和賞の報せが届く（9日）
「田中角栄研究」「淋しき越山会の女王」掲載の『文藝春秋』11月号発売（9日）
11月 角栄、退陣表明（26日）
12月 椎名裁定により自民党新総裁に三木武夫が決定（1日）
田中内閣総辞職、三木内閣発足（9日）

1975

5月 防衛庁P-3C調査団渡米
6月 佐藤栄作、死去（3日）
ノースロップ社の会長、チャーチ委員会で証言（9、10日）
8月 ロッキード社前会長ら上院銀行委員会に召喚され、初めて日本の名を挙げる（25日）
10月 社会党・楢崎弥之助が米上院銀行委員会ロッキード問題について政府を追及（23日）
11月 PXL国産化見送りP-3C導入と各紙が報道（19日）

12月　「およげ！　たいやきくん」発売（25日）

1976　2月4日　**チャーチ委員会の公聴会で航空機売り込みのための対日工作が証言され、ロッキード事件が発覚**

6日　チャーチ委員会でロッキード社のコーチャン副会長らが丸紅などを通じた日本政府高官への工作を証言

9日　衆参両院、ロッキード事件解明のため米政府・上院に対し資料提出要請を決議

16日　衆院予算委で小佐野賢治、若狭得治らの証人喚問（〜17日）

この頃、各地でロッキード事件に関するデモが行われる

19日　**中曽根、米政府にロッキード事件を「もみ消すことを希望する」**

24日　三木首相、フォード大統領への協力要請の親書

検察・警察・国税による児玉邸、丸紅本社など約30カ所の捜索

3月1日　第二次証人喚問（若狭、大庭の対決尋問）

4日　児玉の臨床取り調べ開始

12日　三木親書に対するフォードの返書。米政府は資料の非公開を求め、日本政府はこれを受け入れると決定

キッシンジャー、米議会が政府高官の名を明かすべきではないと表明

24日　日米間で資料提供に関する司法取決め調印

4月2日　角栄、ロッキード事件との関わりを全面否定する所感を表明

10日　米国からの資料が検察庁に到着

5月7日 自民党の椎名悦三郎副総裁が、角栄、大平正芳、福田赳夫と個別会談し三木首相退陣工作（〜10日）
22日 検察、コーチャン、クラッターらに対する「不起訴宣明」
27日 全日空でロッキード事件対策チーム「第六」が発足
6月22日 全日空へ家宅捜索、３名を逮捕
7月24日 コーチャンらの刑事免責を最高裁が保証する宣明が決定
27日 **角栄、外為法違反容疑で逮捕される**
8月16日 角栄、受託収賄罪と外為法違反で起訴される
21日 受託収賄容疑で橋本登美三郎が逮捕される
11月3日 カーター大統領当選
12月24日 三木内閣総辞職、福田内閣発足

1977
1月 **丸紅ルート初公判（27日）、角栄は5億円受領を否認**
全日空ルート初公判（31日）
4月 中曽根康弘、衆院ロッキード特別委に証人出席。疑惑を全面否定（13日）
6月 児玉ルート初公判（２日）
7月 小佐野ルート初公判（21日）
8月 防衛庁、Ｐ-３Ｃの採用を決定（24日）
12月 国防会議、Ｐ-３Ｃの45機装備を決定。次期主力戦闘機にＦ-15（24日）

1978
12月 大平内閣発足（７日）

1979　2月　米司法省、コーチャンらのロッキード社幹部の不起訴決定（15日）
1981　10月　榎本三恵子、検察側証人として出廷（28日）
1982　1月　全日空ルート地裁判決。若狭、渡辺尚次らに執行猶予付有罪判決（26日）
　　　6月　全日空ルート地裁判決。橋本登美三郎、佐藤孝行に執行猶予付有罪判決（8日）
1983　2月10日　榎本敏夫、「モーニングショー」の独占インタビューに応じる（〜11日）
　　　10月　丸紅ルート地裁判決。**角栄に懲役4年、追徴金5億円。榎本、懲役1年、執行猶予3年。檜山、伊藤、大久保らも有罪判決**（12日）
1984　1月　児玉死去（17日）により公訴棄却
1985　2月　角栄、脳梗塞で倒れ入院（27日）
1986　10月　小佐野死去（27日）により公訴棄却（11月12日）
1992　9月　最高裁、若狭に対し上告棄却（18日）
1993　12月　**角栄、死去**（16日）**により公訴棄却**
1995　2月　**最高裁、榎本、檜山に対し上告棄却**（22日）。**丸紅ルートのすべての審理が終わり、角栄の有罪が事実上確定した**

参考文献一覧＝順不同

田中角栄人物像

『だれが角栄を殺したのか?』　新野哲也著　光人社
『田中角栄を生んだムラ　西山町物語』　江波戸哲夫著　講談社
『師が語る田中角栄の素顔』　金井満男著　土屋書店
『私の履歴書　保守政権の担い手』　岸信介、河野一郎、福田赳夫、後藤田正晴、田中角栄、中曽根康弘　日本経済新聞出版社
『淋しき越山会の女王　他六編』　児玉隆也著　岩波書店
『実録　角栄がゆく　三十六年間の全演説再録』　小林吉弥著　徳間書店
『実録越山会』　小林吉弥著　徳間書店
『未完の敗者　田中角栄』　佐高信著　光文社
『決定版　私の田中角栄日記』　佐藤昭子著　新潮社
『田中角栄　最後のインタビュー』　佐藤修著　文藝春秋
『田中角栄失脚』　塩田潮著　文藝春秋
『田中角栄　データ集』　情報研究所編　データハウス
『田中角栄　破れたり』　陣内建著　講談社
『ノンフィクション・シリーズ〝人間〟　1　越山　田中角栄』　佐木隆三著　七つ森書館

『大臣日記』 田中角栄著 新潟日報事業社
『わたくしの少年時代』 田中角栄著 講談社
『自伝 日本列島改造論』 田中角榮著 日刊工業新聞社
『田中角栄に聞け 民主政治と「七分の理」』 塚本三郎著 PHP研究所
『田中角栄猛語録』 戸川猪佐武著 昭文社出版部
『角栄失脚 歪められた真実 The Truth of Lockheed Scandal』 徳本栄一郎著 光文社
『角栄の「遺言」「田中軍団」最後の秘書 朝賀昭』 中澤雄大著 講談社
『角栄の風土』 新潟日報社著編 新潟日報事業社出版部
『ザ・越山会』 新潟日報社著編 新潟日報事業社出版部
『宰相田中角栄の真実』 新潟日報報道部著 講談社
『田中角栄―昭和の光と闇』 服部龍二著 講談社
『田中角栄回想録』 早坂茂三著 集英社
『田中角栄と「戦後」の精神』 早野透著 朝日新聞社
『田中角栄と中曽根康弘 戦後保守が裁く安倍政治』 早野透、松田喬和著 毎日新聞出版
『田中角栄 戦後日本の悲しき自画像』 早野透著 中央公論新社
『田中角栄の昭和』 保阪正康著 朝日新聞出版
『田中角栄 封じられた資源戦略』 山岡淳一郎著 草思社
『カラー版 素顔の田中角栄 密着！最後の1000日間』 山本皓一著 宝島社

ロッキード事件関連

『消えた21億円を追え　ロッキード事件　40年目のスクープ』　NHK「未解決事件」取材班著　朝日新聞出版
『冤罪　田中角栄とロッキード事件の真相』　石井一著　産経新聞出版
『秘密解除　ロッキード事件―田中角栄はなぜアメリカに嫌われたのか』　奥山俊宏著　岩波書店
『検察読本』　河井信太郎著　商事法務研究会
『田中角栄　消された真実』　木村喜助著　弘文堂
『ドキュメント　ロッキード裁判―元首相は有罪になるのか』　現代司法研究記者グループ著　学陽書房
『ロッキード秘録　吉永祐介と四十七人の特捜検事たち』　坂上遼著　講談社
『日通事件――その全容と今後への提言』　嶋崎栄治著　フォトにっぽん社
『陽気なピエロたち―田中角栄幻想の現場検証』　高尾義彦著　社会思想社
『田中角栄研究　全記録（上）（下）』　立花隆著　講談社
『ロッキード裁判とその時代1　1977年1月―1978年4月』　立花隆著　朝日新聞社
『ロッキード裁判とその時代2　1978年5月―1980年7月』　立花隆著　朝日新聞社
『ロッキード裁判とその時代3　1980年7月―1981年12月』　立花隆著　朝日新聞社
『ロッキード裁判とその時代4　1982年1月―1983年12月』　立花隆著　朝日新聞社
『大宰相　田中角栄　ロッキード裁判は無罪だった』　田原総一朗著　講談社
『裁かれる首相の犯罪　ロッキード法廷全記録　第1～16集』　東京新聞特別報道部編　東京新聞出版局

『日通事件』 中川靖造著 市民書房
『航空機疑獄の全容 田中角栄を裁く』 日本共産党中央委員会出版局
『田中角栄を葬ったのは誰だ』 平野貞夫著 K&Kプレス
『ロッキード事件「葬られた真実」』 平野貞夫著 講談社
『首相の職務権限―ロッキード裁判は有罪か』 古井喜實著 牧野出版
『園部逸夫オーラル・ヒストリー ――タテ社会をヨコに生きて――』 御厨貴編 法律文化社
『壁を破って進め 私記ロッキード事件（上）（下）』 堀田力著 講談社
『ロッキード五億円裁判無罪論』 松下三佐男編著 旺史社
『歪んだ正義 特捜検察の語られざる真相』 宮本雅史著 角川学芸出版
『田中角栄を逮捕した男 吉永祐介と特捜検察「栄光」の裏側』 村山治、松本正、小俣一平著 朝日新聞出版
『特捜検察（上）―巨悪・地下水脈との闘い』 山本祐司著 講談社
『特捜検察（下）―政治家・官僚・経営者の逮捕』 山本祐司著 講談社
『謀略の構図』 吉原公一郎著 ダイヤモンド社
『吉原公一郎ドキュメントシリーズ 2 黒い翼』 吉原公一郎著 三省堂
『吉原公一郎ドキュメントシリーズ 3 腐蝕の系譜』 吉原公一郎著 三省堂
『ロッキード疑獄 角栄ヲ葬リ巨悪ヲ逃ス』 春名幹男著 KADOKAWA
『ロッキード売り込み作戦 東京の70日間』 A・C・コーチャン著 村上吉男訳 朝日新聞社

メディア関連

『新聞と「昭和」』　朝日新聞「検証・昭和報道」取材班著　朝日新聞出版
『無念は力　伝説のルポライター児玉隆也の38年』　坂上遼著　情報センター出版局
『記者と国家　西山太吉の遺言』　西山太吉著　岩波書店
『大統領の陰謀　ニクソンを追いつめた300日』　ボブ・ウッドワード、カール・バーンスタイン著　常盤新平訳　立風書房
『吉祥寺の朝焼けに歌えば』　本所次郎著　牧野出版
『日本を震撼させた200日』　毎日新聞社編　毎日新聞社
『構造汚職　ロッキード疑獄の人間模様』　毎日新聞社会部編　国際商業出版
『毎日新聞ロッキード取材全行動』　毎日新聞社会部著　講談社
『政変』　毎日新聞政治部著　角川書店

政治関連

『相沢英之と司葉子　人生100歳「一日生涯」』　相沢英之著　双葉社
『一日生涯　角さんと酌み交わした男の真実』　相沢英之著　ぶんか社
『予算は夜つくられる　相沢英之、半生を語る』　相沢英之著　かまくら春秋社
『沖縄返還の代償　核と基地　密使・若泉敬の苦悩』「NHKスペシャル」取材班著　光文社
『稲葉修　回想録』　稲葉修著　新潟日報事業社出版部
『後生畏るべし　本音を吐いて、あの世へ行こう』　稲葉修著　東京新聞出版局
『忍魁・佐藤栄作研究』　岩川隆著　徳間書店
『仮面の日米同盟　米外交機密文書が明かす真実』　春名幹男著　文藝春秋

『「日中国交回復」日記 外交部の「特派員」が見た日本』 王泰平著 福岡愛子監訳 勉誠出版
『オーラルヒストリー 日米外交』 大河原良雄著 ジャパンタイムズ
『ニクソンとキッシンジャー 現実主義外交とは何か』 大嶽秀夫著 中央公論新社
『政争家・三木武夫―田中角栄を殺した男』 倉山満著 講談社
『情と理 カミソリ後藤田回顧録（上）（下）』 後藤田正晴著 御厨貴監修 講談社
『代議士の誕生』 ジェラルド・カーティス著 山岡清二、大野一訳 日経BP社
『巨悪vs言論 田中ロッキードから自民党分裂まで』 立花隆著 文藝春秋
『小説吉田学校 第一部 保守本流』 戸川猪佐武著 角川書店
『小説吉田学校 第二部 党人山脈』 戸川猪佐武著 角川書店
『小説吉田学校 第三部 角福火山』 戸川猪佐武著 角川書店
『小説吉田学校 第四部 金脈政変』 戸川猪佐武著 角川書店
『小説吉田学校 第五部 保守新流』 戸川猪佐武著 角川書店
『小説吉田学校 第六部 田中軍団』 戸川猪佐武著 角川書店
『小説吉田学校 第七部 四十日戦争』 戸川猪佐武著 角川書店
『沖縄密約―「情報犯罪」と日米同盟』 西山太吉著 岩波書店
『佐藤栄作 最長不倒政権への道』 服部龍二著 朝日新聞出版
『補助金と政権党』 広瀬道貞著 朝日新聞社
『私の履歴書 激動の歩み』 橋本登美三郎著 永田書房
『キッシンジャーの道（上） 権力への階段（Kissinger）』 マービン・カルブ、バーナード・カルブ著 高

田正純訳　徳間書店
『キッシンジャーの道（下）　現代史への挑戦（Kissinger）』　マービン・カルブ、バーナード・カルブ著　高田正純訳　徳間書店
『核密約から沖縄問題へ―小笠原返還の政治史―』　真崎翔著　名古屋大学出版会
『ドキュメント　沖縄返還交渉』　三木健著　日本経済評論社
『他策ナカリシヲ信ゼムト欲ス』　若泉敬著　文藝春秋
『大統領と補佐官　キッシンジャーの権力とその背景』　渡辺恒雄著　日新報道

児玉誉士夫関連

『ウイロビー報告　赤色スパイ団の全貌―ゾルゲ事件―』　C・A・ウィロビー著　福田太郎訳　東西南北社
『児玉誉士夫　巨魁の昭和史』　有馬哲夫著　文藝春秋
『児玉誉士夫の虚像と実像』　猪野健治著　創魂出版
『児玉誉士夫　闇秘録』　大下英治著　イースト・プレス
『児玉誉士夫自伝　悪政・銃声・乱世』　児玉誉士夫著　廣済堂出版
『生ぐさ太公望』　児玉誉士夫著　廣済堂出版
『われかく戦えり』　児玉誉士夫著　廣済堂出版
『政商　小佐野賢治』　佐木隆三著　徳間書店
『検察官が証明・児玉誉士夫の無実　ロッキード事件恐怖の陰謀』　白井為雄著　展転社
『見えざる政府―児玉誉士夫とその黒の人脈』　竹森久朝著　白石書店

『闇に消えたダイヤモンド―自民党と財界の腐蝕をつくった「児玉資金の謎」』 立石勝規著 講談社
『CIA秘録 その誕生から今日まで(上)(下)』 ティム・ワイナー著 藤田博司、山田侑平、佐藤信行訳 文藝春秋
『秘密のファイル CIAの対日工作(上)(下)』 春名幹男著 新潮社
『児玉番日記』 毎日新聞社会部編 毎日新聞社
『黒幕・児玉誉士夫』 毎日新聞政治部編 エール出版社
『スパイ帝国CIAの全貌 誰が誰を監視しているか』 CIA国内活動調査委員会著 藤田博司他編訳 徳間書店
『CIA アメリカ中央情報局の内幕』 ロックフェラー委員会著 毎日新聞社外信部訳 毎日新聞社

中曽根康弘関連

『自省録 歴史法廷の被告として』 中曽根康弘著 新潮社
『政治と人生―中曽根康弘回顧録』 中曽根康弘著 講談社
『天地有情 五十年の戦後政治を語る』 中曽根康弘著 文藝春秋
『中曽根康弘が語る戦後日本外交』 中曽根康弘著 中島琢磨、服部龍二、昇亜美子、若月秀和、道下徳成、楠綾子、瀬川高央編 新潮社
『中曽根康弘』 服部龍二著 中央公論新社
『世界は変わる―キッシンジャー・中曽根対談』 ヘンリー・キッシンジャー、中曽根康弘 読売新聞社編 読売新聞社
『中曽根とは何だったのか』 牧太郎著 草思社

航空業界関連

『空港のはなし』岩見宣治、渡邉正己著　成山堂書店
『ロッキード・マーティン　巨大軍需企業の内幕』ウィリアム・D・ハートゥング著　玉置悟訳　草思社
『「成田」とは何か―戦後日本の悲劇』宇沢弘文著　岩波書店
『関西国際空港　生者のためのピラミッド』佐藤章著　中央公論社
『日本民間航空通史』佐藤一一著　国書刊行会
『日本航空の正体』佐高信、本所次郎著　金曜日
『DC-10 ダグラス航空機の黒い霧』ジョン・ゴッドソン著　南波辰夫訳　フジ出版社
『空港は誰が動かしているのか』轟木一博著　日本経済新聞出版
『ドキュメント全日空―激突する航空三社の〝路線盗り〟―』中川靖造著　ダイヤモンド社
『大空への挑戦―ANA50年の航跡―』ANA50年史編集委員会編　全日本空輸株式会社
『世界のジェットライナー　VOL1　ロッキード　L-1011　トライスター』鈴木正治編　酣燈社
『高級官僚　影の権力者の昭和史　一巻』本所次郎著　大和書房
『天下り支配　影の権力者の昭和史　二巻』本所次郎著　大和書房
『巨額暗黒資金　影の権力者の昭和史　三巻』本所次郎著　大和書房
『ロッキード疑獄　影の権力者の昭和史　四巻』本所次郎著　大和書房
『戦後ニッポンを読む　金色の翼（上）（下）』本所次郎著　読売新聞社

『騏驎おおとりと遊ぶ（上） 運輸省篇　若狭得治の軌跡』本所次郎著　徳間書店
『騏驎おおとりと遊ぶ（下） 全日空篇　若狭得治の軌跡』本所次郎著　徳間書店
『失速　ロッキード破局の風景』柳田邦男著　文藝春秋
『失速・事故の視角』柳田邦男著　文藝春秋
『なぜボーイングは、生き残ったのか』山﨑明夫著　柑出版社
『社内報「ぜんにっくう」』
『日本航空史　日本の戦史別巻3』毎日新聞社

防衛関連

『防衛疑獄』秋山直紀著　講談社
『防衛ハンドブック昭和62年版』朝雲新聞社著　朝雲新聞社
『日本防衛体制の内幕』海原治著　時事通信社
『間違いだらけの防衛論　このままでは日本は亡びる』海原治著　グリーンアロー出版社
『日本の安全を考える―2　現実の防衛論議』海原治、久保卓也著　サンケイ出版
『自衛隊史―防衛政策の七〇年』佐道明広著　筑摩書房
『戦後政治と自衛隊』佐道明広著　吉川弘文館
『戦後日本の防衛と政治』佐道明広著　吉川弘文館
『甦る零戦　国産戦闘機vs.Ｆ22の攻防』春原剛著　新潮社
『拒否できない日本　アメリカの日本改造が進んでいる』関岡英之著　文藝春秋
『新防衛大綱の解説』田村重信著　内外出版

『変わりゆく内閣安全保障機構　日本版NSC成立への道』千々和泰明著　原書房
『再軍備の政治学』中馬清福著　知識社
『日本軍事史　下巻　戦後篇』藤原彰著　社会批評社
『防衛白書』防衛省編
『防衛アンテナ臨時増刊号』防衛庁長官官房広報課編著　防衛弘済会
『防衛庁＝自民党＝航空疑獄―政争と商戦の戦後史』室生忠著　三一書房
『風に向かって走れ』和田裕著　文芸社
『「航空情報」別冊　対潜哨戒機　近代戦の主役　ASW機を総括する。』酣燈社
『自衛隊年鑑』防衛産業協会
『防衛年鑑』防衛年鑑刊行会

時代考察関連

『世論（上）（下）』W・リップマン著　掛川トミ子訳　岩波書店
『裁判と世論の微妙な関係』井上薫著　クリピュア
『世論・選挙・政治』白鳥令著　日本経済新聞社
『ひとびとの精神史　第5巻　万博と沖縄返還―1970年前後』吉見俊哉編　岩波書店
『ひとびとの精神史　第6巻　日本列島改造―1970年代』杉田敦編　岩波書店
『GDP〈小さくて大きな数字〉の歴史』ダイアン・コイル著　高橋璃子訳　みすず書房
『週刊朝日百科　週刊昭和　昭和51年』編：大内悟史　朝日新聞出版
『朝日クロニクル　週刊20世紀　1972　昭和47年』編：永栄潔　朝日新聞社

『朝日クロニクル　週刊20世紀　1973　昭和48年』編：永栄潔　朝日新聞社
『朝日クロニクル　週刊20世紀　1974　昭和49年』編：永栄潔　朝日新聞社
『朝日クロニクル　週刊20世紀　1976　昭和51年』編：永栄潔　朝日新聞社
『「御時世」の研究』　山本七平著　文藝春秋
『朝日年鑑』　朝日新聞社
『毎日年鑑』　毎日新聞社

その他

『エネルギー・経済統計要覧』　EDMC編　省エネルギーセンター
『エネルギー白書2017』　経済産業省編　経済産業調査会
『海の特攻「回天」』　宮本雅史著　角川学芸出版

※右記以外に戦後の新聞、雑誌、論文なども多数参考にした。

解説

「世界的規模の陰謀」を背景に日米の疑獄に新たな仮説

奥山俊宏

バブル崩壊以降の「失われた三〇年」を経済社会の深層からえぐって浮かび上がらせるストーリーの第一級の語り手であり、当代きっての小説家である真山仁が、初めて長編ノンフィクションに取り組んだ、その第一作がこの『ロッキード』だ。

どの新聞記者よりも新聞記者らしく、どのジャーナリストよりもジャーナリストらしく、もつれて曲がりくねる細い糸をたぐり、関係する人を探しあて、愚直に話を聴き、そのようにして培った堅い地盤の上に、しかし、この事件について文字をつづったことのある数多(あまた)の記者、作家、官僚、法律家、政治家の、おそらく誰よりも高く雄大に想像の翼を羽ばたかせ、日本とアメリカの双方を一望の下に事件の裏と表の双方を俯瞰し、新たな仮説を提示するのが、この作品『ロッキード』だ。

戦後最大といわれる底なしの疑獄を相手に、フィクションとノンフィクションの境目にある、おそらくそうであったのだろうとハタと気づかされ、納得させられる大胆で緻密な仮説が、この作品のなかで次々と提起される。その文面からは、いま許されるギリギリのラインを狙い澄ましたのであろう緊張感がびんびんと伝わってきて、この作品の読者の多くは、そのスリル感を味わうのに病みつきになってしまいそうだ。

ここから先は、いわばネタばれになってしまうので、この作品未読の人は目にするのを後回しにしてほしい。その前提で、たとえば、裏社会と政界を暗躍した右翼のフィクサー、児玉誉士夫の通訳としてこの事件に登場する福田太郎に注目する。

「事実を重ねると、福田はウィロビーが重用した大物エージェントだったとも言えるのではないか」

福田について、真山はこの作品『ロッキード』でそう叙述している。

ここでいうウィロビーというのは、連合国軍最高司令官ダグラス・マッカーサーの右腕としてその総司令部すなわちGHQで諜報の責任者を務めたチャールズ・ウィロビー少将を指す。

福田は、ユタ州生まれの日系アメリカ人として、ジュニア・カレッジまでの教育をアメリカで受けた後、戦前に来日し、早稲田大学を経て、満州電信電話会社に就職した。同社は実質、帝国陸軍・関東軍の直轄機関であり、ソ連や中国の通信の傍受や欧米向けのプロパガンダのための謀略放送を担っていた。「それは米国側から見れば、明らかに敵性行為だ」ということになるはずだが、終戦後、福田は通訳として巣鴨拘置所で勤務し、GHQのために働くようになる。その巣鴨で、戦犯容疑者だった児玉と出会う。児玉が釈放されて自由の身となった後は、家族ぐるみの付き合いを続け、ロッキード社に児玉を引き合わせ、それがロッキード事件へとつながる。

「私のような小説家は、福田はそもそも満州電電に勤務していた時から、米国の情報部員として、満州や関東軍、そして中ソ情報を米国に送っていたのではないかと妄想してしまう」と真山は本作品『ロッキード』につづる。「もしかすると、福田は、児玉とCIAのパイプ役だったのではないか」

その根拠として真山が提示するのは、一九五三年に東京の「東西南北社」から福田訳で刊行された書籍『ウイロビー報告　赤色スパイ団の全貌―ゾルゲ事件―』だ。

リヒャルト・ゾルゲはソ連のスパイとして、太平洋戦争開戦への道を突き進む東京に入り、在日ドイツ大使館や日本の知識人らから信用を得て、日本が北進してソ連を相手に戦端を開くのか、それとも、南進して米英を敵とするのかを探り、ソ連に情報を送り、ロシアのショイグ国防相によれば「ソ連軍の作戦立案に重要な役割を果たした」とされる。一九四一年に特別高等警察に逮捕され、四四年に巣鴨で処刑される。プーチン大統領が二〇二〇年に「高校生の頃、ゾルゲのようなスパイになりたかった」と告白するほどにロシアでは英雄として扱われている。

マッカーサーがこの書籍に寄せた序文によれば、このゾルゲ事件は、単に、日本で摘発された局部的な事件にとどまるのではなく、ソ連、中国、米国にまたがって戦後も続いた極東謀略に関連し、世界的規模の陰謀を背景にしているのであり、その主な活躍の舞台は中国・上海であり、それは、中国本土が共産党によって支配されるに至る原因になった、とされている。

「われわれの日本占領期間中、軍情報部は日本警察の協力を得て、日本内外の共産主義勢力に対する警戒と監視の任務遂行上、若干の民間的業務を行った」

ここで言う「われわれ」は、この序文の筆者であるマッカーサーとその司令部の情報部長だったウィロビーを指すのだが、もしかしたら、この文章を日本語に翻訳した福田もそれに含まれているのかもしれない。

彼らの認識によれば、ソ連、中国、米国、そして日本をまたいで世界的規模で共産化を推し進めようとする陰謀があり、ウィロビーらはそれらを調査し、監視し、水面下の諜報で闘っていた。

「その目的を成就するためには、児玉が適任者だと判断され、協力者(アセット)にしたいと米国は考えたのではないだろうか」と真山はつづる。「米国人には到底理解できない日本の政財界や闇の紳士との交流はもとより、表では処理できない案件の始末屋として、児玉は使えた」

ソ連や中国の共産主義に謀略で対抗するために、一九四七年、米政府の諜報の元締めとなるべく中央情報局、すなわちＣＩＡは生まれ出て、児玉はそのアセットとなる。

「現地のアセットを指揮監督するための人物を、工作官(コントローラー)という。コントローラーは可能な限り、目立たない方が良い。（中略）アジア系ではない米国人は、日本では動きにくい。そこで白羽の矢が立ったのが、福田太郎だったのではないか」

ＣＩＡのアセットとしての児玉を操る役目を担ったのが福田だった疑いがある、というのだ。

「児玉が通訳として福田に目をかけたのではなく、福田がアセットとして児玉を見付けたのだ」

莫大な資金と暴力団や右翼を背景に、児玉は自由民主党の結党を助け、同党の領袖たちを陰に日向に支援した。そのようにして日本の共産化を防ぎ、天皇制を守ろうとした。それは米国の利益とも合致していた。

一九七六年二月四日（日本では五日朝）、ロッキード社から児玉や日本政府高官らに三〇億円が渡ったとされる疑惑が米議会上院で暴露されると、その二日後の二月七日に福田は血便のため東京女子医科大学病院に入院した。疑惑をめぐって大騒動が続くさなかの二月半ば、福田は病床で新聞記者の取材に次々と応じ、「児玉氏をロ社に紹介したのはあなたか」との質問に「私だ」と答えた。同月二六日、東京地検特捜部の検事による取り調べに応じ、以後、連日の聴取に、福田は、ロッキード社から児玉への一〇億円を超えるカネの流れを認めた。

疑惑が発覚してわずか一カ月あまり後の三月一三日に特捜部が真っ先に児玉を罪に問うて起訴した際には福田の供述が脱税の裏付けの決め手となり、その後、ロッキード社の幹部らを対象とする嘱託尋問を米国に求めるにあたってその根拠資料としたのも、福田の供述調書だったとみられる。

しかし、政界へのカネの流れについての捜査がまさに佳境に差し掛かろうとする五月二八日、五九日目の取り調べが最後だった。福田は、五月三一日ごろから黄だんが出て危険な状態に陥り、六月一〇日、肝硬変のため、あの世へと旅立った。特捜部の手元に三五通の供述調書が残された。

「福田が死の間際に東京地検特捜部に協力したのも、彼がコントローラーだとしたら、腑に落ちる。検察の捜査をＣＩＡの思惑通りに進ませるための戦略だったのではないかと考えるのは、私の妄想に過ぎないのか。仮にもパートナーだった児玉を、なぜ、裏切るのか。それは、福田の祖国（アメリカ）への最後のご奉公が、検察をミスリードすることだったからではないか――」

ここで真山の言う「ミスリード」というのは、アメリカ政府首脳が嫌う前首相・田中角栄に捜査の矛先を向けさせることであり、また、アメリカ政府やＣＩＡにとって役に立つとみなされたそのほかの政治家、たとえば、中曽根康弘らをして捜査の網の目をくぐり抜けさせて、日米関係への傷を最小限に収めること、いや、むしろ、日米関係のバランスをさらにアメリカ側に有利に傾けさせることだったのだろう。

一九八〇年代に五年にわたって総理大臣を務め、日米関係の蜜月を築いた中曽根について、真山の筆鋒はとても鋭い。

「あれほど国産兵器にこだわっていた中曽根が、国防会議ではPXL国産化の白紙還元について、静観したのが不可解である」

防衛庁長官として次期対潜哨戒機（PXL）を日本独自に開発する方向性を決定したはずの中曽根が、一九七二年一〇月九日にあっさりと、それを白紙にするのに同意し、ロッキード社のP－3Cの購入へと道を開いたことに真山は疑いの目を向ける。

「児玉が中曽根に、何らかの政治的請託をしていたとしたら、その見返りに相当額のカネを渡した可能性はかなり高い」と指摘する一方で、「中曽根という男は、カネでは転ばない気がする」とも迷う。ロッキード社から児玉に渡った二一億円について、「その一部でも児玉が中曽根に渡した痕跡は見つかっていない」と慎重である一方で、「ロッキード事件に深く関与していた」と言いきる。

自民党幹事長だった中曽根が七六年二月一九日朝、総理であり自民党総裁でもあった三木武夫の意に反して、ロッキード事件を「もみ消す（MOMIKESU）」ことを依頼するアメリカ政府へのメッセージを米大使館に託したことをとらえて、真山は「果たして中曽根は、何をもみ消したかったのだろうか」と問いかける。

「暴かれては困る秘密があったのだろう。（中略）中曽根の秘密が暴かれていたなら、角栄は破滅しなかったのではないか」

このように想像の翼を羽ばたかせる対象は、福田と中曽根だけではない。田中の前任首相の佐藤栄作、田中の秘書官だった榎本敏夫、全日空社長だった若狭得治らについて、これまで多くの人の知るところではなかった新たな取材結果を根拠に、新たな仮説を打ち立てている。それらの文面は、読むのに手に汗を握らせるのに十分な緊迫をたたえている。

同時代に現存する人や組織、あるいは世論の動向に絶えず慎重に気を遣い、名誉棄損とならないように、また、世間の非難を浴びないように、証拠で裏付けられたり、公権力の捜査によって指し示されたりする客観的な事実のみを伝えていく「報道」から、史実の欠漏を想像で埋める「歴史小説」が許される「歴史」へと、時代が移り変わるのは、ある事典によれば、おおむね二世代、四〇～六〇年くらいを経たころだという。

ロッキード事件はまさにその狭間にある。

現職の総理大臣だった政治家・田中角栄が米国の航空機メーカー、ロッキード社から一九七三年八月一〇日、一〇月一二日、七四年一月二一日、三月一日の四回に分けて合計五億円の賄賂を受け取ったというのが、ロッキード事件の中核である丸紅ルートの起訴内容だ。だから、この作品『ロッキード』が文春文庫として世に出る二〇二三年暮れは、事件の「発生」から満五〇年が過ぎつつある真っ最中だといえなくもない。しかし、真山は、そんな検察のストーリーにも果敢に挑戦していく。曰く「四回に分けて？」

「最も人目を避けたい行為を、なぜ四回も繰り返すのだろうか」

外国為替管理法違反の疑いで逮捕され、受託収賄の罪にも問われて一審、二審で実刑判決を受け、上告中だった田中角栄が一九九三年一二月一六日に亡くなってから満三〇年となる節目、この作品『ロッキード』が文庫化されるのがそんなタイミングであることは間違いない。

にしても、この事件には、いまだ解けていない謎が数多くあまりにも深く深く沈んでいる。だから、多くの人はその謎解きに魅せられる。


この作品のもととなる原稿は、二〇一八年五月から二〇一九年一一月まで、つまり、平成の最後の一年の初めから令和の初年が終わろうとする暮れにかけて、週刊文春で「ロッキード　角栄はなぜ葬られたのか」とのタイトルで七二回にわたって連載された。それに大幅な加筆修正を施し、連載の終了から一年あまりを経て単行本として刊行されたのがこの作品である。アメリカはドナルド・トランプ大統領、日本は安倍晋三首相が政府を率いた時代であり、ニクソンとか田中角栄とかがはるか昔の歴史に思えるのは当然だろう。

しかし、この作品『ロッキード』で展開されている物語は今も色あせず、血痕のどす黒い赤色と、事件記者の好奇心をかきたてるきな臭さを鮮明に保っている。

日米関係を専門とする人たち、あるいは、諜報の世界に棲息している人たちの認識によれば、中国を中心にロシアや北朝鮮によって東京で行われている謀略は今も盛んであり、アメリカは日本と連携してそれに対抗し、台湾海峡、あるいは朝鮮半島で熱い戦争がいつ起きるか状況を注視し、火花を散らしあっている。それは、GHQのマッカーサーやウィロビーがゾルゲのスパイ組織を追及していた当時と同じ構図だと言って過言ではない。

そして、それら東西のスパイらが暗躍するなか、まるでその副産物であるかのように、疑獄は生じ、その一部がロッキード事件となって田中角栄を拘置所の内側に落とした。いま、刑罰法令に抵触するかどうかは別にして、そうした構図がまったくないと断定できるだろうか。

二〇一九年五月二七日、東京都内で共同記者会見に臨んだトランプ大統領は安倍首相の隣で胸を張った。

「二〇一八年、日本はアメリカの国防装備の世界トップの買い手の一つだった。そして今まさに日本は新たに一〇五機のF35ステルス航空機を購入すると表明した」

F35というのは、ロッキード・マーチン社の製造する戦闘機であり、日本は合わせて一四七機の購入を決めており、これはアメリカを除けば世界最多だ。

米国からの装備品の購入について、安倍は首相として衆参の本会議で次のように述べている。

「安全保障と経済は当然分けて考えるべきですが、これらは、結果として米国の経済や雇用にも貢献するものと考えています」

利にさといトランプ大統領の自尊心を満足させるため、安倍政権下でアメリカからの

〝爆買い〟は続き、莫大な国費が投入されている。

Ｆ35と日本、米国、中国について、真山は小説『墜落』（二〇二二年六月、文藝春秋）で、それを素材にしたに違いない架空の物語を著している。その随所に、この作品『ロッキード』の取材によって蓄積したと思われる具体性に富む分厚い叙述が見られる。つまり、ロッキード事件の取材を、ノンフィクションだけに終わらせるのではなく、小説作品にも詰め込んでいる。

ロッキード社はアメリカの情報機関ＣＩＡと密接なつながりのある軍需メーカーとして、今も、自衛隊の対潜哨戒機や戦闘機の製造元であり、つい最近も、現場配備の見通しは不明であるものの、陸上配備型イージス・システム（イージス・アショア）のレーダーを日本に売り込むのにいったんは成功している。中国やロシアをネタにしたロッキード社から日本への売り込みは今も続いている。

だからこの作品『ロッキード』は、五〇年前の歴史とその謎を探究する書であるだけでなく、現在、そして近い未来の日本、米国、中国をめぐる謀略の予言書にもなるのかもしれない。

（上智大学教授・元朝日新聞記者）

ろ

わ

へ

ほ

ま

み

む

の

は

ひ

ふ